KB199416

낙동강 유역의 사람들과 문화

낙동강 유역의 사람들과 문화

경북대학교 영남문화연구원 편

유명기 · 김성윤 · 김형수 · 박규택 · 백두현 · 설병수 · 설석규
손우승 · 손재현 · 안귀남 · 이옥희 · 이장희 · 이재하 · 최정환

도서출판 역락

머리말 •••

이 책은 한국학술진흥재단 「기초학문육성 인문사회분야지원사업」의 지원을 받아 2002년 8월부터 2005년 7월까지 3년 동안 경북지역 낙동강 유역권에서 실시한 영남문화에 관한 학제적 조사연구의 결과이다. 「낙동강 유역의 인간과 문화」라는 프로젝트의 이름으로 진행된 이 연구는, 영남문화의 연구가 흔히 지역에 대한 구체적이고 기초적인 자료의 수집 없이, 그리고 개별학문의 협소한 이론적 시각에서 추상화되고 있는 현실에 대한 반성을 토대로 기획되었다.

따라서 이 연구는 철저한 현장조사를 통하여 지역문화에 관한 구체적이고 직접적인 자료를 수집, 정리하는 데에 그 첫 번째 의의를 두고, 그렇게 수집된 지역문화의 기초자료를 학제적으로 종합적인 관점에서 분석하여 영남문화에 대한 보다 깊은 이해를 얻는 것을 그 주된 목적으로 삼아 진행되었다. 이러한 연구목적에 따라, 이 프로젝트는 경북지역 낙동강 유역권을 안동권, 상주권, 성주권의 3개 권역으로 나누어 1년씩 집중적으로 현지조사를 하도록 하는 한편, 연구분야도 지리, 언어, 역사, 종교, 민속, 사회경제, 여성 등 7개 분야에서 연 98명에 이르는 연구자들이 참가하여 학제적 연구가 가능하도록 하였다.

이 책은 그러므로 문헌 등 이차자료를 통하여 머릿속에서 그려낸 영남문화의 이해가 아니라, '발로 뛰고 손으로 확인하여' 영남문화의 진정한 모습을 형상화해 보려 한 값진 노력의 결실이라 할 수 있다. 물론 이런 노력들이 반드시 바라던 성과로 이어지지 않았던 것도 사실이다. 1년을 단위로 지역문화에 대한 기초자료를 철저히 수집, 정리하기에는 조사대상의 권역이 너무 넓었다. 또 기초학문분야 학문후계자를 육성한다는 학술진흥재단의 「인문사회분야지원사업」의 성격상, 전직·취업 등의 요인에 따라 참여연구자의 변동이 불가피하였던 점도 일관된 학제적 연구가 이루어지기 어려운 배경이 되었다.

이런 난점에도 불구하고, 지난 3년의 현지조사를 거쳐 이 책이 햇빛을 볼 수 있게 된 것은 많은 분들의 노고와 협력이 있었기 때문이다. 우선 이 연구프로젝트의 터전이었던 경북대학교 영남문화연구원의 여러분께 감사드린다. 특히 연구원 설립의 원동력을 제공하였고, 연구기간 내내 연구원장으로서 두터운 뒷받침을 해 주셨던 박성봉 교수께 고마운 말씀을 드리고 싶다. 그동안 연구원의 실무를 맡아 뒷바라지의 노고를 아끼지 않았던 현 연구원장인 백두현 교수, 그리고 황위주 교수께도 감사드린다. 주보돈 교수는 이 연구팀의 어떤 자리에도 이름을 올린 적이 없었지만, 연구진의 구성에서부터 연구진행방향에 이르기까지 참여자 이상의 헌신적인 열성으로 도와주었음을 밝히며, 감사의 뜻을 전하고 싶다.

이 연구는 이 밖에도 조사지역의 공공기관으로부터 행정지원이나 자료제공의 도움을 받았다. 안동시청, 봉화군청, 문경시청, 상주시청, 구미시청, 성주군청, 고령군청, 달성군청, 그리고 각 지역문화원 관계자 여러분께서 적극적으로 도와주신 데 대해 이 자리를 빌어서 감사를 드린다. 이 지역기관들의 협조가 없었다면, 이 연구의 많은 부분은 이루어질 수 없었을 것이다.

이 연구에 공동연구원으로 참여해 주신 김일렬, 이재하, 남권희, 설석규, 이상규, 권태을, 최정환 교수께도 감사드린다. 이 분들의 귀중한 조언이 있었기에, 연구상의 많은 오류들이 시정될 수 있었다고 생각한다. 그러나 연구책임자로서 누구보다 깊은 감사를 전하고 싶은 이들은, 이 연구를 직접 수행했던 전임연구원과 연구보조원들이다. 그 중에서도 이 책의 집필까지 담당해 준 박규택, 이장희, 안귀남, 김성윤, 김형수, 손재현, 손우승, 이옥희, 설병수 박사들께는 각별한 고마움을 전하고자 한다. 집필자 중 상당수는 프로젝트의 후반에 참여한 분들로서, 자신이 수행하지 않았던 조사까지 아울러 정리하는 노고를 아끼지 않았다. 아울러, 프로젝트의 초기 혹은 중기에 연구팀의 사정이나 개인적 사정으로 자리를 옮겼으나, 초창기 이 프로젝트의 기초를 다지는 데 귀중한 역할을 해 준 김현숙, 강구율, 신장호, 김재경, 허점숙, 서영교, 김영미 박사들께도 감사드린다.

이 밖에 이름을 다 열거할 수 없는 연구보조원들의 헌신도 잊을 수 없다. 이들은 부족한 현지조사 경비에도 불구하고 지역문화의 뿌리와 넝쿨을 찾아 오지의 장바닥에서부터 산중 절간에 이르기까지 열과 성을 다하여 조사활동을 수행하였다. 이 책은 그들의 크나큰 헌신이 가져온 작은 결실이다.

끝으로, 이 연구프로젝트에 재정적 지원을 해 준 한국학술진흥재단, 그리고 열악한 출판계 사정에도 불구하고 기꺼이 출판을 맡아 준 도서출판 역락의 후의에 고마운 뜻을 전한다.

2007년 7월
연구책임자 유명기

목 차 •••

낙동강 유역의 사람들과 문화

제 1 장

총 론

1. 연구의 의의와 목적

1) 낙동강과 영남문화

인간은 강을 끼고 삶을 영위하였고 강은 문명의 원천이었다. 이는 인류
문화의 보편적 궤적이며 한국문화의 전개과정도 예외일 수 없다. 낙동강
은 유구한 흐름을 통해 영남인의 삶과 문화를 일구어 온 터전이며, 그 유
역의 문화는 한강 유역, 대동강 유역, 영산강 유역의 문화와 함께 멀리
한민족문화의 모태이기도 하다.

천 삼백 리 수로(水路) 낙동강은 강원도 태백산의 한 골짜기 깊은 곳에
서 발원하여 영남의 남북을 관류(貫流)하면서 12대 지류를 모으고, 한반
도의 대간(大幹) 태백산맥, 소백산맥을 때로는 따르고 때로는 엇가르면서
그 굽이와 갈래마다 분지(盆地)를 만들고 풍부한 문화적 개성을 지닌 취
락과 도시들을 형성하였다. 조선 후기의 이중환이 일찍이 택리지(擇里志)
에서 지적했듯이 영남은 조선 팔도 중 물산과 인재가 가장 풍부한 곳이었

으며, 따라서 유무형의 문화 자산을 가장 넉넉하게 가꾸고 전할 수 있는
지역이었다.

낙동강은 소분지(小盆地)들로 흩어져 저 나름의 물산을 생산하고 문화
를 가꾼 영남의 선인들을 묶어 준 교통로였다. 영남인과 영남문화는 낙동
강이 있기에 비로소 가능해 진 공동의 정체성이며, 낙동강 없이는 존재할
수 없는 것이었다. 낙동강은 또 한민족의 역사 자체를 그 품안에 안고 키
워 온 역사의 대하(大河)이기도 하였다. 낙동강의 동쪽을 고신라, 서쪽은
가야제국(諸國)이 차지하며 웅성의 꿈을 키웠던 고대로부터 통일신라, 고
려, 조선을 거치면서 낙동강과 그 유역이 역사의 중심에서 벗어난 적은
없었다.

그러나 무엇보다 중요한 낙동강의 의미는 그것이 영남인들의 생명과
삶의 원천이라는 것이다. 그러기에 영남의 선인들은 간절한 염원을 담아
사당과 절을 짓고 정성스레 제향을 바쳤으며, 삶의 애환을 다스리는 신명
의 굿판을 벌이기도 하고, 또 낙동강과 그 산야의 위대함을 칭송하는 글
과 노래를 짓기도 하였다. 요컨대 '낙동강'이란 한낱 자연적으로 흘러가는
강물의 명칭이 아니라 영남인의 삶과 문화 그 자체, 즉 영남인과 영남문
화의 정체성을 표상하고 있는 것이다.

영남문화의 형성은 낙동강을 떠나서 생각할 수 없다. 여기서 김택규의
글을 빌어 낙동강을 간략히 소개해 보자.[1] 낙동강은 남한 제일의 강으
로, 본류의 길이가 525km이다. 길이로는 한강의 514km보다 약간 더 길
며, 유역면적은 23,859km²로 한강 다음으로 넓다. 이 유역면적은 남한 전
체의 1/4, 영남의 3/4에 해당한다.

낙동강의 발원지는 강원도 삼척군 함백산의 황지이지만, 거의 그 전부
가 영남지역을 남으로 흐르고 있다. 경상북도에 들어와 남으로 흐르던 낙

1) 김택규, 「영남문화의 이해를 위한 몇 가지 시각: 이념의 연속과 실태의 변용」, 『한국문화인
류학』21, 1989, 229-231쪽.

동강은 안동 부근에 이르러 반변천을 비롯한 여러 지류와 합하여 방향을 서쪽으로 바꾼다. 점촌 부근에서 다시 내성천 경천(穎川)을 합하여 남쪽으로 방향을 바꾼다. 낙동강의 흐름은 다시 의성 부근에서 위천, 대구 부근에서 금호강을 보태어, 경상남도로 들어간다. 경남에서는 황강, 남강을 합하지만, 남강의 합류지점에서부터 마산, 진해의 산지에 막혀 동쪽으로 다시 방향을 바꾸어 흐르다가 부산시의 서쪽에 이르러 바다로 들어간다. 낙동강은 대체로 영남의 중앙을 'ㄷ'자 형으로 관류하면서, 이 지역의 젖줄이 되어 영남문화의 주맥을 형성하는 자연환경이었다.

〈지도 1〉 낙동강 유역도

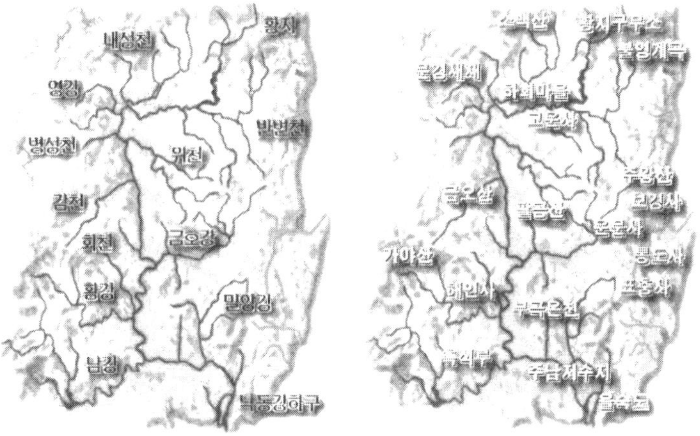

낙동강은 흔히 12대 지류, 혹은 7대 지류를 가진 강이라 불린다. 이 지류들의 합류지점은 영남문화의 거점인 큰 읍락들과 거의 일치한다. 낙동강의 대소지류를 중심으로 그 유역을 개관해 보면, 영남문화의 대동맥을 가히 낙동강 문화라 할 수 있으며, 낙동강 유역사는 그대로 영남지역사의 근간을 이룬다고 할 수 있을 것이다.

2) 연구의 의의와 목적

그러나 이처럼 영남문화의 이해에 있어 낙동강 유역이 갖는 중요성에
도 불구하고, 지금까지 이 지역을 중심으로 영남문화의 본질을 규명하려
는 종합적이고 학제적인 연구는 의외라 할 만치 드물었다.2) 실상 영남문
화에 대한 지금까지의 연구들은 대체로 개별 주제를 중심으로 산발적으
로 이루어졌거나, 아니면 영남 전체를 하나로 묶어 과도하게 일반화함으
로써3) 영남문화의 나무도 숲도 그 어느 쪽도 명료한 시각으로 파악하기
에는 미흡한 형편이라 할 수 있다. 김택규가 지적하고 있듯이, 현재의 우
리는 영남의 문화·사회·역사를 체계 지우지 못하고 있는 이상으로, 낙
동강문화의 체계화에 발 들여 놓지 못하고 있는 실정인 것이다.4)

이 책은 낙동강으로 표상되는 영남인과 영남문화의 정체성을 규명하기
위해 지난 3년(2002년 8월 1일~2005년 7월 31일) 동안 한국학술진흥재단
「기초학문육성 인문사회분야지원사업」의 지원을 받아 젊은 학자들이 수
행했던 학제적 연구의 결과이다.5) 이 책은 낙동강 유역권 영남문화에 대
한 정밀하면서도 전체를 조망할 수 있는 체계적인 조사·연구가 대단히
긴요한 과제라는 인식을 바탕으로, 학제적·종합적 현지조사를 통하여
낙동강 유역을 중심으로 펼쳐지는 영남문화의 주요 특성은 무엇이며, 그

2) 영남문화에 대한 근년의 드문 학제적 연구 성과로는 10여 년 전에 김택규 교수 등이 펴낸
『낙동강유역사연구』(한국향토사연구전국협의회, 수서원, 1995)를 꼽을 수 있다. 이 책은
문화인류학을 비롯하여 역사학, 건축학에 이르기까지 다양한 분야의 학자들에 의한 영남문
화론을 수록한 것이다. 그러나 이 책은 영남문화의 전체의 특성을 각 학문분야에서 개별적
으로 파악한 것으로서, 진정한 의미에서 영남문화에 대한 유기적이고 종합적인 학제적 연구
라고 말하기는 어렵다.
3) 이런 경향은 영남문화를 다른 지역의 문화와 대비하여 비교론적 관점에서 보는 연구에서 흔
히 볼 수 있다. 한때 유행했던 영·호남문화 비교연구가 그런 예에 속할 것이다.
4) 김택규, 앞의 논문, 231쪽.
5) 과제명은 『낙동강 유역의 인간과 문화』(한국학술진흥재단 「기초학문육성 인문사회분야지원
사업」(KRF-2002-072-AM1009))이다.

것은 전체 한국문화에서 어떤 위치에 있는가, 또 그것은 영남인들의 삶에 어떤 의미를 갖고 있으며, 어떻게 변화하고 있는가를 살피는 데 목적을 두고 있다.

민족문화의 가치와 의미는 최근의 급격한 세계화의 흐름 속에서 더욱 중요하게 인식되고 있다. 민족문화의 정체성 확립이, 시장경제의 전지구적 확산과 전방위적 문화교류의 와중에서 무엇보다 중요한 시대적 요청이라면, 한민족문화의 형성과 전개에 중요한 역할을 담당하고 있는 낙동강 유역권 영남문화에 대한 종합적 조사·연구의 의의는 자못 크다 하지 않을 수 없다.

그러나 이 연구는 결코 영남문화의 특성을 배타적으로 주장하거나 그 유별성을 강조하는 데 뜻을 두지는 않는다. 이 연구는 영남문화를 획일화하는 관점을 지양하여, 철저한 현지조사를 통하여 지역문화에 대한 기초자료를 수집하여, 영남을 구성하는 수많은 하위문화권의 개성을 도출하여 그 유기적 관계를 파악하고자 하였다.

경북권 낙동강 유역은 수많은 소분지로 이루어져 있으며, 이러한 자연조건은 지역문화의 성격 형성에 있어서 의미 있는 배경으로 지적되고 있다. 이런 크고 작은 분지들이 하나의 소우주를 이루어 나름의 독자적 문화적 개성을 발전시켰을 가능성에 주목하는 것이다.[6]

이 연구는, 자연환경에서부터 사회경제적 측면에 이르기까지 낙동강 유역 문화에 대한 기초자료를 수집하고, 그 특성과 유기적 연관성을 분석하여, 지역문화의 내부에 존재하는 다양한 문화적 층위를 식별하고자 한다.

민족문화는 국가의 표준문화, 이른바 중앙문화로서 표상될 수 있는 성질의 것이 아니다. 그러나 지역문화의 단순한 총합도 아니다. 민족문화는

---

6) 김택규, 앞의 논문, 247쪽. 이 밖에 '소분지이론'에 관해서는 강신표의 연구(「동아시아 '역사세계'와 '소분지우주' 그리고 현대인류학」, 『한국문화인류학』28, 한국문화인류학회, 1995)를 참고하라.

주체적이고 독자적인 지역문화들이 유기적으로 구조화된 결과로서 형성
되는 것이다. 그러므로 지역문화의 고유한 특성과 아울러 그것이 전체문
화 속에서 자리매김 되는 방식과 연관관계에 대한 연구가 선행되지 않은
채, 민족문화를 논하는 것은 매우 위험한 발상이라고 하겠다.

　낙동강 유역을 중심으로 영남문화를 연구하는 작업은 결국 한국문화의
속살을 채우는 것이며, 우리 민족문화를 정체화하고 활력을 유지하는 토
대가 된다. 이런 의미에서 영남문화에 대한 연구는, 한반도에서 살고 있
는 '우리' 자신의 삶과 정체성을 탐구하고 확립하는 작업이라 할 수 있
다.7) 영남문화에 대한 연구는 한민족의 한 부분인 영남인의 삶의 방식을
연구하는 일이다. 그러므로 현재의 지역민의 삶뿐만 아니라, 현재의 뿌리
인 과거와 현재의 연장인 미래도 전망하지 않으면 안 된다. 동시에 인간
의 삶은 자연과 의식을 아우르는 '총체적'인 성격의 것이기 때문에, 지역
문화에 대한 연구는 생업과 자연환경에서부터 사상과 종교에 이르기까지
복합적인 차원에서 수행되지 않으면 안 된다. 지역문화에 대한 연구가 통
시적·학제적으로 이루어져야 하는 연유가 여기에 있는 것이다.

2. 연구분야와 연구방법

1) 연구분야와 연구내용

　지역문화는 지역의 총체적인 개성이다. 그것은 지역의 자연, 역사, 인
문 등 제 사상(事象)의 상호작용에 의한 총화이다. 따라서 지역문화를 해
명하는 작업이란 그 지역을 구성하는 자연, 인문, 사회에 이르는 제 요소
의 상관관계를 밝히는 학제적 연구작업에 다름 아닐 것이다.

---

7) 권연웅, 「영남문화: 어떻게 연구할 것인가」, 『영남학』창간호, 2001, 241쪽.

이 연구는 영남문화에 대한 학제적 접근을 위하여 제1차년도에는 7개의 연구분야—「언어」, 「문학」, 「역사」, 「종교」, 「민속」, 「사회경제」, 「여성」—를 선정하였다. 그러나 제2차년도 이후의 연구에서는 지역문화론을 구성하기 위해서는 인문 및 자연환경에 대한 지리학적 소개가 긴요하다는 판단에 따라 문학 분야를 지리분야로 교체하였다. 이에 따라, 이 연구는 전체적으로 「지리」, 「언어」, 「역사」, 「종교」, 「민속」, 「사회경제」, 「여성」이 학제적 연구분야를 구성하면서 진행되었다.

각 연구분야에서 수행되는 연구의 주제와 연구내용은, 영남문화에 관한 학제적 연구의 목적이 이루어질 수 있도록 연구주제 간의 유기적 연관성 확보를 우선적으로 고려하면서, 동시에 각 분야 연구 참여자의 수와 전공영역을 감안하여 결정되었다.

각 연구분야의 연구주제와 주요 연구내용을 간략히 소개하면 아래와 같다.

(1) **지리** : 낙동강 유역에 위치한 촌락의 자연 및 인문환경과 그 변화상을 주된 연구주제로 하였다. 구체적인 연구내용으로는, 각 권역별 자연환경의 특성을 파악하고, 이것이 인구구조, 생업, 취락구성에 대하여 갖는 연관관계를 분석하였다. 또, 현대의 사회경제적 변화가 촌락생활에 미치는 영향을 조사하였다.

(2) **언어** : 언어는 끊임없이 변하는 다양한 방언변이형의 집합이기에, 낙동강 유역의 언어 연구는 한국어의 다양성을 파악하는 데 필수적이다. 이 지역은 한국어의 뿌리를 형성한 곳으로, 지역 언어의 통시적 연구를 통하여 언어의 보수형과 개신형을 확인할 수 있어, 방언형태의 분포와 그 확산을 찾기에 적합하다. 언어분야에서는 우선, 일반언어학적 조사를 통하여 낙동강 유역권 방언의 통시적 변이와 현재의 분포양상을 파악한다. 이 조사는 방언의 분화와 구획을 보다 정밀하게 확인하면서, 이 과정을 통하여 방언권의 분포와 낙동강 유역의 문화적 분화를 상호관련 속에서

파악하고자 하였다.

다른 한편, 언어분야의 연구에서는 방언의 분화에 반영된 지역의 사회
문화적 특성에도 주목하였다. 문화는 인간의 정신적 창조활동이지만, 그
구체적 표현과 전승은 언어를 통해서 이루어진다. 따라서 그 지역의 문화
적 특성은 지역 언어에 고스란히 담겨 있을 수밖에 없기 때문이다.

(3) **역사** : 역사분야에서는 구체적인 사실(史實)이나 그 흐름을 다루기
보다는, 이 지역 역사의식의 이념적 주축을 이룬 유교문화를 연구주제로
삼았다. 주된 연구내용은, 영남 유교문화의 독자성와 내부적 다양성을 파
악하는 것으로, 지역학파의 사유체계의 내적 구조를 통시적으로 비교, 그
전승과 복합과정을 조사하였다.

(4) **종교** : 불교문화를 연구주제로 하였다. 연구의 내용은 크게 둘로
나누었다. 하나는, 지역불교의 발전과정을 살펴보는 것이며, 다른 하나는
현대 지역사회에서의 불교의 기능과 지역주민과의 관계를 살펴보는 것이
다. 지역불교의 발전과정은 불교 종파와 사찰의 분포와 역사적 변화를 통
하여, 현대사회에서의 불교의 기능과 그 변화에 대해서는 사찰과 지역주
민에 대한 현지조사를 통하여 이루어졌다.

(5) **민속** : 민속분야에서는 동제를 주된 연구주제로 선정하였다. 연구
의 초기 단계에서는 샤머니즘도 연구주제에 포함하였으나 활동이 미약하
였기 때문에, 지역사회에서 보다 사회성이 강한 동제를 연구주제로 하였
다. 동제에서는 특히 현대사회에서의 동제의 부활이라는 측면에 초점을
맞추어 지역주민들이 민속문화의 전승에 있어 수행하는 역할을 중점적으
로 살펴보았다.

(6) **사회경제** : 사회경제의 측면에서는 농촌지역의 정기시장인 장시
(場市)를 연구주제로 하였다. 장시는 기본적으로는 경제활동의 장이면서
도 동시에 복합적인 사회·문화적 공간으로서의 역할도 수행하는 곳이기
때문에 지역의 사회경제적 현상을 축약적으로 보여주고 있기 때문이다.

주된 연구내용으로는 장시의 분포와 경제적 기능, 장시와 생활권의 관계, 장시의 사회 · 문화적 의미 등이 포함되었다.

(7) **여성** : 이 분야는 낙동강 유역권 여성의 삶과 그 문화적 의미를 여성 자신의 관점에서 조명함으로써, 종래 남성중심으로 편향된 영남문화에 대한 인식을 교정하는 데 목적을 두었다. 이를 위해 구체적으로는 유교문화가 성역할 인식과 실천에 미치는 영향, 여성 자신의 유교문화에 대한 수용과 저항, 그리고 그 변화상에 대한 연구가 진행되었다.

2) 연구지역

이 연구는 낙동강 유역을 중심으로 형성 · 발전되어 온 영남문화의 본질과 정체성을 규명하기 위한 학제적 연구로서 기획되었다. 낙동강 유역권은 경북지역과 함께 경남지역에도 펼쳐져 있으나, 한정된 시간적 여건과 아울러 연구 참여자들이 모두 대구 및 경북 일원에서 활동하고 있는 점을 감안하여 연구지역을 경상북도 낙동강 유역권으로 한정하였다.

이 연구는 나아가 경북 일원의 낙동강 유역권을 현재의 생활권, 교통권에 비추어 안동권 · 상주권 · 성주권으로 삼분(三分)하여 각 권역 당 1년씩 조사 · 연구하였다(〈지도 2〉 참조). 연구지역을 3개 권역으로 나눈 것은 다음 두 사항이 고려되었기 때문이다. 첫째, 각 권역의 지역민들이 오랜 기간 동안 동일한 생활권에서 삶을 꾸려 왔으므로 상당한 정도의 문화적 동질성을 지니고 있을 것으로 판단되었기 때문이다. 실제로, 방언상의 특징을 보더라도, 의문법 종결의미의 사용법이 안동권은 '-니껴'형(어데 가니껴?), 상주권은 '-여'형(어데 가여?), 성주권은 '-능교'형으로 나타나는 등 상당한 지역적 변별성을 보여주고 있다.

둘째, 현지조사에서의 편의성과 효율성이 고려되었다. 동일한 권역 내에 있는 지리적으로 인접한 지역에 대한 현지조사는 조사의 집중성과 시간적·경제적 효율성을 높일 것으로 기대되었기 때문이다.

　연구권역의 구성과 연구기간은 다음과 같다. 우선 안동권은 안동·영주·봉화·의성 등 경북 북부지역을 포함하며, 제1차년도(2002.8~2003.7)에 연구가 진행되었다. 상주권은 상주·문경·예천·구미 등 경북 중부지역을 포함하며 제2차년도(2003.8~2004.7)에, 성주권은 성주·칠곡·달성·고령 등 대구시 인근지역을 포함하며 제3차년도(2004.8~2005.7)에 각각 연구가 진행되었다.

〈지도 2〉 경상북도 지도

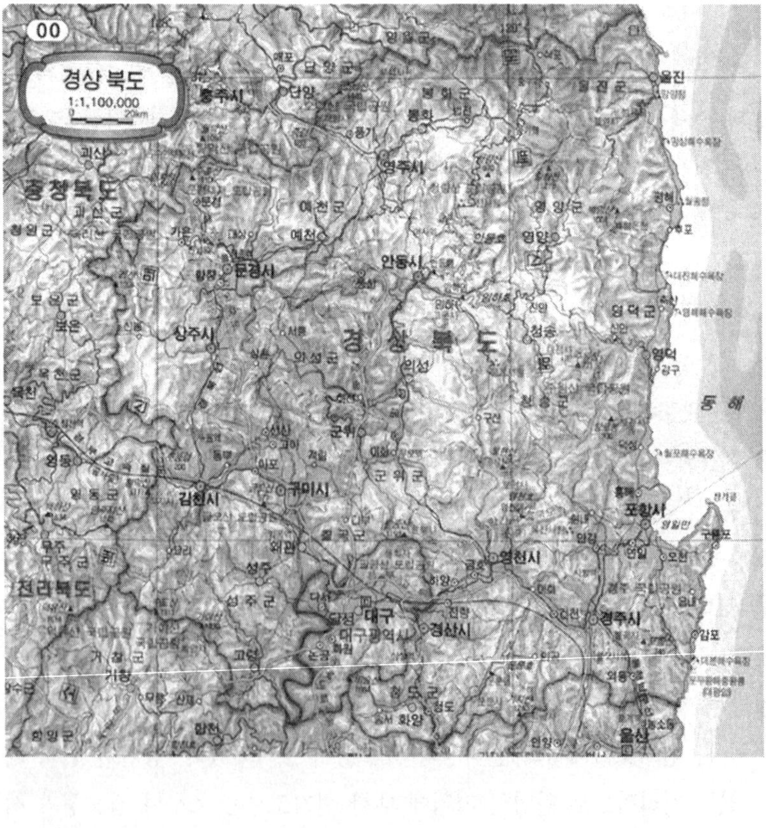

3) 연구 방법

(1) 조사지 선정

앞서 언급한 것처럼, 이 연구는 경북 일원의 낙동강 유역권을 현재의 생활권, 교통권, 방언권을 참조하여, 안동권·상주권·성주권으로 삼분 (三分)하여 각 권역 당 1년씩 조사를 하는 식으로 진행되었다. 그러나 이렇게 조사지역을 나누어도, 각 권역의 범위는 소수의 조사자들이 전 지역을 조사하기에는 너무 넓었다. 따라서 각 권역 내에서, 그 권역을 대표할 만한 작은 지역을 집중조사지로 선정하여 모든 연구주제의 연구자들이 함께 조사하는 방식이 거론되었다. 사실, 학제적 연구 방법의 효율성이라는 측면에서 보자면, 모든 분야의 연구자들이 가능하면 같은 지역 내의 같은 주민들을 대상으로 조사내용을 상호점검하면서 연구해 나가는 쪽이 바람직할 것이다.

그러나 이 연구에서는 각 분야의 연구주제의 성격상, 좁은 범위의 일정 지역에 대한 집중조사는 현실적으로 불가능하였다. 각 분야의 연구주제가 요구하는 조사대상의 지역적 분포가 서로 달랐기 때문이다. 예컨대, 유교문화 연구자와 불교문화 연구자는 조사대상지역이 다를 수밖에 없었다. 민속문화 연구자는 동제를 지내는 곳을 찾아 가야 하지만, 그 인근에는 장시가 열리지 않아 사회경제분야의 연구자는 조사할 수 없게 되는 경우도 있다. 언어분야의 방언 연구자는 방언권의 분포를 파악하기 위하여, 권역 전체의 지역을 대상으로 되도록 많은 제보자로부터 방언을 채록하지 않으면 안 되기 때문에, 조사지역의 한정은 있을 수 없다.

이런 문제점을 감안하여, 이 연구에서 조사지 선정은 각 분야의 연구자가 자신의 연구주제에 가장 합당한 조사지를 권역 내에서 임의로 선정하는 방식으로 진행되었다. 따라서 연구분야가 다른 연구자들이 함께 같은 마을, 같은 제보자를 상대로 하는 조사는 거의 이루어지지 않았다. 이러한 조사방식은 개별 연구주제에 대한 효율적인 접근방식은 제공해 주었다. 개별 연구주제에 가장 맞는 조사대상을 선정할 수 있었기 때문이다. 그러나 지역문화에 대한 학제적인 · 종합적인 접근이라는 이 연구의 목적에 비추어서는 충분하지 못한 조사방법이었다.

이러한 문제점을 보완하기 위하여, 이 연구에서는 현지조사 후의 정기적 보고회를 통하여 다른 분야 연구의 정보를 교환하도록 하였다. 아울러, 각 분야의 개별조사가 거의 마무리되는 시점을 이용하여 전체 조사자가 전 조사지를 함께 둘러보는 합동조사를 실시하였다.

(2) 조사방법

조사지가 연구주제에 따라 다를 수밖에 없었던 것처럼, 조사방법도 각 주제의 특성에 따라 다를 수밖에 없었다. 예컨대 유교사상이나 불교사의 연구는 문헌자료에의 의존 정도가 크지 않을 수 없었다. 반면, 장시의 조사는 철저하게 현장조사를 중심으로 하지 않으면 안 되었다. 그러나 현장조사를 중심으로 하더라도, 주제에 따라 조사방법은 달라질 수밖에 없었다. 민속이나 여성생활 분야는 소수의 주제보자를 중심으로 조사를 진행하지만, 방언의 경우는 가능하면 광역의 다수 제보자를 확보하는 것이 바람직하였다.

이처럼 연구주제에 따라 다양한 조사의 기법이 동원되었지만, 이 연구의 전체를 통해서 일관되게 강조된 것은 현장 확인과 현지조사를 가장 중요하면서도 기본적인 조사방법으로 삼는다는 원칙이었다. 지역연구의 기본적 토대는 두말 할 나위 없이 현지조사를 통한 체계화된 자료의 획득이다. 이 연구에서도 그 기본 목표 중 하나는, 지역문화에 관한 기초자료의 수집에 있었다. 따라서 이 연구는 지역문화에 대한 이해와 분류가 가능할 수 있는 토대를 구축하기 위해 지리에서부터 여성생활에 이르기까지의 모든 분야에 걸쳐, 현지조사를 통하여 지역의 현지사정과 지역주민의 생활에 대한 직접적 자료를 확보토록 하였다.

이에 따라 각 연구분야는 책임연구원을 중심으로 1~3명의 연구보조원이 팀을 이루어 현지조사를 실시하였다. 문헌조사는 대개 예비조사 단계나 본조사가 끝난 단계에 이루어졌다. 현지조사에는 각 연구분야의 팀원들이 모두 참여하여, 현지에서의 문헌자료 수집, 설문지를 통한 자료 수집, 개별 및 집단 인터뷰를 통한 자료 수집, 참여관찰(participant observation)을 통한 자료 수집 등을 행하였다.

3. 연구결과 요약

이 연구의 결과를 각 분야별로 요약하면 다음과 같다.

제2장 「낙동강 유역 촌락의 자연과 사회·경제 환경」에서는 낙동강 중·상류 지역의 자연환경의 소개와 함께, 15세기 이래의 인구변화를 제시하였다. 아울러, 상주권과 성주권에 대한 촌락조사를 통하여 지역민의 생활상과 변화를 살펴보았다.

낙동강 중·상류지역의 인구는 15세기 이래 1970년대까지 꾸준히 증가하였다. 농업생산력의 증대와 의학발달로 인한 출생률 증가와 사망률 감소에 기초한 자연적 증가였다. 그러나 1970년대 이후 지역인구는 대구시에 가까운 성주권 일부를 제외하고는 급격히 감소하였다. 이러한 현상은 이 지역에 국한된 것이 아니라, 1960년대 이후의 고도경제성장 결과 한국의 산업구조가 농어업에서 제조업·서비스업 중심으로 변화함과 아울러 도시화로 치닫게 된 한국사회 전체의 변화를 반영하고 있음은 물론이다. 2000년대 들어서는 아이 울음소리가 거의 끊어진 조사대상의 네 마을의 현실은 이를 여실히 증명해 주고 있다.

촌락조사에 따르면, 이들 지역주민들은 거의 토박이들이다. 세대주의

대부분은 그 마을 출신이며, 인근의 초등학교 입학생도 거의 현지 출생자
이다. 이처럼 지역사회는 전통적으로 자체 재생산되었다고 볼 수 있으며,
지역의 보수성을 뒷받침하는 주요 요인이 되었을 것이다. 주목되는 점은,
지역 출신들이 서울이나 대구 등 대도시로 이주하는 경우, 대체로 고향에
서 오는 접근로에 근접한 지역에 몰려 사는 경향을 보이고 있다는 점이
다. 이것은 도시에로의 이주에도 불구하고, 출신지의 지연관계가 강하게
유지되고 있다는 점을 시사해 준다.

그러나 1980년대 이후 인구유출이 더 심해지고 자녀출산이 감소하면
서, 지역사회의 전통적 재생산구조는 심각한 위협에 직면하고 있다. 상주
권에서 조사된 한 촌락 주민의 평균연령은 72세로, 주민 스스로가 인식
하는 농업 생산 활동의 한계연령 70세를 넘고 있다. 이러한 인구의 고령
화·과소화는 조사지역에서 일반적으로 관찰되는 현상이지만, 그 속도와
정도는 농업활동의 유형에 따라 다르다는 점도 흥미롭다.

1980년대 이후 벼·보리 등 전통적 곡물 농업을 계속하고 있는 촌락
과 채소·과수 등 상업 작물이 영농활동의 중심이 된 촌락은 사회생활과
경제생활이 많이 달라졌는데, 그것은 촌락의 입지가 촌락의 입지가 산간
이냐 평야이냐에 관계가 있다. 산간 촌락은 과수·채소작물, 평야 지대의
촌락은 논농사를 중심으로 하는데, 인구감소와 노령화는 평야지대 촌락
에서 더 빠르게 진행되고 소득도 훨씬 낮다. 전통적인 벼농사와 밭농사만
으로는 높은 소득을 올릴 수 없어 젊은이들의 도시이출이 더 많아진 결과
고령화의 속도가 빨라졌고, 고령화가 진행되면서 농업생산성과 소득은
더 떨어지는 악순환이 이루어진 것이다. 벼농사 지역의 주민들이 과수농
사를 주로 하는 촌락의 주민들보다 마을의 장래나 한국 농업의 전망, 정
부의 영농정책을 더 부정적으로 인식하고 있는 것도 이러한 격차 확대에
따른 당연한 결과일 것이다.

제3장 「경북 방언 어휘의 분화 기제」에서는 경북 중북부지역 어휘의

특징과 그 분화기제를, 일반언어학과 사회언어학의 두 가지 측면에서 다루었다. 국어사의 연구에서 경북방언 연구가 갖는 의의는 매우 크다. 중세국어·현대국어의 원류인 고대국어가 경북지역어(신라어)를 기반으로 이루어졌다는 것은 잘 알려진 사실이다. 경북방언에 대한 연구는, 국어사 연구가 상당 부분 제한된 문헌어를 바탕으로 이루어질 수밖에 없는 현실을 보완하는 의미가 있다.

경북방언에 대한 연구에서는 다음과 같은 점이 확인되었다. 우선, 경북방언의 자음체계에서 가장 뚜렷한 특징은 일부 지역에서 'ㅅ'과 'ㅆ'이 변별된다는 점인데, 그 전이지역을 김천시 아포읍으로부터 고령군 다산면과 칠곡군 석적면 사이의 지역으로 확인할 수 있었다. 이 전이지역의 북쪽은 /ㅆ/가 존재하며, 남쪽은 존재하지 않는데, 이 전이지역은 17세기 이후의 중부방언의 영향을 말해 준다. 또한 경북방언에서 모음의 중화현상이 매우 뚜렷한 점도 확인할 수 있었다.

또, 어휘변화의 뚜렷한 기제로 차용현상을 확인할 수 있었다. 예컨대 고령과 달성의 현풍 지역에서는 경남의 방언어휘가 나타나고, 구미·칠곡의 이북지역은 중부방언의 영향을 받은 어휘가 나타남을 확인할 수 있었다. 전체적으로, 언어분야의 연구에서는 '봉화·영주·안동', '예천·문경·의성', '상주·선산', '성주·칠곡·고령·달성'의 4대 중방언권을 확인하였다.

방언의 분화는 사회문화적 요인에 의해서도 일어난다. 이것은 같은 마을에 거주하는 두 가문 간의 호지칭어 분화, 그리고 이른바 '반촌'과 '민촌' 간의 호지칭어 분화를 통해서 확인할 수 있다. 안동 소산1리의 선안동 김씨와 후안동 김씨 집안은 같은 마을에 거주하면서도, 전자는 안동지역 동성마을에서 일반적으로 쓰이는 호지칭어를 사용하는 반면, 후자는 표준어에 가까운 호지칭어를 구사한다. 후자는 문중 성원 중 상당수가 조정에 출사했던 이른바 조선시대의 명문거족으로 서울말 차용이 일어났던 것으로 해석된다.

반촌·민촌 간에도 호지칭어 분화는 관찰되었다. 반촌민의 호지칭어가 '전통성'을 지키고 있었다면, 민촌인은 표준어나 남부방언을 차용하는 등 보다 자유로운 언어생활을 보여주었다.

이처럼, 언어는 문화의 함축이자 표상이며, 문화는 언어를 통하여 자신을 표현한다. 영남문화는 조선 정신문화의 핵심인 유교문화와 밀접한 관련을 갖고 있다. 영남의 언어에는 유교문화의 다양한 측면들이 녹아 있기에, 영남의 언어에 대한 연구는 유교문화의 본질을 보다 깊이 이해하기 위한 의미 있는 작업이라 할 수 있다. 이 점은 제4장 「성주 지역어 친족 호격어와 화계의 상관성」에서 다시 확인할 수 있다.

제4장 「성주 지역어 친족 호격어와 화계의 상관성」은 친족호격어와 화계(話係: 청자존대법의 등급체계)의 상관성에 대한 연구를 통하여 영남의 유교문화를 이해하려는 흥미 있는 시도를 보여준다. 전통적으로 유교 이념은 양반사족의 동성마을에서 전개되는 일상적 삶 가운데서 밀도 높게 실천되었다. 친족호칭어와 화계는 이러한 일상적 유교이념의 실천의 중심에 있었다. 동성마을의 양반사족은 원래 배타적이며 위계적인 혈연의식을 바탕으로 형성된 집단이므로, 구성원들의 사회적 관계는 친족호칭어와 화계를 통하여 엄격히 정형화될 수밖에 없었기 때문이다. 친족호칭어와 화계는 친족 성원들의 위계질서를 유교이념에 따라 체계화하여, 친족원을 항렬·연령·성·세대 등의 기준에 의한 일정한 범주로 구분해 준다. 이런 의미에서 친족호칭어와 화계는 동성마을에서의 유교적 이념의 실천을 이해하는 데 있어 핵심이라 할 수 있다.

이 글은 성주지역의 대표적 동성마을인 한개 마을에 대한 현지조사를 바탕으로 작성되었다. 한개 마을은 친족호칭어와 화계 연구라는 측면에서 대단히 흥미롭고도 의미 있는 배경이 되는 곳이다. 한개 마을은 성산 이씨의 동성마을이지만, 붕당의 대립에 따라 성산 이씨의 내부가 남인계열인 〈북비고택〉과 노론계열인 〈교리댁〉의 두 종택으로 나누어져 있었다. 이 연구는, 친족호칭어와 화계의 측면에서 이 두 계열이 상당한 차이를 보이고 있음을 알려주고 있다. 전체적으로 보자면, 남인계열인 〈북비고택〉은 안동권과 많은 공통점을 가지고 있지만 약간의 변이 양상을 보인다. 이는 한개 마을이 위치한 성주권이 퇴계학맥의 중심부인 안동에서 떨어진 주변부에 위치하여, 남명학파 등 다양한 유교의 학맥으로부터 영향을 받는 위치에 있었기 때문으로 해석된다. 한편, 노론계열인 〈교리댁〉은 잦은 출사로 기호 학맥의 영향을 받아, 친족호칭어가 표준호칭어에 가까운 변이형을 보이고 있다.

이러한 조사결과는, 이 지역의 방언분화가 전체적으로는 행정구역상의 분화와 일치하는 하위방언형의 분화를 보이면서도, 내부적으로는 역사적·사회적 배경에 따라 별개의 변이양상을 나타내고 있음을 말해주고 있다. 방언의 분화가 단순히 지리적 경계 만에 의해서가 아니라, 사회적 경계에 의해서도 강한 영향을 받는다는 점을 알 수 있다.

아울러 사회언어학적 측면에서는, 반촌(班村)/민촌(民村)의 호칭어 차이(안동권)를 확인하였고, 나아가 같은 동성집단 내에서도 당파대립에 따른 친족호칭어의 분화가 진행되었음(성주권)을 확인하였다.

제5장 「영남의 유교문화권: 낙동강 중·북부지역 유학사상의 권역별 특징」은 지역문화론의 입장에서 낙동강 중·상류지역의 유학사상을 정리한 글이다. 이 글은 종래 영남유림의 사상에 대한 연구가 지나치게 개별 학맥, 혹은 그 전승에 초점을 맞추어 이루어진 데 대한 반성을 토대로, 지역학파의 사유체계의 내적 구조를 통시적으로 비교하여 그 의미 연관을 재구성을 함으로써, 각 권역 유학사상의 특색을 파악하고 지역학파 상호 간의 사유체계의 전승과 복합과정을 밝혀, 이를 바탕으로 영남문화의 핵심이라 할 수 있는 유교문화의 본질과 발전양상을 규명하는 데 목적을 두고 있다.

이러한 연구목적을 위해, 이 글은 지역의 유교문화에 대하여 두 가지의 새로운 시각에서 접근하고 있다. 하나는, 지역 사유구조의 특질을 그 지역의 자연환경과의 연관성 위에서 파악하려는 시각이며, 다른 하나는 각 학파의 전승·발전의 전개과정을 중심부-주변부에서 이해하려는 시각이다. 일반적으로 자연환경에 대응하는 사유와 생활방식이 문화를 구성한다는 점에서, 각 지역 자연환경의 맥락에서 지역 학풍을 고찰할 때 그 사유체계의 특질을 더 적절하게 규명할 수 있을 것이다. 아울러, 중심부-주변부의 이해체계는 각 권역의 특징적인 사유체계를 전체적 관점에서 이해하고, 권역 간의 사상적 교류의 양상을 짚어보기 위한 것이다. 이 글은 다음과 같이 정리된다.

영남지방은 여말선초에 일종의 '대개간시대'를 거치면서 조선의 사회경제적 선진지역으로 부상하였고, 대유(大儒)가 계속 출현하여 이 개간시대 이후의 사회체제를 지탱할 학문을 선도적으로 발전시키면서 16세기 이후에는 문화적 중심지로 확고한 위치를 차지하였다. 퇴계·남명 이후 지역 학파가 발전했으나 이들 사이에는 중심부를 두고 일련의 위차가 생겨나 중심부(안동권)-반주변부(상주권)-주변부(성주권)의 형태가 구축되었다.

안동권은 사족지배체제가 전형적인 발전을 보이고 이를 뒷받침하는 사유체계가 확고하게 자리 잡았다. 그것을 집대성한 퇴계의 주리론과 경(敬)사상·이기이원론은 바로 곡물중심의 한전농업지대로서 절약과 검소가 요구되던 문화풍토와 사회의 이원적 편재(사족지배질서)를 유지하려는 사회적 요구를 반영하였다. 퇴계 사후 학봉계가 주류로 부상하게 된 것은 이현일이 퇴계학의 본령을 유지하면서도 변화하던 상황을 맞추어 현실주의를 보강함으로써 학문적 변용을 성공적으로 이룩했기 때문이다.

상주권은 교통의 요지라는 지리적 환경으로 인해 초기부터 회통적(會通的)·개방적·현실주의적 사유체계가 자리 잡았다. 서애계가 이 지역학맥의 중심으로 등장한 것은 그들의 학풍이 이에 맞았기 때문이다. 이 지역은 안동권에 대해서는 주도권을 놓고 부단히 경쟁하면서, 한편으로는 주변부인 성주권에 영향을 확대하려는 반(半)주변부로서의 문화 양상을 보였다.

성주권은 남명학파와의 접경에 위치한 회색지대로서, 기학(氣學)과 실용성이 주요 특징으로 나타났다. 장현광에서 이진상으로 이어지는 이 지역의 일원론 철학은 사족지배가 느슨했던 이 지역의 사회적 관계를 반영하였다. 한려학파(寒旅學派)가 정구·장현광 사후 급격히 쇠퇴하고 중심을 잃은 것은 주변부로서의 성주권의 문화적 위상을 대변한다. 이 지역은 19세기 이후 안동권과 상주권의 학풍에 의해 급격하게 잠식되었는데, 이진상이 유리론적(唯理論的) 일원론을 제기하고, 이(理)개념에서 도덕주의를 현격하게 포기한 것은 중심부의 문화적 권위를 차용하면서(주리론 강화) 시대의 변화를 수용하여(理개념의 변화) 중심부로 부상하려는 주변부 지식인의 고뇌를 담고 있었다.

제6장 「조선후기 지방사원과 국가, 재지사족」에서는 조선조 이래 영남지역 불교의 전개과정을 통시적으로 살펴보고 있다. 영남지역은 삼국시대에 불교가 수용된 이래 불교문화가 가장 번성했던 지역이다. 신라불교의 초전지(初傳地)인 선산을 비롯하여 이 지역에 널리 분포되고 있는 사찰들은 지역문화의 중심지이자 한반도의 신앙 중심지로서 중요한 역할을 수행하였다. 그러나 조선왕조가 들어서면서 추진된 억불숭유(抑佛崇儒)정책으로 지역의 불교도 사찰이 폐사(廢寺)되거나 서원부지로 전용되는 등 큰 타격을 입었다.

그러므로 지역의 조선후기 불교사를 다룬 연구들이 사원경제사적 측면 등 대체로 지속적인 탄압대상으로서의 불교에 초점을 맞춘 연구들이 많았던 것은 당연하다 할 수 있다. 그러나 조선조의 지배층에 의한 억불숭유정책으로 불교가 완전히 뿌리 뽑힌 것은 아니었다. 조선시기에도 불교는 다양한 민간신앙과 결합하면서 기층민들의 정신세계에 영향을 미쳤

다. 이 글의 주된 분석대상인 안동권은 성리학이 가장 융성했던, 그리고
사족지배체제가 가장 강고했던 지역 중의 하나이지만, 17세기 이후 사원
중창(重創)이 매우 활발하게 이루어졌다.

이 글은 삼국시대 이래 영남지역 불교와 사원의 역사적 변화를 개괄한
다음, 조선후기의 사회경제적 변화와 당시 광범하게 일어났던 사원(寺院)
과 지방행정 및 재지사족(在地士族)과의 길항관계(拮抗關係)를 살펴보고
있다. 이 연구는 조선후기 사족지배체제가 가장 강력한 지역 중의 하나였
던 안동권 지역에서 일어난 사원 중창의 여러 모습을 살펴보고, 조선후기
사원과 재지사족의 분쟁을 대곡사의 사례를 통하여 고찰함으로써 조선후
기 지역사회와 사원 사이의 관계를 분석하였다.

조선후기 사원의 중창은 각 지역별로 광범하게 이루어졌으며, 안동지
방의 경우 1600년대 중반부터 본격화되어 17·18세기에 집중적으로 이
루어졌다. 이 과정에서 소멸하는 사원도 많았지만, 새로이 사원을 창건하
는 경우도 확인할 수 있다. 이러한 조선후기 사원 중창은 임란 이후 지배
층이 불교에 대하여 우호적인 시각으로 바뀌면서 이루어지는 경향도 분
명히 있었다고 생각되며, 고운사의 경우와 같이 왕실과의 연관을 맺으면
서 지방관의 도움을 받는 경우도 있었다. 그러나 대곡사와 같이 산림이용
권을 둘러싸고 지역사족과 격렬하게 대립한 경우도 있었다.

제7장 「현대불교의 특징과 영남지역 사찰의 활동: 봉화·구미·성주
권을 중심으로」에서는 앞 장과는 달리, 근·현대 경북지역 불교의 발전과
정을 정리하고 있다. 이 글의 내용은 크게 경북불교의 근·현대의 발전과
정을 다룬 부분과 지역사회에서의 경북불교의 역할과 기능을 다룬 부분
의 둘로 나눌 수 있다. 경북불교의 근·현대의 추이에 관해서, 이 글은
우선 심전(心田)개발운동을 중심으로 그 친일화 과정을 살핀 다음, 해방
후에는 불교정화운동으로 촉발된 조계종분규 및 신흥종단 창종의 맥락에
서 현대 경북불교계의 동향을 정리하였다. 이러한 영남지역 불교사의 전

개에 대한 인식을 바탕으로, 이 장은 봉화군·구미시·성주권 일대의 사찰과 지역사회에 대한 현지조사를 통하여 현대 불교가 지역사회에서 어떤 기능을 수행하며 어떤 변화가 일어나고 있는가를 정리하였다.

현대불교의 기능은 지역사회의 성격에 따라 많은 차이를 보이고 있다. 예컨대 인구가 적고 비교적 산간오지에 속하는 봉화군의 사찰은 승려의 수행이 그 기능의 중심을 이루고 있는데 비해, 도시부의 구미지역에서는 지역민에 대한 봉사활동에 적극적으로 나서고 있다. 그러나 이처럼 지역의 성격에 따른 차이는 존재하지만, 오늘날 사찰활동과 지역사회에서의 기능에 많은 변화가 일어나고 있음도 관찰되었다. 전체적으로 지역불교는 이전에 비해 승려들만의 수행공간이라는 한정된 기능을 벗어나 지역 주민에 대한 포교와 봉사활동에 더 적극적이다. 일반인들의 사이에서도 사회생활이 복잡해질수록 심신의 정화와 안정을 추구하는 욕구도 커지고 있다. 이에 따라 종전에 60대 이상 여성노인들이 주류를 이루었던 신도층에도 청장년과 남성 불자가 늘고 있는 현상이 나타나고 있다. 이러한 신도층의 변화에 따라 종래 노년층에서 많이 보였던 기복적 경향의 신앙 활동도 정신수행을 중시하는 것으로 바뀌고 있음을 볼 수 있다.

불교사찰의 지역사회에 대한 활동은 매우 적극적으로 바뀌었다. 구미시와 달성군 등 도시 혹은 대도시에 인접한 지역의 사찰들이 특히 그러하다. 이들은 장애자, 빈민, 수감자, 외국인노동자 등 사회적 약자를 위한 봉사활동에서부터 일반인들을 위한 불교 공부모임에 이르기까지 폭넓은 활동을 벌이고 있다. 이에 따라 지역불교도 종래의 산중사찰에서 벗어나 도회로 파고드는 등 공간적 영역도 확산되고 있다.

이러한 불교의 사회적 기능의 확산과 함께, 사찰의 대형화 경향도 확인할 수 있었다. 이러한 대형화 경향은 신자들이 작은 산중 사찰은 잘 찾지 않는 대신, 어느 정도 신앙 활동의 사회화가 가능한 정도의 규모를 갖춘 사찰을 즐겨 찾기 때문인 것 같다. 사찰의 대형화와 함께 신도층의 지리

적 분포가 넓어지면서, 종래 사찰과 인근 지역주민 간에 형성되었던 종교
적·사회적 밀착관계는 오히려 엷어지고 있음도 알 수 있었다.

제8장 「경북지역 동제의 현대적 전승과 변용: 동제의 부활과 전승주체
의 현실대응을 중심으로」는 최근의 '동제의 부활' 현상을 통하여, 경북지
역 동제의 특성을 밝히고 있다. 이 글은 특히 동제의 부활이 이루어지는
과정에서 나타나는 전승주체들의 대응방식에 주목한다. 종래의 민족주의
와 민중주의의 거대담론에서 이루어진 민속연구가 전승주체의 주체성을
부인한 것과는 달리, 사회구조의 변화 속에서 주체적이고 능동적으로 대
응해 나가는 민중의 모습을 통하여 경북지역 동제의 특성을 파악하고자
하는 것이다.

이러한 목적을 위하여, 이 글은 우선 경북지역 동제의 성격을 안동권·
상주권·성주권·동해안권의 권역별로 소개한다. 안동권은 재지사족의
유교문화가 왕성한 곳이었지만, 일반 민중들에 의한 민간신앙 활동도 꾸
준히 유지되었다. 안동권의 동제는 양반/민중의 상하질서 속에서 동제/
별신굿의 이중구조를 형성하면서 전승되었다. 상주권은 10월 상달고사를
주로 한다는 점에서 정월보름 동제의 안동권과는 다른 지역적 특성을 가
진다. 10월 상달고사는 정월동제 보다는 훨씬 고형에 속하는 지역공동체
신앙으로, 상주권이 안동권보다 상대적으로 유교문화의 영향을 덜 받았
기 때문으로 보인다. 성주권은 동제의 전승력이 가장 약한 지역이다. 대
구에 가깝고, 시설재배 등 환금작물 재배가 늘면서 전통적인 농촌공동체
가 가장 많이 와해된 곳이기 때문이다. 전반적으로 성주권의 동제는 풍물
굿형인데, 고령과 달성은 경남지역 민속과의 점이지대적 성격을 보인다.
동해안권은 세습무에 의한 별신굿의 전승이 왕성한 곳이다.

다음으로 이 글은, 동제의 부활양상을 1) 주민들에 의한 자체적 부활,
2) 국가의 문화정책과 지원에 의한 부활, 3) 산업체에 의한 부활이라는
세 형태로 나누어 소개하였다. 동제의 부활양상이 이처럼 다양한 것은,

사회 전체의 변화와 함께 민속문화에 대한 요구도 다양한 차원에서 이루어지고 있음을 보여준다. 그러나 어떤 집단 혹은 개인이 동제의 부활을 주도 하든 간에, 전승주체인 민중들은 자신이 처한 상황에 맞는 대응전략을 주체적으로 세우고 실천한다. 이는 국가의 개입으로 부활한 동제에서 잘 나타난다. 국가의 문화정책을 잘 이해하여 경우에 따라서는 관(官)과 갈등을 겪으면서도 동제를 부활시킨 중기리와 월막리의 사례는 전승주체들의 역동적인 모습을 단적으로 보여준다.

제9장 「경북지역 정기시장의 변화와 지속: 민족지 맥락에서의 검토」는 농촌 정기시장의 현상과 변화를 통하여 지역사회의 사회경제와 문화를 살핀 글이다. 장시는 오랫동안 한국 전통사회에서 경제·사회·문화생활의 중심적 역할을 수행하였다. 그러나 1960년대 이후 산업화·도시화가 본격화되기 시작하면서 장시는 그 전통적 위상을 급격히 상실하고 있다. 조사자는 현지조사의 첫날, 어린 시절 구경했던 고향의 장날 풍경과는 너무나 달라진 안동 옹천장의 모습을 보고 느낀 '실망'을 통하여 장시의 위상추락을 전하고 있다. 그러나 60기의 오일장에 대한 현지조사를 마친 조사자는 그 위상추락에도 불구하고 장시는 여전히 현대의 한국농촌사회에서 상당한 경제적·사회적·문화적 역할을 수행하고 있음을 알려주고 있다.

이 장에서는 안동권·상주권·성주권 정기시장의 변화와 지속을 풍부한 민족지적 사례를 통하여 살펴보고 있다. 이 장에서는 우선 한국 장시의 역사적 발전과정을 소개한 다음, 지역 오일장에 대한 현지조사를 통하여 오일장 이용자의 인적 구성, 권역별 장시의 현황과 특징, 오일장의 경제적·사회적·문화적 맥락 등을 알려주고 있다.

이 장에서의 연구결과는 다음과 같이 요약될 수 있다. 첫째는, 오일장의 이용자인 소비자와 상인들의 노령화가 현저하다. 이는 농촌인구의 고령화현상을 반영하고 있다. 둘째, 도시화와 산업화가 진행되면서 오일장은 현저히 쇠퇴하였다. 특히 1990년대 이후에는 교통·통신의 발달과 함께 대형 유통망이 확산되면서 오일장의 입지는 더욱 좁아지고 있다. 셋째, 그러나 전반적인 쇠퇴현상에도 불구하고 오일장은 일정한 경제적 기능을 담당하고 있다. 오일장은 대형유통망이 제공해주지 못하는 다양한 서비스를 제공하기도 하며, 지역민의 경제활동에서의 이동비용과 시간을 절감하는 등, 농민과 상인의 생존에 필요한 지역적 기반을 제공하고 있다. 마지막으로, 과거에 비해 그 중요성이 떨어지긴 했으나, 지금도 오일장은 사회·문화적 차원에서 여전히 중요한 의미를 지니고 있다.

오일장은 이처럼 지역사회의 주민들에 대한 적으나마 일정한 경제적 역할을 수행하고 있으며, 사회·문화적 차원에서는 지역주민들의 생활에 여전히 상당한 의미를 갖고 있다는 점, 그리고 상당수 지자체에서는 지역경제 활성화나 지역 전통문화의 창출과 유지라는 정책적 차원에서 오일장의 지원에 나서고 있다는 점에서, 그 객관적인 존재 조건에 비해서는 더 오랫동안 존속할 것으로 보인다.

지금까지 영남문화에 관한 연구는 유교문화, 양반문화, 남성문화를 중심으로 이루어진 측면이 강하였다. 제10장 「영남권 여성의 일상, 노동, 욕구에 관한 이야기: 안동·상주권과 성주권 여성 삶의 비교」에서는 지역여성의 삶이 유교문화와 어떻게 연관되어 있으며, 그 사회경제적 토대는 무엇인지, 그리고 사회경제적 변화가 여성의 삶과 위상에 어떤 영향을 미쳐 왔는지를 여성 자신의 관점을 통해 살펴보는 데 목적을 두고 있다. 이 장은 이러한 목적을 위해, 유교적 가치관이 부부관계, 부모-자녀관계, 친족관계에서 여성의 삶을 어떻게 규정하였으며, 이에 대해 여성은 어떻게 대응하였는가를 살펴본다. 나아가 지역의 사회경제적 여건은 여성의 노동양태, 가정경제의 운영, 사회참여에 어떤 영향을 주었으며, 근래의 산업화 과정에 수반된 일련의 변화에 대해 여성은 어떻게 대응하고 있는가를 살펴보고 있다.

조사의 결과는, 각 지역별 사회경제적 조건과 유교적 가부장주의의 강도에 따라 남녀 양성(兩性) 간의 권력관계와 여성의 사회적 위상이 다르게 자리매김 되는 것을 확인할 수 있었다. 이는 다음과 같이 정리될 수 있다.

첫째, 안동권과 상주권 등 경북 중·북부 권역은 농촌이라는 생업기반과 강한 유교적 전통으로 인하여 보수적·폐쇄적 성향이 강한데, 이런 성향은 가족체계에서는 성별관계의 위계성과 엄격성으로 표출되고 있었다. 부부관계는 위계적이며, 가사결정권과 가사 노동권은 이원적 구조로 분리되어 있다. 전통적으로 이 지역의 기혼여성들은 며느리로서의 역할정체성에 집착하며 남성혈연의 문중과 가문을 위해 기꺼이 헌신하여 왔다. 그러나 이러한 특성은 구미와 대구근교의 성주권으로 오면 훨씬 약화되고 있다. 개방적인 도시문화에 노출되어 있을 뿐만 아니라, 농촌지역이라도 채소·과일 등 환금성이 높은 작물재배에 여성들이 직접 참여함으로써 여성의 높아진 경제적 위상이 가부장적 가족질서를 변화시키고 있는 것이다.

둘째, 경북 북부지역 여성들의 삶은 여성 자신의 주체적 의지나 능력보다는 지역의 사회경제적 조건과 유교적 윤리와 질서에 강한 영향을 받고 있다. 대도시 지역에서는 다양한 가족형태의 출현과 함께 친족관계의 양계화(兩系化)가 진행되어 있음에도 경북 북부지역은 여전히 남성혈연 중심의 가족관계망이 핵심이다. 여성은 남성과 마찬가지로 농업노동에 종사하지만, 가사와 봉례 등의 노동은 여전히 여성들만의 책임이다. 문제는, 여성들 스스로 이런 가족관계망과 노동방식을 당연한 문화적 질서로 인식하여 순응하고 있다는 점이다.

그러나 구미와 성주지역에서는 도시산업화의 영향에 의해 가사역할의 공동분담, 의사결정권의 통합, 재산의 공유 등과 같은 가족 내 권력구조의 변화가 나타나고 있음을 확인할 수 있었다.

셋째, 사회경제적 여건이 변화하고, 여성의 경제적 위상이 높아지면서 여성은 남성 중심적 가족관계에 대해 다양한 형태의 저항을 보이고 있다는 점을 확인할 수 있다. 안동·상주권의 여성들이 내면적으로 "참아내는" 식의 저항을 하고 있다면, 도시산업화에 개방된 대구근교의 지역들에서는 가족관계의 긴장, 재산을 둘러싼 갈등, 여성의 정체성 혼란 등의 문제들이 현재화(顯在化)되고 있고, 여성들은 이런 문제들을 극복하기 위해 사회참여와 봉사, 운동과 여가생활로 가족의 경계를 개방하거나 극단적으로는 가족이탈과 가족해체를 선택하기도 한다. 사회의 변화와 함께, 유교사상에 기반한 남녀 간 성별윤리와 가부장주의적 가족질서는 경북지역에서도 더 이상 강고하게 유지되지 못하고 새로운 변화의 시대를 맞이하고 있음을 보여준다.

각 장의 집필자는 다음과 같다.

제1장 「총론」은 유명기가, 제2장 「낙동강 유역 촌락의 자연과 사회·경제 환경」은 박규택, 제3장 「경북 방언 어휘의 분화 기제」는 이장희, 제4장 「성주 지역어 친족 호격어와 화계의 상관성」은 안귀남, 제5장 「영남의 유교문화권: 낙동강 중·북부지역 유학사상의 권역별 특징」은 김성윤, 제6장 「조선후기 지방사원과 국가, 재지사족」은 김형수, 제7장 「현대불교의 특징과 영남지역 사찰의 활동: 봉화·구미·성주권을 중심으로」는 손재현, 제8장 「경북지역 동제의 현대적 전승과 변용: 동제의 부활과 전승주체의 현실대응을 중심으로」는 손우승, 제9장 「경북지역 정기시장의 변화와 지속: 민족지 맥락에서의 검토」는 설병수, 제10장 「영남권 여성의 일상, 노동, 욕구에 관한 이야기: 안동·상주권과 성주권 여성 삶의 비교」는 이옥희가 각각 집필하였음을 밝혀 둔다.

┃ 참고문헌

강신표, 「동아시아 '역사세계'와 '소분지우주' 그리고 현대인류학」, 『한국문화인류학』28, 한국문
　　화인류학회, 1995.

권연웅, 「영남문화: 어떻게 연구할 것인가」, 『영남학』창간호, 2001.

김택규, 「한국기층문화영역론 시고」, 『인류학연구』2, 영남대문화인류학과, 1982.

_____, 『한국농경세시의 연구』, 영남대 출판부, 1985.

_____, 「영남문화의 이해를 위한 몇 가지 시각: 이념의 연속과 실태의 변용」, 『한국문화인류학』
　　21, 1989.

김택규 외, 『낙동강유역사연구』, 한국향토사연구전국협의회, 수서원, 1995.

박성봉, 「영남학의 가능성과 성취과제」, 『인문학연구』30(1), 경북대 인문과학연구소, 2004.

낙동강 유역의 사람들과 문화

I. 지리와 언어

제 2 장

낙동강 유역 촌락의 자연과 사회 · 경제 환경

1. 서 론

낙동강 유역은 한반도 남부의 척추 역할을 하는 태백산맥과 소백산맥에 의해 강원도, 충청도, 전라도와 구분된다. 지역 내의 크고 작은 촌락들은 하천과 산맥 등 자연적 요인에 의해 분리되어 도로와 교통이 발달하지 않았던 1960년대 전까지 촌락은 자체의 사회, 경제, 문화를 형성 · 유지시켜 왔다. 일반적으로 낙동강 유역의 촌락들은 오랜 시간에 걸쳐 낙동강이 만든 비옥한 퇴적평야 혹은 높은 산들로 둘러싸인 분지에 위치하고 있다. 그러나 1970년대 이후 산업화와 도시화가 급속하게 진전됨에 따라 낙동강 유역의 촌락들은 인구 감소와 주민의 노령화 그리고 지역 경제의 침체 등 복합적인 문제에 직면하게 되었다. 1990년대 이후 한국과 세계 경제 · 정치 구조의 변화 속에서 지역 촌락의 사회 · 경제를 발전시키고 나아가 정체성을 새롭게 정립하기 위해 전통산업의 부활, 관광과 문화산업의 육성, 다양한 축제 행사, 깨끗한 자연환경 등에 기초한 새로운 지역 개발 전략과 이미지를 만들려고 노력하고 있다.

오랜 역사를 통해 특정 지역의 인간 집단은 자연과 인문 환경의 복잡한 관계 속에서 생존, 번영, 쇠퇴를 거듭하였다. 낙동강 유역에 살아온 수많은 사람들도 예외는 아닐 것이다. 낙동강 유역에 위치한 촌락 주민들의 삶과 문화는 지역의 자연과 인문 환경이 상호 작용하는 가운데 구체적으로 표출되었다. 이 글의 목적은 거시적 · 미시적 관점에서 낙동강 유역의 촌락, 특히 상주권과 성주권 촌락의 자연과 사회 · 경제 환경을 고찰하는 것이다.

2. 지역의 자연환경

1) 상주권의 자연환경

낙동강 중 · 상류에 속하는 상주권의 자연환경은 지질 · 지형1)과 기후의 관점에서 기술될 수 있다.2) 지역의 중심인 문경, 예천, 상주, 구미는 낙동강의 우측과 소백산맥의 동남쪽에 형성된 넓은 평야와 산간 분지에 위치하고 있다. 따라서 교통과 통신이 발달하기 전 시기에 지역 주민의 삶과 문화는 자연환경의 영향을 크게 받았을 뿐만 아니라 이것을 극복하기 위한 노력과 관련성이 있다.

소백산맥의 지질은 캠브리아기(약 6억 년 전) 이전에 형성된 지층에 중생대 쥬라기 대보운동(大寶運動)때 관입된 화강암이 섬처럼 분포하고 있

---

1) 지형(地形)의 문자적 의미는 지구의 형태, 즉 높고 낮은 산, 산맥, 계곡, 평야, 분지 등 지구 표면의 모습을 나타낸다. 그리고 지형 연구는 상이한 지표의 형태를 기술 · 분류하고 유형을 밝히는 작업과 지형의 형성 · 변화를 해석 혹은 설명하고 나아가 예측하는 작업으로 대별해 볼 수 있다. 지형을 형성 · 변화시키는 요인은 지구 내부의 힘(내력)과 외부의 힘(외력)이다. 내력은 지구 내부에서 외부로 작용하는 힘으로 비교적 넓은 범위의 지형에 영향을 미치는 반면 외력은 지구 표면에서 내부로 작용하는 힘으로 좁은 범위의 지형에 영향을 미친다.

2) 경상북도, 『경상북도사』, 1983; 金宅圭 外, 『洛東江流域史』, 수서원, 1996.

다. 지표에 노출된 화강암은 침식되고 주위의 변성암은 높은 산지로 남게
되었다. 그리고 침식된 분지에 촌락이 위치하고 있으며,3) 소백산맥은 상
주권, 특히 문경, 예천, 상주 지역과 충청북도를 분리시키고 있다. 낙동
강(洛東江)4)은 삼척군 상장면 함백산(咸白山)에서 발원하여 남류하던 본
류는 안동부근에서 반변천을 비롯한 여러 지류들을 합하여 서쪽으로 흐
르다가 함창읍의 동남쪽에 위치한 퇴강 나루터 부근에서 남쪽으로 방향
을 다시 전환하고 있다. 낙동강은 태백산지를 지나 퇴적암 지대에 들어오
면서 하상(河床)의 경사가 대단히 완만하게 됨에 따라 본류 혹은 지류 가
까운 곳에 평야지대를 형성시켰다. 소백산맥의 하단부와 낙동강의 지류
인 내성천과 북천 하류가 만나는 지역에 상주권의 중심지인 예천과 상주
가 위치하고 있다. 『擇里志』는 이러한 자연환경과 인적·물적 교류의 관
점에서 상주의 위치를 잘 기술하고 있다.

　　남쪽은 함창(咸昌)들이고 함창 남쪽은 상주(尙州)다. 상주의 다른 명칭은 낙
　양(洛陽)이며, 조령 밑에 있는 하나의 큰 도회지로서 산이 웅장하고 들이 넓다.
　북쪽으로 조령과 가까워서 충청도·경기도와 통하고, 동쪽으로는 낙동강에 임해
　서 김해(金海)·동래와 통한다. 운반하는 말과 짐 실은 배가 남쪽과 북쪽에서
　물길과 육로로 모여드는데, 이것은 무역하기에 편리한 까닭이다.5)

<hr>

3) 소백산맥 동남사면의 산록(山麓)을 따라 영주, 예천, 문경, 김천, 성주, 고령 분지 등이 연
　속적으로 발달해 있다. 이들 분지들은 서부 변성암지대에서 암석의 경연(硬軟)에 따른 차별
　침식의 결과로 형성된 것이 대부분이다(경상북도, 위의 책, 41~42쪽).
4) 낙동강 본류의 길이는 524㎞로 남한에서 가장 긴 강이다. 낙동강은 경상도의 중앙을 'ㄷ' 자
　형으로 관류(貫流)하며 이 지방 주민의 젖줄이 되고 있다. 본류의 지배적인 방향은 남북 방
　향이나 두 번 약 50㎞ 구간에 걸쳐 동서방향으로 흐른다. 안동부근에서 점촌(현재 문경시)
　까지는 반변천의 방향과 안동 단층곡에 지배를 받아 서류하고, 점촌(현지답사에 의한 정확
　한 지점은 문경과 함창 방향에서 흘러내리는 영강과 이안천이 만난 하천이 낙동강 본류로
　유입하는 곳) 부근에서부터 변성암지대와 중생대 퇴적암의 지질경계를 따라 남류하며, 남
　강의 합류지점에서부터 남강 방향과 동서구조선의 지배를 받아 다시 동류하고, 부산 서쪽에
　서 언양단층선의 남쪽 연장선을 따라 남류, 바다에 유입한다(경상북도, 위의 책, 60~63쪽).
5) 이중환(이익성 역), 『擇里志』, 을유사, 1993, 67쪽.

기후6)는 촌락민의 일상적 혹은 계절적 생활과 밀접하게 관련되어 있다. 한반도의 기후지역 구분에 따르면, 문경, 예천, 상주, 구미 지역은 중부 내륙형에 속한다. 이 기후지역은 소백산맥의 동서사면과 낙동강 중·상류 지역을 포함하며 분지형 기후 특색으로 연강수량이 적고 기온의 연교차가 크다.7) 중부 내륙분지는 한반도 남부에서 대표적으로 비가 적은 지역이며, 농작물 성장기에 강수의 변동이 커서 한발과 홍수의 피해가 빈번하였다. 이 지역에서 여름 강수량이 적은 이유는 북동~남서 방향으로 뻗어 있는 태백산맥이 동쪽으로 이동해 오는 온대 저기압이 서사면에 비를 뿌리고 동쪽 내륙분지의 중앙부를 건조하게 만들고 있다.8) 내륙 분지의 북부에 속하는 문경과 예천의 강우량이 가장 많고, 중부의 상주와 선산의 강우량은 중간에 위치하며, 중부 산간의 안동과 영양의 강우량이 가장 적은 경향을 보인다.

1922~1936년(〈표 1〉)과 1971~2000년(〈표 2〉 및 〈표 3〉) 상주권 지역의 기후 변화를 보면, 강수량과 기온 모두 높아지고 있는 현상을 발견할 수 있다. 후자 기간 문경의 연평균 강수량은 전자 기간에 비해 약 150㎜ 증가하였으며 연평균 기온은 1.5℃ 높아졌다. 같은 기간 구미의 연평균 강수량은 약 90㎜ 증가하였고 연평균 기온은 0.8℃ 내려갔다.

---

6) 기후(氣候, climate)란 "어떤 장소에서 매년 되풀이되는 정상상태에 있는 대기현상의 종합된 평균상태"를 의미한다. 기후는 지표 및 인간과 밀접한 것이고 자연환경의 하나로서 인류의 생활이나 활동의 자연적 기초를 이루고 있다. 기후보다 일상적으로 말하는 일기(日氣) 혹은 기상(氣象, weather)은 "짧은 기간, 하루 혹은 일주일 동안의 대기현상의 종합"을 의미한다(김연옥, 『기후학개론』, 정익사, 1980, 23~25쪽).

7) 경상북도, 『경상북도사』, 1983, 114~115쪽.

8) 대기가 산정을 넘기 직전·후에 비를 내린 뒤 반대 측으로 불면서 고온하고 건조한 바람으로 변질하는 현상은 푀엔 원리로 설명할 수 있다. 대기가 바람받이 쪽 산록에서 산등에 부딪치면 단열팽창에 의해 기온이 내려가고 습도가 포화에 달하여 응결하여 구름 및 비가 된다. 그리고 산정을 넘은 대기는 건조단열에 의해 고온 건조한 바람으로 변한다(김연옥, 위의 책, 112~113쪽).

〈표 1〉 상주권 지역의 기후 구분과 개요

지 대 별	지명	기후 개요
북 부	문경, 예천영주, 봉화	연평균 기온은 10.37℃, 영도 5℃ 이하인 일수가 50~70일 이상이고, 연평균 강우량은 1,046㎜이다.
중부산간	청송, 안동, 영양	연평균 기온은 9.35℃, 영하 5℃ 이하 일수가 90일 이고, 연평균 강우량은 822㎜이다.
중 부	김천, 상주, 의성, 선산	연평균 기온은 12.95℃, 영하 5℃ 이하 일수가 10 일이고, 연평균 강우량은 920㎜이다.

* 연평균 기온과 강우량은 1922~1936년 동안의 연평균 기온과 강우량을 표시함.
  자료: 중앙농업기술원(1956. 10. 12).

〈표 2〉 상주권 지역의 월평균 강수량(1971~2000)　　　　　　　　　(단위 : mm)

구분	1	2	3	4	5	6	7	8	9	10	11	12	전년
문경	21.3	29.1	49.7	88.2	102.7	168.8	271.0	238.7	127.0	46.3	41.4	21.5	1205.7
구미	19.2	27.9	46.2	75.3	69.4	130.5	217.2	202.1	131.7	42.3	36.5	16.3	1014.6

* 월 강수량은 1971~2000년까지 각 월을 평균한 값임.
  자료 : 기상청, http://www.kma.go.kr/weather/climate, 2004.4.17.

〈표 3〉 상주권 지역의 월평균 기온(1971~2000)　　　　　　　　　(단위 : ℃)

구분	1	2	3	4	5	6	7	8	9	10	11	12	연평균
문경	-2.0	0.2	5.4	12.4	17.4	21.5	24.3	24.6	19.5	13.3	6.3	0.3	11.9
구미	-1.8	0.4	5.7	12.5	17.6	21.8	24.7	24.9	19.6	13.3	6.4	0.5	12.1

* 월 기온은 1971~2000년까지 각 월을 평균한 값임.
  자료 : 기상청, http://www.kma.go.kr/weather/climate, 2004, 4. 17.

　지역의 기후 변화는 촌락의 생산 활동에도 영향을 미치고 있다. 상주지역의 분지 기후 특성, 밤낮의 기온 차가 심하고 일조량이 많은 자연 조건을 이용하여 당도가 높은 과일, 배, 사과, 포도를 많이 생산하였다. 그러나 최근 성숙기에 비가 자주 내리면서 과일의 맛과 당도가 떨어지고 있다. 2000년 이후 늦여름에 찾아오는 태풍은 상주권의 논농사와 과수농사에 큰 피해를 입혔다.

〈표 4〉지역 날씨와 포도 농사 관계(1999년 4월 중순~2004년 3월 초순)

1999년 4월 12~13일, 계속 비, 저온 상태
5월 20일, 비, 강풍
21일, 비, 강풍(포도 가지가 부러지고 잎이 떨어짐)
26일, 비, 온도 내려감
2000년 8월 24일, 비, 태풍의 영향권
9월 3~18일, 비, 태풍(사오마이) 영향(포도 잎이 마름, 전체 밭의 50%
미숙 예상)
2001년 1월 7일, 폭설, 모동지역 총 폭설량(70cm)
2월 11일, 포도밭 전정 시작(눈밭)
3월 29일, 눈(오후)
2002년 5월 26일, 포도 개화 시작, 저온 현상(밤 기온)
* 5월 초부터 밤과 낮의 기온 차이가 심함(10~13℃)
8월 6일, 태풍(루사)이 지나감(지역 큰 피해, 작은 방 침수)
2003년 9월 12일, 오후 태풍(매미) 경북권 진입
9월 13일, 자정 태풍(매미) 경북권 통과(포도 잎이 마르고, 떨어짐)
2004년 3월 4일, 밤 폭설
5일, 폭설(하루 종일, 총 폭설량, 50cm)

자료 : 신천 2리 거주 농가의 영농일지(1992년 4월 1일~2004년 4월 10일).

    모동면 신천 2리 한 농민의 농사일지(1990년 초반~2004년 초반)는 지난 10여 년 동안 지역 날씨와 촌락의 농사 관계를 구체적으로 파악할 수 있다(〈표 4〉). 1993~1998년까지 농사일지에는 마을 날씨에 대한 기록은 거의 보이지 않는다. 이후 농사일지에 날씨와 관련된 피해가 지속적으로 기록되어 있다. 특히 2000년 이후 8월 말과 9월 초 포도 수확기 직전에 불어온 태풍은 지역의 특작물인 포도의 수확에 많은 피해를 입혔다. 그리고 2004년도 3월 초에 내린 폭설은 최근 논의되고 있는 이상기후 현상에 대한 하나의 단서로 해석될 수 있다. 미래에 빈번하게 발생할 가능성 높은 이상기후 현상은 낙동강 유역의 농업, 특히 대규모 상업적 농업에 큰 피해를 줄 것으로 예측해 볼 수 있다.

2) 성주권의 자연환경

성주권 서쪽의 가야산계와 동쪽과 남동쪽의 팔공산계와 비슬산계는 인접한 다른 지역을 분리시키는 자연적 장벽 역할을 한다. 이들 산계 사이로 낙동강이 북에서 남으로 흐르고 있으며, 주변에 평탄한 지형이 형성되어 있다. 성주와 고령은 가야산계의 남동 사면과 낙동강 우측 사이에 그리고 칠곡과 달성은 팔공산계와 비슬산계의 서쪽과 낙동강 좌측 사이에 위치하고 있다. 이러한 자연환경은 성주권 촌락의 사회, 문화, 경제를 형성·유지시키는 데 많은 영향을 미쳤다.

가야산계는 겨울의 차가운 북서 계절풍을 막아 성주, 고령에 속한 촌락에 상대적으로 온난하고 건조한 겨울과 초봄 기후를 형성시켰다. 이러한 기후는 1980년대 이후 성주와 고령에 당도가 높은 참외와 딸기를 대규모로 재배하는 단지를 형성시키는 데 능동적 역할을 하였다. 팔공산계와 비슬산계는 여름철에 불어오는 고온 습윤한 남동 계절풍을 차단시켜 칠곡과 달성 지역 촌락의 여름 기후에 영향을 주었다.

성주·칠곡·고령·달성에 접해 있는 낙동강은 본류와 지류에서 쏟아져 내려온 물질들이 하천의 양쪽에 쌓여 평탄하고 넓은 평야를 형성시켰다. 그러나 낙동강변의 평야 지대는 1970년대 제방과 관개사업이 본격적으로 실시되기 이전에는 농사, 특히 벼농사 지역으로는 적합하지 않았다. 그리고 여름철 홍수 때 낙동강 범람의 위험 때문에 강변의 평야에 촌락이 위치하기는 어려웠다. 성주권 촌락은 가야산계, 팔공산계, 비슬산계의 기저부에 형성된 크고 작은 분지와 선상지, 낙동강변의 퇴적 지형의 상단, 산기슭에 자리 잡고 있다.

성주군 서부 경계에 위치한 가야산(1,430m)을 중심으로 서북부로 산악 지대가 뻗어 있다. 가천면의 형제봉(1,022m), 금수면의 염속산(890m), 초전면의 백마산(718m)이 높이 솟아 있다. 대가천, 이천, 백천의 퇴적 지형에 넓은 들이 펼쳐져 있다. 성주는 경상북도의 서북쪽의 내륙 분지에 위치하여 여름과 겨울의 기온 차가 크며, 강수량도 상대적으로 적은 편이다. 2003년 12월 성주군의 연평균 기온은 13.8℃(1월, -0.4℃, 8월, 25.0℃)이고, 연평균 강수량은 1,749.9㎜(1월, 24.9㎜, 7월, 535.6㎜)이다.9)

고령은 낙동강 우측에 그리고 가야산계의 남동쪽에 위치하고 있다. 두 지역 사이로 흐르는 하천 주변의 평탄한 지역, 가야산계의 하단부에 형성된 소규모 선상지, 낙동강 연안의 평야지대는 고령 주민의 생활 중심지이며 여기에 촌락이 입지하고 있다. 주민은 지역을 관통하는 하천의 저지대를 따라 북서쪽의 성주와 남동쪽의 창녕, 현풍과 교류하는 것이 상대적으로 용이하였다. 칠곡군 촌락은 팔공산계 내부의 소규모 분지와 낙동강으로 유입되는 여러 작은 하천의 퇴적지형에 위치하고 있다. 달성군은 낙동강 좌측과 비슬산계의 북서 사면의 하단부에 위치하며, 북쪽에서 남쪽으로 하빈면, 다사읍, 화원읍, 옥포면, 논공읍, 현풍면, 구지면이 낙동강과 접해있다. 그리고 가창면과 유가면은 낙동강과 떨어져 비슬산계에 접해 있다. 달성군 지역의 촌락 대부분은 낙동강 유역의 퇴적 지형과 비슬산계 기저부의 선상지 혹은 침식 지형에 위치하고 있다.

성주권 전체의 자연환경을 파악하는 것은 낙동강 유역의 인간과 문화를 이해하는 데 필수적이지만 지역 주민의 일상적 삶이 펼쳐지는 촌락의 자연환경도 살펴볼 필요가 있다. 성주권에 속한 두 개의 촌락, 고령군 다산면의 상곡 1리와 성주군 벽진면의 수촌 4리 자연환경과 주민 삶의 관계를 기술한다.

고령군 다산면에 속한 상곡 1리 마을은 낙동강을 사이에 두고 대구와 접해 있다. 지역적 인접성에도 불구하고 낙동강의 자연 장벽에 의해 상곡 1리 마을을 포함한 다산면은 사문진 다리가 완공되기 전까지는 접근하기 어려운 곳이었다. 또한 마을 북서쪽에 성주군 용암면이 위치하고 있지만

9) 성주군, 『통계연보』, 2005.

산지로 가로막혀 있다. 달성군 화원읍과 다산면 호촌리 사이에 사문진교 (공사기간. 1989.10.12~1993.6.15, 교량폭, 9.25m, 교량길이, 780m)가 건설 되기 전 다산면 주민은 나룻배를 이용하여 화원, 대구를 왕래하였다. 낙 동강 양안을 연결하는 전통적 교통수단인 나룻배가 두 지역의 사람과 물 자를 나르는 데는 한계가 있었다. 그러나 1993년 6월 사문진교가 개통 한 이후 상곡 1리를 포함한 다산면은 대도시 근교 농업지역, 주거지역, 공장 지대로 빠르게 변화하였다.

상곡 1리는 성주 방향에서 흘러내리는 낙동강과 대구를 감싸면서 흐르 는 금호강이 합류하는 지점의 우측에 형성된 평야의 상층부, 즉 산자락에 위치하고 있다. 마을 앞쪽으로 농경지가 낙동강 방향으로 펼쳐져 있지만 뒤쪽, 우측, 좌측은 100m 정도의 낮은 산지로 둘러싸여 있다. 이 지역은 비가 많이 오지 않기 때문에 근대적 수리시설이 발달하지 못한 과거에는 논농사를 짓는 데 어려움이 많았다. 따라서 1960년대 1960년대 이전 상 곡 1리를 포함한 다산면의 농경지는 낙동강에서 멀리 떨어진 소규모 자 연 늪지 혹은 못 주변에 분포하였다.

성주군 벽진면에 속한 수촌 4리는 성주 분지의 북서쪽 산지 자락에 형 성된 들판의 한 가운데 위치하고 있다. 서쪽, 북쪽, 동쪽은 높고 낮은 산 지로 둘러싸여 있고, 남쪽은 낮은 구릉성 산지로, 남동쪽은 평야 지대로 열려있다. 성주 분지의 북서 산지의 하단에 위치한 이 마을은 벽진면의 중심에 위치해 있다. 마을의 서쪽, 북서쪽 방향에 고령, 합천, 김천 등 상 위 중심지가 있지만 높은 산지로 가로막혀 교통이 발달하기 전 시기에는 이들 지역과의 교류가 대단히 힘들었다. 북동쪽 방향에 초전면이 위치하 고 있지만 산지 지형 때문에 두 지역 주민의 왕래가 쉽지 않았다. 남쪽과 남동쪽으로 평탄한 지형이 펼쳐져 있어 과거부터 마을 주민은 이 방향으 로 외부와 교류를 하였다. 남동쪽에 성주읍이 위치하고 있으며, 이곳을 지나서 대구, 고령, 왜관, 구미, 상주 등과 연결되어 있다. 지역 주민이 대구와 왜관 지역의 사람들과 교류하기 위해서는 반드시 낙동강을 건너야 한다. 수촌 4리 주민은 마을을 둘러싸고 있는 산지 지형과 낙동강의 자연적 장애물로 인해 자신들의 활동 대부분을 면소재지나 성주읍에 한정시킬 수밖에 없었다.

산지 지대에서 시작된 작은 하천들이 모여 이천(伊川)의 상류를 형성시켜 수촌 4리 마을 옆으로 흘러내리고 있다. 이천은 마을 농경지에 물을 공급하는 중요한 역할을 하고 있다. 기후는 일반적으로 내륙 분지형으로 강수량이 많지 않다. 겨울철 기온은 상대적으로 다소 높은 편인데 이는 북서쪽의 높은 산지가 겨울 북서계절풍을 막아주기 때문이다. 남쪽과 남동쪽은 낮은 산지와 평야 지대로 구성되어 있기 때문에 여름철 남동쪽에서 불어오는 바람이 마을 내부로 들어올 수 있다. 벽진면은 수박과 참외가 유명한데 이것은 고온 건조하고 밤낮의 일교차가 큰 기후 조건과 관련이 있다.

3. 지역과 촌락의 인구 변화

1) 지역별 인구의 변화

(1) 조선 시대의 인구 변화

『世宗實錄地理志』(1454)에 따르면, 낙동강 유역은 47읍으로 구성되어 있고 총 인구는 1,149,527명으로 전국 인구의 22%를 차지하고 있었다.[10] 안동권 지역 가운데 안동, 영주, 의성, 봉화 순으로 인구가 많다(〈표 5〉). 상주권 지역 가운데 선산의 인구가 가장 많고, 다음으로 예천, 상주, 문경의 순이다. 성주권 지역 가운데 성주의 인구가 가장 많고, 다

---

10) 金宅圭 外, 『洛東江流域史』, 수서원, 1996, 76쪽.

음으로 현풍과 고령이다. 세 개의 권역에서 영주를 제외한 지역에서 여성의 인구가 남성 인구보다 많다. 이러한 현상은 과세, 징병, 부역 등의 이유로 상당수의 남자가 통계에 누락된 결과로 해석할 수 있다. 전체적으로 성주의 인구가 가장 많고, 다음으로 선산, 예천, 안동 순으로 인구가 많은 것으로 나타나고 있다. 조선 초기 행정조직의 측면에서 볼 때, 안동에 대도호부가, 상주와 성주에 목(牧)이, 선산에 도호부가, 예천에 군의 관청이 위치하였다.11) 조선 초기 행정조직의 계층과 지역의 인구수와는 일치하지 않는다. 행정 조직으로 볼 때, 안동의 인구가 가장 많을 것으로 예측할 수 있지만 실제적으로 4번째 인구가 많은 지역으로 나타나고 있다.

〈표 5〉 조선 초기(1424~1425) 인구   (단위 : 호, 명)

지역		가구	총인구	남	여
안동권	영주	377	5,902	3,087	2,815
	봉화	243	1,160	473	687
	안동	847	6,895	3,320	3,539
	의성	637	4,102	1,955	2,147
상주권	문경	161	2,564	1,065	1,499
	예천	781	8,191	3,800	4,391
	상주	1,845	6,397	3,132	3,265
	선산	809	9,136	4,218	4,918
성주권	성주	1,479	11,814	5,807	6,007
	고령	287	3,781	1,722	2,059
	현풍	477	4,939	1,871	3,068

자료 : 朝鮮總督府, 『朝鮮の人口現象』, 1927.

인구 통계가 비교적 정확한 정조시대(18세기 후반) 안동권, 상주권, 성주권에 속한 지역의 인구는 조선 초기에 비해 상당히 증가하였다(〈표 6〉). 이것은 타 지역으로부터 인구 유입에 의한 것보다 17~18세기 농업 생산력의 증가, 의료 기술의 발달 등과 관련된 인구의 자연적 증가에 의한

---

11) 조선총독부, 『통계연보』, 1927.

것으로 볼 수 있다. 안동권에서 안동의 인구가 가장 많고, 다음으로 의성, 영주, 봉화의 순으로 많다. 조선 초기와 비교해 보면, 안동의 인구가 크게 증가하였다. 그리고 의성 인구가 영주 인구보다 많아 졌다. 가구당 인구는 5.6~3.7인이며, 영주가 가장 많고 의성이 가장 적다. 상주권에서 상주의 인구가 가장 많고, 다음으로 선산, 예천, 문경의 순으로 많다. 조선 초기와 비교해 볼 때, 상주권 내에서 상주의 인구가 가장 많이 증가하였다. 가구당 인구는 선산이 가장 많고 문경이 가장 적다.

성주권에서 성주의 인구가 가장 많고, 다음으로 칠곡, 현풍, 고령의 순으로 많다. 가구당 인구는 성주가 가장 많고 현풍이 가장 적다. 일반적으로 안동권과 상주권에 비해 성주권의 가구당 인구가 많은 것으로 나타나고 있다. 조선 초기 성주권 인구 통계에 포함되지 않았던 칠곡이 현풍과 비슷한 인구 규모로 성장하였다. 칠곡의 성장은 임진왜란 이후 낙동강 주변의 저지대로 북상하여 도성(한양)으로 침입할 지도 모를 왜구를 막기 위한 전략적 방어 지역의 구축과 관계가 있다.

〈표 6〉 조선 후기(1789, 정조 13년) 인구   (단위 : 호, 명)

지 역		가구	인구	남	여	가구당 인구
안동권	영주	3,574	22,298	6,393	15,905	6.2
	봉화	877	4,900	2,282	2,618	5.6
	안동	11,696	50,603	21,409	29,194	4.3
	의성	8,436	31,326	15,412	15,914	3.7
상주권	문경	3,553	10,452	5,249	5,158	2.9
	예천	7,383	25,844	11,695	14,149	3.5
	상주	18,677	70,497	33,292	37,205	3.8
	선산	8,863	42,972	19,841	23,131	4.8
성주권	성주	11,952	54,365	26,862	27,503	4.6
	고령	2,577	11,004	4,487	6,517	4.3
	칠곡	3,362	14,687	7,158	7,529	4.4
	현풍	3,458	13,229	7,128	6,101	3.8

자료 : 朝鮮總督府, 『朝鮮の人口現象』, 1927.

(2) 일제 식민지 시대 인구 변화

일제 식민지 시대에 안동권, 상주권, 성주권에 속한 지역들의 인구는 지속적으로 증가하였다(〈표 7〉). 조선 후기와 비교하면, 지역의 인구가 많이 늘어났다. 이러한 인구 증가는 사람들의 이동에 기초한 사회적 요인보다 생산성의 증대와 의학 기술과 시설의 발전에 따른 출산율의 증가와 사망률의 감소에 기초를 둔 자연적 증가에 기인하는 것으로 해석할 수 있다. 조선 후기 가구당 인구는 지역들 간에 차이를 보였지만 일제 식민지 동안에는 거의 동일한 수(가구당 약 5명)를 나타내고 있다. 일제시대 안동권, 상주권, 성주권 지역의 인구수는 상주가 가장 많고, 다음으로 안동, 의성, 달성 순으로 많다. 조선 시대 이들 지역의 인구수 순위와 비교했을 때 의성과 달성의 인구가 상대적으로 많이 늘어났다.

안동권에 속한 지역들 가운데 안동의 인구가 가장 많고, 다음으로 의성, 봉화, 영주 순으로 많다. 상주권의 경우는 상주가 가장 많고, 다음으로 예천, 문경, 선산 순으로 많다. 조선 후기와 비교하면, 선산의 인구수 순위는 내려간 반면 예천과 문경은 상승하였다. 조선 중기와 후기 선산의 인구는 문경과 예천에 비해 많았지만 일제시대에 역전 현상이 나타났다. 상주는 농업의 생산 기반과 상업, 행정의 중추적 기능과 관련하여 상주권 내의 다른 지역에 비해 인구가 많았다. 일제 식민지 동안 안동권과 상주권에 비해 성주권 속한 지역들 간의 인구수 순위 변화가 가장 크게 나타나고 있다. 1940년대에 달성군의 인구가 가장 많고, 다음으로 성주군, 칠곡군, 고령군 순으로 많다. 성주군과 칠곡군의 인구수는 비슷한 반면 고령군의 인구는 1920년대 중반에 비하면 감소하였다. 현풍 지역을 포함한 달성군의 가구와 인구가 다른 지역에 비해 빠르게 증가하였는데, 이는 대구를 중심으로 한 주변 지역의 상 · 공업 발달과 관계가 깊은 것으로 볼 수 있다. 전체적으로 조선 전기 이후 성주권에서 인구와 가구 수가 최

상위의 위치를 차지하였던 성주는 일제시대 이후 상대적으로 침체한 반
면 달성(과거 현풍 지역을 포함)과 칠곡의 위치는 상승하였다. 고령의 가구
와 인구는 조선 중기에 비해 상당히 증가하였지만 성주권의 4개 군에서
최하위를 차지하였다.

〈표 7〉식민지 시기(1926~1942년) 안동권·상주권·성주권의 인구 변화   (단위 : 명)

지 역		연도	가구	총인구	가구당 인구
안동권	영주	1926	14,315	75,311	5.3
		1934	15,603	81,752	5.2
		1942	17,304	96,109	5.6
	봉화	1926	13,668	70,679	5.2
		1934	14,408	77,224	5.4
		1942	17,413	97,739	5.6
	안동	1926	27,518	151,388	5.5
		1934	28,830	156,896	5.4
		1942	29,030	163,933	5.7
	의성	1926	22,882	133,865	5.9
		1934	24,192	133,469	5.5
		1942	24,336	137,881	5.7
상주권	문경	1926	16,804	90,705	5.4
		1934	16,706	89,741	5.4
		1942	17,755	100,341	5.7
	예천	1926	18,129	101,366	5.6
		1934	19,642	108,721	5.5
		1942	19,988	115,800	5.8
	상주	1926	30,098	163,016	5.4
		1934	30,252	163,112	5.4
		1942	31,862	181,203	5.7
	선산	1926	12,529	73,126	5.8
		1934	13,153	74,600	5.7
		1942	14,189	84,067	5.9
성주권	성주	1926	15,035	79,952	5.3
		1934	14,443	76,529	5.3
		1942	15,009	84,231	5.6
	고령	1926	10,156	54,342	5.4
		1934	9,802	50,952	5.2
		1942	9,283	50,502	5.4

성주권	칠곡	1926	13,164	69,949	5.3
		1934	12,764	68,000	5.3
		1942	13,884	76,298	5.5
	달성	1926	26,232	139,855	5.3
		1934	30,302	158,009	5.2
		1942	20,287	112,854	5.7

(3) 해방 이후 인구 변화

1950년대 이후 상주권의 인구는 1970년대 이전까지 증가하였지만 이후 구미를 제외한 모든 지역에서 감소하였다. 인구 변화의 다른 특징은 1960년대 이후 문경의 인구가 예천보다 많은데, 이것은 1960년대 이후 문경의 석탄 산업이 부흥한 결과로 설명할 수 있다. 해방 후 농업에 의존하고 있는 성주와 예천의 인구는 1970년대를 기점으로 지속적으로 감소한 반면 제조업, 특히 전자와 섬유 산업을 중심으로 발전한 구미와 그 주변 지역의 인구는 증가하였다. 이러한 현상은 성주권의 인구 변화에서만 일어난 특수한 것이 아니라 한국의 사회 · 경제 구조가 농업과 농촌에서 제조업 · 서비스어업과 도시로 전환함에 따라 나타나는 일반적 현상으로 이해되어야 할 것이다. 1970년대 이후 낙동강 중 · 북부 지역의 인구는 대구와 구미를 제외하고는 빠르게 감소하였다. 상주권의 중심지인 상주, 예천, 선산, 문경의 역사적 인구 변화를 보면, 18세기 후반부터 1970년 때까지 지속적으로 증가한 뒤 감소하였다.

해방 이후 성주권의 인구 변화는 상주권의 것과 거의 비슷하다. 성주권은 대구에 인접해 있어 1970년대 이후 산업화와 도시화의 영향을 상주권보다 많이 받았다. 성주권의 중심지인 성주가 더 이상 지역을 대표할 수 없게 되었다. 1970년대 이후 성주군, 고령군, 칠곡군, 달성군의 인구 변화는 두 가지 유형으로 나타나고 있다. 성주군과 고령군의 인구는 지속적으로 감소한 반면 대구광역시와 인접한 칠곡군과 달성군의 인구는 증가하였다.

2) 촌락 인구의 변화

(1) 상주권 마을

개별 마을의 인구 변화를 간접적으로 설명할 수 있는 자료12)를 이용하여 함창읍 척동 1리와 모동면 신천 2리 인구 변화를 설명한다. 1950~2000년대까지 두 마을의 자녀 출생 수는 1960년대에 가장 많았고, 이후 지속적으로 감소하였다. 특히 2000년대에는 두 마을에서 신생아가 거의 태어나지 않았다(〈표 8〉).

1970년대까지 두 마을의 인구는 적어도 정체 혹은 감소하지 않았을 뿐만 아니라 농업 활동을 할 젊은 부부가 많았지만, 이후 마을의 젊은 층 인구가 감소한 것으로 나타나고 있다. 1960년대 한국의 인구 구조와 이동에 나타난 중요한 변화는 1960년대 전후 세대의 베이비붐 현상에 의한 신생아 수의 급격한 증가와 1970대년 이후 산업화와 도시화는 농촌 인구를 도시로 이동시킨 것이다. 두 마을에서 자녀 출생 시기와 수는 한국의 인구 변화의 일반적 현상과 일치한다.

〈표 8〉 척동 1리와 신천 2리 가정의 자녀수와 출생 연도 　　　　　　　　(단위 : 명)

구　　분	1940년대	1950년대	1960년대	1970년대	1980년대	1990년대	2000년대	합계
척동 1리	3	27	97	86	23	12	0	254
신천 2리	1	12	52	51	25	10	1	152

자료 : 함창읍사무소 및 모동면사무소 내부자료.

1970년대 이후 농촌 주민이 어느 시기에 어느 도시로 이동했는가에 대한 논의가 필요하다. 척동 1리와 신천 2리 가구 자녀들이 타 지역, 특히 대도시로 가장 많은 수가 이동한 시기는 1980년대이며, 2000년대에도 소수지만 여전히 타 지역으로 이동하였다(〈표 9〉).

---

12) 주민등록표에 나타난 자녀의 출생과 타 지역으로 이주한 연도 그리고 두 지역의 초등학교 졸업생에 관한 자료이다.

〈표 9〉 척동 1리와 신천 2리 가구 자녀의 타 지역 이동 (단위 : 명)

구　　분	1970년대	1980년대	1990년대	2000년대	합　계
척동 1리	9	163	71	23	266
신천 2리	9	46	33	11	99

자료 : 함창읍사무소 및 모동면사무소 내부자료.

　1980년대 이후 두 마을 자녀들의 대부분은 소수 지역, 특히 수도권 지역으로 이주한 것으로 나타나고 있다(〈표 10〉). 척동 1리에서 타 지역으로 이주한 자녀 수, 170명 가운데 71명(41.8%)과 36명(21.2%)은 서울특별시와 대구광역시로 이주했고 16명(9.4%)은 수도권 지역인 경기도로 이주했다. 16명(9.4%)만이 경상북도의 시·군 혹은 읍·면으로 이주한 것으로 나타났다. 신천 2리에서 출생한 자녀들의 이주는 척동 1리의 경우와 유사하게 전체 이주자 89명 가운데 36명(40.4%)과 16명(17.9%)이 서울특별시와 경기도로 이주했으며, 15명(16.8%)은 대구광역시로 이주하였다. 그리고 10명(11.2%)이 경상북도 지역으로 이주한 것으로 나타나고 있다.

　두 마을 자녀들의 이주지를 비교하였을 때, 척동 1리의 자녀들이 대구광역시로 보다 많이 이주한 것으로 나타나는데 이것은 척동 1리의 주민들이 신천 2리에 비해 대구와 연계가 높은 것으로 해석될 수 있다. 대도시 혹은 수도권으로 이주한 두 마을 사람들은 특정 지역에 집중적으로 거주하는 현상을 나타내고 있다. 서울특별시의 경우 이주자들이 동대문구, 강동구, 성동구 그리고 대구광역시에서는 서구, 북구, 동구에 집중적으로 거주하는 것으로 나타나고 있다. "왜 자녀들이 동일한 지역으로 이주하는가?"란 질문에 주민은 형제들 혹은 친척들 간에 도움을 줄 수 있는 연계성 때문이라고 대답했다. 다른 사람들은 가족 혹은 마을 사람들 간의 연계성과는 무관하게 직장 때문에 대도시 내에서도 동일 지역에 거주하게 된 것이라고 대답하였다.

58 낙동강 유역의 사람들과 문화

〈표 10〉 마을 가구 자녀의 전출 지역 (단위 : 명)

전출지 / 마을	서울·경기	대구	경북	부산	충북	대전	울산	경남	기 타*	합 계
척동 1리	87	36	21	6	5	4	4	3	인천, 충남, 강원, 전남	170
신천 2리	52	15	10	9		1		1	전남	89

* 1명의 전출 지역을 표시함.
자료 : 함창읍사무소 및 모동면사무소 내부자료.

촌락이 유지되기 위해서 젊은 사람들이 지역 내·외부에서 계속적으로 채워져야 한다. 인구가 재생산되지 않으면 촌락은 더 이상 존재할 수 없게 된다. 두 마을, 특히 미작 중심의 척동 1리 주민들은 젊은 사람들이 직장을 구하기 위해 혹은 고등 교육을 받기 위해 외지로 나간 뒤 돌아오지 않기 때문에 자신들이 세상을 떠나고 나면 마을에 더 이상 사람들이 살지 않는 곳으로 변할 것이라고 인식하고 있었다. 현재 마을 세대주들의 출생지와 주소지를 비교해 보면 일치도가 상당히 높게 나타나고 있다(〈표 11〉 및 〈표 12〉). 척동 1리의 총 세대주 87명 가운데 67명(77.0%)이 척동리에서 그리고 6명(6.9%)이 이웃 마을인 태봉리와 덕통리에서 태어나 현재의 마을에서 거주하고 있는 것으로 나타났다.13)

〈표 11〉 척동1리 세대주의 출생지 (단위 : 명)

출생지	경 상 북 도					경상남도	서울특별시	합 계
	상 주 시				문경시			
행정 단위	함 창 읍			낙동면				
	척동리	태봉리	덕통리	함창읍				
	67	4	2	7	1	2	1	2	87

자료 : 함창읍사무소 내부자료.

---
13) 현재 가구의 세대주들은 태어난 이후 타 지역으로 이주하여 살았던 경우가 많지 않기 때문에 출생한 마을에서 계속해서 거주했다고 보아도 큰 문제가 없을 것으로 보인다. 신천 2리의 면담자(가구 세대주) 중에서 소수는 젊었을 때 객지에 살다가 사업 실패 등의 여러 가지 이유로 고향인 현재 거주지로 돌아와 살고 있다고 응답하였다.

〈표 12〉 신천2리 세대주의 출생지 　　　　　　　　　　　　(단위 : 명)

출생지	경 상 북 도					경기도	충청북도	합 계
행 정 단 위	상 주 시						영동군	
	모 동 면		모서면	화서면				
	신천리							
	37	9	2	1	4	1	2	56

자료 : 모동면사무소 내부자료.

신천 2리의 경우는 총세대주 56명 가운데 37명(66.1%)이 신천리에서
그리고 9명(16.1%)이 모동면에서 태어난 뒤 현재의 마을에 거주하고 있
다. 60년대와 70년대 중반에 함창초등학교 영동분교(태봉리 소재)와 중모
초등학교(신천리 소재)에 입학한 척동리와 신천리 마을 학생들의 출생지와
주소지의 일치도는 두 마을의 주민등록표에 나타난 세대주의 것과 거의
유사하다(〈표 13〉). 1960년대 중반 척동리에 거주하면서 함창초등학교
영동분교에 입학한 총 학생 48명 가운데 41명(85.4%)은 출생지와 거주
지가 동일하며 신천리의 경우는 총 학생 28명 가운데 20명(71.4%)이 일
치하는 것으로 나타났다.

〈표 13〉 척동리와 신천리 학생의 출생지와 주소지 　　　　　(단위 : 명, %)

거주 마을	학 생 수	출생지와 주소지 관계	
		동 일	상 이
척 동 리	48*(100.0)	41(85.4)	7(14.6)
신 천 리	28**(100.0)	20(71.4)	8(28.6)

* 　1965~1966년 함창초등학교 영동분교 입학생.
** 1974~1975년 중모초등학교 입학생.
　자료 : 함창초등학교 영동분교 및 중모초등학교 내부자료.

세대에 걸쳐 동일한 혹은 이웃 마을에 계속해서 살고 있는 것은 특별한
이유가 있는 것이 아니라 고향 혹은 조상들이 살았기 때문이라고 주민들
은 말했다. 전통적으로 촌락의 인구는 마을 자체 내에서 재생산되어 온
것으로 이해할 수 있다. 그러나 1980년도 이후 마을의 인구는 타 지역에

서 사람들이 전입해 오지 않는 이상 마을 내부에서 재생산이 불가능하게
되고 있다. 이 점은 농촌 마을 인구의 전통적 재생산 구조가 근본적으로
변화되면서 마을의 지속적인 존립 자체가 문제가 되고 있다. 농촌 부모들
은 자녀들이 미래에 보다 나은 삶을 살아가기를 기대하면서 타 지역의 고
등학교와 대학교를 보내 교육시키기 위해 물질적 혹은 정신적 고통을 감
수하면서 살아 왔다. 현재(2004년)에도 70세 이상 고령의 부모들은 타
지역에 거주하고 있는 자녀들을 끊임없이 지원해 주고 있음을 주민들과
의 면담에서 확인할 수 있었다.

(2) 성주권 마을

　다산면 상곡 1리와 벽진면 수촌 4리 마을에 거주하는 가구의 자녀 출
생 연도를 보면, 1970년대와 1980년대에 가장 많은 자녀들이 출생하였
다(〈표 14〉). 상곡 1리의 자녀 187명 가운데 50명(26.74%)이 1980년대
출생하였고, 수촌 4리의 자녀 184명 가운데 51명(27.72%)이 1970년대
출생하였다. 1980년대 이후 두 마을의 자녀 출생 수는 일반적으로 감소
하고 있지만 차이점을 보이고 있다. 2000년대 상곡 1리에서 17명(9.09%)
의 아이가 태어난 반면 수촌 4리는 단지 3명(1.63%)이 태어났다. 이러한
차이는 2000년대 상곡 1리 마을은 대구광역시의 팽창에 의해 도시 근교
지역으로 빠르게 전환된 반면 수촌 4리는 작물 생산양식의 변화를 제외
하고는 농촌 마을의 성격을 여전히 유지하는 데 기인한 것이다. 수촌 4리
는 상업적 참외 재배로 인해 소득 수준이 어느 정도 유지되기 때문에 젊
은 농가가 전통적 농촌 마을에 비해 많지만 농촌 인구 구조의 일반적 변
화, 특히 젊은 농가의 감소로 인해 신생아 출생수가 줄어드는 현상을 보
인다.

〈표 14〉 마을 가구의 자녀 출생 연도 (단위 : 명)

마 을	1940년대	1950년대	1960년대	1970년대	1980년대	1990년대	2000년대	합계
상곡 1리	1	12	38	40	50	29	17	187
수촌 4리	1	17	44	51	43	25	3	184

자료 : 다산면사무소 및 벽진면사무소 내부자료.

〈표 15〉는 1950년대 중반 이후 두 마을의 자녀수 변화를 나타내고 있다. 상곡 마을은 1950년대 중반 가구당 자녀수가 3~5명이 1980년대 초반 2~3명으로 감소하였다. 현재 소수 가구가 4~5명의 자녀를 둔 경우가 있지만 대체로 2~3명의 자녀를 둔 것으로 보인다. 수촌 마을의 경우, 1950년대 중반 이후 4~5명의 자녀를 둔 가구가 소수이고 대체로 가구당 자녀수가 2~3명이다.

〈표 15〉 마을 가구의 자녀수 변화 (단위 : 명)

자녀수	1955년		1970년대 초반		1980년대 초반		2005년	
	상 곡	수 촌	상 곡	수 촌	상 곡	수 촌	상 곡	수 촌
1	5	4		7	4	3	21	14
2	8	12	6	10	5	8	33	23
3	8	10	7	10	4	6	15	20
4	9	7	2	3	1	5	8	11
5	6		2	2	1	2	2	3
6	1						1	1
7	1						1	
합 계	38	33	17	32	15	24	81	72

자료 : 1955년, 1970년대 초반, 1980년대는 다산초등학교 및 벽진초등학교 내부자료.
      2005년은 설문조사.

두 마을 가구의 자녀가 타 지역으로 이동한 시기를 보면 1990년대에 가장 높은 수치를 보인다(〈표 16〉). 수촌 4리에 거주하는 가구 자녀들의 거주지 이동 시기는 1970년대를 시작으로 1990년대까지 증가한 뒤 감

소하였다. 이러한 현상은 상곡 1리에서도 동일하게 나타나고 있다. 1990
년대 수촌 4리에서 타 지역으로 전출한 자녀수는 39명이며, 2000년대는
12명이다. 1970년대 이후 현재까지 상곡 1리에서 타 지역으로 전출한
자녀수 73명 가운데 32명(43.84%)이 1990년대 이동한 것으로 나타났
다. 2000년대에도 28명(38.36%)이 타 지역으로 전출하였다. 1990년대
이후 농촌 인구, 특히 농가 자녀들이 타 지역으로 전출수가 감소하는 일
반적인 추세를 따르고 있지만 여전히 상당수의 자녀가 타 지역으로 이동
한 것으로 나타났다.

　이러한 현상은 상곡 1리가 1990년대 중반 이후 대구광역시권으로 편
입되면서 도시적 인구 이동, 즉 인구의 전입과 전출이 활발하게 이루어진
현실을 일정하게 반영하는 것으로 이해할 수 있다. 특히 상곡 1리의 자녀
들이 대구광역시 달서구 혹은 달성군 초·중등학교에 입학하기 위해 주
소지를 옮기는 경우가 많다. 상곡 1리와 대구광역시 달서구 혹은 달성군
은 사문진교가 건설된 이후 30분 이내로 도달할 수 있는 거리에 위치해
있기 때문에 형식적으로 자녀의 주소지를 대구광역시로 옮겨 놓은 경우
가 많다.

〈표 16〉 자녀의 거주지 이동　　　　　　　　　　　　　　　　(단위 : 명)

마　을	1970년대	1980년대	1990년대	2000년대	합　계
상곡 1리	1	12	32	28	73
수촌 4리	2	27	39	12	80

　자료 : 다산면사무소 및 벽진면사무소 내부자료.

　1970년대 이후 상곡 1리와 수촌 4리 마을의 가구 자녀들은 대구와 경
북으로 가장 많이 전출하였고, 다음으로 서울·경기와 울산 지역이다(〈표
17〉). 2005년 상곡 1리 가구의 자녀가 다른 지역으로 전출한 76명 가운
데 49명(66.47%)이 대구로 이동하였다. 7명(9.21%)만이 서울·경기로

전출한 것으로 보아 수도권으로 많이 이동하지 않았다. 수촌 4리 자녀들
은 대구(39명, 46.43%)와 경북(27명, 32.14%)으로 이동하였다. 그리고 수
도권 지역으로 전출한 자녀수는 10명(11.90%)으로 상곡 1리의 수도권
전출 비율과 비슷하다.

〈표 17〉 마을 가구 자녀의 전출 지역   (단위 : 명)

전출지 마을	대구	경북	서울 · 경기	울산	인천	대전	충북	충남	기 타*	합 계
상곡 1리	49	7	7	4		2	2	2	전주, 제주, 경남	76
수촌 4리	39	27	10	4	2				부산, 경남	84

* 1명의 전출 지역을 표시함.
 자료 : 다산면사무소 및 벽진면사무소 내부자료.

4. 지역과 촌락의 경제 환경

1) 지역의 경제 환경

상주권의 농가수와 인구는 상주가 가장 많고, 다음으로 예천, 문경, 선
산 순으로 나타나며, 1960년대 이후 농가 인구는 지속적으로 감소하는
경향을 보였다. 이러한 현상은 한국 경제가 농업에서 공업으로 구조가 전
환됨에 따라 농촌 인구가 도시로 전출한 것과 관계가 있다. 경지면적(논과
밭을 합한 면적)은 예천이 가장 많고 선산과 상주는 비슷하며 문경이 가장
작다. 논은 예천, 선산, 상주, 문경 순으로 많고, 밭은 예천, 문경, 상주,
선산의 순으로 많았다. 1960년대 이후 상주권의 모든 지역에서 가구당
경지면적은 지속적으로 증가하는 데, 이것은 전체 경지 면적은 거의 일정
한 반면 인구가 감소하였기 때문에 나타나는 것으로 설명될 수 있다.
상주권의 미곡 생산량은 1960년대 초반이후 대체로 증가하는 현상을
보인다. 예천은 1970년에 40362M/T를 그리고 2000년에 53548M/T

를 생산하였다. 1960년 이후 맥류(대맥, 과맥, 소맥, 호맥 등) 생산은 감소
한 반면 과수재배 면적과 생산량은 증가하는 경향을 보였다. 과수 가운데
사과의 재배 면적이 가장 넓고 생산량도 많았다. 그러나 1990년대 이후
사과재배는 상주, 문경, 예천 등에서 감소하는 추세를 보이고 있다. 1960
년대에 상주권에서 거의 재배되지 않았던 포도는 1990년대 이후 재배면
적과 생산량이 증가하는 경향을 보였고, 생산량이 가장 많은 지역은 상주
였다.

　전체적으로 1970년대 이후 성주권 촌락의 가구와 인구는 감소하였다.
지난 30년간(1970~2000년) 성주권 농가의 가구는 달성군에서 가장 많이
줄었고(39.82%), 다음으로 칠곡군(43.24%), 고령군(57.42%)이며 성주군
에서 가장 적게 줄었다(59.82%). 달성군 농가 인구가 가장 많이 감소
(21.54%)하였고, 가장 적게 감소한 지역은 성주군(28.82%)이다. 현재 농
촌에서 빠르게 진행되고 있는 고령화 현상이 성주권 농가에서도 잘 나타
나고 있다. 65세 이상의 농가 인구는 성주와 고령에서 지속적으로 증가
한 반면 대구광역시권 산업의 외연적 확대에 영향을 받은 칠곡과 달성은
정체 혹은 감소하는 경향을 보였다. 지역 농가 전체에서 전업과 겸업 농
가 수는 감소하는 경향을 보였다.

　지역 농촌은 1970년대 새마을 운동으로 보리 고개가 없어졌고, 쌀밥
도 먹을 수 있었으며 농촌이 잘 살게 된 것으로 주민들은 인식하고 있었
다. 쌀 생산량의 증대는 정부 주도로 이루어진 통일벼의 보급과 재배에
기인한다. 그러나 통일벼 재배 면적과 생산량은 1970년대 후반부터 빠
르게 감소하였다. 1980년 이후 지역 농가의 논·벼 재배면적과 농가 수
는 지속적으로 감소하는 추세를 보였다. 상주와 고령의 경우, 1970년대
논으로 이용되었던 농지가 1980년대 이후 벼보다 수익성이 높은 참외와
딸기 재배지로 바뀌었다. 칠곡과 달성의 논농사 지대는 공장 용지, 주택
지, 비닐하우스로 용도가 전환되었다.

성주권 촌락 농가의 보리재배 면적과 농가 수는 1970년 이후 지속적
으로 감소하였다. 특히 1980년 이후 보리재배 면적과 농가수가 급속하
게 감소한 결과 2000년 성주권 농가에서는 보리를 거의 재배하지 않는
것으로 나타났다. 다산면 주민 면담에 의하면, 1970년을 전후하여 다산
면 들판에 보리를 많이 심었다. 이후 수리 시설이 개선되고 새마을 운동
이 전개되면서 벼 재배 면적이 늘어난 반면 보리 재배는 지속적으로 줄었
다. 1970년 초 · 중반 이전까지 성주권 촌락, 특히 낙동강 변의 평야 지
대에 보리가 대규모로 재배된 것으로 추정할 수 있다. 현재(2005년) 성주
권 농촌의 대부분에서 보리를 더 이상 재배하지 않고 있지만 경상남도 경
계의 달성군 지역에서는 보리를 재배하고 있다.

2) 촌락의 경제 환경

(1) 상주권 마을의 경제 환경

1970년대 척동 1리와 신천 2리 가구당 평균 경지 면적은 후자가 전자
보다 상대적으로 넓다. 척동 1리의 부유한 농가는 논 3,800평과 밭 600
평을 소유한 반면 신천 2리의 경우는 논 8,000평과 밭 2,000평을 소유
하고 있다. 가난한 농가도 두 마을 간에 차이를 보이는데, 척동 1리의 경
우 경지 면적이 200평 이하인 농가가 2가구이지만 신천 2리는 최소한의
농지 보유 농가라도 500~600평을 소유하고 있다. 두 마을 농가가 소유
한 경지 면적으로 볼 때, 1970년대 신천 2리의 경제 상황이 척동 1리보
다 좋았던 것으로 판단된다.

〈표 18〉은 두 마을 주민의 농지 원부(1991년)와 설문 조사에 기초한
척동 1리와 신천 2리 농가의 경작 면적을 나타내고 있다. 척동 1리의 농
가 가운데 44가구(55.0%)가 1,000평 이상~3,000평 미만의 경지를 소
유한 반면 신천 2리의 농가는 21가구(55.3%)가 2,000평 이상~5,000

평 미만의 경지를 소유하였다. 5,000평 이상의 경지를 소유한 농가는 척동 1리에 8가구(10.0%), 신천 2리에 11가구(28.9%)다. 경지 면적으로 볼 때, 1970년대 이후 신천 2리의 경제 상황이 척동 1리보다 좋은 것으로 나타난다. 70년대에 없었던 과수 농사가 1990년대 이후 신천 2리에서 두드러지게 나타난 반면 척동 1리는 큰 변화가 없다. 논과 밭농사 중심의 상주권 농촌에 1980년대 중·후반 이후 과수 농사를 본격적으로 시작한 마을의 사회·경제 구조는 그렇지 않은 마을에 비해 크게 변화되었다. 1970년대~1990년대 초반까지 척동 1리 주민들은 논과 밭농사 중심의 농사 활동을 지속시킨 반면 신천 2리 주민들은 논과 밭농사와 더불어 과수 농사 활동을 덧붙였다.

〈표 18〉 마을 농가의 경작지 면적(1970년대 초반, 2005년)　　　(단위 : 평, 가구, %)

경작지 면적	척동 1리		신천 2리	
	1991년	2005년	1991년	2005년
1,000 미만	14(17.5)	4(12.1)	3(7.9)	2(7.4)
1,000 이상~2,000 미만	25(31.3)	9(27.2)	3(7.9)	5(18.5)
2,000 이상~3,000 미만	19(23.7)	10(30.3)	7(18.4)	6(22.3)
3,000 이상~4,000 미만	8(10.0)	5(15.3)	8(21.1)	5(18.5)
4,000 이상~5,000 미만	6(7.5)	1(3.0)	6(15.8)	2(7.4)
5,000 이상	8(10.0)	4(12.1)	11(28.9)	7(25.9)
합계	80(100.0)	3(100.0)	8(100.0)	27(100.0)

자료 : 1991년 읍·면사무소 내부자료, 2005년은 설문조사.

2005년 척동 1리와 신천 2리 가구가 소유한 농경지는 자작 혹은 임대 형태로 경작되고 있다(〈표 19〉). 농지원부(1991)에 의하면, 척동 1리 가구의 논은 주로 자작에 의해 경작되었고, 소수 가구의 논이 임대 방식에 의해 경작되었다. 밭은 거의 대부분 농가가 직접 경작하였다. 신천 2리에서는 논뿐만 아니라 과수 농지도 자작과 임대의 혼합 방식으로 경작하였다. 2004년도 척동 1리에서 논은 자작과 임대 방식에 의해 그리고 밭은 자작방식에 의해 경작되었다. 논 전체를 타인에게 임대하여 임대료만을 받는 농가도 상당수 있었다.

〈표 19〉 경작 면적과 생산 유형   (단위 : 가구)

경작 면적	척동 1리		신천 2리			
	논		논		포도	
	자작	임대	자작	임대	자작	임대
500평 미만	1		2		1	
500평 이상~1,000평 미만	3		3	1	5	1
1,000평 이상~1,500평 미만	7	2	2	1	6	1
1,500평 이상~2,000평 미만	1	1	2	2	4	2
2,000평 이상~2,500평 미만	5	2	2		4	
2,500평 이상~3,000평 미만	2	1	1		2	
3,000평 이상	8	1	3		3	
총계	27	7	15	4	25	4

자료 : 설문조사.

척동 1리 가구의 농지가 임대 방식에 의해 경작되는 것은 농업이 자급자족적 양식에서 임금 노동력을 이용하여 이윤을 추구하려는 상업적 양식으로 전환되는 과정으로 이해되기보다 농가의 생산 주체가 노령화되거나 여성, 특히 고령의 독거 여성이기 때문에 직접 농사짓기가 힘들어 타인으로 하여금 자신의 농지를 경작하게 한 것으로 판단된다. 척동 1리에서 논의 경작을 임대 방식에 전적으로 의존하는 6농가 가운데 3농가의 가구주는 남성이고, 80세 이상이며 그리고 3농가의 가구주는 여성이며 60대 후반과 70대 초반이다. 신천 2리의 임대 농가는 3호인데, 한 가구만이 여성이며 70대 후반이었다. 이러한 현상은 두 마을의 인구 구조에서 노령화 정도가 심해지고 또한 고령의 여성 가구 수가 늘어나는 현실을 반영하는 것으로 이해된다.

기업과 공공기관에서 임금 노동자의 나이를 법적으로 정해 두고 있지만, 농민이 생산 활동을 할 수 있는 적정 연령은 정해져 있지 않다. 일반적으로 농민의 생산 활동의 적정 연령은 생물학적 요인에 의해 제약을 받는다. 1980년대 이전처럼 농촌 인구가 마을 자체에서 재생산되고,[14) 또한 여러 명의 자녀 출산에 의해 노동력이 풍부할 경우 농촌에서 노동력의 적정 연령은 문제가 되지 않았다. 그러나 현재 농촌에서 인구의 재생산 구조가 더 이상 유지되지 않을 뿐만 아니라 노령화가 빠르게 진행되면서 생산 노동력 확보가 심각한 문제로 대두되고 있다.

신천 2리 주민들에게 농민들은 어느 연령까지 농사를 지을 수 있고 어느 정도의 농지를 경작할 수 있는 지를 물어 보았을 때, 남자와 여자 모두 생산 활동의 적정 연령은 70세 정도이며, 경작 면적, 특히 부부의 노동을 이용하여 경작할 수 있는 포도밭은 2,400평 정도가 적정하다고 대답했다. 척동 1리의 주민들도 적정 연령에 대해서는 신천 2리 주민들과 유사한 반응을 보였다. 주민 스스로가 정한 농업 생산 활동의 적정 연령 기준에서 볼 때, 척동 1리 주민들의 평균 나이가 72세로 이미 적정 연령인 70세를 초과한 반면 신천 2리는 63세로 아직도 적정 연령에 도달하지 않은 것으로 나타났다. 부부 노동으로 경작할 수 있는 논농사의 적정 면적을 설정하는 것은 현재 농기계에 거의 전적으로 의존하기 때문에 별 의미가 없다는 것이 주민들의 일반적인 생각이었다. 척동 1리에서 40~50대의 젊은 농부가 농기계를 이용하면 과거에 상상할 수 없었던 20,000평 이상도 경작할 수 있는 것으로 보였다. 1980년대 이후 농촌에 농기계가 본격적으로 보급되면서 논농사의 생산 방식은 이전과는 완전히 달라졌다. 이러한 현상은 척동 1리 주민들과의 면담을 통해서 잘 알 수 있었다. 과거 육체노동에 전적으로 의존하여 벼농사를 지을 때는 논갈이, 모내기, 김매기, 제초제 및 농약 살포, 벼 베기 등 힘든 일이 많았지만 현재 기계화된 논농사에서 해야 할 일은 못자리 설치, 물 관리 그리고 몇 번의 제초제와 농약을 살포하는 것이 전부이기 때문에 이전에 비하면 논농사 일이 매우 수월해 진 것으로 주민들은 인식하고 있었다.

---

14) 마을 내적인 인구의 재생산 구조란 특정 농촌 마을에서 태어나 성장한 사람이 동일 혹은 가까운 이웃 농촌 마을에서 세대를 구성하여 지속적으로 농사를 짓는 경우를 의미한다. 이에 대한 논의는 마을의 인구부분에서 보다 구체적으로 다루어질 것이다.

척동 1리와 신천 2리의 농사는 가족과 임금 노동에 의해 이루어지고 있다(〈표 20〉). 척동 1리의 농가는 가족노동 혹은 임금 노동 가운데 하나에 전적으로 의존하여 농사를 짓는 반면 신천 2리 가구는 두 가지 방식을 적절하게 혼합하는 형태로 농사를 짓고 있다. 척동 1리의 70세 이상인 가구주는 임금 노동에 전적으로 의존하여 농사를 짓고 있다. 신천 2리 가구의 노동력은 가족노동 70%, 임금 노동 30%로 구성되고 있다. 두 마을의 농업 생산의 노동력 구성은 표면적으로 비슷하게 설명될 수 있지만, 실제적으로 상당한 차이가 있다.

척동 1리는 벼농사 중심의 생산 활동이 이루어지는데 비해 신천 2리는 포도가 중심이고 벼농사는 부차적인 생산 활동이었다. 척동 1리의 벼농사는 기계화의 진전에 따라 육체노동의 필요성이 현저히 감소되고 있으며, 가구주가 노령화됨에 따라 이윤 추구를 목적으로 한 상업적 농업 생산 활동에 소극적인 태도를 보였다. 현재 척동 1리에서 논농사의 대부분은 개별 농가의 부를 축적시키기보다 가족의 삶을 유지하면서 약간의 여유 돈을 마련하거나 자식들을 도와주기 위해 행하는 것으로 판단된다. 이와 대조적으로 신천 2리의 가구는 포도 농사가 주업으로 되어 있으며, 포도 생산 과정의 기계화는 분명한 한계성을 보이면서 약간의 기술력을 갖춘 육체노동이 지속적으로 필요하며, 많은 이윤의 획득을 목적으로 한 상업적 생산 활동이 활발하게 전개되고 있다.

〈표 20〉 생산의 노동력 구성 (단위 : 가구)

비율	척동 1리		신천 2리	
	가족 노동	임금 노동	가족 노동	임금 노동
20% 이하	1	1		5
30%~40%	1		3	2
50%~60%			3	3
70%~80%	1	2	4	1
90%~100%	5	6	4	
계	8	9	14	11

자료 : 설문조사.

척동 1리와 신천 2리의 임금 노동력 이용은 다르게 해석될 필요가 있다. 척동 1리의 임금 노동력 이용은 상업적 농업 생산 활동을 위해서가 아니라 가족의 노동력 부족과 노령화에 따른 가구주의 노동력 상실 문제를 해결하려는 방안으로 모색되고 있는 반면 신천 2리의 경우는 상업적 포도 생산 활동을 원활히 수행하기 위한 수단으로 임금 노동력이 이용되는 것으로 판단된다.

척동 1리와 신천 2리 가구의 연간 소득과 소득 원천에 차이가 있다(〈표 21〉). 척동 1리 가구의 평균 연간 소득(443만 원)은 신천 2리 가구(1,594만 원)에 비해 낮다.15) 1990년 척동 1리와 가까운 마을들의 가구당 평균 소득은 농업소득 4,705천 원(86.5%)과 농외소득 734천 원(13.5%)을 합한 5,439천 원으로 함창읍 전체 가구당 평균소득인 5,380천 원보다 약간 높았다(상주군, 1992). 척동 1리 설문 조사에 따르면, 가구 당 평균 소득은 1990년에 비해 약간 적은 것으로 나타나는 데, 설문지에 기초한 소득 추계는 주민의 주관성에 근거하고 있기 때문에 실제 소득과는 어느 정도의 차이가 있다고 하더라도 1990년 이후 가구당 소득은 큰 변화가 없는 것으로 판단된다. 척동 1리에서 소득이 높은 가구는 3호(1,000~2,000만 원)이고, 소득이 낮은 가구는 17가구(80~300만 원)로 후자가 전자보다 많다. 신천 2리의 경우, 연간 소득이 2,000만 원 이상의 가구가 8호이고 300만 원 이하의 가구는 1호이다. 척동 1리 한 농가의 일지에 따르면, 농가 소득은 최고 32,457천 원(1996년)에서 최저 6,410천 원(1993년)으로 연도에 따라 차이를 보이고 있다.

---

15) 연간 소득은 마을 주민의 주관적 인식에 근거하고 있기 때문에 개별 농가의 실질 소득과는 어느 정도 차이가 있을 것으로 생각되지만 전체적인 경향성을 파악하는 데 큰 문제가 없을 것으로 판단된다.

〈표 21〉 주민의 연간 소득과 소득원　　　　　　　　　　　　　　　　(단위 : 만원, 가구)

연간 소득	척동 1리	신천 2리	소득원 비중	척동 1리		신천 2리		
				쌀	기타	쌀	포도	기타
500 미만	20	1	20% 미만			1		
500 이상~ 1,000 미만	1	8	20% 이상~ 40% 미만		1(밭작물)	7	2	1(임대료)
1,000 이상~ 2,000 미만	3	4	40% 이상~ 60% 미만	1	1(임대료)	1	2	
2,000 이상~ 3,000 미만	1	4	60% 이상~ 80% 미만			1	4	
3,000 이상		4	80% 이상	21	1(임대료)	1	10	1(임대료)
계	25	21	계	22	3	11	18	2

자료 : 설문조사.

　또한 소득원의 작물 종류와 이것이 총 소득에서 차지하는 비율도 달라
지고 있다(〈표 22〉). 농가의 주 소득원은 포도이며 보조 소득원은 벼와 배
이다. 특히 벼는 농가의 식량과 소득을 동시에 획득하기 위해 경작해 왔
으며, 정부 수매를 통해 판매하는 것으로 나타났다. 설문지 조사 결과에
따르면, 신천 2리 가구의 소득은 포도 농사에 60%~70% 그리고 쌀농
사에 30%~40% 의존하고 있다. 반면 척동 1리 농가의 소득은 쌀농사
에 전적으로 의존하고 있다. 1970년대 이후 신천 2리 농가의 소득 원천
은 쌀농사에서 과수 농사로 변화된 모습을 지형도 상에 나타난 토지 이용
형태와 경작물의 변화에서도 나타나고 있다. 이와 대조적으로 1970년대
이후 현재까지 척동 1리 농가는 지속적으로 쌀농사에 의존하여 왔음을
알 수 있다.

〈표 22〉 신천 2리 한 농가의 소득과 소득원(1993~2003년)　　　　　(단위 : 천원, %)

연 도	수입원(총소득 중 차지 비율)	총소득
1993	포도(100%)	6,410
1994	포도(100%)	27,478
1995	포도(100%)	15,000
1996	포도(100%)	32,457

1997	포도(80%), 배(20%)	10,000
1998	포도(63.6%), 배(20.3%), 벼(16.1%)	17,280
1999	포도(60.6%), 배(18.2%), 벼(21.2%)	16,500
2000	포도(65.7%), 배(18.9%), 벼(15.4%)	21,220
2001	포도(71.6%), 배(11.5%), 벼(16.9%)	30,540
2002	포도(76.7%), 벼(23.3%)	12,083
2003	포도(75.1%), 벼(24.9%)	21,300

자료 : 모동면 신천 2리 농가일지.

(2) 성주권 마을의 경제 환경

〈표 23〉은 다산면 상곡 1리와 벽진면 수촌 4리 가구의 경작지 면적을 나타내고 있다. 1970년대 초반 자료는 가구 수가 적어 마을을 대표할 수는 없지만 주민이 경작한 토지 면적의 일반적인 경향은 파악할 수 있다. 상곡 1리의 2가구는 1,000평 이상~2,000평 미만의 농경지를, 2가구는 3,000평 이상~4,000평 미만의 농경지를, 2가구는 4,000평 이상~5,000평 미만의 농경지를 경작하였다. 수촌 마을의 경우, 4가구는 1,000평 이상~2,000평 미만의 농경지를, 2가구는 3,000평 이상~4,000평 미만의 농경지를, 3가구는 5,000평 이상의 농경지를 경작하였다. 수촌 4리의 2가구는 6,000평의 농경지를 경작한 반면 상곡 마을의 한 가구가 5,900평의 농경지를 경작하였다. 2005년 상곡리 마을에서 1,000평 이상~2,000평 미만의 농경지를 경작한 농가가 가장 많고, 다음으로 4,000평 이상~5,000평 미만의 농경지를 경작한 농가이다.

상곡 1리의 농가 당 평균 경작지 면적은 2,501.45평(표준편차. 1,683.85평)이다. 1970년대 초반과 비교했을 때, 보다 넓은 농경지를 경작하는 가구가 증가하였다. 이러한 현상은 상곡 1리를 포함한 다산면 평야가 대구광역시의 근교 상업 농업지대로 변함에 따라 보다 높은 소득을 획득하기 위한 농가 전략으로 혹은 부동산 가치 상승을 기대해서 농경지를 확대하는 것으로 이해할 수 있다.

수촌 4리에서 2,000평 이상~4,000평 미만의 농경지를 경작한 농가가 가장 많고, 다음으로 1,000평 이상~2,000평 미만의 농경지를 경작한다. 수촌 4리의 농가 당 평균 경작지 면적은 2,864.35평(표준편차, 1,533.30평)이며, 상곡 1리보다 약간 많다. 1970년대 초반과 비교했을 때, 넓은 농경지를 경작하는 가구가 증가하였다. 이러한 현상은 상업적 참외 재배 면적을 증가시켜 농가 수입을 증대시키려는 전략으로 이해할 수 있다.

〈표 23〉 마을 농가의 경작지 면적(1970년대 초반, 2005년)　　　　(단위 : 평, 가구)

경작지 면적	상곡 마을		수촌 마을	
	1970년대 초반	2005년	1970년대 초반	2005년
1,000 미만		2		1
1,000 이상~2,000 미만	2	8	4	9
2,000 이상~3,000 미만	1	4	2	13
3,000 이상~4,000 미만	2	1	2	13
4,000 이상~5,000 미만	2	5		2
5,000 이상	1	2	3	5
합계	8	22	11	43

자료 : 1970년대 초반은 다산초등학교 및 벽진초등학교 내부자료, 2005년은 설문조사.

상곡 1리 가구는 자신의 농경지를 직접 경작하거나 타인에 임대해 주고 있다(〈표 24〉). 주민이 직접 농사를 짓는 경작지 면적은 1,500평 미만이 대부분이다. 타인의 농경지를 임차해서 농사를 짓는 농가는 양분되는 경향을 보인다. 500평~2,000평 정도의 농경지를 임차해서 농사를 짓는 농가가 있는 반면 3,000평 이상의 농경지를 임차한 농가도 있다. 후자의 경우는 상곡 마을을 포함한 다산면 지역이 대구광역시 외곽에 위치한 근교 농업지대로 변화함에 따라 넓은 면적에 상업적 작물, 수박, 채소, 약초 등을 대량으로 경작하여 수익을 올리려는 농가가 있기 때문에 나타나는 현상으로 이해할 수 있다. 그리고 다산면 지역이 대구광역시 외곽 주택, 산업, 상업적 농업 지대로 변화됨에 따라 부동산 투자 전략으로 외지인이 농경지를 구입한 뒤 현지 주민에게 임대하는 경우가 상당히 많다는 것을 주민으로부터 들을 수 있었다.

〈표 24〉 경지 면적과 생산 유형   (단위 : 가구)

경작 면적	상곡 1리			수촌 4리		
	자작	임차	임대	자작	임차	임대
500평 미만	4	1		2	1	
500평 이상~1,000평 미만	4	2	3	2	3	1
1,000평 이상~1,500평 미만	3	2	4	7	7	4
1,500평 이상~2,000평 미만	1		1	4	5	
2,000평 이상~2,500평 미만			1	7	4	2
2,500평 이상~3,000평 미만				1	1	
3,000평 이상	1	5	1	10	4	
총　계	13	10	10	33	25	7

자료 : 설문조사.

　　수촌 4리의 농가는 자신이 소유한 농경지와 타인의 농경지를 임차하여 참외를 생산하고 있다. 자작 농지의 면적은 다양한 규모로 분산되어 있다. 총 농가 33가구 가운데 10가구(30.3%)는 3,000평 이상의 농경지를 가족노동에 주로 의존하여 농사를 짓는다. 임차한 농경지 규모도 1,000평 미만에서 3,000평 이상으로 다양하다. 타인의 농경지를 임차한 총 농가 25호 가운데 4가구는 3,000평 이상의 농경지를 임차하였다. 상곡 1리와 수촌 4리 주민은 농산물 생산을 위해 가족노동에 주로 의존하면서 임금을 주고 타인의 노동력 혹은 상호 협력에 바탕을 둔 품앗이를 이용하고 있다(〈표 25〉). 상곡 1리에서 농사를 짓는 17가구 가운데 15가구(88.24%)는 농산물을 생산하는 데 가족노동을 70%이상 사용하고 있다. 임금 노동을 이용하는 7농가 가운데 4가구는 농산물을 생산하기 위한 외부 노동력을 30%~60% 정도로 이용하고 있다. 상곡 1리 마을의 소수 농가에서 품앗이가 이루어지고 있다.

〈표 25〉 생산의 노동력 구성   (단위 : 가구)

비율	상곡 1리			수촌 4리		
	가족 노동	임금 노동	품앗이	가족 노동	임금 노동	품앗이
20% 이하		3	3	3	19	17
30%~40%	1	2			6	1
50%~60%	1	2		7	2	
70%~80%	4			20	1	
90%~100%	11			11	1	
계	17	7	3	41	29	18

자료 : 설문조사.

　수촌 4리의 농가 41호 가운데 31호(75.61%)는 농산물 생산, 특히 참외 생산에 가족 노동력을 70%~100% 사용하고 있다. 임금 노동력을 이용하는 가구 29호 가운데 19가구(65.52%)는 농산물 생산에 임금 노동력을 20%이하로 사용한다. 2가구의 농업 생산은 임금 노동에 70%~100% 의존하고 있다. 수촌 4리 농가에서는 품앗이가 다른 지역에 비해 활발하게 이루어지고 있다. 그러나 품앗이가 농가 생산 활동의 노동력 구성비에서 차지하는 비율은 높지 않다. 17가구에서 생산 활동의 20%이하가 품앗이에 의존하고 있다.

　상곡 1리보다 수촌 4리에서 농가의 생산 활동에 임금노동과 품앗이를 많이 이용하는 것으로 나타나고 있다. 수촌 4리의 참외생산 과정에서 짧은 기간에 집중적인 노동력이 필요한 참외 순치기와 수확 시기에 외부 노동력, 즉 임금 노동 혹은 품앗이가 필요하다. 상곡 1리 주민의 연평균 소득은 22,794,000원(표준편차, 1,455,000원)이고, 수촌 4리 주민의 연평균 소득은 31,302,000원(표준편차, 1,907,000원)이다. 후자의 소득이 전자보다 8,500,000원 많다. 상곡 1리 주민의 소득원은 수촌 4리의 경우보다 다양하다. 전자의 경우, 쌀과 수박 농사, 상업, 개인 사업, 연금과 자녀도움, 임대료 등 다양한 소득원에 의존한다. 이에 반해 수촌 4리의 경우 농가 소득은 참외 농사에 거의 전적으로 의존하고 있다. 경제적으로 다양한 소득원에 의존하고 있는 상곡 1리 주민이 수촌 4리 주민보다 부유한 것으로 나타났다. 수촌 4리 농가 가운데 연소득이 4,000만 원 이상 가구가 17가구(39.54%)인데 비해 상곡 1리는 2가구(11.76%)에 불과하다(〈표 26〉).

이에 비해 연평균 소득이 2,000만 원 미만의 가구 비율은 상곡 1리는 29.41%이고 수촌 4리는 20.93%로 큰 차이를 보이지 않는다. 일반적으로 수촌 4리에서 상층과 하층의 소득 차이가 상곡 1리의 경우보다 크다. 상곡 1리 주민의 월평균 생활비는 865,000원(표준편차, 7,1000원)이고, 수촌 4리의 경우는 135만 원(표준편차, 86,000원)으로 후자가 많다. 월평균 생활비가 50만 원 미만의 가구는 상곡 1리가 12가구(38.71%) 인데 비해 수촌 4리는 3가구(7.14%)이다. 이에 비해 200만 원 이상의 생활비를 지출하는 가구는 상곡 1리에 4가구(12.90%)와 수촌 4리에 14가구(33.33%)가 있다. 수촌 4리의 가구가 상곡 1리 가구보다 연평균 소득과 월평균 생활비가 높다.

〈표 26〉 주민의 연간 소득과 월평균 생활비   (단위 : 만원, 가구)

연간 소득	상곡1리	수촌4리	월평균 생활비	상곡1리	수촌4리
1,000 미만	4	4	50 미만	12	3
1,000 이상~2,000 미만	1	5	50 이상~100 미만	8	8
2,000 이상~3,000 미만	8	10	100 이상~200 미만	7	17
3,000 이상~4,000 미만	2	7	200 이상~300 미만	3	12
4,000 이상	2	17	300 이상	1	2
계	17	43	계	31	42

자료 : 설문조사.

(3) 지역 주민의 농사 일정

낙동강 유역의 대표적 농업 활동은 벼농사였다. 〈표 27〉은 선산 지역 벼농사의 연간 일정을 나타낸다. 일 년은 벼농사 지역에서 4단계로 나누어지고 있다. 3~5월은 벼농사를 위한 준비 단계, 6~8월의 수확을 위한 농사 단계, 9~10월은 수확과 정리 단계, 마지막으로 11~2월은 휴식과 노동력 비축 단계로 구분해 볼 수 있다.

〈표 27〉 선산 지역 벼농사의 연간 일정

월	1월	2월	3월	4월	5월	6월
절기	입춘, 우수	경칩, 춘분	청명, 곡우	입하, 소만	망종, 하지	소서, 대서
내용			상토 만들기	볍씨 소독 (4월 20일경)	못자리 준비 (5월 초)	모내기(6월초) 제초제 뿌리기, 거름주기 (6월 중순)

7월	8월	9월	10월	11월	12월
입추, 처서	백로, 추분	한로, 상강	입동, 소설	대설, 동지	소한, 대한
피사리, 이삭거름주기, 논에 물대기 (7월 하순)		추수, 탈곡 (9월 하순~ 10월 초)	벼 말리기	수매	짚단 묶기, 논 관리

자료 : 안동대학교 국학부, 2000.

〈표 28〉은 벽진면 수촌 4리 참외 농가의 연간(2002~2004년) 농사 일정을 정리한 것이다. 벽진면의 참외 농사는 10월 말~11월 초에 트랙터를 이용하여 참외밭을 갈고, 거름을 넣고, 고랑을 만드는 작업으로 시작한다. 참외 모종통 설치와 씨 넣기는 11~12월에 걸쳐 이루어지며, 보온 비닐 설치와 파종한 참외밭에 이불 넣기는 12~1월에 이루어진다. 대체로 10월 말~1월 말 사이에 참외 농사의 1단계 작업이 완료된다. 수촌 4리 40~50대 가구주는 대체로 비닐하우스 15동(1동 면적, 200평) 전후의 면적에 참외 농사를 짓는데 1단계 작업은 대부분 부부 노동으로 이루어진다. 참외 농사의 2단계는 순치기, 수정, 수확, 등의 작업으로 이루어진다. 첫 순치기는 2월 중순에, 수정은 3월 중순~말에 이루어진다. 그리고

첫 수확은 4월 중순부터 시작되며, 이후 순치기, 수확의 작업이 9월 말~
10월 초순까지 이루어진다.

〈표 28〉 성주 참외 농가의 연간 농사 일정

월별	2002년	2003년	2004년
1월	12일 이불 넣기 24일 참외 모종	14일 보온 비닐 설치 21일 이불 넣기	
2월	15일 첫 순치기		15일 첫 순치기 26일 두벌 순치기
3월	1일 두벌 순치기 18일 참외 수정	4일 첫 순치기 16일 두벌 순치기 27일 참외 수정	13일 참외 수정
4월	21일 참외 첫 수확		16일 이불 철거 22일 참외 첫 수확
5월	11일 이불 철거	1일 이불 철거 6일 참외 첫 수확	수확과 순치기
6월	수확과 순치기	수확과 순치기	수확과 순치기
7월	수확과 순치기	수확과 순치기	수확과 순치기
8월	수확과 순치기	수확과 순치기	수확과 순치기
9월	수확	20일 하우스문 철거	
10월	수확	10일 덩굴 뽑기 15일 하우스 비닐철거 28일 논갈기	12일 하우스 비닐 철거 26일 논갈기
11월	10~11일 하우스 철근 및 비닐 철거 로타리 작업 14일 참외씨 파종	14일 트랙터 로타리작업 16일 씨 파종	21일 하우스 비닐피복
12월	13일 작목반 참외 모종하기	28일 보온 비닐 피복 29일 이불 넣기	

자료 : 수촌 4리 연봉산 작목반 반원(1명)의 영농일지(2002~2004년).

참외 순치기와 수확은 하루 혹은 이틀의 짧은 시간에 집중적으로 이루
어지기 때문에 부부의 일손과 함께 외부의 임금 노동력을 이용하는데, 비
닐하우스 15동의 경우 1~2명의 60~70대 여성 노동력을 이용한다. 한
낮에 비닐하우스의 내부 온도가 높게 올라가기 때문에 아침과 오후로 나
누어 작업을 한다. 참외 농사의 3단계는 참외 덩굴 뽑기와 하우스 문짝과

비닐 철거 작업으로 10~11월에 걸쳐 이루어진다. 3단계 작업은 1단계의 초기 작업과 동시에 이루어지기 때문에 시간이 중복된다. 성주 참외 농사의 연간 일정은 자연환경에 의존하는 농사를 짓는 전통적 농촌의 농사 일정과 상이한 형태를 보인다. 비닐하우스, 모종통, 이불 등 인공물을 이용하여 겨울에 참외 씨앗을 뿌리고, 봄~늦여름까지 수확한 뒤 특별한 휴식기간이 없이 다음 해 참외 농사를 준비하는 형태를 보인다. 참외 생산 시기를 앞당기고, 전통 농촌에서 오랜 기간 실행한 4단계 농사 일정을 2단계로 축소시켰다.

포도 농가의 영농일지에 의하면, 농가는 1993~1996년까지 포도 농사만을 짓은 뒤 배와 벼농사를 병행하였다. 이는 농가 소득을 높이려는 것과 단일 재배 작물, 포도에만 의존할 경우 발생할 수 있는 위험을 줄이려는 농가의 전략으로 해석할 수 있다. 당사자와 면담을 통해서 이러한 전략을 간접적으로 확인할 수 있었다. 상대적으로 수익성이 낮은 벼농사는 식량을 안정적으로 확보하기 위해 짓는 것으로 파악되었다. 2003년에 포도와 벼농사를 병행하면서 할 일이 많아졌고, 농사일지 내용도 복잡해졌다. 모동의 포도 농사도 벽진면의 참외 농사와 같이 농촌에서 오랜 기간 시행된 4계절 4단계 농사 일정을 계절에 큰 영향을 받지 않는 2단계로 축소시켰으며, 자연환경의 영향을 줄이면서 소득을 증대시키는 방향으로 변하였다.

〈표 29〉는 모동면 신천 2리 포도 농가의 연간(1995, 2003) 농사 일정을 정리한 것이다. 포도 농사는 1~3월에 밭에 퇴비 혹은 비료를 넣고, 가지치기 작업을 행한다. 전자는 남성이 주로 담당하고, 후자는 남성과 여성이 함께 한다. 4~7월에 이루어지는 작업은 넝쿨 순 제거, 적심, 속순 치기, 알 솎음, 봉지 결속 등이며, 이것은 단순 반복으로 이루어지는 것이 아니라 개별 농가와 마을 농가 전체의 오랜 경험을 통해 축적된 기술에 의존한다. 마지막으로 8~10월까지 수확을 위한 작업이 개별 농가

혹은 작목반 단위에서 이루어진다. 전국의 상인들이 포도 수확 철에 모동 면으로 찾아와 포도밭 전체를 매입하는 경우도 있다. 출하가 끝나는 10월 말부터 12월까지 휴식 시간을 갖는다. 그러나 50대 이하의 젊은 농민들은 휴식기간에도 수입을 올리기 위해 오이, 호박 등을 비닐하우스 내에서 재배한다. 비닐하우스를 이용한 채소류 재배는 일정 규모가 넘으면 포도 농사와 병행하는 것은 거의 불가능하다.

〈표 29〉 모동 포도 농가의 연간 농사 일정

월별	1995년	2003년
1월		20일 전정 작업
2월	7일 포도(캄벨) 전정(가지치기) 작업	17일 전정 작업
3월	눈트기 직전 질소비료 약간 살포	25일 밭 퇴비 넣기, 붕사 살포 29일 포도밭 퇴비
4월	2일 배밭 골타기 3일 배밭 퇴비 살포 4일 포도 삽목, 붕사 살포	9일 볍씨 파종 10일 포도 삽목(1,600주)
5월	16~20일 부방 제거 21일 앞밭과 중보밭 황산비료 살포 25~27일 포도 넝쿨 순 제거 28일 유안 비료 29일 결속 작업 31일 포도 개화 시작 적심 및 속순 치기	9일 포도 약재 살포 18~19일 모내기 21일 포도 망짓기 24일 포도 약재 살포 28일 포도 개화 시작
6월	6일 적심과 속순 치기 작업 19일 황산가리 살포 21일 적심 26일 포도 알솎음 시작	2~4일 포도 전용 웃거름 5일 포도송이 어깨치기 *앞밭, 50~60% 수정 안 됨 　정양밭, 70~80% 수정 안 됨 21일 약재 살포 22일 비, 장마 시작 23일 포도 알 솎음(약 30%정도) 28일 포도 알 솎음, 포도 봉지 결속

7월	10일 포도 봉지 결속 시작 13일 염화가리 살포	2일 포도 봉지 결속
8월	비료와 약제 살포 29일 포도 출하 시작	포도밭 약재 살포
9월	포도 출하	11일 추석날 12~13일 태풍(매미) 경북권 진입, 통과 * 포도 잎이 떨어지고 심하게 손상됨
10월	포도 출하(총 출하, 362박스)	포도 출하
11월	포도밭 전용 비료 살포	4일 포도밭(앞밭) 철거 포크레인 작업(150,000원)
12월		

자료 : 신천 2리 거주 한 농가의 영농일지(1992년 4월 1일~2004년 4월 10일).

5. 결 론

낙동강 유역에 위치한 촌락 주민의 삶과 문화는 지역의 자연과 인문 환경이 상호 작용하는 가운데 구체적으로 표현되어 왔다. 본 연구는 거시적·미시적 관점에서 낙동강 유역의 촌락, 특히 상주권과 성주권 촌락의 자연과 사회·경제 환경을 고찰하였다.

상주권 촌락의 대부분은 소백산맥의 침식 분지 혹은 낙동강 주변의 평야지대에 입지해 있으며, 이러한 지형은 지역 주민들의 사회·경제생활에 많은 영향을 주었다. 전통적으로 산간지대의 촌락 주민은 밭 혹은 과수원 중심의 삶을 살았는데 반해 분지 혹은 평야 지대의 촌락 주민은 논농사 중심으로 삶을 살아 왔다. 그러나 1980년대 이후 촌락의 입지조건에 따라 생산과 생활 양식은 상이한 형태로 변화하였다. 상주권에 속한 모동면 신천 2리 주민들은 밤낮의 기온 차가 심하고 일조량이 많은 분지기후의 특성을 이용하여 당도가 높은 포도를 생산하였고, 이를 통해 농가 소득을 증가시킬 수 있었다. 주민들은 포도 성숙기에 비가 많이 내리거나 태풍이 지나가면서 포도 농사에 큰 피해를 입힌다고 불평하고 있었다. 성주권에 속한 성주와 고령의 촌락에서 상업적 작물로 재배되는 참외와 딸기는 지역의 자연 환경을 적절하게 이용하고 있다. 가야산계는 겨울의 차가운 북서 계절풍을 막아 성주와 고령에 상대적으로 온난하고 건조한 겨울과 초봄 기후를 형성시키고 있다. 이러한 자연 환경 조건을 이용하여 1980년대 이후 성주와 고령의 촌락 주민은 당도가 높은 참외와 딸기를 대규모로 재배하여 농가 소득을 높이고 있다.

상주권과 성주권 지역의 인구는 조선 후기 이후 1970년대까지 지속적으로 증가한 뒤 감소하였다. 1970년대 이후 지역 인구의 감소 추세는 한국의 사회와 경제 구조가 농업과 농촌 중심에서 공업과 도시 중심으로 전환되면서 나타난 현상으로 이해할 수 있다. 1980년대 이후 지역 촌락에서 일어난 인구 감소 현상은 촌락을 유지하기 위한 필수 조건인 인구의 재생산 구조가 붕괴됨과 동시에 주민의 노령화가 빠르게 진행되었다. 촌락 주민의 노령화 정도는 포도와 참외 농사 중심의 모동면 신천 2리와 벽진면 수촌 4리보다 벼농사 중심의 함창읍 척동 1리에서 높게 나타나고 있다.

1980년대 이후 상주권과 성주권 촌락은 재배 작물과 생산 양식에 따라 상이한 형태로 변화되었다. 전통적 작물과 생산 양식, 즉 벼와 보리, 밀 등의 논·밭작물과 자급자족적 생산 양식을 유지하고 있는 촌락과 상업적 작물(참외와 포도)과 생산양식을 받아들인 촌락은 상이한 경로로 변화하였다. 1980년대 이후 포도와 참외 농사와 상업적 생산양식으로 전환한 모동면 신천 2리와 벽진면 수촌 4리는 벼농사와 전통적 생산양식을 유지하고 있는 함창읍 척동 1리와 상이한 사회와 경제 구조를 만들어 가고 있다.

▐ 참고문헌

『世宗實錄地理志』, 1454.

경상북도, 1983, 『경상북도사』.

경상북도, 해당연도, 『농업총조사보고서』.

구미문화원, 2000, 『구미시지』, 구미시.

김연옥, 『기후학개론』, 정익사, 1980.

김영희, 『일제시대 농촌통제정책 연구』, 경인문화사, 2003.

金宅圭 外, 『洛東江流域史硏究』, 수서원, 1996.

문경시, 『문경지』, 2002.

성주군, 2005, 『통계연보』.

이중환(이익성 譯), 1993, 『擇里志』, 을유사.

이해준, 『조선시기 촌락사회사』, 민족문화사, 1996.

정진영, 「조선후기 동성촌락의 형성과 발달」, 『역사비평』28, 1995.

朱甫暾, 「新羅의 村落構造와 그 變化」, 『國史館論叢』35, 1992.

홍경희, 『촌락 지리학』, 법문사, 1986.

朝鮮總督府, 『朝鮮の人口現象』, 1927.

朝鮮總督府, 『朝鮮の聚落』, 1935.

조선총독부, 『통계연보』, 1925, 1927, 1930, 1935, 1944.

기상청, http://www.kma.go.kr/weather/climate.2004.4.17.

제 3 장

경북 방언 어휘의 분화 기제

1. 머리말

　방언은 지리적 요인과 사회적 요인에 따라 발생하지만 이들 내에서는 언어 변화의 시차나 방향에 따라서 다양한 방언형을 생성시킨다. 언어 변화는 언어 체계 전반에 걸쳐 일어나지만 대체로 문법이나 음운 층위에 비해 어휘·의미 층위에서 더 심하다. 전자가 체계 전체와 유기적 관련 아래 변화되는 반면에 어휘는 언어체계의 변화와 함께 '차용'에 의해 더 다양한 모습을 보여줄 수 있기 때문이다. 그러므로 방언 어휘들을 체계화하기는 매우 어렵다. 지금까지의 국어 방언 어휘에 대한 연구는 주로 분포와 사적 분화 관계를 밝히는 데에 치중하였다.[1] 앞으로도 이러한 연구 작업이 쌓여 국어 방언 어휘를 유기적으로 조직화할 필요가 있다. 본 연구의 초점도 이러한 목표에 다가가기 위한 작업의 일환이라 볼 수 있다.

---

1) 小倉進平, 『조선방언의 연구』, 서울: 아세아문화사, 1973〔1944〕; 河野六郎, 「朝鮮方言學試攷-'鋏'語攷-」, 『河野六郎 著作集』, 東京: 東都書籍, 1945; 곽충구, 「'왕겨'의 방언형들의 지리적 분포와 그 비교 연구」, 『개신어문연구』2, 충북대학교, 1982.

이 글은 한국학술진흥재단의 2002년 기초학문육성 인문사회분야 지원
사업의 한 과제인 '낙동강 유역의 인간과 문화' 내 '방언 분과'의 조사과정
에서 얻어진 자료를 대상으로 어휘의 분화양상과 원인을 살펴보는 데에
목적이 있다. 본 과제의 진행을 위해 27항목의 702 어휘 또는 문장 질문
지를 완성하고, 이를 바탕으로 안동권(봉화 · 안동 · 영주 · 의성), 상주권(문경 ·
예천 · 상주 · 구미), 성주권(성주 · 고령 · 칠곡 · 달성)지역어에 대해 조사했다.
이 글은 이들 조사 자료를 대상으로 삼고 있다.[2] 따라서 이 글은 궁극적
으로 경북 방언에 대한 것이다. 국어사에서 이 지역어가 갖는 의의는 자
못 크다. 중세국어 · 현대국어에 계승된 고대국어가 이 지역어(신라어)를
기반으로 이루어졌다는 것은 주지의 사실이다. 따라서 제한된 문헌어에
의한 국어사 기술을 보완하기 위해서는 맨 먼저 참고하여야 할 것이 이
지역어라 할 수 있다. 경북지역이라 해도 대구지역과 포항지역은 일찍부
터 산업화를 겪었다. 따라서 이들 지역과 인접한 지역은 전통 방언을 많
이 상실했으나 산업화가 상대적으로 늦었거나 되지 않은 본 조사지역은
전통 방언을 고스란히 간직하고 있기 때문이다.

---

2) 각 권역별 소속지역은 한국어 방언권과는 무관하다. 전체 7개 분과의 성격과 3년차 사업일
  정을 고려한 배분일 뿐이다. 각 시군별 조사지점과 시기 및 제보자 선정 기준은 다음과 같
  다. 조사지점은 안동시(풍산읍, 도산면, 와룡면, 임하면, 북후면, 서후면), 봉화군(봉화읍,
  춘양면), 영주시(장수면, 순흥면, 단산면), 의성군(단밀면, 다인면, 비안면), 문경시(문경
  시, 산양면), 예천군(용문면, 지보면, 풍양면), 상주시(함창읍, 모동면, 사벌면, 낙동면),
  구미시, 칠곡군(석적면, 왜관읍), 성주군(월항면), 고령군(다산면, 고령읍, 성산면, 우곡
  면), 달성군(현풍면, 화원읍)이었다. 이 지역에 대한 본 조사는 2002년 11월-2003년 2
  월, 2003년 11월-2004년 2월, 2004년 11월-2005년 2월에 이루어졌다. 제보자는 60세
  이상의 토박이(3대 이상 현지 거주)로 무학 또는 국졸자일 것을 원칙으로 삼았다. 동일한
  지점에 복수의 제보자를 섭외했을 경우에는 한 명의 제보자에게만 이 원칙을 고수했고 나머
  지 제보자의 나이와 학력은 완화하였다. 제보자 섭외는 주로 동장이나 읍 · 면사무소의 총무
  계장을 통해 이루어졌다. 먼저 조사 목적과 제보자 기준을 알려준 뒤에 이들로부터 복수의
  제보자를 추천 받아 선정했다.

2. 일반 언어학적 기제

방언 분화를 일반 언어학과 사회언어학의 두 측면에서 살펴볼 수 있다. 먼저 일반 언어학적 측면 즉 음운목록·음운변화·의미·차용 등의 차이에 따라 분화된 어형들을 살펴보도록 하자. 덧붙여 방언권과 방언권 사이에 놓인 전이지대에서 일어나는 혼성어의 모습도 논의할 것이다.

1) 음운 목록의 상이성

음운목록의 차이는 방언권 분화의 최소 기제가 될 수 있다. 여기에 해당하는 경북방언의 예로는 ① /ㅆ/유무, ② /어/와 /으/의 변별 유무를 들 수 있다.

(1) /ㅆ/의 유무

경북방언의 자음체계상 가장 뚜렷한 특징은 일부 지역에서 'ㅅ'과 'ㅆ'이 변별된다는 점을 지적할 수 있다. 즉 경북의 북서부 지역인 안동권과 상주권은 /ㅆ/이 변별적 기능을 가진다. 그런데, 성주권 지역어는 /ㅆ/의 유무에 논란이 있다. 천시권3)에서는 달성·칠곡·고령·성주 지역을 /ㅆ/의 부재 지역으로 분류하였다. 한국정신문화연구원4)의 조사에서도 항목에 따라 다르게 나타나지만 표준어의 /ㅆ/이 평음으로 나타나는 경우가 더 많다.5) 김덕호6)는 칠곡, 고령, 대구(달성)를 전이지역으로 판단

---

3) 천시권, 「경상북도의 방언구획」, 『어문학』13, 한국어문학회, 1965.
4) 한국정신문화연구원, 『한국방언자료집』(Ⅶ-경상북도 편), 서울: 고려원, 1989.
5) 성주 : 써리, 써레기, 명시, 눈썹, 싱넌다, 삼따, 살
   고령 : 서리, 시레기, 미영씨, 눈섭, 씽넌다, 삼따, 살
   달성 : 서리, 시레기, 미영씨, 눈썹-송눈섭, 싱넌다, 사따, 쌀
   칠곡 : 서리, 시레기, 명시, 눈섭, 싱넌다, 쌈따, 살

하였다. 그런데 박창원[7)](고령읍 중화리), 정철주・최임식[8)](성주 벽진 용암동), 최임식[9)](고령읍 내상리)의 조사에서는 고령읍과 성주군 벽진면에서는 'ㅅ'과 'ㅆ'이 변별되는 것으로 보고한다.

본 조사에 의거하면 고령(우곡, 성산), 성주(월항), 칠곡(왜관읍), 달성군(현풍)지역은 '살(肉) : 쌀(米)'를 구분하는 반면에 고령(다산), 달성(화원), 칠곡(석적)에서는 구분하지 못 하였다. '살(肉) : 쌀(米)'의 대립쌍을 이루는 낱말이 기초 어휘임을 염두에 두면 고령군 다산면, 달성군 화원면, 칠곡군 석적면이 전이지역과 접하는 /ㅆ/부재 지역의 최북단이 될 것으로 여겨진다. 2년차 상주권 조사 시에 확인한 바에 따르건대, 전이지역의 최북단은 김천시 아포읍까지 퍼져있었다. 따라서 변별지역과 비변별지역 사이에 놓인 전이지역의 남북 폭은 김천시 아포읍으로부터 고령군 다산면과 칠곡군 석적면의 사이라 할 수 있다.

국어음운사상 경음의 후대 생성을 고려한다면 경북지역의 'ㅆ'존재는 타방언권으로부터 차용이 확대된 것이라 볼 수 있다. 유입 시기와 확대 과정은 다음과 같은 것으로 보인다.

안동권 방언에서 /ㅆ/이 나타난 시기는 17세기 이후로 추정된다. 이 추정의 근거는 안동시 정상동에서 발견된 이응태 부인의 간찰(1586)과 정부인 장씨(1598~1680)의 조리서『음식디미방』(閨壼是議方)에서의 표기를 비교해 봄으로써 가능하다. 이응태 부인의 간찰(1586)에서는 '써-'를 '서-'로 표기하여 16세기 후반에는 아직 이 방언권에 /ㅆ/이 존재하지 않았음을 보여준다.

① 이리 서 년뇌(이리 써 넣뇌) 〈이응태 부인 간찰〉

---

6) 김덕호, 『경북방언의 언어지리학』, 서울: 월인, 2001, 138쪽.

7) 박창원, 「고령지방의 언어」, 『高靈文化』제6집, 高靈文化院, 1991.

8) 정철주・최임식, 「성주 지역어 연구」, 『韓國學論集』24輯, 계명대학교 한국학연구소, 1997.

9) 崔林植, 「고령지역어의 음운자료」, 『계명어문학』10집, 계명어문학회, 1997.

다 몯 서 대강 대강만 뎍뇌(다 못 써 대강 대강만 적뇌) 〈이응태 부인 간
찰〉

그런데 『음식디미방』(閨壺是議方)에서는 '쓰(書)-'가 나타나며 15세기
ㅂ계 합용병서로 표기되던 '뿌다(쑤다:粥)・쓰다(쓰다:用)'가 'ㅅ~ㅆ~ㅂㅅ'
의 혼란을 보이고 있어 경음화를 확인할 수 있다.

② 눈 어두온더 간신히 써시니(『음식디미방』권말 筆寫記)
죽 쑤어(『음식디미방』1ㄴ), 죽 쑤논(『음식디미방』1ㄴ), 죽 수어(『음식디
미방』14ㄴ) 쓰면(『음식디미방』1ㄴ), 쓸 적마다(『음식디미방』2ㄱ), 쓰ᄂ
니라(『음식디미방』4ㄱ)

따라서 이 방언권에서 /ㅆ/이 생성 확대되는 출발점은 17세기 후반으
로 볼 수 있을 것이다. 반면에 중부방언에서는 15세기 이래 /ㅆ/이 존재
해 왔음을 문헌어를 통해 확인해 볼 수 있다. 그렇다면 중부방언과 많이
접촉하는 지역에서 /ㅆ/을 도입했을 것이란 점은 쉽게 추정된다. 15세기
이래 안동권 방언 화자들이 중부방언과 접촉할 수 있는 기회는 科擧, 出
仕였을 것이다. 그렇다면 科擧와 出仕가 열려 있는 집단에서 먼저 이루
어졌다고 판단할 수 있다.

(2) /으/와 /어/의 변별 유무

모음체계에서 경북 방언의 특징으로 '에[e]~애[ɛ]'와 '어[ə]~으[ɨ]'의
중화를 들 수 있다.10) 그런데 안동권 방언은 '에[e]~애[ɛ]'는 중화되어
[E]로 실현되지만 '어[ə]~으[ɨ]'는 변별된다는 점에서 경북의 남동부지
역과 다르다고 할 수 있다.11) 그러면 최소대립쌍을 통해 안동권 방언에

10) 백두현, 「경상 방언의 모음체계와 모음중화」, 『어문교육논집』12, 부산대학교, 1992 참고.
11) 정 철, 『경북 중부 지역어 연구』, 대구: 경북대학교 출판부, 1991 참고.

서 '어[ə] : 으[ɨ]'의 변별되는 예를 제시한다.

① [til](複數接辭, 野) : [təl]덜(減)-
　[kil](書) : [kəl](웆)
　[s'inda](用) : [s'ənda](引)
　[thil](機) : [thəl](毛)
　[nil](常) : [nəl](板)

　이러한 양상은 이 방언권에 대한 박종덕12)의 연령별(80대부터 10대까지) '어[ə], 으[ɨ]'의 조사에서도 명확히 확인된다.

　경북방언의 모음 중화의 역사는 자료의 부족으로 명확히 기술하기는 어렵지만 추정은 할 수 있을 듯하다. 백두현13)을 참고하면 경북방언의 모음 중화가 18세기 후반에 시작되어 20세기 초에 완성된 것으로 보고 있다. 그러나 이 시기를 모든 경북 방언에 일률적으로는 적용하기는 어려울 듯하다. 왜냐하면 안동권 지역에서는 /i/와 /ə/의 중화가 이루어지지 않았음을 보면 알 수 있다.14) 이 지역어가 안동권 방언과 인접하고 있음을 감안하면 /E/ 중화가 이루어진 뒤, /ㅣ/ 중화가 나타났다고 봄이 타당할 것이다. 20세기 전반의 안동권 언어를 배운 할머니의 가사 표기를 살펴보면15) 대격조사 '-을', 회상시제 선어말어미 '-더-', 명령형어미 '-거라', 주제격 보조사 '-은/는-'에서 '어~으'간의 혼란이 다음과 같이 나타난다.

---

12) 박종덕, 「안동 지역어의 홀홀소리 체계에 대한 사회언어학적 연구」, 건국대학교 대학원 연구과제보고서, 2000, 47-52쪽.
13) 백두현, 「경상 방언의 모음체계와 모음중화」, 『어문교육논집』12, 부산대학교, 1992, 80-89쪽.
14) 조신애, 「안동지역어의 음운론적 연구」, 계명대학교 석사학위논문, 1985, 10쪽; 박종덕, 「안동 지역어의 홀홀소리 체계에 대한 사회언어학적 연구」, 건국대학교 대학원 연구과제보고서, 2000, 47-52쪽.
15) 한국국학진흥원 김형수 박사의 조모가 보관하던 자료를 참고한 것이다. 필사자는 안동군 예안면 정산리에서 출생하여 구계리 재령 이씨 가문으로 출가한 배순영(79세) 할머니다.

② '어'를 '으'로 표기한 것 : 떤젓든가(던졌던가), 익그라(있거라)
③ '으'를 '어'로 표기한 것 : 거설(것을), 계수화년(계수화는), 굴얼(굴을),
꽃천(꽃은), 목단화 넌(목단화는), 무엇설(무엇을), 행사년(행사는), 회
갑의년(에는)

실질 형태소 부분에서 나타나는 예는 보이지 않음을 보면 제약된 것임
을 알 수 있다. 반면에 '에-애'의 혼란은 한자어, 실질형태소, 문법 형태소
전반에 걸쳐 나타난다(예. ④, ⑤ 참고).

④ 서제(서재), 오호통제(오호통재), 오호애제, 일게(일개), 천에지각(천애지
각),-인대(인데), 가운대(가운데), 간 대(간 데), 배울 재(배울 제)-자라
날 제, 어대(어데), 어재(어제), 언재(언제), 품안애(품안에), 할매(할
메), 호거릴새(호걸일세), 업내(없네), 왔내(왔네).
⑤ 벽개(벽계), 차래(차례), 계명(계명), 게시오며(계시오며), 경계(경계),
넷날(옛날), 사례(사례), 세게(세계), 은혜(은혜).

특히 '누에'를 '누에~뉘애~누이'로 적고 있음을 보면 '애'가 [e]로 상승
했고, '에'가 [i]로 상승했음을 보여주는 자료로 [e]와 [ɛ]의 모음 중화가
완성되었음을 암시한다. [e]와 [ɛ]가 중화된 지역에서 [e]를 가졌던 어
휘들은 [i]로 고모음화 되지만 [ɛ]를 가졌던 어휘들은 [E]에 머문다. 이
결과 이들은 구분될 수 있다. 그런데, [e]〉[i]가 [ɛ]〉[e]와 같은 시기나
뒤에 일어났다면 [ɛ]도 [i]로 모음 상승을 겪고 혼란되었을 것이라 짐작
할 수 있는 바, 이런 혼란이 없다는 것은 [e]〉[i]가 먼저 일어나고 이어
서 [ɛ]〉[e]가 일어난 것으로 추정할 수 있다. 한편 '예'는 '예〉에〉이'의 변
화를 거치고 있음을 참고하면(계시다〉게시다〉기시다, 계집〉게집〉기집/지집) [e]〉
[i]에 앞서 '예〉에'가 있었음을 알 수 있다. 이상을 보건대 경북방언의
[E]중화는 20세기 초에 완성되었고, 안동권의 [ㅋ]중화는 19세기말 또
는 20세기 초에 시작되어 진행 중에 있다고 할 수 있다. 따라서 기존 연

구에서 안동권 방언은 /어/와 /으/의 구분은 실질 형태소에 한정된 것이라 할 수 있다.

2) 음운변화의 상이성

어떤 방언을 특징짓는 인상적 어휘는 개인의 경험에 따라 다양할 수 있다. 그런데 다음에 제시한 어형들은 이에 대응하는 표준어나 여타의 경북 방언 어휘와 형태가 다르면서 북부권에 많이 분포하고 체계성을 가진다는 점에서 주목되는 어휘들이다.

> ① ㉠ 수꾸~수끼(黍)
> ㉡ 무꾸(菁)
> ㉢ 여끼(狐)
> ㉣ 꺼깽이(蚓)

㉠~㉣의 어휘들은 CVk′V유형으로 묶을 수 있다. 언뜻 보면 '수꾸~수끼, 무꾸, 여끼, 꺼깽이'는 표준어나 같은 경북 방언의 '수수~수시, 무~무수~무시, 여시~야시'와 아무런 관련성이 없는 것처럼 보인다. 그러나 방언 차이가 어휘 확산의 시기 차이와 지역적 언어 변화 규칙의 차이에 따라 다양한 양상을 보인다는 점을 전제하면 이들 어휘들도 분명히 관련성을 가졌을 것이라 짐작해 볼 수 있다. 특히 첫 음절이 동일하고 둘째 음절이 서로 평행하고 있다는 점이 이를 뒷받침해 준다.

전국의 방언을 대상으로 CVk′V유형에 대응하는 자료들을 정리해 보면 CVskV유형에 대응하는 것으로 나타난다. 예컨대 '무'(菁)는 제주도 방언(nemp′i)을 제외하면 다음의 네 가지로 유형화될 수 있다.16)

---

16) 무(菁)의 방언형과 분포 양상은 다음과 같다. ① mu-u(경기, 강원), ② mu(경기:포천, 김포), 강원(화천, 평창, 영월, 원주, 원성, 통천, 장전), 충북(제천), 황해(황주), 함남

② ㉠ mVsV
　㉡ mVΦV
　㉢ mVtkV
　㉣ mVk'V

'무'(菁)는 문헌어에 '無蘇, 뭇, 무수, 무우, 무오, 무이'로 표기되었다.[17] 『鄕藥救急方』의 '無蘇'는 '*musu'를 표기한 것으로 여겨지며 s〉z을 경험하기 이전의 표기로 여겨진다. '뭇'은 '무수'의 곡용형으로 나타난 것이다. 이 곡용 양상을 보면 15세기 '아ᅀᆞ(弟), 여ᅀᅮ(狐)'와 같은 양상이다. '무우~무오, 무이'는 ᅀ 이 탈락한 이후의 표기다.

　㉠의 mVsV는 s〉z을 경험하지 않았던 것으로 보인다. ㉡의 mVΦV는 's〉z〉Φ'의 결과로 나타난 것이며, 첫 음절과 둘째 음절의 동음축약과 이에 따른 보상적 장음화로 mV:가 실현된 것이다. ㉣의 k'의 유래는 ㉢이

(신고산, 안변, 덕원, 문천, 고원, 영흥, 정평, 함흥, 신흥), 평남(평양), 평북(박천, 재령, 희천, 구성, 강계, 자성, 후창), ③ mu-i 황해(연안, 재령, 황주, 신계, 곡산), 평남(평양), ④ muju 경기(개성, 장단), 황해(해주), ⑤ mi-u 황해:금천, 옹진, 태탄, 장연, 은율, 안악, 재령, 서흥, 수안), ⑥ musu(경기:안성, 평택), 강원(양구, 인제, 횡성), 충북, 충남, 전북(군산, 옥구, 익산, 무주, 완주, 이리, 전주, 진안, 임실, 고창) 전남(곡성, 구례, 담양, 나주), 경북(울진, 봉화, 영양, 안동), 제주, 함남(정평), ⑦ muʃi 전북(김제, 장수, 부안, 정읍, 순창, 남원), 전남, 경북(의성, 영일, 포항, 영천, 군위, 김천, 금릉, 칠곡, 대구, 달성, 경산, 경주, 월성, 청도, 성주, 고령), 경남, ⑧ muk'u 강원(고성, 삼척, 양구, 춘천, 춘성, 홍천, 횡성, 정선, 평창, 영월), 경북(울진, 봉화, 영주, 문경, 영양, 청송, 영덕, 안동, 예천, 의성, 상주), 함남(신고산, 안변), ⑨ mutki 함남(오로, 홍원, 북청, 이원, 풍산, 갑산, 혜산), 함북(성진, 길주, 나원, 부령, 무산, 회령, 종성, 경원, 경흥, 옹기) ⑩ mitki 함북(나남, 부령), ⑪ nemp'i 제주. 김형규, 『한국방언연구』, 서울: 서울대학교 출판부, 1980 참고.
17) '무'(菁)에 대한 표기형태는 다음과 같이 나타난다.
　ㄱ) 菘菜 無蘇〈鄕藥救急方〉
　ㄴ) 蘿蔔은 뭇이라〈금삼3:51〉
　ㄷ) 댓 무수 불휘롤(蔓菁根)〈救方上58〉, 겨슷 무수는 밥과 半이니(冬菁飯之半)〈杜초十六70〉, 蔔댓무수 복〈훈몽-초, 상:7〉
　ㄹ) 蔔댓무우 복, 菁읫무우 청〈신합, 상10〉
　ㅁ) 쟝에 돔은 무오(醬蘿蔔)〈譯語上:52b〉 cf. 무우 키다(起蘿蔔)〈譯語下:12a〉
　ㅂ) 몬져 고솜과 무이와 조협과 녀노와〈馬經下:28b〉

설명하고 있다. 15세기 선행 음절의 받침 t는 후행 음절의 어두 무성 무
기음을 된소리화 시킨다는 점을 참고할 때 ㉢과 ㉣은 동일한 형태로 파악
될 수 있다. 따라서 크게 mVsV와 mVk′V로 유형화 될 수 있으며 어중
s에 k′에 대응하는 어휘라 할 수 있다.

'수수'(蜀黍) 또한 제주도의 '대죽'[tɛdʒuk]과 강원(삼척)의 '대기지'[tɛgidʒi]
를 제외하면 다음과 같이 유별할 수 있다.18)

③ ㉠ sVsV
  ㉡ sV
  ㉢ s′VsV
  ㉣ tʃ′VʃV
  ㉤ sVk′V

㉠의 sVsV을 강화 또는 이화시킨 것이 ㉢ s′VsV, ㉣ tʃ′VʃV로 여겨
진다. ㉡ sV는 어중 s의 탈락으로 보기도 하지만19) 음절탈락으로도 볼

---

18) 수수에 대한 방언형과 분포 양상은 다음과 같이 정리될 수 있다. ① susu 경기, 강원, 충
북(음성, 충주, 청원, 제천, 단양, 괴산), 전북(군산, 옥구, 익산, 무주, 이리), 경북(영
덕), 경기(장단), 황해(금천, 연안, 해주, 안악, 재령, 황주, 서흥), 평남(평양), ②
waʃsusu 충남(논산), ③ suʃi 경북(상주, 선산, 김천, 경산, 청도, 고령), 경남(밀양, 창
녕, 울산, 울주, 양산, 창원, 진주, 마산, 동래, 부산, 거제, 남해), ④ swisu 경기(개성),
황해(해주, 옹진, 태탄, 장연, 은율, 안악, 재령, 신계, 수안, 곡산), ⑤ swiʃi 강원(강릉,
명주), ⑥ su 함남(신고산, 안변), ⑦ swi 함남(덕원, 문천, 고원, 영흥, 정평, 함흥, 오
로, 신흥, 홍원, 북청, 이원, 풍산, 갑산, 혜산), 함북(성진, 길주,명천, 경성, 나남, 청진,
부령), 평북(박천, 영변, 희천, 구성, 강계, 자성, 후창), ⑧ s′usu 경기(평택), 충북(진
천, 청주, 청원, 보은, 옥천, 영동), 충남, 전북(완주, 진안, 임실), ⑨ s′uʃi 전북(김제,
전주, 장수, 부안, 고창, 정읍, 순창, 남원), 전남(영광, 장성, 담양, 곡성, 구례, 함평, 광
산, 광주, 화순, 여수, 여천), 경남(합천, 함안, 진주, 함양, 사천, 고성, 마산, 통영, 충
무), ⑩ s′uʃ′i 경남(거창, 함양, 하동), ⑪ s′wiʃi 전남(나주, 영암, 진도), ⑫ ʃ′iʃi 전남
(강진), ⑬ tʃ′uʃi 전남(보성, 장흥, 해남), ⑭ tʃ′iʃi 전남(완도), ⑮ suk′u 강원(정선,
평창, 영월), 충북(괴산), 경북(울진, 봉화, 영주, 문경, 영양, 청송, 영덕, 안동, 예천, 의
성, 영일, 포항, 군위), ⑯ suk′i 경북(칠곡, 영천, 경주, 월성, 청도), ⑰ tɛdʒuk 제주,
⑱ tɛgidʒi 강원(삼척)

19) 김형규, 『한국방언연구』, 서울: 서울대학교 출판부, 1980, 263쪽.

수 있다. ㉡, ㉢, ㉣은 ㉠의 변이형으로 묶일 수 있을 듯하다. 따라서 크
게 ㉠ sVsV와 ㉤ sVk′V로 유형화 될 수 있으며 어중 s에 k′가 대응하는
어휘라 할 수 있다.

'여우'(狐)에 대한 어형은 전국적으로 드러난 것만 대략 80여 개에 달할
만큼 다양하고 복잡하다.20) 따라서 경북지역에 분포하는 방언형만을 대
상으로 살펴보면 어중 자음의 유무와 형태에 따라 유형화될 수 있다.21)

④ ㉠ Vk′V
　㉡ VsV
　㉢ VΦV
　㉣ VhV

'여우'는 15세기 '여ᅀᆞ'로 표기되었다. 따라서 ㉢의 VΦV는 'ㅿ'이 탈락
한 형태로 볼 수 있고 ㉣은 ㉠에 k가 존재함에 비추어 k〉h의 결과로도
볼 수 있지만 평행 된 형태를 보이는 '무'나 '수수'의 방언형에서는 어중 h
가 전혀 나타나지 않으므로 인정하기 어렵다. 따라서 한자음 狐에 유추된
것으로 보는 것이 옳을 듯하다. ㉡은 s〉z를 경험하지 않은 것으로 본다.
결국 여우(狐)에 대응하는 경북방언은 크게 ㉠ Vk′V와 ㉡ VsV의 두 가
지로 유형화 될 수 있으며, k′에 s가 대응하는 어휘라 할 수 있다.

이들 유형의 어휘로는 본고에서 제시한 어형들 이외에 '아우(弟), 지렁
이(蚯蚓), 도끼(斧)' 등이 더 첨가될 수 있다.

어중에서 s와 k′의 대응 어휘들 가운데 '무, 여우, 아우' 등은 15세기

---

20) 최학근, 『增補韓國方言辭典』, 서울: 명문당, 1990, 1333-1336쪽.
21) 경북지역에 분포하는 방언형을 살펴보면 다음과 같다. ① 애깽이(봉화), ② 야깽이(상주,
　영풍), ③ 여깽이(안동, 예천), ④ 여끼(봉화), ⑤ 애깽이(문경, 울진), ⑥ 애끼(문경, 영
　풍, 울진), ⑦ 예수(의성), ⑧ 에수(영양), ⑨ 애수(영덕, 청송), ⑩ 애수(군위, 월성), ⑪
　야수(경산, 영일), ⑫ 야시(달성, 선산, 성주, 영천, 월성, 청도, 칠곡), ⑬ 여수(봉화, 상
　주, 예천), 여시(고령, 금릉), ⑭ 여우(봉화, 상주, 의성, 청송, 칠곡), ⑮ 얘호(울진), 여
　호(영덕, 영풍).

비자동적 교체를 시현하였다. 따라서 어중 s와 k′의 대응 관계에 대한 해명은 15세기 비자동적 교체의 원인을 밝히는 작업이 될 수 있다. 그러면 이와 관련한 기존의 이해 양상을 살펴보고 문제점을 검토하면서 어중 s와 k′의 대응 원인을 찾아보도록 하자.

이기문22)에서는 '아ᅀᅳ'의 조어형으로 *azʌg을 재구할 가능성을 제시하는 바 이승재23)는 전적으로 동의하고 있다. 한편 『鄕藥救急方』의 '蚯蚓 居兒乎'에 대하여 이승재24)에서는 *kəzigu(i)로 재구하는 과정에서 15세기 문헌어와 남부 방언형의 생성과정을 다음과 같이 설명하고 있다.

⑤ ㉠ 15세기 '겸위'는 제 2음절 모음이 syncope결과 탈락한 것이다.
　㉡ 경북의 '꺼:갱이, 꺼:깽이'는 'syncope를 경험한 대신 '*g'를 유지한 것이다.
　㉢ 전라도와 경남의 '거시'는 'syncope'를 경험하지 않은 대신 '*g'의 약화, 탈락을 경험한 것이다.

㉠은 『鄕藥救急方』의 蚯蚓 居兒乎에 대하여 *kəzigu(i)로 재구한 데 따른 결과로 여겨진다. 『鄕藥救急方』을 참고하면 蚯蚓에 대하여는 세 가지 寫音이 존재한다.

⑥ ㉠ 居乎(上3b)
　㉡ 居叱□□(中, 24a)
　㉢ 居兒乎(目草5b)

⑥ ㉠, ㉢을 참고하면 13세기 중엽 蚯蚓에 대한 어형은 2음절어였음을 짐작할 수 있다. 叱이 차자 표기의 전통에서 받침 'ㅅ'으로 자주 쓰였음은

---

22) 이기문, 「중세국어의 특수 어간교체에 대하여」, 『진단학보』23, 진단학회, 1962.
23) 이승재, 「재구와 방언분화」, 『방언』, 국어학강좌 6, 서울: 태학사, 1982.
24) 이승재, 위의 논문.

주지의 사실이다. 15세기까지도 8종성이 쓰였음을 보건대 叱, 兒는 받침
으로 쓰였음을 알 수 있다. 'ㅅ' 내파화가 일어나지 않은 상황에서 '叱'은
s의 음가를 지녔고, 兒는 z의 음가를 지닌 것으로 여겨진다. 결국 叱과
兒는 변이음 표기에 불과하며 居의 받침인 듯하다. 이렇게 보면 '겸후
(ㅣ)〉겸우(ㅣ)'로 모음탈락을 상정하지 않아도 좋을 듯하다.

15세기 문헌어를 참고할 때 '여우, 무, 아우'의 대응어는 같은 곡용양
상을 보였고, 방언을 참고하여도 이들은 VsV와 Vk′V의 두 유형을 가진
다는 점에서 공통성을 지닌다. 그렇다면 이들 어휘는 조어형태도 공통된
형태로 재구될 가능성이 높다.

이기문[25]은 '아우'에 대한 재구형을 *azʌg으로 보았으므로, '여우', '무'
에 대한 재구형도 *yəzʌg, *muzʌg으로 유추해 볼 수 있다. '지렁이'에
대응하는 어휘 또한 같은 양상이므로 *kəzʌg으로 볼 수 있을 것이다. 이
들 재구형은 15세기 문헌어에 나타나는 '나모, 불무, 녀느, 돗' 등의 재구
형과 일치하는 셈이다. 결국 논의를 확대한다면 이들은 동일한 범주에 속
하는 어휘들로 볼 수 있으므로 동일한 생성 과정으로 설명할 수 있다고
본다. 'ㄱ 곡용어'의 생성 과정에 대하여 이기문[26]은 다음과 같이 설명하
고 있다.

⑦ ㉠ *나목 +C/$ 〉나모C/$〉나모C/$
　　㉡ *나목 +V 〉낡V 〉남ㄱV
　　　(C/$: 자음 또는 음절경계, V : 모음)

즉 재구형 '*나목'이 자음으로 시작하는 조사나 휴지를 만나면 말자음
이 탈락하고, 모음으로 시작되는 조사를 만나면 2음절의 모음이 탈락한
결과 비자동적 교체를 실현하게 된 것으로 설명하고 있다. 그런데 문제는

---

25) 이기문, 「중세국어의 특수 어간교체에 대하여」, 『진단학보』23, 진단학회, 1962.
26) 이기문, 『신정판 국어사개설』, 서울: 태학사, 1998, 156쪽.

왜 휴지나 자음으로 시작되는 조사를 만나면 제 2음절 말자음 'ㄱ'이 탈락하고, 왜 모음으로 시작되는 조사를 만나면 제 2음절의 모음이 탈락하는가 하는 점인데 여기에 대한 답은 "어떤 이유로"[27]라 하여 설명하지 못한다. 이를 합리적으로 설명하지 못하는 원인은 여러 가지가 있겠지만 근본적으로는 첫 단추라고 할 수 있는 재구형을 잘못 설정하였을 수도 있다는 점을 상기해 볼 수 있다.

그러면 이들의 재구에 대하여 논의해 보도록 하자. 체언의 이러한 비자동적 교체 양상은 『鷄林類事』를 참고하건대 고대국어 시기까지 소급될 수 있음을 보여준다.[28] 한편 이러한 교체는 용언에도 존재했음을 알 수 있다.[29] 따라서 이들을 통해서 체언의 형태를 재구해 볼 수도 있을 것이다.

체언 '나모 : 남ㄱ'에 대응하는 용언으로는 다음 예를 들 수 있다.

⑧ ㉠ 시므-: 여러가짓 됴흔 根源을 시므고〈석보 19:33-34〉
　　심ㄱ-: 아니 심거 몯 홀 꺼시라〈석보 6:37-38〉
　㉡ 주므-: 오시 주무기 우르시고〈월석8:101〉
　　줌ㄱ-: 沈着 줌ㄱ다〈동해, 하:55〉

한편 어간의 말음절에 'ㄹ'을 지닌 점에서는 다르지만 VmV에 VmgV로 대응한다는 점에서 동일하다고 볼 수 있는 다음 어휘들 또한 같은 범주로 취급할 수 있다.

---

27) 이기문, 위의 책, 156쪽.
28) 『鷄林類事』를 참고하면 '木'에 대한 단독형과 두 개의 복합어에 대한 寫音이 나타난다. ① 木曰南記, ② 松曰鮮子南, ③ 柴曰字南木. '南記', '南', '南木'은 15세기 '나모'에 대응하는 표기로 볼 수 있다. ③의 '南木'은 namo를 전사한 것으로 볼 수 있지만 ①은 namgi를 옮긴 것으로 밖에 볼 수 없다(강신항, 『계림유사 「고려방언」연구』, 서울: 성균관대학교 출판부, 1980, 47-48쪽 및 103쪽). ②에 대하여는 두 가지 가능성을 염두에 둘 수 있다. 첫째 '記'나 '木'이 덜 표기된 오류일 가능성, 둘째 nam(k)을 표기한 가능성이다. 어쨌든 이 자료는 12세기 초에도 namo와 namg(i)가 존재하였음을 알려준다. 따라서 체언의 비자동적 교체는 '고대국어' 시기까지 소급될 가능성이 있다.
29) 이기문, 「중세국어의 특수 어간교체에 대하여」, 『진단학보』23, 진단학회, 1962 참고.

---

⑨ ㉠ 여물-: 곳 ᄃ외리로 프며 여름 ᄃ외리로 여믈에 ᄒ야〈법화 3:12〉

　　염글-: 곳 프리도 프며 여름 열리도 염글에 ᄒ야〈월석 13:47〉

　㉡ 아몰-: 비록 프리 거츠러 ᄲᅥ뎌시나 農器ᄂᆞᆫ 오히려 아ᄆᆞ라 구덧도다〈두해-중 1:49〉

　　암글-: 五百 사ᄅᆞ미 法 듣줍고 깃거ᄒᆞ니 모미 암ᄀᆞ오〈월석 10:31〉

　㉢ 져믈-: ᄒᆡ 져믈어ᄂᆞᆯ 긴 대ᄅᆞᆯ 지여 셧도다〈두해-초 8:66〉

　　졈글-: 거츤 ᄠᅳᆯ헤 ᄒᆡ 졈글오져 ᄒᆞ놋다〈두해-초 3:27〉

⑨의 대응하는 짝을 살펴보면 이들은 VmgV〉VmΦV〉VmV의 과정을 거친 것으로 볼 수 있다. 즉 '염글-〉여믈-〉여물-', '암글-〉아믈-〉아몰-', '졈글-〉져믈-〉져물-'의 과정을 거쳤다고 여겨진다. 여기에 비추어 보면 '시므-' 또한 '심그-'에서 'ㄱ'탈락에 의해 형성된 것으로 볼 수 있다. 이를 체언까지 확대한다면 '나모' 또한 'ㅁ' 아래서 'ㄱ'이 탈락함으로써 형성된 것이라 볼 수 있는 바, *namgʌ〉*namʌ〉namo의 과정을 거친 것이라 할 수 있다. 이와 같은 범주에 속하는 '무, 수수, 여우, 아우, 지렁이'는 15세기 문헌어와 어중 k′를 참고할 때 *muskV, *suskV, *yəskV, *askV, *kəskV 등으로 재구될 수 있을 듯하다. 한편 중앙 방언의 어중 k를 약화·탈락시키기 위해서는 선행한 s를 z로, 자신은 g로 보아 *muzgV, *suzgV, *yəzgV, *azgV, *kəzgV로 재구한다. 15세기 문헌어와 방언형의 괴리를 참고할 때 중앙 방언과 안동권 방언은 상이한 음운변화를 겪었다고 할 수 있다. 이 과정은 다음과 같이 볼 수 있다.

⑩ *muzgu〉muzɣu〉muzhu〉muzɦu〉muzu〉muu(중앙 방언)

　*muzgu〉musku〉mutku〉muk′u(안동권 방언)

중앙방언은 어중 유성음 -zg-의 탈락을 보인 반면 안동권 방언은 무성화, 내파화, 경음화를 겪었다고 할 수 있다. 내파화는 함경도 방언 mutki의 존재가 증거할 수 있다. 한편 중앙방언에서 muzhu를 설정한 것은 '도

끼~도최~도치'의 방언 분화와 『鄕藥救急方』에 '居乎'〔*것후〕에서 두음
이 h인 점을 고려한 것이다. 안동권 방언에서 '무꾸, 수꾸, 여끼'는 중앙
방언과는 다른 형태로 변화하는 한 실례이며 동시에 국어사 기술을 보완
할 수 있는 자료가 된다는 점에서 의의가 있다고 할 수 있다.

　음운변화의 상이성에 따른 분화의 예로는 다음을 더 들 수 있다.

　⑪ '박쥐'에 대한 안동권의 어형은 〔pʹalji〕~〔pʹolji〕~〔pak>čwi〕의
세 가지다. 이의 중세어형은 '붉쥐'다. 첫 음절의 'ᄋᆞ'에 대한 반영이 〔a〕,
〔o〕로 나타난다. 국어음운사에서 'ᄋᆞ>아'의 변화는 18세기에 일반화된다.
이 경향을 따른 것이 〔pʹalji〕~〔pak>čwi〕다. 반면에 〔pʹolji〕는 'ᄋᆞ>오'
의 변화를 반영한 것이다. 『음식디미방』에 '볼'(重, 件)이 나타나고 있음을
보면 17세기 이래 순음 하에서 이러한 변화가 있었음을 알 수 있다.30)

　⑫ '거머리'에 대한 어형은 안동권과 예천은 〔kə : məri〕로, 상주는
〔kəmjəri〕로, 성주권은 〔kəmčhəri〕로 나타난다고 할 수 있다. 상주의
〔kəmjəri〕를 기본형으로 볼 때, 북쪽의 안동권과 예천지역은 어중 -j-탈
락을 경험했고, 남쪽의 성주권은 -čh-로 유기음화 되었다.

　⑬ '숯'의 방언형은 〔sukʹəŋ〕(안동권, 예천), 〔sukʹ ᴣŋ〕~〔suth〕(성주),
〔sukʹuməŋ〕~〔sukʹəməŋ〕(칠곡), 〔sučhi〕(고령)과 같다. 이것의 전국적
분포 양상은 〔sutʃh〕, 〔suth〕, 〔suku〕, 〔sutki〕, 〔sukʹəŋ〕, 〔sukʹwəŋ〕,
〔sukʹuŋ〕, 〔sukʹəməŋ〕〔sut-tʹu〕, 〔sʹuk〕과 같다. 15세기 언해문에
서는 곡용된 양상은 보이지 않고 '숯'으로만 나타난다. 따라서 방언의 분
화양상을 고려하여 조어형을 재구해 볼 수 있다.

　'-k-'에 후행하는 '-(w)əŋ/-uŋ, -əməŋ/—uməŋ31)'은 접사로 처리할
수 있다. 후대어 중 -tk-와 -kʹ-를 비교하면 전자의 -t는 중화된 것으로
볼 수 있다. 〔sutʃh〕의 분포가 절대적임을 고려하면 -t의 원음소는 -čh라

---

30) 백두현, 「경상 방언의 모음체계와 모음중화」, 『어문교육논집』12, 부산대학교, 1992 참고.
31) 〔sukʹuməŋ〕~ 〔sukʹəməŋ〕에 붙은 '-əməŋ/-uməŋ'은 'kʹəməŋ'(검댕이)에 근원을 둔
　　것인 듯하다.

할 수 있고 tʃh와 같은 유기음화를 위해서는 k〉h를 고려해야 한다. 이에 따르건대, '숯'의 조어형은 '*숟 ㄱ´[sučk]으로 재구할 수 있을 듯하다. 방언의 분화과정은 크게 세 가지로 나누어 볼 수 있다.

㉠ [sutʃh] : *숟 ㄱ´[sučk] 〉숟 ㅎ[sučh] 〉 숯[sučh]
㉡ [suth] : *숟 ㄱ´[sučk] 〉 숟ㄱ[sut〉k]〉숟ㅎ[sut〉h]〉숱[suth] or 숯 〉숱 (재구조화)
㉢ [sutki], [suk´-] :*숟 ㄱ´[sučk] 〉 숟ㄱ[sut〉k]〉 수끼[suk´]
㉣ [suku]: *숟 ㄱ´[sučk] 〉 [sut〉k] 〉 [suk] 수ㄱ

이 과정을 보면 안동권과 예천은 ㉣의 과정을, 성주는 ㉢과 ㉡의 과정을, 칠곡은 ㉢의 과정을, 고령은 ㉠이나 ㉡의 과정을 거치고 있다.

3) 형태의 상이성

지시하는 대상이나 의미는 동일하지만 어형이 상이하여 분화를 보이는 예들을 볼 수 있다.

① '무리고치'에 대한 어형이 봉화, 안동, 영주는 '무리'지만 나머지 지역은 '쌍~상'으로 나타나 분화를 보인다. 전자는 '群'에 대한 고유어가 사용되어, 후자는 한자 '雙'이 사용되어 분화를 보인다.

② '통가리'에 대한 어형은 안동권과 문경, 예천지역은 '장석'[čaŋsək〉] 이지만 상주는 '통가리'[thoŋgari], 성주권은 '두지'[tuji]나 '섬'[sᅴm] 을 쓰고 있다.

③ '볼거리'에 대한 어형은 '볼'[pol]에 붙는 접미사형태에 따라 구분된다. 봉화, 안동, 영주, 상주지역이 '-거리'[-gəri]형을 쓴다면 나머지 남부지역은 '-부리'[-buri]형을 쓰고 있다.

④ '딸꾹질'은 안동권과 문경, 예천지역이 '깔떼기'[k´alt´Egi]를, 상주

이남지역은 '깔딱찔'[k'alt'ak>č'il]을 쓴다. 이들은 어근 '깔딱'에 전자는 접미사 '-이'로 후자는 '-질'을 붙임으로써 구분된 것이다.

⑤ '호미씻이'에 대한 어형은 안동권과 예천지역의 '푸꾸'[phuk'u]형과 상주, 구미지역의 '꼼비기'[k'ombigi] 그리고 해당 어형이 없는 고령, 달성지역으로 나눌 수 있다.

⑥ '회오리'에 대한 어형이 안동권과 상주권은 '돌게'[tolgE]지만 성주권은 '호더레기'[hodirEgi]~'회오리'[hwEori]가 쓰인다.

⑦ '안반'에 대한 어형이 안동권은 '안반'이나 상주, 성주권은 '떡판'[t'ək>phan]~'떡똘'[t'ək>t'ol]이 쓰인다.

⑧ '삭정이'에 대한 어형은 봉화, 안동, 영주에서는 '꼬두베기'[k'odubEgi]~'꼬주베기'[k'ojubEgi]가 쓰이나 의성, 상주권, 성주권은 '삭따구리'[sak>t'aguri]~'삭따리'[sak>t'ari]가 쓰인다.

⑨ '고둥'에 대한 어형은 안동권, 상주권이 '골왕이'의 후대형으로 여겨지는 '골벵이'[kolbEŋi]~'골부리'[kolburi]가 쓰이나 성주권은 '고동'의 후대형인 '고디이'[kodi~]가 쓰인다.

⑩ '상추'에 대한 어형은 봉화, 안동, 영주지역은 '부루'[puru]지만, 상주와 성주권은 '상추'[saŋčhu]를 쓰고 있다.

⑪ '민들레'에 대한 어형은 봉화, 안동지역의 '말똥'[malt'oŋ]~'말뚝'[malt'uk>]과 의성, 예천, 구미지역의 '민들레'[mindillE]~'십네이'[sip>nE~i]로 나뉜다.

⑫ '씀바귀'에 대한 어형은 봉화, 영주, 안동, 예천의 '서구세'[səgusE]~'속세'[sok>sE]와 나머지 지역의 '씀바구'[s'imbagu]~'신나물'[sinnamul]~'신네이'[sinnE~i]로 나뉜다.

4) 음운과 형태의 유무

음운과 형태의 유무 차이는 첨가와 탈락에 따라 생겨난다. 먼저 음운의

첨가와 탈락에 따른 분화형과 형태의 첨가와 탈락에 따른 분화형을 살펴
보기로 한다.

(1) 음운의 첨가와 탈락에 따른 분화

음운의 첨가에 따른 방언분화의 예로는 어중의 'ㅈ, ㅊ' 앞에 [n]이 첨
가된 어형들을 찾아볼 수 있다. 여기에 해당하는 용례로는 '고티>고치>곤
치(繭)', '까치>깐치(鵲)', '여치>연치', '이제>인자'를 들 수 있다. 이들의 방
언분포를 보면 '어휘'에 따라 다르지만 '연치'는 전라남도와 경상도 지역
에, '곤치'는 경북지역에, '깐치'는 제주도와 전라도, 경상도 그리고 충북
의 영동, 옥천, 청주, 보은지역에 분포한다. 대체로 전라방언과 경상방언
에 분포한다고 할 수 있다. 따라서 남부방언에서 생성되어 북상한 음운규
칙이었다고 여겨진다.

음운의 탈락에 따른 방언분화의 예로는 어중 [g], [b], [z]를 보존하
는 지역과 탈락한 지역으로 나누어 볼 수 있다.

먼저 어중[g]의 탈락과 보존에 따른 분화를 보면 다음과 같다.

① '시루'는 '시루'[siru]~'시리'[siri]형과 '실기'[silgi]형이 봉화, 안
동, 영주지역에는 공존하지만 이 이남지역은 전자밖에 없다.

② '모래'는 '몰게'[molgE]형과 '모레'[morE]형이 경북 중북부지역에
공존한다고 할 수 있지만 봉화, 안동, 영주, 의성지역은 '몰게'[molgE]가
더 많이 쓰이는 어형이다.

③ '어레미'는 '얼게미'[əlgEmi]~'얼기미'[əlgimi]만 존재하여 [g] 탈
락형은 본 방언에서 찾아볼 수 없다.

다음으로 어중[b]의 탈락과 보존에 따른 분화의 예를 보이면 다음과
같다.

① '누에'에 대한 어형은 구미 이북은 '누에'[nuE]가, 성주, 칠곡, 달성
은 '니비'[nibi]가, 고령은 [nuE]~[nibi]가 쓰이고 있다.

② '가오리'에 대한 어형은 전 지역에 걸쳐 [b]탈락형인 '가오리'[kaori]
만 분포하며, '확'에 대하여는 '호박'[hobak>]이, '졸음'에 대하여는 '자불
다'[čabulda]가, '벙어리'에 대한 '버버리'[pəbəri]가 전지역에 걸쳐 분포
하는데 이들은 [b]를 유지하고 있다.

어중[z]의 탈락과 보존에 따른 분화를 살펴보면 다음과 같다.

① '가을'과 '겨울'에 대한 어형은 어중의 [s]가 탈락한 형태(가얼, 겨얼/
저열)가 모든 지역에 분포하나 고령, 달성, 칠곡지역에서는 [s]유지형(가
실, 저실)과 공존한다.

② '마을'에 대한 어형은 [s]가 유지된 형태(마실)가 탈락형(마을)보다는
더 보편적으로 나타난다.

③ '구유'에 대한 어형은 안동권과 문경, 예천지역은 '소통'[sothoŋ]이
고, 상주, 고령, 달성은 '구시'[kusi]로, 칠곡, 성주지역은 '구이'[kui]로
나타난다. '구유'에 대한 반사형은 상주 이남에만 존재하는 셈이며 [s]유
지형과 탈락형이 분포하는 지역이 중간지대임을 보면 [kusi]형과 [kui]
형이 공존한다고 보는 것이 합리적이다.

어휘부내의 [g], [b], [z]의 유지와 탈락을 기준으로 본다면 [b]는 유
지되는 경향이고, [g], [z]은 탈락하는 경향을 보인다. 한편 [g]는 북부
권(안동권)에서 유지된 경향이며, [g], [z]은 남부권에서 유지된 경향을
보인다.

(2) 형태의 첨가와 탈락에 따른 분화

접사의 형태가 새로이 첨가되거나 지시하는 어휘자체가 결여되어 이웃
방언과 분화를 보이는 경우다.

① '주걱'은 안동권에서만 접두사 [p'ak>]이 붙은 어형(빠주게)이 사
용된다. p'ak>은 '밥'에서 온 것으로 여겨진다.

② '고치'(繭)는 고령지역에서만 접두사 '부-, 푸-'가 붙은 어형이 사용

된다.

③ '번개'(電)는 안동지역만 '번들게'〔pəntilgE〕로 나타나 나머지 지역의 '번게'〔pəngE〕와 비교된다.

④ '우케'(未春稻)는 안동권과 상주권에만 존재하고 성주권에서는 찾아볼 수 없다.

⑤ '구유'(槽)는 안동권과 문경, 예천지역은 '소통'〔sothoŋ〕이고, 상주이남으로 '구시'〔kusi〕~'구이'〔kui〕가 분포한다.

5) 의미의 상이성

어형은 동일하지만 지시하는 의미가 상이한 것이 존재한다. 고립된 지역이 아니라면 찾아보기 어렵다. 고립되지 않았으면서도 이러한 의미의 차이를 보이는 것은 결국 사회적 차원에서의 고립이 있었음을 의미한다.

표준어의 '진달래'는 잎보다 먼저 꽃이 피며 먹을 수 있는 것으로 인식하여 일반적으로 '참꽃'이라 부른다. 그런데, 봉화, 안동, 영주와 예천 지보지역은 '진달래'를 '개꽃'이라 부르며 '철쭉'을 지시하는 데 사용하고 있다. 반면에 남부지역은 '진달래'를 '참꽃'이라 부르고 '철쭉'을 '개꽃'이라 부른다.32)

6) 차용지역의 상이성

경북 중북부지역은 중부방언과 접하고 있고, 달성과 고령은 경남지역과 접하고 있다. 따라서 이들 접경지역은 잦은 접촉에 따라 상호간에 차용이 일어날 수 있다. 어휘의 차용 양상을 통해 과거 방언권의 영향을 추정해 볼 수 있을 것이라 본다. 여기서는 남부권 차용어(경남권과 경북의 동남권)와 중부권 차용어(충북권)의 두 측면에서 살펴볼 것이다.

---

32) 이와 같은 양상은 '포항'지역에서도 나타난다고 한다(김문오·류시종, 「경북 동해안 방언의 어휘적 특징」(1), 『동해안 지역의 방언과 구비문학 연구』, 2003, 215쪽).

(1) 남부권 차용어

① '이엉'은 어근 형태에 따라 ⊙'날게'[nalgE], ⓒ'영게'[yəŋE], ⓒ '마람'[maram]의 세 가지가 나타난다. 그런데, ⓒ[maram]은 현풍과 고령지역에서만 나타나는데 김택구[33]를 참고하면 경남 합천과 인근 지역에 분포하는 어형임을 확인할 수 있다. 따라서 인접한 합천 지역어의 차용으로 본다.

② '산초'는 ⊙'산추'[sančhu], ⓒ'난디'[nandi]의 두 계열이 나타난다. 전자는 전지역에 걸쳐 나타나지만 후자는 안동 금소, 달성 현풍에서만 나타난다. 동남방언에서 주로 쓰는 형태가 후자임을 보면 이의 차용으로 본다.

③ '두부'는 ⊙'두부'[tubu], ⓒ'조포'[čopho]의 두 계열이 나타난다. 후자는 안동 금소, 영주 사천, 고령, 달성, 칠곡에 분포한다. 안동과 영주 지역에 분포하는 것은 고립된 것이지만 고령, 달성, 칠곡지역은 남부방언과 인접하여 이 영향을 입은 것이라 할 수 있다.

④ '고치'는 ⊙'꼬치'[kʼočhi], ⓒ'부꼬치'[pukʼočhi]의 두 계열이 나타난다. 후자는 고령과 달성 현풍 지역에만 나타난다. [pukʼočhi]는 경남 창녕, 함안, 의령에 주로 분포하고 있음을 보면 이들 방언에서 차용한 것으로 볼 수 있다.

이상을 보건대 고령지역과 달성의 현풍지역은 경남 방언의 영향을 강하게 받았다고 할 수 있다.

(2) 중부권의 차용어

① '잠자리'는 ⊙'초리'[čhori], ⓒ'남자리'[namjari], ⓒ'잠자리'[čamjari] 의 세 계열이 나타난다. ⊙[čhori]계는 봉화, 영주, 안동의 분천・오천지

---

33) 김택구, 『경상남도의 언어지리』, 서울: 박이정, 2000, 200쪽.

역에 나타나며, ⓛ[namjari]는 안동 풍산, 의성 단밀, 예천 지보, 구미 칠곡에 분포한다. 이의 전국적 분포를 보면 앞서 언급한 이외의 경북지역 으로는 선산, 문경, 상주, 김천, 군위를 들 수 있고, 충북의 청주, 연풍, 보은, 영동, 괴산, 충주를 들 수 있다. 충북의 이들 지역과 단양, 음성, 보은, 진천에는 어중 [j]가 탈락한 '나마리'[namari]형태도 쓰인다. 따라 서 경북지역의 [namjari]는 충북 지역어의 영향이 남은 것으로 볼 수 있다.

② '간장'은 ㉠'장물'[čaŋmul], ㉡'지렁'[čirɜŋ], ㉢'간장'[kanjaŋ]의 세 계열이 나타난다. ㉢[kanjaŋ]은 앞의 두 가지와 산발적으로 공존하고 있음을 보건대 표준어의 차용이라 할 수 있다. 문경 산양에서 ㉠[čaŋmul]과 ㉡[čirɜŋ]이 병존하므로 전이지대라 할 수 있다. 북쪽은 ㉠이, 남쪽은 ㉡이 분포하고 있다. 경북지역을 제외한 [čaŋmul]의 분포지역으로는 강 원도, 충북의 청주, 연풍, 괴산, 보은, 단양, 충주, 제천, 영동에 분포한 다. 17세기 후반의 안동 방언을 반영하고 있는 『음식디미방』을 참고하면 당시 이 지역에도 '지렁'이 널리 쓰였음을 알 수 있는데 오늘날은 전혀 볼 수 없다. 이를 해석할 수 있는 방안은 17세기 후반까지 경북의 전역에 '지렁'이 쓰이고 있었는데, 이후 충북방언의 영향으로 '장물'이 문경지역까 지 침투한 것으로 보는 것이다.

③ '쟁기'는 봉화, 안동, 영주, 예천, 문경지역에서 '훌찌이'[huk>č′i~] 로 나타나고 남쪽은 '홀찌이'[hulč′i~]로 나타난다. 이들은 '훍+쟁기'에 서 분화된 것으로 추정된다. 그런데 '훍'에 대한 반영형이 [huk>]과 [hul]로 나타나, 음절말 받침에서 전자는 오늘날의 방언형([hil])과 다른 양상을 보인다. 이를 이해하는 방안은 과거 봉화, 안동, 영주, 예천, 문경 지역이 중부방언의 영향에 있었다고 보는 것이다.

④ '거머리'는 '거머리'[kəməri]계와 '검저리'[kəmjəri]계가 나타난다. 본 조사를 보면 [kəməri]는 봉화, 안동, 영주, 의성, 예천지역에 분포하 고, [kəmjəri]는 상주, 성주, 고령, 달성지역에 분포한다. 그런데, 최학

근34)을 참고하면 〔kəmjəri〕는 동해안을 제외한 경북 전역에 분포하고
있다. 특히 본 조사지역에는 두 어형이 공존함을 보인다. 최학근35)이
1977년에 완료되었다고 하므로 필자의 조사 시기까지 약 25년이 경과했
다. 결국 이 기간 동안 봉화, 안동, 영주, 의성, 예천지역에 공존하던
〔kəmjəri〕계와 〔kəməri〕계는 후자가 승리하여 남은 것으로 볼 수 있다.
〔kəmjəri〕의 강화형인 '검처리'〔kəmčhəri〕가 대구, 고령, 영천, 경주에
위치한다는 점에서 〔kəməri〕계는 표준어권의 영향에서 온 것으로 봐야
할 것이다.
　이상으로 보건대 이전시기 넓게는 봉화, 안동, 영주, 예천, 의성, 상주,
구미 칠곡까지 중부방언의 영향이 미쳤다고 할 수 있다.

7) 혼성어의 발생

　두 방언권의 경계지대를 흔히 전이지대(transition zone) 혹은 점이지대
라 부른다. 전이지대의 방언은 두 지역의 방언형이 모두 쓰이거나, 모두
쓰이더라도 의미가 세분되는 경향을 보인다. 경우에 따라서는 두 지역의
방언형이 합쳐져 혼성어를 만들기도 한다. 여기서는 '혼성어'에 대하여 보
도록 하자.
　① '이엉'은 '봉화, 안동, 예천'에 '날게'〔nalgE〕형과 '영게'〔yəngE〕형의
두 가지로 나타난다. 그런데, 영주의 화기, 읍내 지역엔 '남게'〔namgE〕
형이 나타난다. 주변지역의 두 어형과 어두자음을 고려할 때 '날게'〔nalgE〕
형과 '영게'〔yəngE〕형의 혼성어가 아닌가 본다. 함경도와 제주도 지역에
'날게'〔nalgE〕형이 쓰이고 있음을 보면 '영게'〔yəngE〕형보다 '날게'〔nalgE〕
형이 더 고형으로 여겨진다. 따라서 '남게'〔namgE〕형은 '고형＋신형'의

34) 최학근, 『增補韓國方言辭典』, 서울: 명문당, 1990, 1352쪽 및 1399쪽.
35) 최학근, 위의 책.

결합이라 할 수 있다.

②'안반'은 봉화, 안동, 영주의 '안반'[anban]형과 상주, 고령, 달성의 '떡판'[t'ək>phan]형으로 대별된다. 그런데 의성 다인, 예천 용문 지역에서는 두 가지가 공존하며 용문에서는 용도를 구별하고 있다.36) 따라서 의성 다인과 예천의 용문 사이가 '안반'의 전이지역임을 알 수 있다. 두 지역의 중간에 위치하는 예천 개포에서는 '떡안반'[t'ək>anban]이 나타난다. 이 형태는 '떡판'[t'ək>phan]과 '안반'[anban]의 혼성어라 할 수 있다.

③'땅강아지'는 봉화, 안동, 영주, 의성, 예천지역엔 '땅강아지'[t'aŋgaŋaji]형태가, 성주, 고령, 칠곡지역은 '띠지기'[t'ijigi]형태가, 중간 지역이라 할 수 있는 상주, 구미 지역엔 '게밥뚜더지'[kEbap>t'udəji]형태가 쓰이고 있다. '게밥뚜더지'[kEbap>t'udəji]는 '개밥＋두더쥐'의 합성어로 추정된다. '개밥'을 선행어로 하는 어형이 이 지역에 존재했음은 구미 도량의 '게밥통'[kEbap>thoŋ]으로 알 수 있고, '두더지'[tudəji]가 인접한 남부 방언에 두루 쓰였음을 보면 '게밥뚜더지'[kEbap>t'udəji]는 지역의 고유어와 남부방언을 결합시켜 만든 혼성어임을 알 수 있다. 이 혼성어가 생성된 근원은 '개밥'에 후행하는 어형이 불분명했거나 비속한 의미를 지녔기 때문인 듯하다.

3. 사회・문화적 기제

경북권에는 지금도 동성촌락이 다른 지역에 비해 상대적으로 많이 존재하고 있다. 동성촌락은 혈연을 기반으로 촌락 공동체를 이루고 있는 사

---

36) 용문 지역에서 '떡판'은 '떡'을 만드는 데 쓰는 것으로, '안반'은 '국수'를 밀 때 쓰는 것으로 구분하고 있다.

회이므로 다른 어떤 공동체보다 위계질서가 엄격하다. 위계의 기준은 촌수와 항렬이며 이들 각각에 대하여 호지칭어가 존재할 수 있다. 전통적 가치관을 존중하는 사회에서 호지칭어는 전통성을 가질 것이 예상된다. 따라서 가문간의 호지칭어 차이를 살펴보고 그 원인을 살펴보고자 한다. 한편 동성촌락에 대비되는 각성바지의 민촌이 존재하고 있으므로 '班村對 民村'의 호지칭어 차이를 살펴볼 것이다. 덧붙여 동성촌락의 양반문화로 생겨난 어휘의 특이성을 같은 관점에서 살펴보고자 한다.

1) 가문 간의 호지칭어 분화

안동시 풍산읍 소산 1리에는 선 안동 김씨(상락 김씨)와 후 안동 김씨가 함께 거주하고 있으며 두 집안의 종가도 같이 있다. 김미영37)과 현지인들은 두 가문이 거주하고 있는 이곳을 동성촌락으로 확인하고 있다. 따라서 동성마을이란 공통성을 바탕으로 두 가문의 호지칭어를 비교해 볼 수 있다.

뚜렷한 차이를 보이는 친족어휘를 대상으로 두 가문의 호지칭어를 비교해 보면 다음과 같다.

〈표 1〉에서 제시한 ①~⑧까지 어휘의 호칭어와 지칭어는 동일하다. 두 가문의 호지칭어에서 큰 차이점은 후김씨의 그것이 표준어에 가깝다는 점을 지적할 수 있다. 반면 伯父와 伯母에 대하여는 '맏-'을 붙였다는 점에서는 닮았다고 할 수 있다. 선김씨의 '아베, 어메'는 안동권의 동성촌락에서 일반적으로 나타나는 것이다. 시부모에 대하여는 '아버님, 어머님'으로 많이 대체되었지만 봉화군 춘양면 의양 4리 안동권씨와 영주군 단산면 사천리 달성서씨 가문에서 '아벰, 어멤'이 확인됨을 보면 안동권에서는 일반적인 호칭이었던 것으로 이해된다. 다만 祖父母에 대하여 '큰아

---

37) 김미영, 「동성마을」, 『安東市史 三』, 안동시사 편찬위원회, 안동: 영남사, 1999.

베, 큰어메'로 부름이 특징적이다. 외내의 의성김씨 가문에서도 동일하게
부름을 보면 전통적인 호지칭어임을 알 수 있다.38) 표준어의 할아버지,
할머니가 '한(大)＋아버지, 한(大)＋어머니'에서 유래된 것으로 본다면 의
미상 동일한 것으로 볼 수 있다. 다만 '한'(大)을 '큰'(大)으로 대체했다는
점에서 차이를 보인 것이다. 『朝鮮館譯語』에 '伯父 揹阿必(큰아비) 迫卜
(빅부)'라 하고 있고, 중앙에서 간행된 15세기부터 19세기까지의 대부분
문헌에 조부모에 대하여 '한-, 할-'을 접두시킨 고유어만 출현함을 두고
보면39) 선김씨의 '큰아베, 큰어메'는 오랜 전통을 가진 호칭어로 여겨진다.

〈표 1〉 선 안동 김씨와 후 안동 김씨 가문의 호지칭어

표준어	선김씨	후김씨
① 할아버지	큰아베	할아버지
② 할머니	큰어메	할머니
③ 아버지	아베	아버지
④ 어머니	어메	엄마
⑤ 시아버지	아벰	아버님
⑥ 시어머니	어멤	어머님
⑦ 큰아버지	맏아베	맏아버지
⑧ 큰어머니	맏어메	맏어머니

선김씨의 호지칭어가 안동권 동성촌락에서 일반성과 전통성을 가졌다
는 점에서 두 가문의 호지칭어 차이 발생의 원인은 후김씨 측에서 찾아볼
수 있을 듯하다.

후김씨는 고려 泰師公 金宣平을 시조로, 조선 중기의 金克孝를 중시
조로 모시는 가문이다. 조선조 인조 때 우의정을 지낸 선원 김상용, 좌의
정을 지낸 청음 김상헌 형제 이후 300여 년간 정승 15명, 대제학 6명,
왕비 3명을 배출하며 순조 이후 철종대까지 60년간의 세도정치를 펼친

---

38) 강신항, 「경북안동·봉화·영해지역의 이중언어생활」, 『논문집』제22집, 성균관대학교, 1976,
  38쪽 참고.
39) 정미선, 『국어친족어의 어휘의미론적 연구』, 경북대학교 석사학위논문, 1988, 9쪽 참고.

명문거족이다. 따라서 '후김씨'의 호지칭어가 표준어에 가까운 것은 이들의 잦은 출사의 결과 서울말을 차용한 것으로 본다. 후 안동 김씨를 일명 '장동김씨'로 부름도 이를 뒷받침한다.[40]

2) 班·民村의 호지칭어 분화

대체로 동성촌락을 반촌이라 하며 各姓바지가 모여 사는 마을을 民村이라 부른다. 반촌은 조선시대 명문가의 후예들이 종가를 중심으로 집단적으로 거주하여 촌락 구성원의 대부분을 차지하며 마을 내의 위토와 같은 경제적 기반을 장악하여 마을 전체의 행사에 절대적인 영향을 미친다. 이들은 유학적 소양과 함께 가문에 대한 자긍심을 갖추고 있어서 자신들의 문화를 지키려는 특성이 매우 강하다. 반면에 여러 姓氏들이 모여 사는 民村은 명문의 후예도 아니며 출사의 길이 열려 있지 못해 주로 생산직에 종사하였다. 따라서 그들의 언어생활은 매우 자유로워서 국어 변화에 순응하는 측면이 강하다.[41]

과거에 반촌인들은 민촌어가 속화되고 부정확한 것으로 인식하여 '중촌말' 또는 '상놈말'이라 하여 금기시했다고 한다. 그러므로 이들 두 집단 간의 호지칭어에도 차이가 있을 수밖에 없었다. 그러나 학업과 직업, 관광 등의 여러 가지 사유로 접촉하고 섞여 살면서 그 구분은 없어지고 있다. 따라서 이들 호지칭어에 대한 구분은 60대 이상 반촌인의 기억에서만 명확히 존재하는 듯하다. 이들의 기억에 의거한 안동권 班·民村의 호지칭어 분화 양상은 〈표 2〉와 같다.

---

40) 후 안동 김씨들이 한양에 올라가 장동에 집거하면서 얻게 된 이름이 '장동김씨'다(안동김씨소산종회, 2002 참고).
41) 강신항, 「경북안동·봉화·영해지역의 이중언어생활」, 『논문집』제22집, 성균관대학교, 1976, 5쪽 참고.

〈표 2〉 안동권의 班·民村의 호지칭어 분화 양상42)

표준어	반촌	민촌
① 할아버지	큰아베	할베
② 할머니	큰어메	할메
③ 아버지	아베	아부지
④ 어머니	어메	어무이
⑤ 시아버지	아벰	아버님
⑥ 시어머니	어멤	어머님
⑦ 큰아버지	맏아베	큰아부지
⑧ 큰어머니	맏어메	맏어머니
⑨ 매형	세형님(呼)자형(指)	자형(呼·指稱 同)
⑩ 아재	아:제	아′제
⑪ 아비	에비	아범, 아바~이

3) 반촌의 어휘 분화

반촌지역은 유학적 소양이 필수적으로 요구되는 사회다. 따라서 한자의 사용에 익숙하여 그들의 생활어 속에 고유어가 존재함에도 불구하고 한자어를 만들고 있다. 예컨대 '제비'를 '燕子'로 일컫거나, '암기와'를 '女瓦'로, 수기와를 '夫瓦'로 부른다. 이러한 어휘 대체는 고유어보다는 한자어가 더 우월하고 점잖다는 그들의 인식을 대변한다. 누구나 다 알고 있는 '제비' 대신 '연자'로, 저속한 표현으로 인식하고 있는 '암·수' 대신 '女·夫'로 대체함으로써 민촌인과의 구별하고자 했다.

한편 반촌어 내에서도 '長幼有序'의 유교적 사상이 얹혀 어른과 아이에 대한 어휘에 차이를 보이는 것이 존재한다. 대체로 한자어는 어른에 대하여, 고유어는 아이에 대하여 사용하고 있다. 예컨대 '머리'에 대하여 어른은 '두상'으로 아이는 '머리'로 부르며, '감기'에 대하여는 어른에게는 '감기, 감한'을 사용하고, 아이에게는 '고뿔'을 쓰고 있다.

---

42) 제시한 반촌어는 소산리의 선 안동 김씨, 외내의 의성김씨, 화기의 인동장씨, 오천의 광산 김씨, 분천의 영천김씨 등에서 채록한 것이며 민촌어는 선 안동김씨에 출가하여 풍산읍 소산1리에 거주하는 진행임(여, 75세)의 제보에 의존한다.

4. 결 론

이 글은 경북 중북부지역의 어휘를 대상으로 어휘의 특징과 그들의 분화 기제를 설명하기 위한 목적에서 마련되었다. 일반 언어학과 사회언어학의 두 가지 측면에서 살펴보았다. 조사 지역 내의 방언 간 분화를 시현하는 가장 뚜렷한 기제는 다음 몇 가지로 정리될 수 있다.

첫째, 음운목록의 다과에 따른 분화를 지적할 수 있다. 여기에 해당하는 예로는 /ㅆ/의 유무에 따른 분화와 /어/~/으/의 변별 유무에 따른 분화를 들 수 있다. /ㅆ/의 전이지역은 김천시 아포읍으로부터 고령군 다산면과 칠곡군 석적면의 사이로 북쪽은 존재하는 지역이며 남쪽은 부재지역이다. 17세기 이후 중부방언과 접촉하던 안동권의 양반층에서 처음 차용하여 확대되어온 것으로 본다. 한편으로 차용어의 지역을 고려할 때 17세기 이래 중부방언의 영향이 지금의 경북지역 내 /ㅆ/존재 지역까지 미쳤던 것으로 생각된다. 한편 경북방언은 모음의 중화현상이 매우 뚜렷하다. 중화현상의 대표적인 예가 /에/~/애/가 중화되어 /E/로 나타나고, /어/~/으/가 중화되어 /ㅋ/로 나타난다. 본 조사에 따르건대 이 지역어에서도 /에/~/애/의 중화는 20세기 초에 완성되었고 /어/~/으/의 중화는 아직 진행 중에 있다고 할 수 있다. 특히 안동권에서 /어/와/으/의 변별이 주장되어 왔다. 그런데 20세기 초의 안동방언을 대변할 것으로 여겨지는 가사집의 표기를 참고하면 이 변별도 부분적 즉 실질형태소 내부임을 확인할 수 있었다. 따라서 안동권의 /ㅋ/중화도 19세기말 또는 20세기 초에 시작되어 진행 중에 있다고 할 수 있다.

둘째, 음운변화의 시차에 따라 다른 어형을 보이거나 변화 방향이 다름에서 분화를 일으키는 예들을 볼 수 있다. 예컨대 경북 북부권의 '수꾸'(黍), '무꾸'(菁), '여끼'(狐), '꺼깽이'(蚯)와 같은 CVk'V유형은 CVskV유형과 체계적으로 대응한다. 이들은 15세기 비자동적 교체를 시현하던 어휘들과 같은 類다. 본고는 문헌어와 중앙방언을 참고하여 CVkˊV의 조어형을 *CVzgV 재구하고 상이한 음운변화의 결과에 따라 중앙방언과 경북 북부권 방언이 분화된 것으로 보며, 경북의 남부방언 '수시, 무시, 여시, 꺼시'와는 음운변화의 시차에 따른 분화로 보았다.

셋째, 음운·형태소의 첨가나 탈락에 의한 어휘 분화를 보이지만 체계성을 찾아보기는 어렵다. 한편 어형은 동일한데도 불구하고 의미가 상이한 경우가 있으나 매우 드물다.

넷째, 어휘 변화의 뚜렷한 기제로 차용을 지적할 수 있는 바, 이로 인해 어휘 분화가 일어날 수 있다. 본 조사지역에서 본다면 고령지역과 달성의 현풍지역은 경남 방언의 영향을 받아 경남의 방언 어휘들이 나타나고 구미 칠곡의 이북지역은 중부방언의 영향으로 볼 수 있는 어휘들이 나타나고 있다. 한편 두 지역어가 접하는 전이지대(중간지대)에서는 혼성어의 발생을 확인할 수 있다.

사회·문화적 측면의 방언 분화 기제는 매우 다양할 수 있다. 이 글에서는 동일 촌락 내 두 가문 간의 호지칭어 분화와 '반촌 對 민촌'의 호지칭어 분화 그리고 반촌내의 어휘 분화에 대하여 살펴보았다.

첫째, 안동시 풍산읍 소산1리는 선안동 김씨(상락 김씨)와 후안동 김씨가 함께 거주하지만 친족 간의 호지칭어에서는 뚜렷한 차이를 보인다. 선안동 김씨의 호지칭어가 안동권 동성촌락에서 일반성과 전통성을 가졌다면 후안동 김씨의 그것은 표준어에 가깝다. 이 차이 발생의 원인은 후안동 김씨 측의 서울말 차용에서 일어난 것으로 본다.

둘째, 60대 이상 반촌인의 기억 속에서 班·民村간의 호지칭어 분화를 살펴볼 수 있다. 반촌민의 호지칭어가 '전통성'을 고수하고 있다면 민촌인은 그것은 표준어나 남부방언을 차용한 형태를 보여준다. 이는 민촌인의 언어생활이 자유로워서 국어 변화에 순응하는 측면이 강하기 때문인 듯하다.

　셋째, 반촌지역은 유학적 소양이 필수적으로 요구되는 사회다. 따라서 한자의 사용에 익숙하여 그들의 생활어 속에 고유어가 존재함에도 불구하고 한자어를 만들고 있다.

▌참고문헌

강신항, 「경북안동·봉화·영해지역의 이중언어생활」, 『논문집』제22집, 성균관대학교, 1976.

강신항, 『계림유사 고려방언 연구』, 서울: 성균관대학교 출판부, 1980.

곽충구, 「'왕겨'의 방언형들의 지리적 분포와 그 비교 연구」, 『개신어문연구』2, 충북대학교, 1982.

김덕호, 『경북방언의 언어지리학』, 서울: 월인, 2001.

김문오·류시종, 「경북 동해안 방언의 어휘적 특징」(1),『동해안 지역의 방언과 구비문학 연구』, 2003.

김미영, 「동성마을」, 『安東市史 三』, 안동시사 편찬위원회, 안동: 영남사, 1999.

김택구, 『경상남도의 언어지리』, 서울: 박이정, 2000.

김형규, 『한국방언연구』, 서울: 서울대학교 출판부, 1980.

박종덕, 「안동 지역어의 홑홀소리 체계에 대한 사회언어학적 연구」, 건국대대학교 대학원 연구과 제보고서, 2000.

박창원, 「고령지방의 언어」, 『高靈文化』제6집, 高靈文化院, 1991.

백두현, 「경상 방언의 모음체계와 모음중화」, 『어문교육논집』12, 부산대학교, 1992.

이기문, 「중세국어의 특수 어간교체에 대하여」, 『진단학보』23, 진단학회, 1962.

　　　, 『신정판 국어사개설』, 서울: 태학사, 1998.

이승재, 「재구와 방언분화」, 『방언』, 국어학강좌 6, 서울: 태학사, 1982.

정미선, 『국어친족어의 어휘의미론적 연구』, 경북대학교 석사학위논문, 1988.

정 철, 『경북 중부 지역어 연구』, 대구: 경북대학교 출판부, 1991.

정철주·최임식, 「성주 지역어 연구」, 『韓國學論集』24輯, 계명대학교 한국학연구소, 1997.

조신애, 「안동지역어의 음운론적 연구」, 계명대학교 석사학위논문, 1985.

천시권, 「경상북도의 방언구획」, 『어문학』13, 한국어문학회, 1965.

崔林植, 「고령지역어의 음운자료」, 『계명어문학』10집, 계명어문학회, 1997.

세종대왕기념사업회, 『한국고전용어사전』, 서울: (주)신영프린팅, 2001.

安東金氏素山宗會, 『素山洞의 淵源』, 안동: 도서출판 한빛, 2002.

최학근, 『增補韓國方言辭典』, 서울: 명문당, 1990.

한국정신문화연구원, 『한국방언자료집』(Ⅶ-경상북도 편) 서울: 고려원, 1989.

小倉進平, 『조선방언의 연구』, 서울: 아세아문화사, 1973〔1944〕.

河野六郎, 「朝鮮方言學試攷-'鋏語攷-」, 『河野六郎 著作集』, 東京: 東都書籍, 1945.

제 4 장

성주 지역어 친족 호격어와 화계의 상관성

1. 들어가는 말

인간이 사회구성원으로서 획득한 능력 즉 사고체계나 생활양식의 총체를 문화라고 할 때, 언어는 문화의 직접적인 실현이며, 문화는 언어 형식을 통해서 자신의 고유한 내용을 갖게 된다.

낙동강 유역의 영남 문화는 조선 정신문화의 핵심인 유교 문화와 밀접한 관련이 있다. 그러므로 영남의 언어에는 지역의 자연적 사회경제적인 조건뿐만 아니라 지역사람들의 생활풍습이나 교역권 또는 통혼권, 학맥 (영남 지역학파 사이에 이루어진 사유체제) 등과 같은 다양한 조건과 긴밀한 관계를 맺고 있다. 이러한 사회·문화적인 배경을 잘 반영하는 것이 바로 친족호칭어와 화계이다. 성주 한개 마을은 역사적으로 경상도 좌도 대구진에 속하였으나, 문화적으로는 반촌의 동성마을[1]로서 안동권, 상주권

---

1) 동성(同姓)마을은 성(姓)과 본(本)이 같은 성씨들이 특정 마을에 모여 지배적 영향력과 중심적 세력을 이루고 있는 혈연공동체 마을이다. 특정 성씨의 세력이 숫자와 비례하는 것은 아니며, 다소 예외가 있으나 대부분의 동성마을은 형성될 당시 지배층이었던 양반이 중심이 되는 경우가 많다. 동성마을은 동족부락, 씨족부락 등으로 불리기도 하지만 이 글에서는 동

유교문화권의 동성마을과 혼반과 학맥을 같이하는 데 그 이유를 들 수 있다.

유교적 이념을 일상적인 삶 속에서 실천해 온 양반 사족을 중심으로 이루어진 혈연공동체의 동성동본 사람들이 모여 사는 동성마을은 유교적 전통윤리에 바탕을 두고 있으며, 그 가족 관계는 소위 친소관계로 분류된다. 동성마을의 성씨들은 강한 혈연의식에 의해 형성된 집단이므로 배타적이고 보수적인 성향은 친족호칭어나 화계를 통해서 잘 드러난다. 가족 개개인의 위치를 지정해 주는 친족호칭어와 화계는 유교의 이념에 따른 상하 서열, 위계질서, 부계 중심(父系, 夫系中心), 남성중심, 결혼이나 연령, 항렬 중심으로 그 체계가 구성되어 있으므로 동성마을의 친족원을 일정한 범주로 구분 지어준다. 뿐만 아니라 한 공동체 내에서 항렬, 나이, 성별, 세대 등에 따라 친족호칭어와 화계의 다양한 분화는 동성마을 사람들의 사고체계를 이해하는 데 도움이 된다.

성주권은『신증동국여지승람(1530)』에 좌도인 대구진에 속한 지역으로 좌도의 안동권, 우도의 상주권과 함께 역사적으로 영남의 유교 문화를 잘 간직하고 있다. 이들 지역은 경북방언의 하위방언권을 의문형 종결어미를 기준으로 구분한 '-니껴형(안동권), -능교형(성주권), -여형(상주권)'2)과도 어느 정도 일치를 보인다. 이와 같이 일반언어학적인 관점에서 하위방언형의 분화는 행정구역상의 분화와 일치하는 것으로 파악되었다.

그러나 낙동강 유역의 유교문화권을 대상으로 역사적·문화적·사회적인 관점을 고려한 안귀남3)의 동성마을 친족호칭어의 분화는 지역적인 분화와는 다른 양상을 보이고 있음을 확인하였다. 다시 말하면 낙동강 유

성마을이라는 용어를 사용하고자 한다(김미영, 「안동 동성마을의 택호(宅號) 연구」, 『비교민속학』제22집, 비교민속학회, 2002.)
2) 이는 천시권(「경북지방의 방언구획」, 『어문학』13, 한국어문학회, 1965)에 따른 것이지만, 이에 대구권의 '-예'형을 추가할 수 있다.
3) 안귀남, 「붕당의 대립에 따른 친족호칭어의 분화 양상: 성주 한 개 마을의 성산이씨를 중심으로」, 『어문학』95집, 한국어문학회, 2007.

역의 문화를 온전히 이해하기 위해 영남의 유교문화권은 영남 지역학파 사이에 이루어진 사유체제에 기반을 두고 있기 때문에 사회언어학적인 관점에서 파악하는 것이 무엇보다 중요하다.

그러므로 이 글에서는 안동권과 상주권의 기존 연구를 바탕으로 성주 지역의 대표적인 동성마을의 하나인 한개 마을의 성산 이씨 두 종택이 붕당의 대립을 보이는 점에 초점을 두고 친족 호격어와 화계(話係)4)가 어떠한 상관성 가지고 있는지를 고찰하고자 한다.

1) 연구의 범위와 방법

청자존대법은 화자가 자신과 청자의 상하관계를 파악하여 그 높임의 의향을 나타내는 문법 범주로 그 높임은 문장종결어미로 실현된다. 화자의 청자에 대한 높임 정도를 특정한 문법 형태를 통해 실현되는 규칙5)이라는 점에서 문장종결법과 관련이 있으며, 일정한 상황에서 화자와 청자의 관계를 전제로 한다는 점에서 사회언어학 혹은 화용론적인 성격을 지닌다.

청자존대법은 일차적으로 문법 외적인 입장의 화계 문제를 배제하기 위해 종결어미의 내적구조를 재분석하여 형태론적인 차이를 통해 등급을 설정하는데, 이것은 청자존대법의 기술에서 종결어미가 문장의 필수적인 요건이기 때문이다.

---

4) 김태엽(「국어 독립어의 일치현상」, 『대구어문론총』13, 대구어문학회, 1995a, 9-11쪽)은 부름말, 유동석(「국어 상대높임법과 호격어의 상관성」, 『주시경학보』6, 1990), 황문환(「경북 울진방언의 친족호격어와 화계」, 『국어학』23-1, 1993, 191쪽), 안귀남(「인간의 청자존대법과 호격어와의 상관성」, 『안동어문학』1, 안동어문학회, 1996)에서는 호격어로 명명하였다. 호격어는 화자와 청자가 친족 간일 때 사용되는 호격명사구로 이때 명사구는 'X+호격형식'을 취하는 것으로 'X'는 주로 친족명칭이다. 호격형식은 생략되는 경우가 많기 때문에 호칭어가 호격명사구의 역할을 하기도 한다. 그리고 화계(話係)는 '청자존대법의 등급체계'를 이르는 말이다.
5) 성기철, 「국어의 화계와 격식성」, 『언어』10-1, 한국언어학회, 1985, 15쪽.

그런데 독립어인 문두호격어와 밀접한 관련이 있는 화계는 단순히 종결어미의 대립체계를 의미하지 않는다. 예컨대 조사지의 제보자들은 '-십니까/이소'가 '-능교/소'에 비해 상대를 더 높여주는 형식으로 인식하고 있다. 종결어미에 의한 청자존대법으로만 파악한다면 전자는 '하이소체', 후자는 '하소체'로 구분되는데, 아버지나 할아버지, 사돈 등과 같이 서로 어려워하는 사이에는 '하소체'보다는 '하이소체'를 사용한다. '하소체'와 '하이소체'는 모두 높임의 청자존대법이라고 하더라도 이들은 '-요'형 호격 구성과 호응하기 때문에 종결어미의 대립 체계만을 다루는 청자존대법과는 차이가 있다. 그러므로 동성마을인 한개 마을의 성산 이씨에서는 문두호격어가 어떠한 청자존대법의 체계 즉 화계와 호응하는지를 살펴보고자 하며, 아울러 가능한 범위에서 안동권과의 비교를 통해 그 차이를 파악하고자 한다.

종래의 논의에서 호격어는 화계의 구성요소로 관심의 대상이 되지 못하였기 때문에 청자존대법의 기술에서 제외되었다. 국어의 독립어는 문장을 이루는 한 구성요소로서 독립성분을 이루기 때문의 뒤에 이어지는 문장의 어떤 구성요소와도 문법적으로 특별한 관련성이 없는 것으로 취급되었기 때문이다.6) 그러나 유동석,7) 김태엽,8) 권재일,9) 구연미10) 등에서 독립어가 그 말의 뒤에 이어지는 문장과 문법적으로 전혀 무관하지 않음이 밝혀졌다. 유동석,11) 김태엽,12) 권재일,13) 황문환,14) 안귀

6) 최현배, 『우리말본』, 정음사, 1971, 758쪽; 전재호·박태권, 『국어표현문법』, 이우출판사, 1979, 68쪽.
7) 유동석, 「국어 상대높임법과 호격어의 상관성」, 『주시경학보』6, 주시경학회, 1990.
8) 김태엽, 「종결어미의 화계와 부름말」, 『대구어문론총』10, 대구어문학회, 1992, 122쪽.
9) 권재일, 『한국어 통사론』, 민음사, 1992.
10) 구연미, 「임의성분의 유형과 일치 현상」, 『한글』223, 한글학회, 1994.
11) 유동석(「국어 상대높임법과 호격어의 상관성」, 『주시경학보』6, 1990, 66쪽)에서는 "상대높임법이 실현되는 문장에서는 반드시 호격어도 상정될 수 있으며, 역으로 호격어가 상정될 수 없는 문장에는 상대높임법도 실현되지 않는다."고 하여 호격어의 실현과 청자존대법의 실현은 상호 예측 가능한 관계에 있는 것으로 보았다.

남15) 등은 호격어를 구성하는 호격조사와 종결형어미의 호응관계를 통해 청자존대법을 기술하였다는 점에서 중요한 의의를 지닌다.

결국 문두 호격어는 독립어로서 그 호격어가 나타내는 청자에 대한 높임의 관념은 문장의 종결어미에 의해 실현되는 청자높임법의 그것과 일치한다는 것이 주된 논지이다. 이러한 호격어는 화자가 문장의 청자를 대상으로 하여 실현되는 독립어로서 체언 단독으로 실현되기도 하고, 체언에 호격조사가 결합되어 실현되기도 하므로,16) 독립어 중에서 문두의 호격어는 그 자체가 청자를 대상으로 하여 성립되기 때문에 화계를 실현할 수 있다.

2) 한개 마을의 사회적 · 역사적 · 문화적 특징

문화가 언어를 통해 본래의 의미를 지닌다고 할 때 사회언어학적인 관점에서 연구 대상 지점에 대한 역사적 · 문화적인 배경을 검토하는 것은 무엇보다 중요하다. 안동권, 상주권과 함께 성주권을 유교문화권의 관점에서 이해할 때 유교문화의 중심인 안동권과 인접한 상주권, 성주권은 어떠한 영향 관계에 있는지를 파악할 수 있을 것이다. 이는 단순한 지역적인 관점에서 언어의 분화가 아니라 유교문화권의 관점에서 그 언어의 분화 양상을 이해할 수 있으며, 나아가 언어와 사회 · 문화 · 사고와의 관련

---

12) 김태엽, 위의 논문.

13) 권재일, 위의 책.

14) 황문환, 「경북 울진방언의 친족호격어와 화계」, 『국어학』23-1, 1993, 206쪽.

15) 안귀남, 「언간의 청자존대법과 호격어의 상관성」, 『안동어문학』1, 안동어문학회, 1996.

16) 김태엽, 「국어 독립어의 일치 현상」, 『대구어문논총』13, 대구어문학회, 1995a, 9-11쪽. 구연미(위의 논문, 92쪽)에서는 서법을 나타내는 임의성분의 일치 현상을 광범위하게 다루고 있는데, 부름말 이외의 독립어가 일치현상을 나타낸다는 설명을 처음으로 시도하였다. 특히 부름 홀로말은 월 머리에 놓여 들을이에게 묻거나 시키거나 함께 할 것을 요구하는 서법 요소 물음법, 시킴법, 꾀임법과 일치하며 들을이의 주의를 환기시키기 위해 덧보태어진다고 하였다.

성을 이해하는 데도 도움이 되고자 한다.

한개 마을은 1450년 경 진주목사를 지낸 이우(李友)가 개척한 이래 동성마을로 온전히 자리를 잡은 것은 월봉 이정현(李廷賢 1587-1612) 때이다. 월봉의 외아들 이수성(李壽星 1610-1672)의 네 아들 달천(達天), 달우(達宇), 달한(達漢), 달운(達雲)은 모두 이 마을에 정착하여 백파(伯派), 중파(中派), 숙파(叔派), 계파(季派)의 파시조가 되고 각 파의 자손들이 이 마을을 본격적으로 이루었다. 한개 마을이 성산 이씨의 동성마을로 번성한 것은 17세기 중엽부터이다. 성산 이씨의 네 파 중에서 가장 큰 부를 이루었던 것은 계파였으나 오래 유지하지 못하고 쇠퇴하였으며, 이후 숙파의 후손들이 번성하여 출중한 인물을 다수 배출하고 점차 마을을 주도하게 되었다. 숙파에 속하는 이수성의 셋째 아들인 달한(達漢)을 중심으로 한 자손들은 교리댁·북비고택·한주종택·하회댁·월곡댁이 대표적이다. 특이한 것은 아래 세대로 내려오면서 종손의 대가 끊길 것을 우려하여 섭사손(攝祀孫)을 데리고 왔기 때문에 갈수록 촌수가 가까워진다. 이들은 모두 혈연관계로 맺어져 크게는 시향제(時享祭)를 위해 조직된 문중(門中)이며, 작게는 기제사(忌祭祀)를 지내는 당내(堂內)이다. 그러므로 한개 마을의 성산 이씨들은 같은 시조로부터 분파되어 혈연관계로 맺어진 동성마을의 집안사람으로 친족의 범위를 표현할 수 있다. 이 글의 친족범위는 혈연의 거리에 따라 친소의 차이를 나타내는 촌수법에 얽매이지 않기로 한다.

한주 종택을 제외하고 북비고택·교리댁·하회댁은 같은 담장을 이용하는 친족관계임에도 불구하고 한개 마을의 친족호칭어는 붕당의 대립에 따라 두 부류로 나누어진다. 북비고택(혹은 대감댁)·하회댁·한주종택·월곡댁은 남인계열이며, 교리댁·진사댁·극와종택은 노론계열로 나누어진다. 한개 마을의 숙파(叔派)가 혈연으로 맺어진 당내임에도 불구하고 당색에 의해 친족 호칭어가 두 계열로 분화된 것17)으로 볼 때 붕당의 대

립이 혈연집단에 우선한다.18)

　〈북비고택〉과 〈교리댁〉이 붕당의 대립을 보인다는 것은 〈북비고택〉의 북으로 난 문의 상징적인 의미19)를 통해서 그 이유를 찾을 수 있다. 북비공으로 알려진 돈재 이석문(李碩文: 1713-1773)20)은 1762년(영조 38) 사도세자의 호위무관이었다. 1762년 정순왕후의 아버지인 김한구(金漢耉)와 그 일파인 홍계희, 윤급 등의 사주를 받은 나경언이 노론의 일당전제에 비판적이었던 사도세자의 실덕과 비행을 지적한 10조목의 상소를 올렸다. 이때 노론의 지지를 받았던 영조는 크게 노하여 세자를 휘령전으로 불러 자결을 명했다. 어가를 배종하던 돈재는 뒤주 속에 갇힌 세자를 구하려고 세손을 업고 어전에 나아가 간하였으나, 뒤주에 넣고 돌로 누르라는 어명을 하였으나 끝내 받들지 않고 직언을 하다가 곤장을 맞고 파직을 당하여 한개 마을로 낙향한 후 북쪽에 문을 내고 세자가 묻힌 북녘을 향해 매일같이 재배했기 때문에 그를 북비공이라 했다고 한다.

　그러나 이보다 더 직접적인 이유가 있었던 것으로 보인다. 17세기 후반부터 성주권 내는 대부분 노론계열의 세력이 커져 있었다. 이때 고향에 돌아온 돈재는 당시의 권신이었던 김상로, 홍계희와 뜻을 같이 하는 무리들이 부채로 얼굴을 가리고 석구의 집(현재 교리댁)을 드나드는 것을 보게

---

17) 경북 안동시 풍산읍 소산1동은 안동 김씨들의 동성 마을 역시 붕당의 대립에 따라 안동선김(상락김씨: 남인계열)과 안동후김(장동김씨: 노론계열)으로 친족호칭어의 분화를 보인다. 그러나 이들은 입향 시조를 달리하기 때문에 친족관계를 이루지 않는다. 그러나 한개 마을의 성산이씨는 친족관계이면서 붕당의 대립 관계에 있기 때문에 분명한 차이를 보인다.

18) 붕당의 대립에 의한 두 계열은 제사나 풍습 등 예법과 음식법에서도 차이를 보인다. 남인 계열인 〈북비고택〉은 절을 할 때 문 밖에서 하지만 노론 계열인 〈교리댁〉은 문 안에서 절을 한다. 여성들의 치마고름에서도 차이를 보이는데 남인계열은 오른쪽 끈을 하며, 노론 계열은 왼쪽 끈을 사용한다. 음식법에서 집산적을 만들 때 남인 계열인 〈북비고택〉에서는 꽂이를 위로 꿰지만, 노론 계열인 〈교리댁〉은 가운데로 꿴다.

19) 한필원, 『한국의 전통마을을 가다』, 북로드, 2004, 113쪽.

20) 영조 15년(1739)에 권무과에 급제, 선전관이 되었으며, 이후 사도세자가 대리 서정하던 때에 무신 겸 선전관으로 발탁되었다가 의금부도사가 되었다. 영조 38년(1762) 공의 나이 50세로 무겸을 제수 받아 봉직하던 중이었다.

되었고, "시류에 아첨하는 무리들과 접하기 싫다."고 하여 문을 뜯어 북쪽으로 옮기니 사람들은 이때부터 북비공(北扉公)이라 불렀다고 한다. 이처럼 돈재가 북쪽에 문을 낸 가장 큰 이유는 〈교리댁〉에 왕래하는 노론들과 마주치지 않으려는 의도 때문일 가능성이 높다. 당시 석문과 사촌 간이던 석구는 석문이 낙향하였을 때 석문을 위로하는 친밀한 관계였음에도 불구하고 붕당의 대립 구도에서 두 사람의 관계는 친족관계를 뛰어 넘어 갈등 관계 속에 있었음을 짐작할 수 있다. 이러한 붕당의 대립이라는 시대적인 갈등은 한 집안의 친족호칭어뿐만 아니라 제사나 풍습 등에서도 나타난다. 이와 같이 의례에서 가장 많은 차이를 보이는 것은 최초의 붕당의 시발인 '예송논쟁'이 이를 뒷받침해준다.

붕당의 대립관계는 1674년(현종15) 2차 예송논쟁(禮訟論爭)에서 남인들이 승리함으로써 한때 정국을 주도하기도 하였으나, 17세기 말부터 서인, 그 중에서도 우암 송시열을 중심으로 하는 노론이 득세하면서 노론이 오랫동안 정계를 주도하였다. 결국 남인들은 향촌에서 학문의 연구에 몰두하게 되었고, 영남지방 선비들의 대부분이 남인 계열이었던 것에서 알 수 있다.

성주권내의 동향을 살펴보면 17세기 말을 기준으로 이후에는 노론의 학맥이 지배적이었으나, 그 이전에는 조식의 학맥인 남명학파와 이황의 학맥인 퇴계학파, 영남의 두 학파의 충돌로 새롭게 발흥한 한려학파(寒旅學派) 등 영남의 다른 지역에 비해 다양한 학맥이 공존하고 있었다. 특히 조식과 이황으로부터 모두 학문을 배웠던 정구는 이황의 문인이라기보다는 조식의 문인으로 인식되었을 만큼 조식 문인에 가까웠다. 성주지역은 조식 계열의 학맥이 압도적 우세를 보인 가운데 이후 정구와 정인홍이 대립하다가 정인홍의 대북 세력이 패배한 이후에는 대체로 정구의 학맥이 거의 단일 학맥을 형성하였다. 이후 정구의 질서인 장현광이 정구의 문인을 자처하지 않은 데서 생긴 한려시비(寒旅是非) 이후 정구학맥은 거의 단절되는 원인이 되었다. 정구의 직전문인이 활동하던 다음 세대부터는 주도적인 학맥이 없이 소강상태를 보이다가 17세기 말 이후 영남지역 가운데 성주가 노론학맥이 가장 활발하게 출현할 수 있었던 것도 이러한 배경 속에서 이해할 수 있다.

조식과 이황의 장점을 받아들인 정구는 조식 일변도의 정인홍과 극명하게 대조를 이루면서 정구는 조식학파에서 제 위치를 받지 못했을 뿐만 아니라 이황학파에서도 적통으로 인정되지 못하였다. 결국 정구는 조식학맥에 의해 칠곡으로 이거하게 되었고, 정구의 사후 성주지역 내에서 그의 학맥을 계승한 특출한 인물이 배출하지 못하면서 점차 쇠퇴하였고 북인의 학맥도 함께 몰락하게 된다. 이러한 사정에서 17세기 후반부터 성주권내는 노론학맥에 연결되는 인사가 많아지게 되었다. 이는 현재 〈교리댁〉의 친족호칭어가 노론계열의 성향을 보이는 중요한 단서가 된다. 정구가 정인홍과의 갈등을 겪으면서 성주 유림 중에 광주이씨, 벽진이씨, 청주정씨는 남인 가문으로 파악된다. 반면 조식계 학맥을 유지하려는 움직임도 있었지만 조선후기 성산이씨 이덕함(李德涵)은 노론 학맥으로 전신(轉身)하게 되었다.

사실 성주 지역에 이황 계열의 학맥이 주류를 이루던 것은 19세기에 들어서이며, 대표적인 학자는 한개 마을 출신인 이진상(1818-1886)과 칠곡 출신의 장복구(1815-1900) 등이다. 이를 미루어 볼 때 19세기 들어서 이진상(1818-1886, 성주) 등 이황계열의 주류를 차지하기 전인 17세기 말부터 19세기 동안 성산이씨 내에서는 노론학맥이 더 큰 비중을 차지하였을 것으로 보인다.[21]

근대 유학의 3대가로 꼽히는 한주 이진상의 한주종택 사랑에 걸린 현판의 주리세가(主理世家)를 통해 남인 계열에 속하였음을 알 수 있다. 이외에도 한개 마을의 남인계열은 북비고택, 하회댁, 월곡댁이 있다. 그러나 숙파의 파종가인 교리댁은 예외적으로 노론에 속하였다. 이는 한개 마

21) 김성윤, 「낙동강 유역의 인간과 문화 : 성주권 연구」, 한국학술진흥재단 기초학문육성인문사회분야 지원사업 중형과제팀 워크샵 자료집, 2005, 59-62쪽.

을에서 성산 이씨는 이례적으로 마을 안에 서로 대립하는 당파가 공존함
으로써 갈등의 여지가 충분하였음을 의미한다. 결국 의례의 문제로 불거
진 노론계열과 남인계열의 대립은 현재까지도 〈북비고택〉과 〈교리댁〉의
친족호칭어에서 차이를 보이고 있다.

한개 마을에서 〈교리댁〉과 〈북비고택〉은 모두 숙파 계열이다. 노론계
열의 〈교리댁〉이 20대에 이르러 아들이 없자 〈북비고택〉에서 온 섭사손
(攝祀孫)에 의해 대를 이어왔다. 이처럼 혈연으로 맺어진 당내의 친족임
에도 불구하고 항렬에 앞서 붕당의 대립에 따른 친족 호칭어의 분화를 보
이게 된 것은 이러한 역사적 배경에 기반하였음을 이해할 수 있다. 결국
한개 마을의 성산 이씨는 혈연의식보다는 붕당의 대립에 의한 의식이 우
선하였음을 의미한다.

3) 제보자 및 조사 방법

한개 마을의 사회적·역사적·문화적 특징을 고려하여 〈북비고택〉과
〈교리댁〉의 사람을 주제보자로 하였다. 친족호칭어의 분화 조건은 세대,
연령, 결혼 유무, 성(性), 혈족과 인척, 연령과 항렬 등에 따라 부모계친,
처계친, 부계친(夫系親)의 순서에 따라 하였으며, 친족호격어와 화계의
상관성을 고찰하기 위해 각 서법에 따라 각각 간접질문법과 역질문방식
을 사용하였다.

〈표 1〉 제보자

번호	성씨명	성명	나이	성별	종파 및 세손	주 소	택호	불천위 유무
1	성산이씨	A	85	남	성산이씨 정언공파 숙파 33세손	성주군 월항면 대산리 411번지	교리댁	없음
2	성산이씨	B	68	남	성산이씨 정언공파 숙파 33세손	성주군 월항면 대산1리 421번지	북비고택	응와 이원조

2. 성주 지역어의 청자존대법 연구 검토

경북방언의 구획에 대한 연구에는 천시권,22) 이기백,23) 최명옥,24) 박지홍,25) 정철,26) 오종갑,27) 김덕호28) 등이 있다. 경북방언을 의문형 어미에 따라 구분한 천시권29)을 통해 성주 지역을 '-능교'형 지역으로 구분된다. 이기백,30) 정철,31) 김덕호32) 등에서 '-능교'형 지역은 대구·경주·달성·경산·청도·고령·성주·칠곡·군위·영천·월성·영일·포항·청송·영덕이 포함되는 경북의 남부지역이 모두 이에 해당된다. 박지홍33)은 성주 지역을 대구방언권에 속하는 것으로 파악하였고, 최명옥34)은 경북중동서부방언, 오종갑35)은 비청송권의 중남중서부방언으로 파악하여 학자 마다 약간의 차이가 있으나 기존의 논의들을 참조할 때, 성주 지역은 지역적으로 경북의 남부지역, 의문형어미에 따라서는 '-능교'형 지역으로 구분된다.

성주 지역어의 종결어미에 대한 연구는 월항면을 중심으로 한 이동화36) 대가면을 중심으로 한 배정숙,37) 벽진면을 중심으로 한 정철주·

---

22) 천시권, 「경북지방의 방언구획」, 『어문학』13, 한국어문학회, 1965.
23) 이기백, 「경상북도의 방언구획」, 『동서문화』3, 계명대, 1969.
24) 최명옥, 「경상도의 방언구획 시론」, 『우리말의 연구』, 외골 권재선 박사 회갑기념논문집, 1994.
25) 박지홍, 「경상도 방언의 하위방언권 설정」, 『인문논총』24, 부산대, 1983.
26) 정 철, 「동남지역어의 하위방언구획 연구」, 『어문논총』31-1, 1997.
27) 오종갑, 「영남방언의 음운론적 특성과 그 전개」, 『한민족어문학』35, 한민족어문학회, 1999.
28) 김덕호, 『경북방언의 지리언어학』, 월인, 2001.
29) 천시권, 위의 논문.
30) 이기백, 위의 논문.
31) 정 철, 위의 논문.
32) 김덕호, 위의 책.
33) 박지홍, 위의 논문
34) 최명옥, 위의 논문.
35) 오종갑, 위의 논문.
36) 이동화, 「성주지역어의 종결어미 연구」, 『한민족어문학』12, 한민족어문학회, 1985.

이임식38)이 있다. 이 연구들은 공통적으로 서법에 따라 서술법, 의문법, 명령법, 청유법으로 구분하고 청자존대법을 해라체, 하게체, 하소체, 하이소체로 구분하였다.

성주 지역어의 중요한 특징인 '-능교'형은39) 청자존대법의 체계를 논의하는데 중요한 의미를 가진다. 이동화,40) 배정숙41)은 중앙어의 '-요'에 대응되는 '-예'와 '-능교(-은기요)'를 하소체로 구분한 것을 고려할 때 하이소체보다는 낮은 등급임을 알 수 있다. '-능교'는 형태론적인 측면에서 '-는가+요' 혹은 '-은/는기요(요)'로 분석되기 때문에 해요체의 등급으로 볼 수 있다. 그러나 격식체와 비격식체로 구분하지 않는다면 '-능교'형

37) 배정숙, 「성주방언의 활용어미 연구」, 단국대 석사논문, 1988.
38) 정철주·이임식, 「성주 지역어 연구」, 『한국학논집』제24집, 1997.
39) '-능교'의 기원에 대해서는 '-은/는기오(요)' 유형, '-ㄴ가요'로 나뉜다. 소창진평(『南部朝鮮의 方言』, 京都大 國文學會, 제일서방, 1924, 65쪽)은 '-는기오', 이상규(「경북방언의 경어법」, 『새국어생활』1-3, 국립국어연구원, 1991, 68쪽)에서는 '-은/는기오, 배정숙(「성주방언의 활용어미 연구」, 단국대 석사논문, 1988)은 '-는기요, 김영태(「경남방언 종결어미의 경어법 고찰」, 『경남대논문집』4, 1977)는 '-옹/ㄴ교', 최명옥(『경북 동해안 방언연구』, 영남대학교 민족문화연구소, 1980, 92쪽)은 '-은/는기오, -으/는교가 수의적으로 선택되는 것으로 보았다. 김영태(위의 논문)는 '-옹/ㄴ교'-교'를 '-기오/기요' 등은 표면적인 음운 구조에 따른 결과로 본 것은 모두 전자의 유형으로 볼 수 있다. 후자의 예로 김태엽(「영남방언의 형태적 특성과 그 발달」, 『우리말글』17, 우리말글학회, 1999, 27쪽)은 이 형태가 '-ㄴ(청자높임소)+가/고+요'로 분석하고 의미구조체로서 용언의 어간과 선어말어미 뒤에 결합되어 사태 내용에 대한 판정이나 설명을 요구하는 의문어미로 파악하였다. '-능교'가 나타나는 지역에서 하게체의 '-는가'에 '-요'를 덧붙이는 방법을 취하는 것으로 볼 때 후자의 견해가 더 타당한 것으로 보인다.
40) 이동화, 위의 논문, 1985.
41) 배정숙, 「성주방언의 활용어미 연구」, 단국대 석사논문, 1988, 17-18쪽. '-예'는 존대의 첨사로서 반말의 종결어미 뒤에 붙는다. 장년층 이상은 별로 안 쓰고 주로 젊은층에서 많이 쓰며 남자보다는 여자들이 많이 쓴다. (ㄱ,ㄴ)은 존대의 첨사로 종결어미에 붙은 경우이고, (ㄷ,ㄹ)은 존대의 첨사뿐만 아니라 호칭어의 뒤에 붙은 존칭호격조사로도 사용되는 예이다.
  ㄱ. 그거는 지가(제가) 다 묷어예.
  ㄴ. 으린 여:(여기) 있어도 게안아예(괜찮아요).
  ㄷ. 지는예(요), 거기 안 갈끼라예.
  ㄹ. 아부지예, 그거는예 지가 잘 모르겠어예.

은 하소체로 구분될 수도 있다.

유교문화권 중에서 '-능교'형(성주권), '-니껴'형(안동권), '-여'형(상주권)에 따른 언어분화권은 중요한 의미를 가지지만, 이들이 청자존대법의 체계에서 대등한 높임의 등급을 형성하지 않는다는 점에서 그 등급 체계를 세밀하게 검토할 필요가 있다. 이러한 중요성에도 불구하고 성주지역어의 청자존대법을 논의함에 있어 '-능교'형에 대한 설명은 배정숙[42]을 제외하고는 논의되지 않았던 점이 특이하다. 이와 같이 '-능교'형이 집중적으로 논의되지 못했던 것은 그 쓰임이 비격식체로 사용되기 때문인 것으로 보인다.

하이소체 등급에서 안동 지역어의 '-니껴'형에 대응되는 성주 지역어의 '-ㅂ니꺼/까'는 경북북부와 남부를 구획하는 중요한 단서가 된다. 경북북부 지역은 '-니더, -니껴, -시더', 경북남부 지역은 '-ㅂ니다/ㅂ니더, -ㅂ니까/ㅂ니꺼, -ㅂ시다/ㅂ니더/입시더'로 나타나는데, 이들을 구분해 주는 가장 큰 특징은 겸양선어말어미 '-ㅂ-'의 유무이다. 후자의 지역은 17세기 이후 객체존대법을 나타내던 '-옵-'이 상대존대법으로 기능이 변화한 것에 기인하지만 전자의 지역에서는 그 이전 시기의 형태를 그대로 유지하고 있기 때문이다. 전자는 현재 중부방언에서도 그대로 유지되어 아주 높임법의 등급체계를 이루고 있다는 점에서 중부방언 개신형의 영향으로 설명할 수 있다.

성주 지역어의 종결어미 연구에서 이동화,[43] 장철주·이임식[44]은 '-십니까/십니다/(으)입시다' 파악하였고, 배정숙[45]에서는 '-십니꺼/십니더'로 파악하여 성주 지역어에서는 문말어미의 '-다/더, -까/꺼'의 대립관계를 이루고 있지 않는 것으로 보인다. 어말어미 '-다, -까'가 '-더, -꺼'로

---

42) 배정숙, 위의 논문.
43) 이동화, 위의 논문.
44) 정철주·이임식, 위의 논문.
45) 배정숙, 위의 논문.

변이되는 요인은 중세국어의 상대존대형태소 '-이-∝-잇-'의 영향으로 설명할 수 있다. 예컨대 경상도 방언의 아주높임의 서술법, 의문법어미 '-다, -꺼'는 상대존대형태소 '-이-' 앞에만 분포하는 음운론적인 조건에 기반을 두고 있다.46) 한개 마을에서는 '-십시다/-십시더'가 수의적으로 사용되는데, 비격식체의 일상적인 대화에서는 '-십시더'를 많이 사용하고 공식적인 대화에서는 '-십니다'를 사용하고 있기 때문에 기존의 연구에서 세심하게 고려하지 않았던 것으로 보인다.

성주권의 청자존대법의 체계에 영향을 미치는 문법형태소로 '-예'를 들수 있다. 성주권을 비롯하여 경남방언에서는 중앙어의 두루높임 종결보조사 '-요'의 변이형인 '-예'가 실현되는 것이 특징이다. '-예'는 '-요'47)의 쓰임과 같이 '높임'의 본질을 유지하면서 반말어미에 결합하여 화계를 실현하는 것 이외에도 청자를 높여 부르는 호격어로도 사용한다. 성주권에서 '-예'는 격식을 갖춘 자리에서는 잘 확인되지 않는다. 본 연구의 제보자를 통해 조사 기간 동안 한 번도 '-예'의 사용을 확인할 수 없었던 것은 '-예'가 〔-공적분위기, +친밀감〕의 의미자질 때문인 것으로 보인다.48) 특히 타지의 사람이나 공적인 분위기에서는 격식을 갖춘 듯한 느낌이 강한 '-요'를 사용하였을 가능성이 높고 특히 '-예'는 여성화자들이 주로 사용하는 것에도 그 이유를 찾을 수 있다.

---

46) 김태엽, 「경북말의 서술어미와 의문어미」, 『우리말글』24, 우리말글학회, 2002, 20쪽 참조.
47) 안동권에는 '-요', 상주권에는 '-여'(안귀남, 「서북경북방언의 문장종결조사 '-여'」, 『문학과 언어』제26집, 문학과언어학회, 2004b)가 문장종결보조사로 실현된다. 상주권의 '-여'는 두루높임의 종결보조사 '-요'에 기원을 둔 것만 〔-높임, +친밀〕의 의미자질을 가지고 있어 그 쓰임에 차이가 있다. 또한 '-예, -요'는 존칭의 호격조사로 사용되지만, '-여'는 사용될 수 없는 차이가 있다.
48) 이에 반해 '-요'는 〔+공적분위기, +남성, -보수성, +객지생활, -친밀감〕 등으로 설명하고 있다(김정대, 「창원지역어의 청자존대표현 '예'와 '요'」, 『어문논집』제7집, 경남대 국어국문학회, 1984, 93-94쪽; 김연강, 「경남 방언 청자대우법 연구의 흐름과 방향」, 『경남어문논집』 11집, 경남대 국어국문학과, 2000, 262-268쪽).

3. 성주 지역어 친족 호격어의 유형

호격어는 화자가 문장의 청자를 대상으로 하여 실현되는 독립어로서 체언 단독으로 실현되기도 하고 체언에 호격조사가 결합되어 실현되기도 한다. 이때 체언은 친족호칭어가 될 수 있으며, 호칭어에 나타나는 청자에 대한 높임의 관념은 문장의 종결어미에 의해 실현되는 청자 높임법의 그것과 어느 정도 일치한다. 호격명사구로서의 친족 호격어는 친족호칭어와 호격조사로 분석할 수 있다.

친족 호격어는 호격조사와 밀접한 관련이 있으므로 이 글에서는 성주 지역어의 호격조사에 따라 '-요', '-Ø', '-이', '-아/야', '-애이/얘이', '-예'로 나누어 고찰하고자 한다. 특히 '-애이/얘이(5)'는 청자가 멀리 있어서 화자가 소리쳐 부를 때, 혹은 가까이에 있어도 못 들은 척하여 화자가 다시 한 번 더 부를 때 나타나는 호격조사이다. 이는 '-아/야(4)'와 상황설정의 차이가 있긴 하지만 '-아/야' 뒤에 '-이'가 덧붙어 움라트 현상이 반영된 것으로 '-아/야'의 변이형으로 볼 수 있기 때문에 독립적인 화계로 설정하기는 어렵다.[49] 또한 '-이'(3)는 '-Ø(2) 유형 중에서 말음이 자음인 인명호칭어에 '-이'가 붙은 것이므로 '-Ø형에 포함시킬 수 있을 것이다.

(1) ㄱ. 〔父, 祖父〕아배요(아부지:교리댁)[50]/할배요(할부지:교리댁)〕, 진지 잡수이소.
   ㄴ. 〔母〕어무이요(교리댁)/어매(북비고택), 빨리 오이소.〔장년〕

---

49) 황문환, 『경북 울진 방언의 친족호격어와 화계』, 1993, 195쪽. 상황설정에 따라 질문의 차이가 있는 점을 고려하여 멀리 떨어져 있어서 소리쳐 부르는 경우는 독립호격어, 비교적 가까이에 있는 대상자를 불러서 말하는 경우를 문두호격어로 구분하였다. 독립호격어는 호격조사가 생략될 수 없지만 문두호격어의 호격조사는 보통 생략된다.
50) 〈북비고택〉과 〈교리댁〉의 친족 호칭이나 호격 구성에서 차이를 보이는 경우에는 ( ) 안은 〈교리댁〉을 제시하였다.

ㄴ′. [母]어매Ø(북비고택)(엄마, 어무이:교리댁), 밥 묵거라.[어릴 때]

(2) ㄱ. [시누이(수하, 미혼)] 액씨Ø, 밥 묵게.(북비고택)

　　ㄱ′. [시누이(수하, 미혼)] 아가씨Ø, 밥 묵어라.(교리댁)

　　ㄴ. [시누이(수하, 기혼)] ○서방댁Ø, 이게 좀 오게(북비고택)

　　ㄴ′. [시누이(수하,기혼)] ○서방댁Ø, 밥 묵어라(교리댁)

　　ㄷ. [동서(수하)] ○○새댁Ø, 같이 좀 가세.(북비고택)

(3) ㄱ. [동서(수하)]○○새댁이, 빨리 좀 오게(북비고택)

(4) ㄱ. [올케(수상)]○○[51)]히아, 밥 뫘나?(북비고택)

　　ㄴ. [형(수상, 男)] 히아(형아:교리댁), 밥 묵자(어릴 때)

　　ㄴ′. [형(수상, 男)] 형님요(형아:교리댁), 밥 잡수소/잡수이소.(장년)

　　ㄷ. [子婦] 새아야, 니 언제 오노?

　　ㄹ. [子婦]○○이미야, 밥 무우라.

(5) ㄱ. [형(수상, 男)]히애이, 머 하노? 빨리 온나?

　　ㄴ. [子(기혼)]○○[52)]애비애이, 밥 무우라.

　　ㄷ. [子婦] 아애이, 빨리 온나.

　　ㄹ. [子婦] ○○이미애이, 밥 뫘나?

(6) ㄱ. [父] 아부지예, 어데 가시예?

　　ㄴ. [동서(수상, 女)] 형님예, 밥무로 들어오시예?

　그러므로 성주 지역어의 친족 호격어는 호격 구성에 따라 '-요'형(1), '-Ø'형(2), '-이'형(3), '-아/야'형(4) '-애이/애이'형(5)',[53)] '-예'형(6)으로 나눌 수 있다.

　(1, 2, 4)에서 〈교리댁〉과 〈북비고택〉는 친족 호칭어의 차이와 함께 호격조사의 차이를 보여준다. 이러한 차이는 4장에서 논의할 화계와도 차이가 있을 것으로 보인다. 〈북비고택〉의 화자나 청자의 연령, 결혼 등

---

51) ○○은 택호로서 여성의 출신지명이며, ○는 성씨를 나타낸다.

52) ○○은 從子名呼稱(자식의 이름)으로 한다.

53) 황문환, 위문 논문, 196쪽. 경북 울진방언의 친족 호격어에서 독립호격어의 응답형 즉 데림애!, 누우애!, 고모애!, 동사아댁애!, 시애!, 어매!, 할매!, 액쌔!의 '-애'형을 분석하였다. 이는 성주 지역어의 '-아/야'의 변이형으로 추정되는 '-애이/애이'와 유사하지만 단정하기는 어렵다.

의 변이 요인에 의한 '-∅'(-이) 호격 구성은 하게체와 공기 관계를 이룬다. 〈북비고택〉은 학맥이나 혼반에 따라 안동권과 비교할 때 공통점이 많다. 반면 〈교리댁〉의 친족호칭어는 표준호칭어의 방언형에 불과하므로 변이 요인에 따른 변화 보이지 않고 해라체를 유지함으로써 〈북비고택〉과 차이를 보인다.54)

4. 친족 호격어의 유형과 친족 범위

1) '-아/야'형 호격어와 친족 범위

'-아/야' 호칭 구성은 항렬이 높은 사람이 항렬이 낮은 사람에게 사용되는 것이 일반적이다. 이러한 규칙이 〈교리댁〉에서는 그대로 적용되지만, 〈북비고택〉의 경우는 차이를 보인다. 예컨대 항렬이 높은 부계 여성 친족원인 '어머니, 할머니, 언니(누나), 오빠(형), 혼입한 여성화자' 등에 대해서도 '-아/야' 호격 구성을 사용하며 해라체와 호응한다. 그러나 장년이 되면 어머니, 할머니에 대해서는 '-요'형 호격 구성과 함께 높임의 화계로 바뀌는 경우가 많다. 그러나 노론계열의 〈교리댁〉에서는 연령의 유무에 관계없이 부계 여성친족원에 대해 '-요'형 호격 구성과 높임의 화계를 사용하는 것과는 차이가 있다. 〈교리댁〉은 중부방언의 영향에 힘입은 것으로 보이며, 〈북비고택〉은 안동권의 영향으로 보인다.

---

54) 안동권의 부계여성·남성화자는 부계여성친족원에 대한 친족호칭어와 화계는 지역에 따라서도 차이를 보인다(안귀남, 「안동 방언권 청자존대의 화용론적 연구」, 『안동어문학』6집, 안동어문학회, 2001).

　ㄱ. (어매, 할매, 아지매), 빨리 온나?(안동)

　ㄱ'. (어매, 할매, 아지매), 빨리 오게?(안동:연령)

　ㄴ. (어매, 할매, 아지매), 빨리 오게.(예천, 경북울진)

(6) ㄱ. 〔자부〕 새아야, 니 언제 오노?

ㄴ. 〔자부〕 ○○이미야, 빨리 좀 온나?

ㄷ. 〔子(기혼)〕, ○○애비야, 밥 묵자.

(6)은 시부모가 며느리나 아들을 부르는 경우 결혼 초기와 이후에 호칭어에서 차이를 보이지만 모두 '-아/야'의 호격 구성을 사용하며 해라체와 호응한다. (6ㄱ)은 결혼 초기에 손자나 손녀가 없을 때이고 (6ㄴ, ㄷ)은 손자, 손녀가 태어났을 때이다. 특히 '○○'은 종자명호칭(從子名呼稱)으로 자식의 이름으로 부르는 방식을 나타낸다.

(7) ㄱ. 〔弟(미혼, 男女)〕 이름+야야, 이리 들어 온나?

ㄱ'. 〔弟(기혼, 女)〕 ○○이미야/○실아(○집:교리댁), 어디 가노?

ㄴ. 〔弟(장년, 男)〕 이름Ø(-이), 빨리 온나.(교리댁)

ㄴ'. 〔弟(기혼, 男)〕○○애비Ø, 빨리 오게.(북비고택)

ㄷ. 〔姪(미혼)〕 조카Ø, 여 좀 앉거라.(교리댁)

ㄷ'. 〔姪(장손)〕 조카Ø, 왔는가?(북비고택)

ㄷ". 〔姪(기혼)〕 ○○아부지Ø, 왔나?(교리댁)

그런데 항렬이나 낮거나 같은 항렬인 경우, 수하의 친족에 대해서는 별도의 호칭어가 존재하지 않고 (7)과 같이 친족의 이름을 부르는 경우가 많다.55) (7)은 동항렬 수하자의 남성친족은 연령이나 결혼 여부에 따라 차이를 보인다. 〈교리댁〉에서 (7ㄱ)과 같이 장년의 남동생이나 기혼의 남동생이라고 하더라도 이름의 말음이 자음인 경우에 '-이'가 붙지만, 모음인 경우에는 호격조사가 생략되어 'Ø'로 나타낸다. 예컨대 동생의 이름이 '길동'이라면 '길동이', '영수'라면 '-이' 없이 '영수Ø'로 부르면서 해라체와 호응한다. 반면 〈북비고택〉에서는 미혼인 경우에는 '-아/야'와 해라체

---

55) 결혼 전에는 이름을 부르지만 결혼하여 자식이 생기면 종자명호칭(從子名呼稱)+애비, 애미+- 아/야 등으로 부른다. '-아/야'에 선행하는 '아무껏이'는 개음절 인명, '아무껏'은 폐음절 인명을 대신한 표현이다.

를 사용하지만, 기혼인 경우에는 (7ㄴ)와 같이 '종자명호칭(○○)＋애비
＋-∅'(7ㄴ)와 하게체의 화계와 호응한다.

특히 혼입한 여성화자를 부르는 호격어에서 (7ㄱ)와 같이 〈교리댁〉(○
집아)/〈북비고택〉(○실아)로 차이를 보이는데, 〈북비고택〉은 한자어의 음
을 사용한 '○실(室)', 〈교리댁〉은 한자어의 훈을 이용하여 '○집'이라고
부르며 해라체와 호응한다.

(8) ㄱ. 〔兄〕히아(형아:교리댁), 밥 묵었나?(어릴 때)
　　ㄴ. 〔姉〕누야, 빨리 온나, 밥 묵자.
　　ㄷ. 〔오빠〕오라베∅, 머묵노?
　　ㄹ. 〔母〕어메∅(어무이:교리댁), 밥 무우라.
　　ㄹ'. 〔母〕어머니요(어무이:교리댁), 밥 잡수이소.
　　ㅁ. 〔祖母〕할메∅(할무이:교리댁), 밥 뭀나?
　　ㅁ'. 〔祖母〕할매요(할무이:교리댁), 밥 잡수이소.

같은 항렬 동기간의 수상자에 대한 호칭 가운데 (8ㄱ, ㄴ)은 남성 화자
가 '형, 누나'에 대해, (8ㄷ)은 여성화자가 '오빠'에 대한 호격 구성이며,
(8ㄹ, ㅁ)은 부모계친의 어머니, 할머니에 대한 호격 구성으로 항렬은 높
지만 어릴 때에 한하여 '-아/야'로 부른다. 그러나 장년이 되어 결혼을 하
게 되면 (11ㄴ-ㅁ)과 같이 '-요'형 호격 구성과 함께 높임의 화계를 사용
한다. 특히 여성화자는 (9)의 '언니, 누나'에 대해 어릴 때와 같이 결혼한
이후에도 '-아/야' 호격 구성을 사용한다.

(9) ㄱ. 〔언니(어릴 때, 장년)〕 히아(교리댁), 밥 묵자
　　ㄴ. 〔姉(장년)〕 누야(북비고택), 빨리 온나.

그런데 혼입한 여성화자 즉 손위 올케에 대해 남인 계열이냐 노론 계열
이냐에 따라 호칭어와 호격 구성에서 차이를 보인다. 〈북비 고택〉은 (10ㄱ)

의 '-아/야' 호격 구성이지만, 〈교리댁〉은 (10ㄴ)의 '-요' 호격 구성을 사
용한다.

(10) ㄱ. 〔올케(수상) ○○히아, 밥 묵자. (북비고택)
ㄴ. 〔올케(수상)〕언니(요), 밥 묵읍시다(교리댁)

2) '-요'형 호격어와 친족 범위

(11ㄱ)의 부모계친 항렬이 높은 경우, (11ㄴ)의 동항렬이라도 수상자
인 남성친족이 결혼을 한 경우, (11ㄷ,ㄹ)의 화자가 장년인 경우는 '-요'
형 호격 구성을 보이지만, 한개 마을의 성산 이씨에서는 '-요'가 생략되는
것이 일반적이다.

(11) ㄱ. 〔祖父〕할배(요), 진지 잡수이소.
ㄴ. 〔兄(기혼)〕형님(요), 밥 식사하이소.
ㄷ. 〔姉 (장년)〕누님(요)(교리댁), 빨리 오시이소.
ㄹ. 〔오빠(장년)〕오라베(요)(오빠:교리댁), 식사하입시다.
ㅁ. 〔母〕어메(요)(어무이:교리댁), 머 먹십니까?
ㅂ. 〔祖母〕할메(요)(할무이:교리댁), 진지잡수이소.
ㅅ. 〔고모, 백모, 중백모, 숙모〕아지매(고모, 아주머이:교리댁), 큰어
매(큰엄마:교리댁), 작은 어매(작은엄마:교리댁), 아지매(요)(아주
머이:교리댁), 밥 잡수이소.

특히 (11ㅅ)의 부계 여성 친족원인 '고모, 백모, 중백모, 숙모'에 대해
안동권에서는 '-∅'형 호격 구성이지만, 〈북비고택〉과 〈교리댁〉에서는 '-
요'56) 호격 구성으로 나타난다. 그러나 (8ㄱ)의 동기간 수상의 남성친족

---

56) 성주군의 월항면 안포동의 방언을 연구한 이동화(위의 논문)에서는 호격조사 '-요'가 사용
되지 않은 것으로 보이나 성주군 벽진면 용암동(달창)의 방언을 연구한 정철주·이임식
(「성주 지역어 연구」, 『한국학논집』제24집, 1997, 168-169쪽)에서는 하이소체와 호응

이 어릴 때나 (8ㄹ, ㅁ)의 부모계친인 어머니, 할머니는 어릴 때에 한하여 '-아/야' 호격 구성을 사용한다.

(12) ㄱ. 〔姉〕누야(누님:교리댁), 밥 묵자.
ㄴ. 〔언니〕히야(언니, 형:교리댁), 밥 묵자.

또한 (12)와 같이 동항렬의 수상자인 여성친족은 결혼, 장년인 경우에도 '-요' 형을 사용하지 않고 '-아/야' 호격 구성을 사용한다.

(13) ㄱ. 〔弟(미혼)〕(이름)아, 빨리 밥 무라.(교리댁)
ㄴ. 〔弟(기혼)〕○○애비Ø, 빨리 오게.(북비고택)
ㄴ'. 〔弟(기혼)〕(이름)이, 빨리 온나.(교리댁)

반면 동항렬의 수하자인 남성친족은 결혼 여부에 따라 차이를 보이는데 (13ㄱ)과 같이 미혼인 경우에는 '-아/야' 호격 구성이지만 기혼인 경우에는 〈북비고택〉은 '-Ø'형 호격 구성으로 '종자명호칭+애비+-Ø'이다. 반면 〈교리댁〉은 (13ㄴ)과 같이 기혼인 경우에도 이름을 부르며 '-이' 호격 구성을 사용하기 때문에 〈북비고택〉과 차이를 보인다.

(14) ㄱ. 〔장인〕장인요 〔장모〕장모요, 〔처형〕처형요, 잘 다녀 오이소.
ㄴ. 〔媤父〕아뱀요(아번님요:교리댁),〔媤母〕어맴요(어먼님요:교리댁)!
〔媤叔〕아지뱀요(아주버님 요) 진지 드입시다.
ㄷ. 〔처제〕처재요, 머 합니까?
ㄹ. 〔시동생(미혼)〕데렴요, 밥 잡수이소.
ㅁ. 〔시동생(기혼)〕아지뱀요(서방님, 아주버님:교리댁), 밥 드입시다.

하는 호격조사 '-요'가 사용되기도 하고 생략되기도 하였다.

ㄱ. 장인어른, 저하고 같이 가시더.(사위가 장인에게)
ㄴ. 장모님, 그냥 누워 기시이소.(사위가 장모에게)
ㄷ. 할배요, 여기 좀 안지이소.(손자가 조부에게)

처계친(妻系親)이나 부계친(夫系親)의 경우는 (14ㄱ, ㄴ)과 같이 수상자에 대한 호칭은 물론 (14ㄷ, ㄹ)과 같이 수하자라도 이성 간에 사용하는 호칭은 '-요'형 호격 구성이다. 특히 〈북비고택〉과 〈교리댁〉의 친족 호칭어 차이를 확인할 수 있는데, 전자는 안동권과 유사하고 후자는 표준 호칭어이거나 그 방언형으로 차이를 보인다.

　　(15) ㄱ. 〔弟嫂〕 수씨(제수씨:교리댁)요, 밥 같이 드입시다.
　　　　 ㄴ. 〔동서(수상)〕 형님요, 식사 하입시다.

　그 밖에도 (15ㄱ)의 수하자인 제수(弟嫂)의 호칭은 '-아/야'와 호응하지 않고, '-요' 호격 구성을 사용한다. (15ㄴ)의 손위동서(女)는 동계열의 여성 친족 간에 사용되는 다른 호칭과는 달리 '-요' 호격 구성을 사용한다. 그러나 이때 '-요'는 생략되기도 한다.
　'-요'형 호격 구성은 일반적으로 (14)와 같이 항렬이 높은 부모계친, 처계친, 부계친(夫系親)에서 나타나지만 〈북비고택〉에서는 (1ㄴ, ㄴ')의 부모계친 수상인 여성친족의 호칭어에는 '-요' 호격 구성이 아닌 경우가 있다. 그러나 항렬이 같거나 낮은 경우라고 하더라도 장년, 결혼을 한 경우에는 (11ㄴ-ㄹ)과 같이 '-요'형 호격 구성을 사용한다.

　　(16) ㄱ. 〔숙부(미혼)〕, 아재요(아제써요:교리댁), 밥 잡수이소.
　　　　 ㄴ. 〔항고연상〕 아재요(아제써요:교리댁), 밥 자시이소.
　　　　 ㄷ. 〔항고연하〕 아재요(아제써요:교리댁), 식사 하시이소.
　　　　 ㄹ. 〔항저연상〕 ○○어른요, 어서 오시이소.

　(16)과 같이 한개 마을의 성산 이씨에서는 〈북비고택〉과 〈교리댁〉의 호칭어에서 차이가 있지만 미혼의 숙부나 먼 친족의 숙항계열인 경우에 나이의 많고 적음에 상관없이 모두 '-요'형 호격 구성을 사용한다. 즉 안동권에서는 항렬과 연령이 일치하지 않는 경우에 (17)과 같이 특이한 호

칭법을 사용하기도 하는데, 한개 마을에서는 호칭법의 차이 없이 항저연
상(行低年上)이나 항고연하(行高年下) 모두 '-요' 호격 구성을 한다.

(17) ㄱ. 〔항고연하〕아잼Ø, 이리 좀 오게.(안동권씨, 의성김씨)
    ㄴ. 〔항고연하〕, 아잼요, 장에 가시더.(의성김씨)

(17)은 안동권의 항고연하인 경우에 사용하는 특이한 호격 구성이다.
항렬은 높지만 연령이 낮은데 대해 함부로 대하지 않으려는 의식이 반영
된 호칭법으로 연령의 많고 적음에 따라서도 구분한다.

의성 김씨에서는 항렬과 연령을 고려하여 화계를 결정하는데, 연령과
항렬이 일치하지 않을 때는 항고연하라고 하더라도 나이의 격차에 따라
차이를 보인다. (17ㄱ)은 나이가 2-3 정도 차이일 때는 호격조사가 생략
되고 청자존대법도 하게체를 사용하지만, 10살 이상일 때는 (17ㄴ)과
같이 공통적으로 '-요'호격조사가 필수적이며, 하이소체를 사용한다.

3) '-Ø'형 호격어와 친족 범위

성주 지역어의 '-Ø'형은 '-아/야'나 '-요'형이 아닌 경우에 나타난다. 안
동권에서는 부모계친의 경우 수상의 여성 친족 즉 어머니, 할머니를 포함
한 백모, 숙모, 이모, 고모, 언니 등은 항렬에 관계없이 '-Ø'형 호격 구성
을 사용한다. 그러나 성주 지역에서는 수하존대로 파악한 유형으로 '하게'
할 수 있는 사람에게 '-Ø'형 호격 구성을 사용하며, 또한 부계(夫系)친의
경우에도 동항렬의 여성친족 간인 손위시누이가 올케에게(18), 손위동서
가 손아래 동서에게(19), 장모가 사위에게(20), 장인이 사위에게(21),
숙부모가 질부에게(23), 처남이 매부에게 '-Ø'형을 사용한다. 이 유형은
대부분 혼인에 의해 맺어진 친족으로 윗사람이 아랫사람에게 격식을 갖
추어서 대할 때 쓰는 말이다.

(18) ㄱ. 〔시누(수하, 미혼)〕 액씨Ø, 밥 묵게(북비고택)

ㄱ′. 아가씨Ø, 밥 무우라.(교리댁)

ㄴ. 〔시누(수하, 기혼)〕 ○서방댁Ø, 밥 묵게(북비고택)

ㄴ′.〔시누(수하, 기혼)〕 ○서방댁Ø, 묵어라.(교리댁)

(19) ㄱ. 〔동서(수하)〕 ○새댁Ø, 어데 가는고?(북비고택)

ㄴ. 〔동서(수하)〕 동서Ø, 어데 가노.(교리댁)

(20) ㄱ. 〔사위〕 ○서방Ø, 밥 드시게.〔장모〕

(21) ㄱ. 〔사위〕 ○서방Ø, 밥 묵었는가?(북비고택)〔장인〕57)

ㄱ′. 〔사위〕 ○서방Ø, 밥 묵자(교리댁)〔장인〕

(22) ㄱ. 〔조카(장년)〕 조카Ø, 왔는가 (북비고택)

ㄱ′. 〔조카(어릴 때)〕 조카Ø, 여 좀 앉거라.

ㄱ″. 〔조카(장년)〕 ○○(종자명호칭)아부지, 왔나?(교리댁)

(23) ㄱ. 〔질부〕 질부, 좀 앉게.(북비고택)

ㄱ′. 〔질부〕아무껏이 에미야, 여 좀 앉거라(교리댁)

(24) ㄱ. 〔매부〕 ○서방Ø(매부), 어디 가는고?

(25) ㄱ. 〔弟(男, 수하, 장년)〕 ○○애비Ø, 이리 좀 오게.(북비고택)

(18-25)의 친족원에 대해 〈북비고택〉과 〈교리댁〉의 호격 구성은 모두 '-Ø'이지만 이들과 호응하는 청자존대법은 차이를 보인다. 즉 전자는 하게체와 호응하지만 후자는 모두 해라체와 호응하고 있다.

(26) ㄱ. 〔姪婦〕새덕이, 어데 가는고?(북비고택)

ㄴ. 〔시누이(수하, 기혼)〕 ○서방댁이, 밥 묵게.(북비고택)

ㄷ. 〔동서(수하)〕 ○○새덕이, 어데 가는고?(북비고택)

ㄹ. 〔올케(수하)〕 ○○새댁이, 밥 묵게.(북비고택)

항렬이 낮거나 같은 항렬이라고 하더라도 수하의 친족에 대해서는 별도의 호칭어가 존재하지 않고 친족의 이름에 '-아/야'형 호격 구성이 많

---

57) ㄱ. 여보게, 오늘 쟁인가(장인이 사위에게)

ㄴ. 여보게, 나하고 같이 가세(장인이 사위에게)(정철주·이임식, 「성주 지역어 연구」, 『한국학논집』제24집, 168쪽)

다. 그러나 결혼을 하거나 장년인 경우에는 (26)과 같이 '-이'나 (18-25)
의 '-∅'형 호격 구성으로 실현된다. 특히 (26)은 '-∅'의 친족호칭어 중에
서 말음이 자음일 때 '-이'형 호격 구성으로 나타난다.

> (27) ㄱ. 〔姪婦〕 아무껏이 에미야, 여 좀 앉거라.(교리댁)
> ㄴ. 〔시누이(수하, 기혼)〕 ○서방댁이, 밥 무라.(교리댁)
> ㄴ'. 〔시누이(수하, 미혼)〕 아가씨, 밥 무라.(교리댁)
> ㄷ. 〔동서(수하)〕동서, 어데 가노?(교리댁)
> ㄹ. 〔올케(수하)〕 ○○엄마, 밥 묵자.(교리댁)
> ㅁ. 〔弟(男, 수하, 장년)〕 ○○(이름)이, 밥 무라.(교리댁)

(27)은 (26)과 같은 상황임에도 불구하고 (26)의 〈북비고택〉과 (27)
의 〈교리댁〉은 호격 구성에는 차이가 없지만 친족 호칭어와 화계에서 차
이를 보인다. 〈교리댁〉은 중부지방의 노론계열과 교류와 출사가 잦았기
때문에 이에 영향을 받은 것으로 보이며, 〈북비고택〉은 안동권 남인계열
의 영향을 받은 결과로 추정된다.

5. 성주 지역어 친족 호격어와 화계의 상관성

화계는 종결어미, 호격어, 인칭대명사 등의 공기관계(co-occurrence relation-
ships)에 의해 파악되는 일련의 대립적인 말씨의 체계이다.[58] (28)을 통
해 '-아/야, -요/예, -∅(-이)'의 유형과 화계 즉 종결형어미에 의한 청자
존대법 체계와의 공기제약 관계를 확인해 보기로 한다.

> (28) ㄱ. 〔祖父〕 할배요, 진지 잡수이소/*밥 잡수소.

---

58) 왕한석, 「국어 청자존대체계의 기술을 위한 방법론적 검토」, 『어학연구』 22-3, 서울대어
학연구소, 1986, 352쪽.

ㄴ. 〔兄(기혼, 나이 차이가 클 때)〕 형님요, 식사하이소
ㄷ. 〔兄(기혼, 나이 차이가 적을 때)〕, 형님요, 밥 잡수소.

(28)은 〈북비고택〉과 〈교리댁〉에서 '-요/예'형 호격 구성이 '하소체'와 '하이소체'와 모두 호응하지만 친족원에 따라 차이를 보인다. (28ㄱ)의 '할배'는 '하이소체'와 호응은 가능하지만, '하소체' 등급과는 호응하기 어려우며, (28ㄴ)의 남동생은 형에게 '-요'와 '하소체'의 호응은 가능하지만 '하이소체'와 호응되지 않는 것에서 알 수 있다. 그러나 '형'과 남동생의 나이 차이가 아주 많을 때는 (28ㄴ)과 같이 '하이소체'와 호응하기도 한다. 이는 화계가 단순히 종결어미의 대립체계를 의미하지는 않음을 보여 주는 단적인 예이다. 예컨대 성주 지역어가 종결어미에 따라 청자존대법의 등급이 '해라체, 하게체, 하소체, 하이소체'로 구분된다고 할 때, '하소체, 하이소체'는 모두 명사구 호격 구성에서 존칭호격조사 '-요/예'와 호응한다. 호격 구성의 유형에 따라 화계를 파악함으로써 종결어미에 따라 구분하는 것보다는 높임과 높이지 않음을 구분할 때는 효율적이지만, 높임의 등분이 친족호칭어에 따라 미세한 등급 차이를 드러내지 못하는 단점이 있다.

(29) ㄱ. 〔동서(수하)〕 ○○새댁Ø, 자내 어데 가는고?(북비고택)
ㄱ'. 〔동서(수하)〕 동서Ø, 니 어데 가노?(교리댁)
ㄴ. 〔매부(수하)〕 ○서방(매부)Ø, 자내 내일 서울 가는가?(교리댁, 북비고택))
ㄷ. 〔시누이(수하, 미혼)〕액씨Ø, 자내 밥 묵고 가게(북비고택)
ㄷ'. 〔시누이(수하, 미혼)〕아가씨Ø, 밥 묵어라.(교리댁)
ㄹ. 〔시누이(수하, 기혼)〕○서방댁Ø, 자내 같이 가세.(북비고택)
ㄹ'. 〔시누이(수하, 기혼)〕○서방댁Ø, 니 언제 갈래?(교리댁)
ㅁ. 〔弟(기혼)〕○○애비Ø, 자내 벨 자아(市場)에 갈란가?(북비고택)
ㅁ'. 〔弟(어릴 때)〕이름+아, 니 어데 가노?
ㅁ". 〔弟(장년)〕이름야(多)/○○애비야, 니도 이리 온나.(교리댁)

ㅂ. 〔姪(기혼)〕조카Ø, 자내 왔는가?(북비고택)

ㅂ'. 〔姪(미혼)〕조카Ø, 니 여 좀 앉거라.(교리댁)

ㅅ. 〔弟(기혼, 男)〕○○애비Ø, 자내 언제 왔는가?(북비고택)

ㅅ'. 〔弟(기혼, 男)〕이름아, 니 언제 왔노?(교리댁)

(29)는 동일한 조건에서 호격 구성뿐만 아니라 그와 호응하는 화계에
서도 차이를 보인다. (29ㄱ-ㅅ)은 〈북비고택〉에서 '-Ø'형 호격 구성이 2
인칭 대명사 '자내', '하게체' 청자존대법과 호응하는 예이다. 그러나 (29
ㄱ'-ㅅ')은 〈교리댁〉의 경우로 '해라체' 등급이 '-Ø'형, '-이'형 호격 구성과
공기 관계를 이룬다.

지금까지 살펴본 〈교리댁〉과 〈북비고택〉의 친족 호격어와 화계의 차이
는 문법론적인 측면에서 이해하기는 어렵고, 결국 남인과 노론 간 붕당의
대립에 의한 사회언어학적인 차이로 이해를 할 수 있을 것이다. 손윗동서
가 손아랫동서에게, 손위처남이 매부에게, 올케가 손아래 시누이의 결혼
유무와 관계없이 남인계열의 〈북비고택〉은 '하게체'와 호응하지만, 〈교리
댁〉은 '해라체'와 호응한다. 또한 〈교리댁〉에서는 형이 남동생에게 결혼의
유무나 나이에 관계없이 '해라체'를 사용하지만, 〈북비고택〉에서는 결혼
이나 나이가 많을 때는 '하게체'를 사용한다. 이와 같이 〈교리댁〉과 〈북비
고택〉의 언어차이는 역사적으로 붕당의 대립에 따른 것으로 〈교리댁〉은
표준어의 영향을 많이 받은 노론계열의 언어를 반영하며, 〈북비고택〉은
안동문화권 남인계열 언어의 영향을 받은 것으로 설명할 수 있다.

〈표 2〉 친족 호격어와 화계의 상관성

종택	호격조사의 유형	2인칭 대명사	종결어미	화계
북비고택 교리댁 공통	-아/야	니	-다/-라(서술), -나/-노(의문), -거라/아라(명령), -자(청유)	해라체
	-요/예	(없음)	-십니다/십니더/-예(서술), 십니까/십니꺼/능교/-예 (의문), -소/이소(명령), -십시다/입시다/예(청유)	하소체 하이소체 (하십시오체)

북비고택	-∅	자내	-네(서술), -ㄴ가/고(의문), -게(명령), -세(청유)	하게체
	-이		-네(서술), -ㄴ가/고(의문), -게(명령), -세(청유)	하게체 해라체
교리댁	-이	니	-다/-라(서술), -나/-노(의문), -거라/아라(명령), -자(청유)	
	-∅			

〈표 2〉는 한개 마을의 성산 이씨가 붕당의 대립에 따라 남인계열의 〈북비고택〉과 노론계열의 〈교리댁〉에서 드러난 호격어와 화계의 호응 관계를 제시한 것이다.

〈북비고택〉과 〈교리댁〉은 공통적으로 '하이소체', '하소체'는 존칭의 호격조사 '-요/예'와 호응하지만 '하게체'와 '해라체'에서는 차이를 보인다. 〈북비고택〉은 '-이', '-∅'가 '하게체'와 호응하지만 〈교리댁〉은 '-이'와 '-∅'가 '하게체', '해라체'와 호응한다. 예컨대 손윗동서가 손아랫동서에게, 손위처남이 매부에게, 올케가 손아래 시누이 등에 대해 〈북비고택〉은 '하게체'와 호격조사 '-이', '-∅'가 호응하지만, 〈교리댁〉은 '해라체'와 호응하여 차이를 보인다.

〈북비고택〉은 안동권과 유사한 점도 있지만 남인계열의 중심부 안동권과 비교할 때 주변부에 있었기 때문에 약간의 차이를 보인다. 또한 〈교리댁〉 역시 기호 지방을 중심으로 한 표준어를 사용하는 노론계열이지만 표준어의 변이형인 방언형으로 확인된다. 특히 안동권에서는 항렬의식이 지배적인 가운데 연령, 결혼 유무 등이 고려되었으며 부계여성친족원에 대해서는 친밀도가 중요한 요인으로 작용하였다. 그러나 〈북비고택〉은 안동권과 같은 남인계열이라고 하더라도 친족호격어와 화계가 안동권과 차이를 보이는데, 사고체계 면에서 퇴계의 학맥의 중심부에 있는 안동에 비해 주변부에 위치함으로써 친족 호격어나 화계에서 변화를 보인 것으로 보인다. 뿐만 아니라 한개 마을의 성산 이씨 내에서도 〈교리댁〉과 〈북비고택〉은 차이를 보이는데, 이는 혈족에 앞서 붕당의 대립에 우선하였기 때문이다. 영남지역 유교문화권 내의 동성마을은 대부분 남인계열로서

혼반과 학맥을 같이 한다. 〈북비고택〉이 안동권의 남인계열과 친족호칭어에서 공통점을 가지는 것도 이러한 이유에서이다. 그러나 〈교리댁〉은 출사가 많았던 노론계열과 교류하면서 표준어에 가까운 어형을 사용하여 안동권의 영향을 가장 많이 받은 남인계열인의 〈북비고택〉과 언어에서 차이를 보이게 된다.

이러한 배경에는 학맥, 혼반, 붕당의 대립이라는 요인이 함께 작용한 것으로 보인다. 영남의 유교문화권은 퇴계학맥의 사유체제가 지배적인 가운데 안동권이 중심부를 이루었으나 이에 반해 성주권은 주변부에 속하였기 때문에 친족 호격어나 화계에서도 변이를 보이게 된다. 특히 성주권 내의 한개 마을 성산 이씨에서 친족호칭어의 차이를 보이게 되었던 것은 붕당의 대립 때문이다. 남인계열의 〈북비 고택〉과 노론계열의 〈교리댁〉은 친족임에도 불구하고 친족 호격어와 화계는 차이를 보이는 것은 혈연의식보다는 붕당의 대립에 의식이 더 우선하였음을 의미한다.

6. 나오는 말

지금까지 성주 지역어의 대표적인 동성마을인 한개 마을의 성산 이씨를 대상으로 붕당의 대립에 따른 남인계열인 〈북비고택〉과 노론계열인 〈교리댁〉에서 실현되는 친족 호격어와 화계의 상관성을 살펴보았다. 그 내용을 요약하면 다음과 같다.

(1) 언어가 문화의 직접적인 실현임은 성주권의 한개 마을 성산 이씨의 친족 호격어와 화계의 상관성을 통해서 확인할 수 있었다. 성주권은 안동권, 상주권과 함께 영남의 유교문화권에 포함되지만 퇴계 학맥의 중심부인 안동권과는 달리 영남의 다른 지역에 비해 다양한 학맥이 공존하게 된다. 성주권은 19세기 후반에 와서 퇴계 학맥인 이진상이 세력을 갖

기 전까지 17세기 말을 기준으로 19세기 전반기까지는 적어도 노론의 학맥이 지배적이었고, 그 이전에는 남명학파와 퇴계학파의 충돌로 새롭게 형성된 한려학파 등 다양한 학맥이 공존하였다.

한개 마을 성산 이씨의 친족 호칭어는 붕당의 대립에 따라 남인계열의 〈북비고택〉과 노론계열의 〈교리댁〉으로 분화 이유는 한개 마을의 역사적·문화적·사회적 배경을 통해서 확인되었다. 남인계열인 〈북비고택〉은 안동권과 많은 공통점을 가지고 있지만 약간의 변이 양상을 보이는 것은 사고체계 면에서 퇴계 학맥의 중심부에 있는 안동에 비해 주변부에 위치하였기 때문이다. 반면 노론계열인 〈교리댁〉은 잦은 출사로 기호 학맥의 영향으로 표준호칭어에 가까운 변이형을 반영하게 된다.

(2) 기존의 연구에 나타난 청자존대법의 화계는 종결어미에 따라 '해라체, 하게체, 하소체, 하이소체'로 설정되었으나, 친족 호격어(친족호칭어+호격조사)와 호응하는 화계가 남인계열의 〈북비고택〉과 노론계열의 〈교리댁〉에서 차이를 보인다. 〈북비고택〉과 〈교리댁〉은 공통적으로 '하이소체', '하소체'는 존칭의 호격조사 '-요/예'와 호응하지만 '하게체'와 '해라체'에서는 차이를 보인다. 예컨대 손윗동서가 손아랫동서에게, 손위처남이 매부에게, 올케가 손아래 시누이 등에서 〈북비고택〉은 '하게체'와 호격조사 '-이', '-Ø'가 호응하지만 노론계열의 〈교리댁〉은 '해라체'와 호격조사 '-아/야'와 호응하여 차이를 보인다.

(3) 호격조사의 유형은 '-아/야', '-요', '-Ø', '-이', '-애이/얘이', '-예'가 있다. '-이'는 음운론적 조건에 따른 것으로 친족호칭어나 이름이 자음 말음일 때 나타나는 호칭 구성이므로 '-Ø'형에 포함된다. 또한 '-애이/얘이'는 멀리 있는 청자를 부르거나 가까이는 청자라도 잘 못 알아들은 경우에 부르는 방식으로 '-아/야'의 변이형으로 파악하였다. 그러므로 성주 지역어의 호격 구성은 '-아/야', '-요', '-Ø/-이', '-예'형으로 나뉜다.

(4) '-아/야(-애이/얘이)', '-요', '-Ø(-이)', '-예'형 호격 구성과 호응하는

친족범위는 다음과 같다.

① '-아/야' 호칭 구성과 호응하는 친족범위 : ㉠ 항렬이 높은 사람이 낮은 사람에게 사용한다. ㉡ 항렬이 낮거나 동항렬이라도 수하의 친족은 별도의 호칭을 사용하지 않고 친족의 이름 다음에 사용한다. ㉢ 동항렬의 수하자인 남성 친족은 결혼 유무에 따라 차이를 보이며 미혼인 경우에 사용한다. ㉣ 같은 항렬 동기간의 수상자 가운데 남성 화자인 경우에 형이나 누나에게, 여성화자인 경우에는 오빠, 언니에게, 부모계친 중에는 아동기에 어머니, 할머니에게 사용한다. ㉤ 혼입한 여성화자가 올케에게(북비고택) 사용한다.

② '-요' 호칭 구성과 호응하는 친족범위 : ㉠ 부모계친의 항렬이 높은 경우 ㉡ 동항렬이라도 수상인 남성친족이 결혼을 한 경우 ㉢ 화자가 장년인 경우 ㉣ 처계친이나 부계친의 경우 수상자에 대한 호칭은 물론 수하자라도 이성 간 ㉤ 수하자인 제수의 호칭이나 동계열의 여성 친족 간 ㉥ 항렬이 낮더라도 결혼을 한 경우 ㉦ 항렬과 연령일 일치하지 않는 경우 '항저연상(行低年上), 항고연하(行高年下)' 모두 '-요'형 호격 구성을 사용한다. 특히 화자가 장년인 경우는 '-요'형 호격 구성을 보이지만, 한개 마을의 성산 이씨에서는 이때 '-요'는 생략되는 것이 일반적이다.

③ '-∅' 호칭 구성과 호응하는 친족범위 : '-∅'형 호칭 구성은 수하존대로 파악되는 '하게'할 수 있는 사람에게 나타난다. 성주 지역어에서 '-∅'형은 손위시누이가 올케에게, 손위동서가 손아래 동서에게, 장모가 사위에게, 장인이 사위에게, 숙부모가 질부에게, 처남이 매부에게 사용한다. 그러나 안동권에서는 부모계친의 경우 수상의 여성 친족 즉 어머니, 할머니를 포함한 백모, 숙모, 이모, 고모, 언니 등은 항렬에 관계없이 '-∅'형 호격 구성을 사용한다. 이 유형은 대부분 혼인에 의한 친족관계의 윗사람이 아랫사람에게 격식을 갖추어서 대할 때 쓰는 말이다.

④ '-예' 호격 구성과 호응하는 친족 범위 : '-예'형은 의문 종결형어미

'-능교'형이 나타나는 지역에 공통적으로 사용되며 높임의 대상에게 사용할 수 있다. 그러나 성주권의'-예'형은 중앙어의 두루높임 종결보조사 '-요'의 변이형으로 [-격식, +친밀감] 등의 의미 자질을 가지고 있어서 〈북비고택〉이나 〈교리댁〉의 남성화자들에서는 확인하기가 어려웠다. 즉 이 지역의 남성화자는 타지의 사람이나 공적인 분위기에서 격식을 갖춘 '-요'를 사용하였다. 특히 한개 마을에서 '-요/예'는 '높임'의 본질을 유지하면서 반말어미에 결합하여 청자존대의 등급을 실현하는 것 이외에도 청자를 높여 부르는 호격어의 기능으로 사용되었지만 생략되는 경우가 많다고 한다.

▎ 참고문헌

구연미, 「임의성분의 유형과 일치 현상」, 『한글』223, 한글학회, 1994.

권재일, 『한국어 통사론』, 민음사, 1992.

김덕호, 『경북 방언의 지리언어학』, 월인, 2002.

김미영, 「안동 동성마을의 택호(宅號) 연구」, 『비교민속학』제22집, 비교민속학회, 2002.

김성윤, 「낙동강 유역의 인간과 문화 : 성주권 연구」, ≪한국학술진흥재단 기초학문육성 인문 사회분야지원사업 중형과제팀 워크샵 자료집≫, 2005.

김연강, 「경남 방언 청자대우법 연구의 흐름과 방향」, 『경남어문논집』 11집, 경남대 국어국문학 과, 2002.

김영태, 「경남방언 종결어미의 경어법 고찰」, 『경남대논문집』 4, 1977.

김정대, 「창원지역어의 청자존대표현 '예'와 '요'」, 『어문논집』제7집, 경남대 국어국문학회, 1984.

김종택, 『국어 화용론』, 형설출판사, 1982.

김태엽, 「종결어미의 화계와 부름말」, 『대구어문론총』10, 대구어문학회, 1992.

_____, 「국어 독립어의 일치 현상」, 『대구어문론총』13, 대구어문학회, 1995a.

_____, 「청자높임법 체계의 재검토」, 『어문학』56, 한국어문학회, 1995b.

_____, 「국어의 문장종결소」, 『대구어문론총』15, 대구어문학회, 1997.

_____, 「영남방언의 형태적 특성과 그 발달」, 『우리말글』17, 우리말글학회, 1999.

_____, 「경북말의 서술어미와 의문어미」, 『우리말글』24, 우리말글학회, 2002.

박지홍, 「경상도 방언의 하위방언권 설정」, 『인문논총』24, 부산대, 1983.

배정숙, 「성주방언의 활용어미 연구」, 단국대 석사논문, 1988.

서정목, 『국어 의문문 연구』, 탑출판사, 1987.

성기철, 「국어의 화계와 격식성」, 『언어』10-1, 1985.

안귀남, 「언간의 청자존대법과 호격어의 상관성」, 『안동어문학』1, 안동어문학회, 1996.

_____, 「부계 친족호칭 계열어의 방언분화: 안동소재 12성(姓) 종가를 중심으로」, 『안동어문학』 제5집, 안동어문학회, 2000.

_____, 「안동 방언권 청자존대의 화용론적 연구」, 『안동어문학』 6집, 안동어문학회, 2001.

_____, 「안동 방언 '아재'의 분화양상과 의미범주: 안동소재 12姓을 대상으로」, 『어문학』82, 한 국어문학회, 2003a.

_____, 「안동방언 친족호칭어와 청자존대법의 상관성」, 『영남학』제4호, 경북대학교 영남문화연 구원, 2003b.

_____, 「금당실 · 맛질의 언어생활」, 『예천 금당실 · 맛질마을: 정감록이 꼽은 길지』, 안동대학교 안동문화연구소, 2004a.

_____, 「서북경북방언의 문장종결조사 '-여'」, 『문학과 언어』제26집, 문학과언어학회, 2004b.

_____, 「동성마을 친족호칭어의 사회언어학적 연구: 예천 금당실의 예천 권씨家를 중심으로」, 『방언학』제2호, 한국방언학회, 2005a.

_____, 「방언에서의 청자존대법 연구」, 국어학회발표요지서, 2005b.

_____, 「붕당의 대립에 따른 친족호칭어의 분화 양상: 성주 한개마을의 성산이씨를 중심으로」, 『어문학』 95, 한국어문학회, 2007.

오종갑, 「영남방언의 음운론적 특성과 그 전개」, 『한민족어문학』35, 한민족어문학회, 1999.

_____, 「영남 하위 방언의 자음 음운현상 대조-포항, 상주, 산청, 양산 지역어를 중심으로」, 『어문학』70, 한국어문학회, 2000a.

_____, 「영남 하위 방언의 모음 음운현상 대조: 포항, 상주, 산청, 양산 지역어를 중심으로」, 『한글』250, 한글학회, 2000b.

유동석, 「국어 상대높임법과 호격어의 상관성」, 『주시경학보』6, 1990.

_____, 「한국어의 일치」, 『생성문법연구』4-2, 1994.

이기백, 「경상북도의 방언구획」, 『동서문화』3, 계명대, 1969.

이동화, 「성주지역어의 종결어미 연구」, 『한민족어문학』 12, 한민족어문학회, 1985.

이상규, 「경북방언의 경어법」, 『새국어생활』1-3, 국립국어연구원, 1991.

왕한석, 「국어 청자존대체계의 기술을 위한 방법론적 검토」, 『어학연구』22-3, 서울대어학연구소, 1986.

전재호·박태권, 『국어표현문법』, 이우출판사, 1979.

정 철, 「경북 중부 지역의 민촌어 연구」, 『어문론총』27, 경북어문학회, 1993.

_____, 「동남지역어의 하위 방언 구획 연구」, 『어문론총』31, 경북어문학회, 1997.

정철주·이임식, 「성주 지역어 연구」, 『한국학논집』 제24집, 1997.

천시권, 「경북지방의 방언구획」, 『어문학』13, 한국어문학회, 1965.

_____, 「경북방언의 의문첨사에 대하여」, 『국어교육연구』7, 경북대, 1975.

최명옥, 『경북동해안 방언연구』, 영남대학교 민족문화연구소, 1980.

_____, 『영동 영서의 언어분화』, 서울대 출판부, 1981.

_____, 「친족명칭과 경어법」, 『방언』6, 한국정신문화연구원, 1982a.

_____, 「경상도의 방언구획 시론」, 『우리말의 연구』, 외골 권재선 박사 회갑기념논문집, 1994.

최현배, 『우리말본』, 정음사, 1971.

한필원, 『한국의 전통마을을 가다』, 북로드, 2004.

허 웅, 『국어학』, 샘문화사, 1983.

황문환, 「경북 울진방언의 친족호칭어와 화계」, 『국어학』 23-1, 1993.

小倉進平, 『南部朝鮮의 方言』, 京都大 國文學會, 제일서방, 1924.

낙동강 유역의 사람들과 문화

II. 사상과 종교

제 5 장

영남의 유교문화권

: 낙동강 중·북부지역 유학사상의 권역별 특징*

1. 서 론

영남의 유교문화는 조선의 정신문화를 이해하기 위한 핵심적인 연구대상의 하나이다. 그러나 지금까지 영남 유림의 사상에 대한 연구는 지나치게 학맥을 중심으로 그 성리학설의 전승 문제에 관심을 집중하였고, 각 지역 학맥을 세부적으로 연구하는 경우에도 중심인물의 문인들의 소재를 파악하는 데에 치중하고 있다. 문화를 한 문화권이나 민족 집단의 생활양식과 사고체계의 총체로 이해한다면, 이러한 학맥의 학설사에 대한 평면적 고찰로는 영남 유림의 사유체계를 입체적으로 이해하고, 그 속에서 지역문화의 맥락을 읽어내기에는 부족하다.

여기에서는 이러한 기존 연구의 문제점을 극복하고, 지역 유림의 사상을 지역문화론과 연결하기 위해 다음의 몇 가지 시각에서 접근하고자

---

* 이 글은 「영남의 유교문화권과 지역학파의 전개 -안동권·상주권·성주권을 통해 본 영남 학파 사유체계의 지역적 특징과 그 전승과정에 나타난 문화양상을 중심으로-」란 제목으로 『조선시대사학보』(37집, 2006)에 발표한 논문을 본서의 체제에 맞추어 개고한 것이다.

한다.

첫째, 지역을 중심에 두고 그 지역 유림들의 사유체계를 해석한다. 곧 동일 지역의 유림들의 학맥 관계나 학설의 전승을 평면적으로 파악하지 않고, 그들 사유체계의 내적 구조-세계인식과 대응양상-를 통시적으로 비교함으로써 그 의미연관들을 재구성하여 학맥을 떠나 동일지역 유림들이 갖는 사상적 공통점과 특질을 도출할 것이다.

둘째, 이러한 지역 사유구조의 특질과 해당 지역의 자연환경과의 연관성에 대한 해명을 시도하려고 한다. 일반적으로 자연환경에 대응하여 생활하는 방법이 문화를 구성한다. 다시 말하여 문화에 있어 지역성이란 결국 토지와 생활의 상호관계가 가져온 그 문화의 성격(cultural personality)이라고 할 수 있다.1) 그러므로 각 지역별 자연・지리적 특성과 그 지역 학풍의 연관성을 고려할 때 지역학파의 사유체계가 갖는 특질을 더 적절하게 규명할 수 있고, 지역 유림의 사유체계와 지역문화를 보다 쉽게 연결할 수 있을 것이다.

셋째, 지역학파 상호간에 이루어진 사유체계의 전승과 복합과정을 주목함으로써 영남에서 유교문화의 전승・발전이 어떠한 형태로 전개되었는가에 대한 일반론적 이해를 도출해 보려고 한다. 여기에는 중심부-주변부의 이해체계가 유용할 것으로 기대된다.2)

본 연구는 위와 같은 시각을 바탕으로 낙동강이라는 자연환경이 영남의 유교 문화에 미친 영향을 규명하기 위해 낙동강 중・상류지역을 자연

---

1) 지리학에서 말하는, 사회조직과 문화가 같은 등질지역(homogeneous region)도 같은 자연환경을 전제로 하고 있다(김택규, 「영남문화의 이해를 위한 몇 가지 시각 -이념의 연속과 실태의 변용-」, 『한국문화인류학』21, 한국문화인류학회, 1989, 222쪽).
2) 중심부(핵심부)-반주변부-주변부 용어는 월러스틴(Immanuel Wallerstein)의 세계체제론(世界體制論, world-system theory)에서 따왔다. 그러나 영남 각 문화권이 갖는 단위성(독자성)을 해체하고 전 지역적 단위에서 영남의 유교문화를 고찰하려는 뜻은 아니다. 오히려 각 문화권이 갖는 독자성을 전체적 관점에서 이해하고, 각 지역 간의 문화 교류의 양상을 짚어보려는 것이다.

환경과 인문·역사적 조건을 기준으로 안동권·상주권·성주권 세 개의 문화권으로 구분하고,[3] 지역 문화의 일환인 지역학파의 사유체계를 상호 비교함으로써 각 권역이 갖는 특색을 도출하고, 이를 바탕으로 영남문화의 본질과 발전 양상을 규명해보고자 한다. 이러한 연구는 낙동강 문화의 특징과 면모를 체계적으로 이해할 수 있게 할뿐만 아니라 이 연구과정에서 도출되는 각 문화권에 대한 이해는 다른 학문영역에도 유용한 사례가 될 수 있을 것으로 기대된다.

2. 안동권의 유교문화와 그 특징

1) 안동권의 자연환경과 퇴계사상의 성격

안동권은 풍산평(豊山坪)을 제외하면 평원과 광야가 희소하여 미작(米作)지대가 적을 뿐만 아니라 토질이 척박하고 기후가 한랭하여 보리농사

---

3) 조선시대에 영남은 통상 5개의 권역으로 구분되었다. 안동권, 상주권, 경주권, 성주권, 진주권이 그것이다. 이들 5개 문화권은 대체로 大市場圈으로, 스키너(G. William Skinner)가 말하는 시장구조 모델에 의한 일상적인 경제생활 공간과도 합치된다. 조선후기에는 몇 개의 場市가 모여서 하나의 유통망을 형성하였는데, 영남의 경우 모두 79개로 조사된 바 있다(『경상북도사』상, 1983, 1083~1107쪽). 이러한 유통망은 다시 3~7개 정도가 모여서 대시장권을 형성했는데, 영남의 경우 11개 정도이다. 부산권, 마산권, 진주권, 합천-의령권, 성주-대구권, 경주권, 포항권, 구미권, 김천권, 상주권, 안동권이 그것이다. 또한 영남은 전체적으로 영남분지라는 하나의 거대한 構造盆地를 이루고 있고, 내부적으로 11개의 소지형구로 구성되어 있다(박노식, 「한국의 지형」, 『지리학』6, 1971, 1~24). 다시 말하여 영남지역은 큰 분지 내에 고립된 소분지로 구성되어 있어서 낙동강 河谷이라기 보다는 낙동강 분지에 속하며, 이 점은 영남문화에 있어 소분지적 특성이 나타나게 되는 배경이 된다. 이런 점에서 위의 5개 권역은 요네야마 도시나오[米山俊直]가 말하는 '小盆地宇宙'와 같이 영남의 분지구조적 지형에 따른 소분지 문화에서 출발하여 상당히 고립적이고 독자적인 문화권을 형성했다가 상업과 교통망이 발달하는 16세기 이후 상호간의 문화적 교류가 활발해진 것으로 이해된다(소분지우주에 대해서는 강신표, 「동아시아 '역사세계'와 '소분지우주' 그리고 현대인류학」, 『한국문화인류학』28, 1995 참조).

〔麥作〕을 위주로 한 곡물 중심의 한전(旱田)농업지대에 속했다.4) 농업생
산성이 낮고 호구(戶口)나 전결(田結)수가 경주나 상주에 비해 훨씬 적은
반면, 유생 수는 4~5배나 많았다.5) 이러한 사회경제적 조건으로 인해
안동권 유림들은 관료지향성이 강하여 남인이 정계에서 거의 배제된 뒤
에도 과거응시나 사환(仕宦)을 단념하지 않았고, 근검·절약하는 지역 풍
조는 유별나다 할 정도로 널리 알려져 있었다.6)

이 지역 출신인 퇴계 이황의 학문은 여러모로 이러한 지역의 환경과 풍
조를 반영하고 있었다. 퇴계의 학문은 조선의 여러 성리학파 가운데서 가
장 내성적 도덕주의(內省的 道德主義)의 경향이 강했다. 그의 철저한 주리
론(主理論)과 이원론(二元論), 그리고 경(敬)을 중심으로 한 수양론은 이를
목표로 하는 철학 논법이었다.

그의 이기론(理氣論)이나 인성론(人性論)은 인간에 내재된 순수성과 존

---

4) 기층문화로 중심으로 한반도를 세 개의 영역으로 나누는 김택규 교수에 의하면, 영남은 추
석·단오복합권에 해당한다. 한국의 농경세시는 잡곡재배와 수도(水稻: 벼)재배에 수반되
어 문화적으로 이원성을 보이는데, 잡곡재배 지역에서는 단오를 큰 명절로 치고 수도재배
지역에서는 추석을 중시한다. 소백산맥과 남한강 유역을 중심으로 동서로 선을 그어보면
(이는 차령산맥을 경계로 하는 1월 평균온도 섭시 -3도의 선으로 환원될 수 있다) 대체로
이 계선의 북쪽이 단오권이고, 그 남서부인 호남이 추석권, 동남부인 영남이 추석단오복합
권이 된다(김택규, 「영남민속의 복합성 -잡곡문화와 수도문화의 이원성-」, 『韓國學論集』
16, 계명대 한국학연구소, 1989, 193~195쪽). 영남지역은 전체적으로 추석·단오복합
권에 속하지만, 그 가운데서 안동지역은 분명히 단오권이다. 산업화가 진행되기 전인 1960
년대 말까지만 해도 안동지역에서는 단오를 큰 명절로 쳐서 적어도 3일 정도는 일손을 놓고
그네타기나 씨름대회를 하며 놀았다. 반면 추석은 별반 명절로 여기지 않아서 차례도 지내
지 않고 추석놀이로 전승되는 것도 없다. 이들 지역은 추석보다는 重陽節(9·9일)에 遷新
祭를 지낸다. 이것은 이 지역이 수확기가 늦어 추석에 햅쌀을 바치지 못하는데 가장 큰 이
유가 있다(임재해, 「단오에서 추석으로 -안동지역 세시풍속의 지속성과 변화-」, 『한국문화
인류학』21, 한국문화인류학회, 1989, 341~347쪽). 안동권 북단에 속하는 경북의 북서
부 곧 소백산맥의 남쪽 산록 일대는 최근까지 잡곡재배문화에서 대단히 중요한 火田耕作 단
계의 문화를 보유하고 있던 곳으로 알려져 있어 영남 남부지역과는 상당히 차이를 보이고
있다.
5) 李樹健, 「17, 18세기 安東地方 儒林의 政治·社會的 機能」, 『大丘史學』30, 대구사학회,
1986, 14쪽.
6) 李樹健, 위의 논문, 175·195쪽.

엄성[理]을 바탕으로 선한 본성을 확충(擴充)시켰을 때 인간다움을 다하는 것이라는 입장으로 관철되어 있다. 이기론에서 이와 기를 엄격히 구분하고 이 중 이(理)의 순수성을 확보하려는 이존적(理尊的) 이원론[主理論]과, 인심(人心)과 도심(道心)의 근거를 구별하는 호발적(互發的) 인성론은 모두 절대순선(絶對純善)의 이(理)가 현실의 구체적 인간 행위와 정서를 통하여 우선적으로 실현되어야 한다는 가치관에서 나온 것이다. 그가 무형(無形)·무작위(無作爲)이라는 주희(朱熹)의 이(理) 개념에 더욱 생명력을 부여하여 이동설(理動說) 내지 이발설(理發說)을 주장한 것은 이러한 가치의식이나 목적의식이 극단적으로 발로된 것이다.

그가 성학(聖學)에 접근하는 구체적인 수양 방법으로 강조한 것은 '경'(敬)이었다. 경이란 항상 깨어 있는 상태[惺惺]에서 당면한 일에 전일적(專一的)으로 집중하는 공부방법이다. 원리적으로 말하면 『서경』(書經) 등에서 고대 성왕(聖王) 상호간에 전해진 심법(心法)으로 거론되는 '주일무적'(主一無適)과 같은 것으로, 성리학의 보편적인 교의에 속한다. 이처럼 경 사상은 성리학의 보편적 명제이므로 그것이 갖는 사회적 맥락을 일률적으로 단정할 수는 없다. 그러나 성리학적 보편 명제들 사이에서 강조점이 어디에 두어지느냐에 따라서 다소 다른 사회 맥락적 해석이 또한 가능하다.

'경'이란 내면의 공경심을 항상 유지하는 것이다. 한편으로 그것은 '두려움'[畏]을 가지고 항상 자신을 검속(檢束)하는 자세를 유지하는 것이기도 하다. 여기서 두려움이 인욕(人欲)의 발로에 대한 것일 때 경 사상은 성리학의 보편적 수양론이 되지만, 두려움이 사회적 맥락을 대상으로 할 때 그것은 또 다른 의미구조를 갖는다. 그것이 재화에 관련해서는 '절용'(節用)과 관계되고, 대인관계에 관련해서는 극단적 언동을 자제하고 '상묵최묘'(常默最妙)하면서 남의 잘못을 배척하는 말을 삼가는 것이다. 사회제도나 국가체제와 관련해서는 원칙을 준행하고 가볍게 변개(變改)하지 않는 자세까지를 포함한다. 퇴계가 율곡에 비해서 경장(更張)에 소극적이었을 뿐만 아니라 척신정치의 비리에 대해서도 온건한 태도를 견지한 것은 그의 경학(敬學)이 갖는 분위기를 대변하고 있다.

이상과 같은 퇴계의 사상이 안동권에서 확고한 권위를 가지고 전승된 것은 이 지역이 갖는 자연·경제적 환경과 밀접한 관계가 있다. 이 지역의 농업생산성이 낮았던 점은 자연히 절약·검소하는 사회풍토를 만들었고, 이러한 지역 풍토가 재화의 절용(節用)과 수신상의 방일(放逸)을 강하게 억압하는 경(敬) 중심의 내성주의(內省主義) 철학을 발전시켰다. 퇴계학이 북송대의 성리학은 말할 것도 없고 주자학보다 더 내성(內省) 위주의 심학(心學)으로 흐른 것도 여기서 그 배경을 찾을 수 있다.

더구나 안동권은 상업이 발달하기에 불리한 내륙지역에 위치하였다. 이러한 사회·경제환경 속에서 인간성의 자유로운 발현을 지지하고 탈규제적인 양명학(陽明學)이 발전할 소지는 애초부터 적었다. 퇴계가 같은 심학적 토대를 가지면서도 양명학을 강하게 배척한 배경을 여기서도 이해할 수 있다.

아울러 안동권에서는 사족들이 향교·서원·향청 모두를 확고히 장악하고 사족중심의 지배체제를 군건하게 구축하였다. 퇴계가 봉건적 사회관계나 질서를 천리(天理)로 규정하고, 그 정당성이 기적(氣的) 환경에 선행하여 존재한다고 하면서 이것의 철저한 준행을 강조하고[主理論], 주희의 규정을 넘어서 이동(理動)·이발(理發)을 강조하고, 도심과 인심을 철저히 구분하여 도심의 발양만을 선으로 규정하여 조선 철학상 강한 원리주의(명분주의 혹 엄숙주의)적 이원론의 철학을 발전시켰던 것은 바로 이 지역이 사회·신분구조 상 확고하게 이원적으로 편재되어 있던 것을 반영한다. 요컨대 이원론은 일원론의 철학보다 안동권의 사회구조 속에서 사족의 위상과 역할을 설명하는데 더 적절한 세계인식 방법이었다. 이는 사족의 향촌지배가 타 지역보다 느슨했고 사족 내부에서 남인-북인 간 다툼이 치열했을 뿐만 아니라 한말에 민란이 많이 발생하여 사회통합 문제를 학문적 관심에 넣지 않을 수 없었던 성주권 유림들에게서 일원론의 철학이 발전한 것과 대조를 이루었다.

퇴계가 그 문도들에게 미친 또 다른 태도는 처사적(處士的) 경향이다. 그는 진리를 추구하는 도학적 정신을 한편으로 자연을 완상하며 물아일체(物我一體)의 경지를 통해 이루고자 했다. 「도산십이곡」을 비롯하여 「금보가」(琴譜歌), 「낙빈가」(樂貧歌), 「상저가」(相杵歌) 등 많은 시가(詩歌)를 지어 자연의 미감을 도학의 세계로 흡수하였다.

퇴계가 이러한 내성주의(內省主義)·도덕주의(道德主義:moralism)·원리주의(原理主義:명분주의·엄숙주의)·탈속주의(脫俗主義)·이상주의(理想主義:idealism)의 학풍을 구축한 것을 그를 둘러싼 자연적·사회적 환경의 산물이라고만 단정하긴 어렵다. 하지만 퇴계의 학문이 그의 사후 이 지역에서 신탁(神託)과 같은 권위를 가지고 강렬한 지지를 받고 준행된 데에는 안동권이라는 자연적·경제적·사회적 환경이 충분히 반영되어 있다. 같은 퇴계 학맥이라도 사회경제적 환경이 달랐던 상주권 유림이 퇴계의 이러한 사유체계를 선별적으로 수용하여 안동권과는 상당히 다른 학풍을 유지했던 점은 이를 뒷받침한다.

16세기의 역사적 환경을 담고 있는 퇴계학의 사유체계는 17세기 말부터 본격적으로 진행된 상업의 발달과 사회구성의 변화 속에서 내면적인 도전에 직면하였다. 특히 그의 탈속주의는 더 이상 안동권 유림의 요구를 충분히 충족시킬 수 없게 되었다. 강고했던 사족의 향촌지배체제도 위협을 받고 있는 상황에서 위정자(爲政者)로서의 입신을 목표로 할 수 밖에 없는 안동권 유림들은 탈속주의에 안주할 수 없게 되었고, 자신들의 사회경제적 입지를 보장하면서도 보다 현실주의적인 철학과 사상을 필요로 하게 되었다. 이 점은 퇴계 사후 그의 문인세계에서 다양한 학맥이 분기하고 서로 경합하게 되는 기본적 배경이 되었다.

2) 안동권 유림의 학맥과 사유체계의 길항

안동권에서는 퇴계 학맥이 주류를 형성했지만, 그 내부의 길항관계 속
에서 몇 개의 계파가 도태되고 학봉(鶴峰)-갈암(葛庵) 학맥이 주류로 부상
하는 소장(消長) 과정을 겪었다. 이 과정을 지역 유림의 사상적 요구와 각
학맥의 대응이란 관점에서 이해하면 다음과 같다.

안동권에서 먼저 퇴계의 적통 위치를 차지한 것은 조목(趙穆)을 중심으
로 한 예안지역의 월천계(月川系)였다. 이 학맥이 쇠퇴한 데에는 그의 문
인의 일부가 참가하던 대북정권이 인조반정으로 무너진 것이 직접적인
원인이 되었지만, 이 학맥의 사유체계가 안동권 유림의 요구에 부응하지
못했던 면도 작용하였다.

예안의 월천계가 안동의 서애 · 학봉계와 구별된 것은 조목이 임란 때
유성룡이 강화를 주도한 것을 진회(秦檜)에 비유하면서 이륜(彛倫)을 무너
뜨리는 패륜이라고 크게 배척한 데서 비롯된다.7) 조목은 애초 치국(治
國)의 경세가라기보다는 철저한 산림적(山林的) 존재였는데, 그의 학문과
처신이 안동 사림의 지지를 얻지 못한 데에는 지나치게 강의(剛毅)일변도
인 그의 원리주의적 태도가 작용했다. 그는 초기부터 강경한 벽이단(闢異
端)의 자세를 보여 퇴계 이상으로 정자 · 주자를 받들고, 정주설(程朱說)에
대한 어떠한 비판이나 이설도 용납하지 않고 이를 이단 배척의 차원에서
다루었다. 정민정(程敏政)의『심경부주』(心經附註)나 나흠순(羅欽順)의『곤
지기』(困知記)가 정주설 이외의 것을 주로 실었다고 비판한 것은 이를 잘
보여준다.

유성룡의 강화론에 대한 비판도 이러한 그의 학적 태도에서 나온 것으
로, 그는 강유(剛柔)와 체용(體用)을 겸비한 퇴계의 탄력적 학풍과 인품

---

7) 이는 예안 오천(烏川)의 광산김씨 중 김령(金坽) · 김해(金垓) · 김광계(金光繼) 등이 월천
   을 비판하고 오히려 서애 측에 접근할 만치 지역 사론의 비판을 받았다(李尚賢,「月川 趙穆
   의 陶山書院 從享論議」, 국민대 석사논문, 1998).

가운데서 강(剛)과 체(體)만을 집중적으로 수용하여 심사(心事)와 출처(出處)에서 지나치게 원칙만을 고집했다. 그의 경색된 원리주의는 출처관(出處觀)에도 나타나 40여 차례나 관직에 제수되었으나 취임한 것이 얼마 없었고, 그가 유성룡에게 출사함이 옳은지를 묻자 출사란 자신이 판단하여 알아서 하는 것이라는 대답에 심한 혐오감과 모멸감을 느꼈다는 일화는 이를 잘 보여준다.8)

그는 대체로 단순하고, 우직하며, 융통성이 부족한 한편 자존심이 강하고, 직정경행(直情徑行)하는 성품이었던 것으로 보인다.9) 그는 자신의 이러한 성품대로 스승 퇴계를 하늘처럼 받들고 따랐고, 스승을 기리는 사업을 자신의 책무로 알고 우직하게 최선을 다했다. 퇴계의 여러 학풍 가운데 그 원리주의적 측면만을 경색된 형태로 추종하려 한 그의 입장은 사문(師門)의 선배로서 그 돈독함으로는 인정을 받았지만, 지역 사림을 통솔하기에는 무리가 있었던 것으로 보인다.

반면 유성룡을 종장으로 하는 서애계(西厓系)가 차츰 안동권에서 그 영향력이 쇠퇴한 데에는 서애의 현실주의적 학풍과 경세가적 면모가 작용했다. 그의 학맥이 안동권이 아닌 상주권에서 번성한 것도 이 때문이다. 서애의 학풍은 퇴계의 그것과 여러 면에서 부합하지 않는 면이 많았다. 그는 퇴계 학풍에서 강조되던 도덕주의·탈속주의의 병폐를 비판하고 적극적인 현실참가와 현실의 개조를 지향하는 현실주의·실용주의의 입장을 가지고 있었고, 양명학과 연관 있다고 지적되던 그의 유연한 처세는 원리주의와도 맞지 않았다. 그가 제도의 변통을 위주로 치국의 방향을 주장한 것 또한 내성주의와는 거리가 멀었다. 허형(許衡)이나 백이(伯夷)에 대한 유연한 평가, 공사천(公私賤) 등 신분을 초월한 인적 자원의 활용 주장, 재정확보와 민생안정과 관련한 과감한 개혁 주장 등은 그의 학풍과

---

8) 『燃藜室記述』권18, 「선조조 고사본말」, 선조조의 유현, 조목.

9) 윤천근, 「이황의 조목, 조목의 이황」, 『退溪學』14, 안동대 퇴계학연구소, 2004에 나타난 여러 일화를 통해 이를 엿볼 수 있다.

사유구조를 잘 보여준다.

결국 서애의 학문과 경력은 퇴계 학풍의 여러 측면을 수용하되, 그 반대의 경향도 아우르면서 양자의 장처(長處)를 통합하려는 경향을 띠었다. 그가 가진 이러한 복합적 성격은 퇴계를 조선 사림의 종장으로 받들면서 그 학풍을 금과옥조와 같이 묵수하려는 안동권 사림의 요구와 배치되었다. 안동권에 남아 있던 그의 문인은 주로 그의 혈족이 중심이 되고 있었는데, 이들에게 서애의 학풍 가운데 퇴계설을 계승하는 측면만을 강조하는 경향이 있었던 것도 이 때문이다. 이들은 퇴계 학문의 중심이었던 내성주의를 복원하여 안동권 사림의 요구에 응하고자 하였는데, 내용적으로 서애 학풍의 일정한 변용을 포함하고 있었다.

안동권에서 소(小)학맥을 형성했던 김언기(金彦璣)를 종장으로 한 유일재계(惟一齋系)는 다른 학맥에 비해 처사형(處士形) 철학으로 일관하였다. 김언기와 그의 문인들은 치인(治人)에 앞서 수기(修己)에 비중을 두면서 조행(操行)과 향촌 교화를 통해 칭송을 받기는 했지만 대체로 순수처사(純粹處士)로서의 삶을 살았고, 퇴계 학맥 가운데서 주로 문학에 장점이 있는 부류로 이해되었다. 그 종장인 김언기는 '진정한 은자[眞隱]'라는 평가를 받기도 했다.10)

김언기는 189명에 달하는 문인을 양성했음에도 불구하고 그 당시에는 독자적인 계파를 형성하지 못했다. 김언기 사후 그의 문인들이 김언기의 수제자인 남치리(南致利)를 안동 여강서원(廬江書院)에 추배(追配)하여 계파로서의 존재의의를 확인받으려고 수차례 노력했지만 서애·학봉계의 반대로 무산된 바 있다. 이들이 안동권에서 주요 학맥으로 성장하지 못하고 거의 김언기 직전제자 범위로 그 계열이 한정되었던 것은 이들이 지녔던 처사형 학풍이 현실 대응에 대한 분명한 대안이나 자세를 보여주지 못

---

10) 金彦璣와 그의 아들인 葛峯 金得硏에 대해서는 『韓國의 哲學』30호(경북대 퇴계연구소, 2001)의 기획논문을 참조 바람.

했던 데에 기본 원인이 있었다.

이상과 같이 퇴계 사후 진행된 안동권 퇴계학파 내부의 분열은 기본적으로 각 학맥이 견지한 사유체계-세계관과 현실대응-의 차이에 연유한다. 이 과정에서 최종적으로 주류로 부상한 것은 김성일(金誠一)의 학봉계(鶴峰系)였다.

김성일의 학풍은 퇴계학의 본령을 지키면서도 현실에 대한 관심도 가미된 것이었다. 일본 사행(使行) 때에 허성(許筬)과 갈등을 벌인 것을 통해보면, 서경덕의 기일원론적(氣一元論) 학풍을 계승하여 실리(實利)와 권도(權道)를 강조하여 비주자학적(非朱子學的) 성향을 가졌던 허성에 비해, 김성일은 상도(常道)와 천리(天理), 명분과 원칙을 강조하여 이본위적(理本位的)인 주자학적 사유체계에 충실했던 것으로 보인다.11) 이 점에서 학봉이 서애보다 더 퇴계학적 사유에 근접했다고 볼 수 있다.

그러나 김성일은 조목이나 김언기 등과는 달리 현실의 폐해를 개혁하는 데에 적극적이었다. 그는 임진왜란 직전인 1591년에 시폐(時弊) 10조를 올려 공부(貢賦)와 방납(防納), 역역(力役)과 군역(軍役)을 대표적인 민폐로 거론하면서 이를 바로잡을 것을 요구하였다.12) 이러한 현실문제에 대한 관심과 대책 마련은 유성룡과도 상통할 수 있는 점이었다. 결국 그의 학풍은 천리로 규정되는 상하질서 유지와 군주성학(君主聖學)을 통하여 국가 사회가 안정적으로 운영될 수 있다는 퇴계학의 본령을 유지하면서, 민폐의 시정에도 일정한 관심을 경주하는 보수적 개량론의 입지를 갖고 있었다. 이는 현실참여를 긍정한 면에서는 퇴계의 탈속주의보다 한걸음 더 진전된 형태였지만 여타의 면에서는 퇴계의 학풍을 상대적으로 가장 온전히 계승한 것이었고, 동시에 지역사회에서 확고한 경제적·사회적 위치를 구축하고 한편으로 중앙 관계에 진출하려는 안동권 유림의 요

---

11) 金貞信, 「16세기말 성리학 이해와 현실인식 -對日外交를 둘러싼 許筬과 金誠一의 갈등을 중심으로-」, 『朝鮮時代史學報』13, 조선시대사학회, 2000.

12) 『鶴峰集』권3, 「請亭築城仍陳時弊箚」.

구에 가장 적절하게 부응하는 것이었다. 이러한 입장은 또한 임란 이후 국가 재정비의 방향과 관련하여 사상계가 퇴계와 율곡이 중심이 되어 주자성리학으로 재편되어 가고 있던 사상사적 대세에도 부합하는 것이었다.

소(小)개혁론에 속하는 학봉계의 이러한 기본 입장은 학봉 사후 그 학맥 성립의 실질적인 견인차 역할을 했던 갈암(葛庵) 이현일(李玄逸)에게 이어지면서 이론적으로 월등히 보강되었다.

이현일의 학문적 관심과 천착은 크게 두 방향에서 이루어졌다. 첫째는 율곡을 비롯한 조선 유자들의 성리학설에 대한 이론적 비판을 통하여 자파 학설을 공고히 하고자 했던 점이고, 둘째는 이기심성론 중심의 학문경향이 갖는 한계, 곧 수기에 치중하던 학풍에서 치인과 관련한 경세론적 사유를 보강한 것이었다. 전자의 경우, 이현일의 노력은 율곡을 비롯하여 영남지방의 주요 학자였던 조식·유성룡·장현광·정경세(鄭經世)의 학설에 대한 비판에 이르기까지 광범위하게 이루어졌다. 『율곡이씨논사단칠정서변』(栗谷李氏論四端七情書辨)과 『수주관규록』(愁州管窺錄) 등의 저술들은 이를 위한 작업으로, 김성일—장흥효(張興孝)로 이어온 학봉계의 문파적 정통성을 보다 공고히 하여 이황의 적통을 계승하려는 측면과 기호지방을 중심으로 확산되고 있던 율곡학파에 대한 방어·공격의 성격을 가지고 있었다.13)

수신적 사고에서는 퇴계학을 정통적으로 계승하고자 했던 이현일은 치인의 경세론적 사고에서는 퇴계학의 한계를 월등히 보완했다. 이의 성과는 『홍범연의』(洪範衍義)를 통해 집약되었다. 『홍범연의』는 모두 78주제로 나누어 수기와 치인의 모든 원리를 집대성한 책인데, 영남학자가 저술한 경세서(經世書) 가운데 단연 으뜸으로 꼽힐만한 28권 13책의 광대한 저작이다. 『홍범연의』에 나타난 그의 경세론은 실학적 경세론과 사유구

---

13) 정호훈, 「17세기 후반 영남남인학자의 사상 -이현일을 중심으로-」, 『역사와현실』13, 한국역사연구회, 1994.

조로의 접근을 보여주고 있으며, 중농주의(重農主義)에 입각하여 근검·절약을 부단히 강조하는 퇴계학의 사회경제사상의 중대한 변용을 포함하고 있었다.14) 이현일을 통한 퇴계학의 전승 및 변용은 16세기 사회경제 상황에서 마련된 퇴계학이 시대의 변천에 따라 새롭게 보여준 대응이기도 하다. 이현일의 학문세계가 퇴계학의 '17세기적 재편'으로 평가되는 것의 실제 내용은 퇴계학에서 부족했던 현실주의[經世論]의 집중적인 보완이었다.

3. 상주권의 유교문화와 그 특징

1) 상주권의 자연환경과 인문학적 풍토

상주권은 상대적으로 평야가 많아 수전(水田)농업이 발전하였고, 교통상의 요지에 위치하여 상업의 중심지이기도 했다. 이에 따라 인구도 경상도 71개 군현 가운데 가장 많았고, 『택리지』(擇里志)에 따르면 부호도 많았다고 한다.

이러한 자연·지리적 환경을 가지고 있는 상주권의 정신문화가 고립적 지형 속에서 한전(旱田)농업을 위주로 하면서 작은 경리를 가진 자립형 소지주가 중심이 된 안동권과 다르게 발전한 것은 자연스러운 일이다. 안동권에 비해 상주권이 갖는 정신문화의 특질은 교통의 요지로서 이 지역이 갖는 지리적 환경에서 유래한 회통성(會通性)·개방성(開放性)과, 상업 발달에 따른 절용(節用)관념의 쇠퇴와 물욕(物慾)에 대한 인정을 수용하는 현실주의(現實主義:realism), 그리고 위 양자의 영향에서 발전한 박학풍

---

14) 『홍범연의』의 경세론에 대해서는 金成潤, 「≪홍범연의≫의 政治論과 軍制改革論 -갈암 이현일을 중심으로 한 조선후기 영남남인의 실학적 경세론-」, 『대구사학』83, 2006; 金成潤, 「≪홍범연의≫의 토지개혁론과 상업론」, 『퇴계학보』119, 2006 참조.

(博學風)이었다. 상주권에서 일찍부터 양명학(陽明學)의 영향이 강하고, 율곡학파나 화담학파와의 융통을 지향하는 학자들이 지역의 문풍을 주도하고, 나아가 율곡계열이 지역학맥을 형성하는 등 다양한 학문경향이 병존했던 것은 상주권의 자연환경이 낳은 인문학적 풍토였다.

2) 상주권 유림의 사유체제와 그 특징

상주권 유림의 사유체계가 갖는 회통성은 비교적 이른 시기부터 나타났는데, 16세기에 이 지역 유림을 대표하던 소재(蘇齋) 노수신(盧守愼)에서부터 이러한 경향이 두드러졌다. 노수신은 김굉필의 문인으로 인심도심설(人心道心說)에서 주자설과 다른 이설(異說)을 주장하여 이항(李恒)과 논쟁하기도 했다. 이기론에서도 명나라 나흠순(羅欽順)의 이기일물설(理氣一物說)을 주장하여 많은 유학자들로부터 반발을 사기도 했지만, 이후 도일원론(道一元論)을 내세우며 이기를 통합하려 했던 장현광(張顯光)으로부터 지지를 받기도 했다. 노수신은 이식(李植)으로부터 '조선의 육상산(陸象山)'이라고 평가를 받았는데, 정주학이 정학의 위치를 차지해가고 있던 속에서도 정주학의 관념론적 허구성을 자각하여 공론(空論)에 대비되는 실학(實學)을 주장했다.

상주 출신으로 17세기 초 영남남인을 대표하던 우복(愚伏) 정경세(鄭經世)의 학풍 또한 회통적이었다. 그는 유성룡의 문인이었는데, 예학상으로 퇴계 예학을 계승하였고 격물설(格物說)에서도 인식(認識)을 '객(客)을 청하니 객이 온다'는 퇴계의 이도설(理到說)을 지지하여 율곡의 적전인 사계(沙溪) 김장생(金長生)과 대립했지만, 이기설에 있어서는 오히려 율곡설을 지지하여 퇴계의 호발설을 반대하는 입장을 취했다. 그는 남인의 영수이면서도 차후 송시열과 함께 서인의 종장으로 성장하는 동춘당(同春堂) 송준길(宋浚吉)을 사위로 맞았다. 그는 대북파인 정인홍이 이언적과 이황을 문묘에서 추방할 움직임을 보이자 이를 적극적으로 막아냄으로써 퇴계학을 호위하는 적전과 같은 위치에 있으면서도 율곡학파와도 긴밀한 관계를 유지하여 파당을 초월하여 융회(融會)하는 모습을 보였다.15)

18세기 후반 상주권이 배출한 대유(大儒) 입재(立齋) 정종로(鄭宗魯)는 정경세의 6대손인데, 정경세와 마찬가지로 학문하는 태도에서 당색을 따지지 않았고 붕당을 지으려고도 하지 않아 당색과 계파를 초월하여 안정복(安鼎福) 등 당세의 덕망 있던 선비들을 역방하며 학문 세계를 넓혔다. 보통 그를 학봉계에 속한 대산(大山) 이상정(李象靖)의 문인으로 보기도 하지만, 정경세→정도응(鄭道應)으로 이어지던 가학을 전수받기도 했으므로 특정 문파로 한정하기 어렵다. 그는 이기론에서는 이선기후(理先氣後)·이생기(理生氣)를 주장하여 주리의 입장에 섰지만, 심성론에서는 심시기(心是氣)를 전제로 하여 칠정에도 기발(氣發) 뿐 아니라 이발(理發)도 가능하다고 주장하여 주기설을 수용했다.

상주권 유림의 학문과 교유에서 나타나는 이러한 개방성·회통성은 이 지역의 서인학맥에서도 나타난다. 상주의 창녕성씨 가문은 누대로 서인학맥에 학문적 연원을 두고 있었는데, 성람(成灠)은 종형인 성호(成浩)와 함께 서경덕의 문인인 남언경(南彦經)을 사사하고, 다시 이이와 성혼의 문하에서 수학했다. 또 조익(趙翼)과 장유(張維)와도 도의지교를 맺었다. 그는 서인계에 속하면서도 동서분당을 개탄하고 붕당의 타파를 주장하였고, 시폐를 논하면서 국방대비책에 관해 탁견을 보인 바 있다. 남인계가 주도하여 세운 상주권의 대표적 서원인 도남서원(道南書院)에 성진승(成震昇) 등 서인계 인물들이 창설부터 인조대까지 운영에 참여하고 있었던 점 또한 개방적인 지역 사풍을 잘 보여준다.16)

---

15) 정경세의 이러한 초당적 개방성은 그의 문인인 신석번(申碩蕃)에게서도 발견된다. 신석번 또한 당색에 구애됨이 없이 노론인 송시열·송준길·이유태(李惟泰) 등과 도의(道義)로써 사귀어 학문 세계를 넓혔다.
16) 「道南書院創設契案」 참조.

상주권 유림의 사유체계에서 나타나는 또 다른 특징은 박학풍과 실용
주의다. 이 또한 주자학절대주의에 얽매이지 않은 학문적 개방성과 사유
체계의 현실주의적 경향에서 유래한다. 앞서 언급한 성람은 당시의 폐단
을 논하면서 국방방어책과 관련하여 탁견을 보인 바 있고, 의술에도 능통
하여 정경세·이준(李俊) 등과 함께 '동포를 살린다(活同胞)'는 취지에서
존애원(存愛院)이란 의국(醫局)을 세워 향촌에서 의술활동을 펼쳤다. 퇴계
의 문인으로 조식(曺植)과 오건(吳健)의 문하에서도 수학했던 권문해(權文
海)도 박학으로 유명했는데, 각 주제에 대해 운자에 의거해서 찾도록 편
집한 백과사전서인 『대동운부군옥』(大東韻府群玉)을 저술했다.

채득기(蔡得沂)는 고조인 채수(蔡壽)의 가학을 계승하여 제자백가서는
물론 천문·지리·의약·복서(卜筮)·음률·병법 등에 광통(廣通)하여 이
식(李植)으로부터 "학문이 구류(九流)에 통했다"는 평가를 받았다.17) 병
자호란을 예견하였고 뒤에 심양(瀋陽)에 볼모로 잡혀 간 봉림대군(鳳林大
君)을 8년간 모시고 그에게 강태공(姜太公)의 병법을 가르치며 복수할 힘
을 기르게 하였다. 귀국 후에는 홍우정(洪宇定)·이식(李植)·최명길(崔鳴
吉)·이정구(李廷龜) 등 다양한 계파의 인물과 교류했다.

이러한 지역 학풍의 전개에서 18세기 초의 식산(息山) 이만부(李萬敷)
는 완연한 실학적 사유로 이채를 발했다. 이만부는 어려서부터 조부 이관
징(李觀徵)으로부터 이수광(李睟光) 및 허목(許穆)과 연관된 가학을 전수
받고,18) 20대에는 백과사전적인 박학 위주의 학문 태도로 제자백가서에
두루 정통했다. 그의 재배(再配)인 풍산유씨가 유성룡의 증손녀이므로 서
애계와도 관련이 있다. 34세에 상주 노곡(魯谷)으로 이주한 뒤부터는 성

---

17) 九流는 漢代의 아홉 학파로, 유가·도가·음양가·법가·명가·묵가·종횡가·잡가·농
가를 말한다.
18) 그의 조부인 이관징은 허목을 지지한 남인계의 주요 인물이었고, 부친인 李沃은 이수광의
孫壻로 청남계의 신진학자였다. 이옥은 실학사상에 입각한 「修省便覽」과 「務本圖說」을 올
려 왕에게 治要와 농업에 힘쓸 것을 상주한 바 있는데, 李敏求·柳千之·허목 등 다양한
인물에게 사사를 받았다.

리학에 전심하였는데, 퇴계학파의 주리와 율곡학파의 주기 그 어느 편에
도 편중하지 않고 양자의 장점을 통합하려는 태도를 견지하는 동시에 인
식론에서는 실심론(實心論)을 근간으로 양명학적 요소를 절충하였다.

성호(星湖) 이익(李瀷)은 그를 평하여 "우리 학문의 종장(宗匠)"이라고
극찬하였고, 실학적 흐름에 우호적이었던 영조도 그의 학덕을 흠모하여
전주(殿柱)에 친필로 그 이름을 새겨 권우(眷遇)의 뜻을 보였다. 성호 실
학사상의 연원으로 반계(磻溪) 유형원(柳馨遠)를 지적하는 것이 현재의 중
론이지만, 그에 못지않게 식산의 영향도 컸다는 주장이 제기될 정도로[19]
그는 실학적 사유의 지평을 열었다. 그는 현실개혁안을 직접 표출하지는
않았지만, 그가 지은 여러 개의 전(傳)에는 노동하지 않는 양반에 대한
비판, 천민이나 일반 백성에게도 충의(忠義)와 학문이 있음을 인정하는
평등적 신분관, 불교 등의 이단도 나름의 존재 이유가 있음을 인정하는
개방적 학문관, 부인교육론, 열부(烈婦)이데올로기의 허구성 비판 등의
실학정신이 잘 피력되어 있다. 요컨대 그는 사대부의 허구에 대한 불신의
역작용으로 서민 계급에 눈을 돌리고, 거기서 인간성 회복의 가능성을 발
견하였다.[20] 물론 식산의 학문이 상주권의 학문풍토에서 형성된 것은 아
니지만 그의 이러한 실학적 학문태도는 지역학풍에도 적지 않은 영향을
끼쳤을 것이고, 적어도 그의 학풍이 상주권의 기존 학풍과 괴리를 보인
것으로는 생각되지 않는다.

이상과 같이 상주권 유림의 사유체계가 보인 지역적 특색은 특정 인물
만을 추출하여 확대 해석한 것이 아니며, 각 시기별로 이 지역을 대표하
는 인물들을 놓고 봤을 때 공통적으로 나타나는 경향이다. 대체로 상주지
역의 학풍은 유성룡·노수신·정경세 등 대표적인 인물을 정신적 축으로
하면서, 안동권과 상당 부분 얽혀 있으면서도 경쟁의식을 갖고 일정하게

---

19) 權泰乙, 「息山 李萬敷의 傳 硏究 -그 實學思想의 측면에서-」, 『嶺南語文學』11, 1984.
20) 이만부의 傳에 대해서는 權泰乙, 위의 논문 참조.

거리를 유지하면서 독자적 특색을 유지해왔다. 물론 19세기에 들어 남한
조(南漢朝)·정종로(鄭宗魯) 등이 지역 학계의 주류로 부상하면서 퇴계학
설이 지역 사풍을 주도하여 이 지역이 갖던 특색이 희석되고 전반적으로
보수화되는 경향이 나타났지만, 이러한 양상은 비단 상주권만의 문제는
아니고 영남 나아가 조선 전반에 걸쳐 나타났던 현상이었다. 그러나 대원
군이 독점적인 노론 벌열을 견제하기 위해 영남세력을 부식하고자 했을
때 선택한 인물이 상주에 거주한 유성룡 가문의 유후조(柳厚祚)였다는 사
실은 안동권에 비해 상주권이 시대변화에 대처할 유연성을 더 갖추었다
는 평가를 내포하는 것이었다.

4. 성주권의 유교문화와 그 특징

1) 성주권의 자연환경과 인문지리적 조건

낙동강의 중류에 위치한 성주권은 팔공산계(동~북쪽), 가야산계(서쪽),
비슬산·성현산계(남쪽)를 경계로 북쪽의 상주권, 동쪽의 경주권, 서쪽의
호남권, 남쪽의 진주·경남권과 구분되었다. 그 가운데 고령은 지역적 조
건으로 인해 영남 남부의 진주문화권의 북단에 위치하면서 남북 양편의
문화적 통로로 기능하였고, 칠곡은 그 서부지역이 성주·대구와 친연성
이 높은 반면 동부지역은 북쪽의 인동·선산이나 동쪽의 영천과 친연성
이 높은 이중적 성격을 가지고 있었다.

유교문화의 맥락에서 볼 때 성주권은 북쪽지역의 퇴계학파와, 남쪽지
역의 남명학파의 영향력이 교차·대립하는 중간지대였다. 성주권 내에서
남쪽의 고령은 남명학파에 가깝고 북쪽의 칠곡은 퇴계학파에 더 가까운
반면, 성주는 18세기 초 무신란(戊申亂, 1728) 이후 내부에서 남북으로 나

누어졌다. 그러므로 성주권 특히 성주지역은 영남의 두 거대학파가 정면
으로 충돌하는 중간지대이다. 성주권에서 발흥한 한강(寒岡) 정구(鄭逑)와
여헌(旅軒) 장현광(張顯光)을 종장으로 한 '한려학파'(寒旅學派)가 영남의
제3학파로 성장한 것은 이러한 중간지대의 산물이며, 이 지역이 갖는 학
문적 특징은 한말의 한주(寒洲) 이진상(李震相)에게까지 이어진다. '성주
학파'21)는 북쪽의 퇴계학파와 남쪽의 남명학파의 영향을 고루 받았지만,
북쪽지역의 영향은 대체로 안동권보다는 주간선로로 연결되고 지리적으
로 가까운 상주권의 영향이 더 강해 학풍상 유사점이 많았다.

2) 성주권 유림의 사유체계와 그 특징

성주권 유림의 학풍은 정주학이 대세를 형성하면서도 인근의 남명학파
의 영향을 받아 기학적(氣學的) 학풍이 어느 정도 나타나며, 대구라는 대
도회지를 끼고 있고, 상주권과 지리적·문화적으로 가까웠으므로 독자성
과 개방성, 실천성(실용성)도 나타나고 있어 안동을 위시한 퇴계학풍의 진
원지와는 다소 다른 면모를 보였다.22) 학술사적인 측면에서 성주권 학풍
의 가장 큰 특징은 일원론(一元論)의 전개이다.

성주권 지역 학풍이 갖는 이러한 특색은 고종 29년(1891)에 제정된 성
산(星山)향약을 통해서도 엿볼 수 있다. 그 절목 가운데, 덕업상권 조항에

---

21) 성주의 학맥은 지금까지 한강과 여헌을 중심으로 그 문인들이 주축이 되었다는 점에서 '한
   려학파'라 불려 왔다. 그러나 차후 논의하겠지만, 한말 이 지역을 대표하던 이진상의 학문
   세계도 선대의 寒旅와 동떨어진 것이 아니라 실은 그들의 학풍을 계승하고 있었다. 이 점
   은 성주권 지역의 학풍이 한려와 그 후의 퇴계학풍이라는 단절적 이해를 넘어설 수 있을
   만치 일정 정도 독자적인 학문세계를 한말까지 공유하고 있었음을 보여준다. 따라서 성주
   의 학파는 한려학파라는 시간적·학맥적 범위를 넘어서 퇴계학풍과는 일정 정도 차별적인
   학풍이 존속했던 '성주학'로 자리매김 될 필요가 있다.
22) 필자는 기학적 면모가 성주권 학풍의 주류적 경향이거나 이 지역만의 특징이라고 단정하
   는 것은 아니다. 다만 이 지역의 대표적인 학자의 학설에 기학적 측면이 나타나고 있던 점
   은 주목을 요한다는 점을 강조하고자 하는 것이다.

서 병학(兵)·농학(農)·율학(律)·역학(曆)·의학(醫)·산술(算)·점술(占)·역학(譯) 등의 술업(術業)에 능통하기를 규정하는가 하면, '위민흥리'(爲民興利)하는 사공(事功)에 힘쓸 것을 또한 규정하고 있다. 박학과 실용과 관련된 학문 및 덕목이 장려되고 있음을 볼 수 있다. 아울러 강규(講規)에서는 강학 대상 서목을 정경(正經)·연원정학(淵源正學)·절문(節文)·사공(事功)으로 분류하고 있는데, 연원정학에 속하는 서책에 정주학 기본서와 퇴도서(退陶書) 뿐 아니라『황극서』(皇極書)와『정몽』(正蒙)도 포함시키고 있다. 이 중『황극서』는 강절(康節) 소옹(邵雍)의『황극경세서』(皇極經世書)를 말하고,『정몽』은 횡거(橫渠) 장재(張載)의 저서이다.

『황극경세서』는 역(易)의 수리(數理)로써 천지를 설명하여 광대한 우주론을 펼친 것으로, 그 역학 원리는 그 뒤로 수백 년간 상수학(象數學)의 기본 원리 가운데 하나가 되었다.23) 소옹은 주희의 추대를 받긴 했으나 그의 역학이 두 정자〔程顥·程頤〕로부터 공중누각이라고 비판받는 등 정주학의 흐름에서 다소 비켜나 있었다. 더구나『황극경세서』는 공식적인 강학에서 잘 다루어지지 않았고, 또 쉽게 강의되기도 어려운 책이다.『황극경세서』의 공식 강학은 이 지역의 상수학적 전통을 대변하는 것으로 보인다.24) 이 지역 출신 대유(大儒)인 장현광의 우주생성에 대한 주장이 소옹의 일원설(一元說)과 일치하는데,25) 한국 성리학사에서 장현광처럼 소옹의 일원설을 자신의 이론에 구체적으로 도입하고 적용시킨 경우는 드

23) 廖名春·康學偉·梁韋弦, 심경호 譯,『주역철학사』, 예문서원, 1994, 405~417쪽.
24)『星山誌』인물조에 수 명이 상수학으로 거론되고 있다. 金俊鄒은 博學하고 象數學에 밝았고「三十六宮圖」를 지은 것으로 알려지고 있다. 南國柱(1690~1759)는『易範通錄』에서 蔡沈의 주석에 앞서 소옹의 설을 인용하고 있는 것으로 보아 그가 소옹 상수학의 영향을 많이 받았음을 볼 수 있다.
25) 여헌의 일원설은 元·會·運·世·歲·月·日·辰·刻·分·釐·毫·絲·忽·妙·沒 등의 시간단위 사이에는 천체의 주기적 운동에 의한 일정한 규칙이 있으므로 천지의 開闢은 一元의 陽氣가, 閉闔은 一元의 陰氣가 작용한 것으로 보는 것이다. 이는 邵康節의 설과 같다. 여헌의 우주론에 대해서는 이희평,「여헌 장현광의 우주론」,『동양철학연구』33, 동양철학연구회, 2003 참조.

물다는 점에서 성주권에서 소옹 학설의 유포를 충분히 짐작할 수 있다.26)

『정몽』의 저자인 장재(張載)는 태허즉기론(太虛卽氣論)을 주창한 대표적인 기학자(氣學者)였다. 특히 『정몽』에서 제시한 일물양체설(一物兩體說)은 기를 세계 본원으로 인정하는 기초 위에 세계 운동 변화의 근원 문제를 설명하였다. 아울러 『정몽』에서는 수양론으로서 입신(入神)과 존신(存神)의 방법도 제시하고 있는데, 이는 격물궁리(格物窮理)를 주지(主旨)로 하는 주자학의 방법과는 차이가 있다.27) 정전법을 위시한 장재의 사회개혁론은 실학자를 위시한 조선의 개혁론자들에게 많은 영향을 미쳤다.28) 그러므로 성주의 학규에서 장재의 『정몽』을 '연원정학'으로까지 높게 평가하고 정식 강서로 채택하여 교육을 의무화한 것 또한 이 지역 사림의 기학과 경세학에 대한 관심을 대변한다.

위의 성산향약은 19세기 말에 제정되었지만, 이 지역 유림의 장재에

---

26) 물론 朱熹의 易學이 程頤에 비해 상수학적 요소를 많이 수용했고, 주희 역학의 영향에 따라 조선 유자들의 상수역학에 관심과 수용은 보편적으로 나타나는 현상이었다. 또한 『성리대전』이 유입 이후 『황극경세서』에 대한 이해도 전국적으로 나타났다. 그러나 이를 적극적으로 수용하는 경우는 그다지 흔하지 않았던 것으로 보인다. 성주 향약에서 소옹의 『황극경세서』를 '淵源正學'으로 평가하면서 공식 강학 교재로 채택한 점은 타 지역에서는 사례를 찾기 어려우므로 이는 성주지역 학자들의 『황극경세서』에 대한 광범한 관심과 수용을 전제로 하지 않을 수 없다.

27) 주희가 養氣를 배척한 것은 아니다. 그는 "마음은 氣의 精爽이요, 神은 氣의 光彩'라고 보면서 정자(伊川)보다는 장재의 鬼神論이 훨씬 뛰어남을 인정하고 칭송했다. 그러나 그는 "神은 理의 발용으로써 기를 타고 출입한다"(『주자전서』 권62, 「答杜仁中」)고 하여 횡거와 이천이 음양으로서만 귀신을 말한 것에 비해 이와 기를 겸해서 귀신을 말했다. 따라서 주희는 "持志와 養氣 두 가지 공부는 어느 한쪽을 치우쳐서 폐할 수 없다"(『朱子語類』 권52, 「孟子2·公孫丑上之上」)고는 하지만, 양기를 위해서는 知理가 전제되어야 한다고 주장함으로써 氣學을 理學에 종속시켰다. 그러나 장재가 말하는 存神은 愛氣·重精과 연결되는 것으로 이 세 가지(精·氣·神)가 元氣를 회복하는 요체로 파악했으므로 주희가 養氣를 存心공부와 연결지운 것과는 차이가 있다.

28) 특히 『西銘』에 나오는 民胞物與(백성은 나의 동포요 만물은 나의 친구)란 구절은 역사상 대동사상의 주요한 모토가 되었는데, 『서명』 자체가 원래 『정몽』乾稱篇에 있던 것이다. 안정복은 장재의 主著인 『정몽』에서 불필요한 부분을 없애고 해석을 붙여 17장을 1책으로 묶은 『過危橋』를 펴내기도 했다.

대한 관심은 이미 정구(鄭逑) 당시에도 있었다. 대구의 이주(李輈)는 선조 22년(1589) 무흘정사에서 정구를 배알하고『서명』(西銘)에 나오는 '민오동포'(民吾同胞)의 뜻을 강론하여 정구의 칭찬을 받은 적이 있고, 정구의 고령 문인이었던 이기춘(李起春)이 만년에 장재의 학문을 추구한 사실이 인물지에 기록되어 있다. 이원조(李源祚)와 함께 청천서원과 회연서원에서 강회를 열었던 성주의 최영록(崔永祿)은 「정전도식」(井田圖式)을 남긴 바 있는데, 이 또한 경세학적 관심의 결과로 보인다. 경세학에 대한 관심에는 자연히 박학풍이 따르기 마련이다. 조선후기 박학으로 유명하여 호남 실학자 위백규(魏伯珪) 등과 함께 정조의 선소(宣召)를 받기까지 한 칠곡의 묵헌(默軒) 이만운(李萬運)의 사례나, 경제(經濟)의 능력과 박학으로 칭송되던 대구의 도응유(都應兪)는 이러한 지역 학풍의 일단을 반영한다.

소옹의 상수학 뿐 아니라 기학적인 횡거학(橫渠學)의 유행은 이 지역이 주리론에 매몰되어 있었다는 이해에 재고의 여지가 있음을 말해준다. 이와 관련하여 우리는 이 지역에 기학적 전통이 존재했고, 이것이 이 지역 성리학설에 영향을 미친 점에 주목할 필요가 있다. 이 지역에서 기학의 존재는 정구의 제자로 대구에서 큰 영향력을 가졌던 서사원(徐思遠)을 통해서도 확인된다. 그는 자신의 글 속에서 "일찍이 기학에 종사했다"고 술회하고 있고, 그의 문집에 도가와 관련된 글도 있다. 1604년에는 곽재우(郭再祐)가 그를 찾아와『오신편』(悟愼篇)과『금단대성집』(金丹大成集)을 빌려가기도 했다.

칠곡 출신(당시 인동은 칠곡 소속임)인 장현광의 성리학설이 퇴계학파와 상당히 다른 것도 이 때문이다. 장현광의 철학은 명나라 나흠순과 이이의 주기설에서 크게 영향을 받았다고 지적되고 있지만, 성주 일원의 기학적 전통도 그 배경이 된 것으로 보인다. 그의 철학이 갖는 기학적 측면은 특히 도(道)의 인식문제 혹은 수양론에서 잘 드러난다. 그는 우주본유의 근원적 창조실체인 도를 심회(心會)를 통하여 인식할 수 있다고 했는데, 심회란 초감각적인 직관과 체험을 통한 이회(理會)를 의미한다. 그런데 그는 이 심회가 "별안간 구태여 심력을 사용하여 회득(會得)할 수 있는 것이 아니라, 모름지기 정(精)을 모으고 신(神)을 응결하여 세월을 두고 쌓아 마음을 평탄하게 하고, 뜻을 오로지 하고, 외물(外物)에 교란되지 않아야" 가능하다고 말한다. 이는 묵조(默照)나 간화(看話)를 위주로 하는 선학(禪學)이나 격물치지를 주로 하는 정주학과는 다른 기학적 방법이며, 장재의 『정몽』에서 말한 입신(入神)·존신(存神)과 별반 다르지 않다.

장현광의 기학적 수양론은 정구에게서 연원되고 있음도 볼 수 있다. 정구는 "주일무적(主一無適)하고 경이직내(敬以直內)하면 문득 호연지기(浩然之氣)가 있다"고 하였는데, 그의 경(敬)공부는 호연지기를 기르는 '양호'(養浩) 즉 양기(養氣)를 기반으로 하고 있었다. 그는 이러한 '양기집의'(養氣集義) 공부를 체계화하기 위해 「양호첩」(養浩帖)을 엮기도 했다. 퇴계도 『활인심방』(活人心方)을 편집하여 팔단금 도인법(導引法)을 소개하고 활용했지만, '이귀기천'(理貴氣賤)의 입장에서 이(理)를 실천하는 '천리'(踐理)를 위주로 하고 주기의 방법에 치우치지 말 것을 경계하였다. 이는 주희의 입장과 동일하다. 반면 정구는 독서를 위주로 하는 퇴계의 수양론과 양기를 위주로 하는 남명의 수양론 두 측면을 아울러 겸하고 있었다. 그의 「독서첩」(讀書帖)과 「양기첩」(養氣帖)은 이를 뒷받침하고 있고, '경의협지'(敬義夾持)라는 그의 학문 강령도 이 두 가지 측면으로 이루어졌다.

이러한 지역 학풍을 이해하는 데에 있어 또 하나 문제가 되는 것은 한말 한주학파(寒洲學派)의 주리설을 어떻게 이해할 것인가 라는 점이다.[29] 성주의 이진상(李震相)을 종장으로 한 한주학파에서 내세운 유리론적(唯理論的) 이발일도설(理發一途說)과 심즉리설(心卽理說)은 율곡의 기발일도설(氣發一途說)을 반박하고 퇴계 이래의 영남 주리설을 계승·발전시킨 것이다. 그러나 그간 이진상의 학설은 지나치게 퇴계학파의 지적 전통 속

---

29) 한주학파의 개황에 대해서는 洪元植, 「퇴계학의 南傳과 한주학파」, 『한국의 철학』30, 경북대 퇴계연구소, 2001 참조.

에서만 파악된 면이 있다. 이진상 자신이 퇴계의 후계자로 자처하면서 영
남의 주리론을 계승·발전시킨 것은 사실이지만, 퇴계의 이발(理發)만 수
용하고 호발설(互發說)은 부인했듯이 퇴계의 정설만을 존숭하는 것과는
다른 맥락이 있었다.

공교롭게도 그의 학설은 같은 지역의 장현광과 흡사한 점이 많다. 장현
광과 이진상은 둘 다 이기분개설(理氣分開說)을 부정하고 통합론의 입장
에서 일원론을 주장했다. 이진상이 「사칠경위설」(四七經緯說)에서 "주자가
칠정은 사단을 횡관(橫貫)한 것이라 한 것은 경위(經緯)의 묘(妙)를 말한
것이다"고 했는데, 경리(經理)·위기(緯氣) 즉 경위(經緯)로 이기를 분석하
는 이 방법은 장현광이 처음 발론한 것이다.30) 또한 이진상이 「인물성동
이설」에서 이일(理一)을 주로 하면 성(性)은 동(同)이 되고, 분수(分殊)를
주로 하면 이(異)가 된다고 주장하면서 "동하되 그 이를 해치지 않고, 이
로되 그 동을 해치지 않는다"고 하여 동과 이가 평행(平行)하는 대립이 아
니고 서로 내함(內涵)하고 통일된다는 점을 지적한 것도 장현광이 분합(分
合)과 동이(同異), 곧 분석과 종합이 함께 가야한다고 강조한 것과 동일한
인식방법이다. 이진상이 이기를 논하면서 사물 상에서는 혼륜(渾淪)이고
이치적으로는 분개(分開)이므로 사물에서 보는 역추(逆推:귀납법)와 본원
으로부터 미루어 보는 순추(順推:연역법)의 방법을 통해 양자의 관점을 통
일할 것을 강조한 것도 같은 맥락이다. 결국 이기론과 심성론 모두에서
이진상의 학설은 분개(分開)와 혼륜(渾淪) 곧 수간(竪看)과 횡간(橫看), 순
추(順推)와 역추(逆推)의 논거를 모두 인정하면서도 그 한쪽만을 지적하는
퇴계학파의 분개설과 율곡학파의 혼륜설이 모두 일변(一邊)으로 흐른 편
설(偏說)로 비판하면서 영남의 주리적 전통을 성주권에서 생명력을 갖고
있던 일원론적인 통합론으로 재정리하고, 이것이 주자와 퇴계의 정론인

---

30) 『寒洲集』권32, 「四七經緯說」; 劉明鍾, 『조선후기 성리학』(한국사상사 Ⅱ), 이문출판사,
1985, 557쪽.

것으로 주장한 것이다.

이상과 같이 성주권의 대표하는 한려학파 또는 '성주학파'가 영남학파의 제3계열로 평가되면서도 한편으로 비정통으로 인식되는 독특한 학설을 발전시킨 배경에는 이 지역의 기학과 일원론적 전통이 깔려 있다. 남명학파에 만연했던 기학은 남명이 이기선후(理氣先後) 문제에서 주리적 입장을 취한 것에서 보듯이 그 학파 내에서 성리설로 발전되지 못했던 반면 중간지대에 위치했던 성주학파에 의해 성리학설과 습합되어 독특한 성리설로 갱신되었으며, 이러한 지역 학풍의 전통은 사유방식이란 측면에서는 한말의 이진상에게까지 이어져왔던 것이다.31)

장현광은 이기를 통섭하는 도(道)라는 제3의 개념을 통해 일원론을 제기했고, 이진상의 경우는 이(理)일원론이라는 차이가 있다. 그러나 내용은 다르지만 사고의 형식은 매우 유사하다. 이 지역에서 일원론의 전통이 한말에까지 지속된 배경에는 이 지역에서 반상체제를 중심으로 한 사회질서의 이원적 편제가 타 지역에 비해 약했던 점과, 양반사회의 내부의 갈등이 유독 심했던 점이 작용했을 것으로 보인다. 즉 사족이 향청 · 서원 · 향교를 장악하여 사회질서가 반상간의 수직적 관계로 확고하게 이원적으로 편제된 안동권에서 이기이원론의 철학이 번성했던 데에 비해서 성주권은 사족의 위세가 영남의 타 지역에 비해 약했고 이에 따라 수차례의 농민항쟁이 일어날 만치 사회의 이원적 편제가 확고하게 구축되지는 못했다. 또한 성주권은 남명학파와 퇴계학파와의 접전지대에 위치하여 내부적으로 이 두 계열간의 갈등이 심하게 진행되었다. 이러한 성주권의 사회적 현실은 이 지역 유림들에게 통합론 · 일원론에 대한 지향을 자극했던 것으로 추론해 볼 수 있을 것이다.32)

---

31) 이진상이 49세 때에 『献忠錄』을 저술하여 柳馨遠을 이어 경세론을 펼쳤다고 지적되는데 (劉明鍾, 『조선후기 성리학』, 544쪽), 이러한 점도 성주권의 실용적 학문 전통과 연결되는지에 대해서 좀 더 관심이 필요할 듯하다.

32) 교통의 요지에 위치하고 충청권과 가까웠던 상주권에서는 퇴계 · 율곡 양 학파의 학설을

5. 결론 : 영남학파 간 사유체계의 전승·복합과정에
나타난 문화적 양상

이상의 고찰을 바탕으로 영남의 지역학파 사이에서 이루어진 사유체계의 전승과 복합과정에 나타난 문화적 양상을 정리하여 결론으로 삼는다.

영남지방은 여말선초 이후 가장 선진적인 농법으로 생산력 증대를 주도하였고, 이에 적합한 사회조직, 정치·사회세력, 문화를 형성해 내면서 새로운 시대의 중심지로 부상했다. 영남지역에서 활발히 진행된 산곡(山谷) 개발은 마치 11~13세기에 유럽의 중심부에서 진행된 '대개간시대'(大開墾時代)가 자연경관을 결정적으로 후퇴시켰던 것과 마찬가지로 미개발로 남아 있던 산곡 지대를 정주생활권(定住生活圈: 卜居地)으로 변모시켰다. 이러한 변화는 문화적 중심지의 이동을 가져왔다. 이전의 향촌 중심지였던 읍치(邑治)지역은 문화적 주변부로 밀려나고 양반들이 세거하기 시작한 기존의 주변지역이 새 중심지로 대두했다.

미국에서 서부 개척이 단순히 농지를 확대시키고 농업생산을 증대시켰을 뿐만 아니라 터너(F. J. Turner)의 지적처럼 개인주의, 경제 평등, 입신출세의 자유, 민주주의를 내용으로 하는 개척자정신을 창출했듯이, 이러한 새로운 경제기반과 사회구조는 이에 적합한 새로운 사회이념 및 가치·사유체제를 요구했다. 영남지방은 이러한 사회적 요구로 수용된 성리학을 뿌리내리고 전파하는 중심지가 되었고, 퇴계를 비롯한 특출한 성리학자를 잇달아 배출하면서 조선의 정신문화의 구심점으로 확고한 위치를 점하게 되었다.

영남지방 유교 문화의 중심지는 원래 길재·김숙자·김종직을 배출한 선산지역이었다. 그러나 퇴계와 남명이 완숙한 형태로 새 이념을 정리하

절충하는 회통적 사유가 발달했지만, 성주권과 같이 일원론에 대한 지향은 그다지 강하지 않았던 점도 이러한 추론을 뒷받침한다.

고 확산시키면서 거대한 학파를 형성하자 도학의 발원지로서 선산 지역
이 갖던 상징성은 곧 희석되고, 안동권과 진주권이 강력한 중심부로 부상
했다. 이로써 각지의 산곡에 산재하면서 발전하던 유교문화는 도학의 적
전지(嫡傳地)라 불리는 그 이념적 중심지를 갖추게 되었다. 이후 학파 발
전이 본격화되면서 이전에 일정한 정체성과 영향력을 갖고 있던 문화권
에서 지역학들이 생겨났으나, 이 두 중심부의 영향권에 소속되었다. 이
리하여 각 문화권들 사이에는 중심부를 두고 일련의 위차가 생겨났는데,
그것은 영남 중·북부의 경우 중심부(안동권)—반주변부(상주권)—주변부
(성주권)의 형태로 나타났다.

안동권이 영남 유교문화의 중심지였던 점은 향약을 통해서도 엿볼 수
있다. 향약에는 지역의 특수한 사정이 반영되기 마련이지만, 그 기본적인
목적이 성리학적 향촌세계를 구축하는 것이고, 유자의 입장에서는 그들
의 학문세계가 향촌을 대상으로 구체화한 것이다. 중심부의 학문적 혹은
문화적 영향력이 강할수록 주변부의 향약이 갖는 이념성도 그기에 종속
된다. 그러므로 향약의 형식과 내용이 갖는 유사성 여부를 통해 중심부와
의 '문화적 거리'를 유추할 수 있다.

퇴계와 그의 제자 김기(金圻)의 향약은 영남지역에서 하나의 전범(典
範)이 되어 대부분의 지역에서 이를 준용했다. 현재까지 발견된 상주권의
향약은 김기의 향약과 형식과 내용이 거의 같다. 그러나 성주권의 향약은
성주의 성산향약, 고령의 향약, 칠곡의 향약 대부분이 퇴계나 김기의 향
약과 내용과 형식상의 유사점이 거의 없다. 여기서 성주권이 중심부의 영
향권에서 상주권보다 훨씬 떨어져 있는 주변부였음을 확인하게 된다.

안동권에서는 퇴계 사후 여러 학맥이 존속했지만, 상호간의 길항관계
속에서 학봉계열을 이은 갈암(葛庵)학파가 주류로 부상했다. 그런데 갈암
이현일에 의한 안동권 사유체계의 변용은 영해라는 안동권의 주변부에서
퇴계학파의 다양한 학문적 분기(分岐)를 자유롭게 수용하여 그 장점들을

종합하고, 여기에 중앙관료로 진출하여 당시 가장 선진적이던 사유의 흐름을 민감하게 포착하여 자신들의 학풍에 가미함으로써 가능했다.

　이현일이 주변부 영해에서 중심부인 외가향(外家鄕) 안동으로 회귀하지 않았다면, 안동의 유교문화(사유체계)는 내부에서 환경에 대응하여 적절히 변화하지 못함으로써 생기는 광물 속의 누대구조(zonal structure)와 같이 사유체계의 정체로 인한 통솔력 상실을 경험하면서 중심부로서의 위상도 차츰 상실해갔을 것이다. 다시 말하여 주변부의 변류(變流)에 의한 중심부의 재생(再生)이 안동권이 문화 중심지로서 갖는 위상을 지속시키게 한 원동력이었다. 주변부는 안정성은 떨어지지만 개방적 분위기 속에서 시대에 맞는 새로운 변류를 형성할 수 있는 토양을 마련해 주었다.

　상주권은 반(半)주변부로서 퇴계학의 적전지라는 주도권을 놓고 안동권과 치열하게 경쟁하는 위치에 있었다. 이 지역은 넓은 평야를 끼고 있어 농업생산력이 높았을 뿐 아니라 교통상의 요지라는 입지에 따른 상업의 발달로 애초부터 안동권과는 달리 회통적(會通的)이고 현실주의적 사유체계가 특징적으로 나타나고 있었다. 그러나 이 지역 유림들은 19세기 이후 조선 사상계의 전반적인 보수화 경향 속에서 새로운 국가사회체제의 추구라는 이념형을 발전시키지 못하고, 사족으로서 자신들이 갖는 사회경제체체제를 유지할 사유체제 속으로 후퇴했다. 19세기에는 상주권에 남한조(南漢朝)를 위시한 안동권 학봉계의 영향력이 강화되었는데, 이는 조선 지성계 전반에 불어 닥친 보수화의 물결 속에서 퇴계학의 본산으로서 안동권이 갖는 영향력을 방어할 수 없었던 상주권의 위상을 보여준다.

　성주권은 영남의 또 다른 문화적 중심부인 남명학파와의 접점에 위치하여 퇴계학과 남명학파간의 접전지대에 속했다. 이 지역은 정구와 장현광이 한려학파를 형성하여 영남의 제3학파로 성장하긴 했지만, 이들의 사망한 후 중심을 잃고 독자성을 강화하지 못하고 주변부로 전락했다. 성주학파의 사유체계에서 나타나는 특징은 기학적(氣學的) 학풍과 일원론의 철학이었다. 이들은 남명학파에서 이론화하지 못한 기학을 성리학의 체계로 흡수하여 주리·주기를 통합하는 독특한 일원론적 철학을 발전시켰던 것이다. 이원론의 사유체계가 계급이나 신분이 이원적으로 편재된 사회구조를 반영했듯이, 일원론은 이러한 이원화가 확고하게 진행되지 못한 성주권의 사회적 현실을 반영했다.

그러나 조선 말기 새로운 사유체계가 요구되던 시점에서 주변부인 이 지역이 새로운 중심부로 부상할 가능성을 보이고 있었다. 한주 이진상의 유리론(唯理論)은 이 지역의 일원론의 전통을 계승한 것으로, 형식적으로는 주리론을 극대화한 것이지만 이(理)의 개념에서 당위론·가치론적 의미를 약화시킴으로써 봉건질서에 대한 사족의 기득권을 일정 부분 포기하고 있었다. 그의 강학처 옆 종가에 걸려 있는 '주리세가'(主理世家)라는 편액 속에는 주리론을 강화하여 중심부의 문화적 권위를 차용하면서, 동시에 이(理) 개념의 변화로 시대의 변화를 수용하여 급변하는 시대 속에서 자기 역할을 모색하려 한 주변부 지식인의 바램과 고뇌가 고스란히 담겨 있다.

이진상의 제자뿐만 아니라 그들과 함께 역사 현실과 문화 전통을 호흡한 김창숙(金昌淑)과 같은 동향의 후인들 중에는 계몽운동이나 유교개신운동, 독립운동에 투신한 인사들이 많았다. 또한 향교 유생들이 시행한 고령향약은 봉건적·유교적 사회윤리를 일소하고 이를 근대적인 것으로 대체했을 뿐만 아니라, 교육과 산업을 장려하고, 공익(公益)에 충실한 개인 도덕의 함양을 강조하고 있었다. 이러한 움직임 속에는 과거 주변부에 위치했던 성주권이 보다 근본적인 변류를 형성하면서 영남의 새로운 문화적 중심부로 재생되는 양상을 내포한 것이었다.

▌참고문헌

『慶尙道續撰地理誌』 『慶尙道地理志』 『廬江志』 『東國輿地勝覽』 『新增東國輿地勝覽』 『輿地圖書』 『擇里志』 『慶尙道邑誌』 『고령군지』 『高靈誌』 『嶠南誌』 『聞慶郡邑誌』 『商山誌』 『善山府邑誌』 『星山誌』 『성주군지』 『星州大觀』(성주문화원, 1961) 『嶺南邑誌』 『玉山誌』 『一善誌』 『朝鮮の聚落』 『칠곡군지』 『漆谷誌』 『慶北鄕校資料集成』(영남대 민족문화연구소, 1992) 『慶北鄕校誌』(경상북도·영남대학교, 1991) 『고령향교지』 『高靈鄕校誌草稿』(茶山 上谷 全義李氏門中) 『道南書院事實 下』 『道南書院創設契案』 『東國院宇錄』 『梅林書院復院誌』 『山長前任案』(옥천서원) 『西洛書堂略史』(西洛書堂) 『書院考』 『書院謄錄』 『星州鄕案』(星州文化院, 1999) 『成造時日記』(옥천서원) 『列邑院宇事蹟』 『前任案』(옥천서원) 『玉川院案』 『嶺南의 鄕約』(경상북도·영남대학교, 1994) 『義士先祖芳籤錄』(옥천서원) 『漆谷樓亭錄』(칠곡문화원) 『漆谷鄕校誌』 『漆谷鄕誌』 『學校謄錄』 『景宗實錄』 『景宗修正實錄』 『南譜』·『北譜』(조선당쟁관계자료집 16·17, 여강출판사) 『宣祖修正實錄』 『燃藜室記述』 『典故大方』 『肅宗實錄』 『皇廟復設通抄』 『萬姓大同譜』 『韓國系行譜』 『孤臺日錄』 『管軒集』 『光海君日記』 『金忠靖公甲峰遺稿』 『來菴集』 『樂齋先生文集』 『俛宇集』 『慕堂日記』 『西厓集』 『星湖僿說』 『旅軒集』 『英祖實錄』 『惟一齋實記』 『仁祖實錄』 『凝窩集』 『退溪全書』 『寒岡集』 『寒洲先生文集』 『鶴峰集』

고령문화원·계명대학교 한국학연구원, 『고령지역의 역사와 문화』, 1997.
琴章泰, 『退溪學派의 思想 Ⅰ』, 集文堂, 1996.
琴章泰, 『退溪學派와 理철학의 전개』, 서울대출판부, 2000.
民族과 思想硏究會, 『四端七情論: 民族과 思想 1』, 서광사, 1992.
朴仁鎬, 『朝鮮後期 歷史地理學 硏究』, 이회, 1996.
廖名春·康學偉·梁韋弦 著, 심경호 譯, 『주역철학사』, 예문서원, 1994.
유명종, 『한국사상사』, 이문출판사, 1981.
유명종, 『조선후기 유학사』, 이문출판사, 1985.
李丙燾, 『韓國儒學史』, 아세아출판사, 1987.
이수환, 『조선후기 서원연구』, 일조각, 2001.
장인채, 『여헌 장현광 선생의 학문개관』, 여헌학연구회, 2004.
陳正炎·林其錟 저/李成珪 역, 『中國大同思想硏究』, 지식산업사, 1990.
한국사상연구소, 『여헌 장현광의 학문세계 우주와 인간』, 예문서원, 2004.
韓國思想硏究會, 『인성물성: 韓國思想의 探究 1』, 한길사, 1994.
한국사상사연구회, 『조선 유학의 학파들』, 예문서원, 1996.

한국사상연구회,『도설로 보는 한국 유학』, 예문서원, 2000.

『한국인물유학사』2・4, 한길사, 1996.

한국철학사연구회,『한국철학사상가연구』, 철학과현실사, 2002.

鄕村社會史硏究會 편,『조선후기 향약연구』, 민음사, 1990.

高錫珪,「≪紀年兒覽≫에 나타난 李萬運의 歷史認識」,『韓國文化』8, 서울대학교 한국문화연구소, 1987.

權延雄,「≪檜淵及門諸賢錄≫小考」,『한국의 철학』13, 경북대 퇴계연구소, 1985.

權延雄,「영남문화, 어떻게 연구할 것인가」,『嶺南學』창간호, 경북대 영남문화연구원, 2001.

權五榮,「鶴峰 金誠一과 安東지역의 퇴계학맥」,『韓國의 哲學』28, 경북대 퇴계연구소, 2000.

權泰乙,「息山 李萬敷의 傳 硏究 -그 實學思想의 측면에서-」,『嶺南語文學』11, 1984.

琴章泰,「韓溪 李承熙의 생애와 사상(Ⅰ)」,『대동문화연구』19, 성균관대 대동문화연구원, 1985.

琴章泰,「退溪學派의 學問〈21〉-寒洲 李震相의 性理學과 心卽理說-」,『退溪學報』102輯, 퇴계학연구원, 1999.

金吉煥,「張顯光의 太極思想」,『韓國學報』15, 일지사, 1979.

金度亨,「한말・일제초기의 변혁운동과 성주지방 지배층의 동향」,『한국학논집』18, 계명대 한국학연구소, 1991.

金洛眞,「旅軒 張顯光의 자연 인식방법」,『퇴계학』9, 안동대 퇴계학연구소, 1997.

金洛眞,「張顯光의 理一元論과 善惡의 문제」,『南冥學硏究』10, 慶尙大 南冥學硏究所, 2000.

金洛眞,「張顯光의 易學과 세계 이해」,『退溪學報』36, 退溪學硏究院, 2000.

金洛眞,「張顯光의 理일원론적 심성론과 그 영향」,『退溪學報』115, 퇴계학연구원, 2004.

金武鎭,「조선중기 士族層의 동향과 鄕約의 성격」,『한국사연구』55, 1986.

金武鎭,「조선전기 星州鄕村社會의 구조와 지배층 동향」,『한국학논집』18, 계명대 한국학연구소, 1991.

金武鎭,「조선시대 星州의 교육체제」,『한국학논집』24, 계명대 한국학연구소, 1997.

金武鎭,「조선후기 星州 향촌사회 재지사족층의 동향」,『韓國史硏究』105, 한국사연구회, 1999.

金文澤,「17~18世紀 永川地域의 士族動向과 臨皐書院」,『朝鮮時代의 社會와 思想』, 朝鮮社會硏究會, 1998.

金成潤,「姜甑山의 理想社會論과 '天地公事'」,『지역과 역사』7, 2000.

金成潤,「조선시대 大同社會論의 수용과 전개」,『朝鮮時代史學報』30, 2004.

金成潤,「≪홍범연의≫의 政治論과 軍制改革論 -갈암 이현일을 중심으로 한 조선후기 영남남인의 실학적 경세론-」,『대구사학』83, 2006.

金成潤,「조선후기 갈암학파의 토지개혁론과 상업론 -이휘일・이현일 편 ≪홍범연의≫를 중심으로-」, 『퇴계학보』119, 2006.

金時晃, 「惟一齋 金彦璣 先生의 生涯와 學問 및 教育」, 『韓國의 哲學』30, 경북대 퇴계연구소, 2001.

김용덕, 「金圻鄕約 硏究」, 『조선후기 향약연구』, 민음사, 1990.

김인걸, 「목천현 사례로 본 조선후기 향권의 추이와 지배층 동향」, 『鄕土硏究』13, 천안향토사연구소, 2002.

金貞信, 「16세기말 성리학 이해와 현실인식 -對日外交를 둘러싼 許筬과 金誠一의 갈등을 중심으로-」, 『朝鮮時代史學報』13, 조선시대사학회, 2000.

金鍾錫, 「葛峯 金得硏의 學問과 思想」, 『韓國의 哲學』30, 경북대 퇴계연구소, 2001

김택규, 「영남문화의 이해를 위한 몇 가지 시각 -이념의 연속과 실태의 변용-」, 『한국문화인류학』21, 한국문화인류학회, 1989.

김택규, 「영남민속의 복합성 -잡곡문화와 수도문화의 이원성-」, 『韓國學論集』16, 계명대 한국학연구소, 1989.

김택규, 「嶺南鄕約槪說」, 『嶺南의 鄕約』, 慶尙北道·嶺南大學校, 1994.

김학수, 「葛庵 李玄逸 硏究」, 『朝鮮時代史學報』4, 조선시대사학회, 1998.

金炫榮, 「조선시기 '사족지배체제론'의 새로운 전망 -16세기 경상도 성주지방을 소재로 하여-」, 『韓國文化』23, 서울대학교 한국문화연구소, 1999.

金昊鍾, 「西厓 柳成龍과 安東·尙州 지역의 退溪學派」, 『韓國의 哲學』28, 경북대 퇴계연구소, 2000.

문중양, 「16~17세기 조선 우주론의 상수학적 성격 -서경덕과 장현광을 중심으로-」, 『역사와 현실』34, 한국역사연구회, 1999.

朴魯植, 「韓國의 地形」, 『地理學』6, 1971.

朴性鳳, 「한국문화사와 영남문화론 서설」, 『영남학』창간호, 2001.

朴英鎬, 「惟一齋 金彦璣의 삶과 文學世界」, 『韓國의 哲學』30, 경북대 퇴계연구소, 2001.

朴翼煥, 「退溪의 禮安鄕約考」, 『素軒南都永博士華甲紀念 史學論叢』, 1984.

裵宗鎬, 「韓國 思想史에 있어서의 退溪學의 展開」, 『퇴계학보』47, 퇴계학연구원, 1985

史載明, 「조선중기 德溪門人의 形成과 講學」, 『南冥學硏究』17, 2004.

山內弘一, 「李震相의 心卽理說과 嶺南學派」, 『碧史李佑成教授定年退職紀念論叢 民族史의 展開와 그 文化』상, 1990.

薛錫圭, 「拙齋 柳元之의 理氣心性論 辨說과 政治的 立場 -17세기 退溪學派 理氣心性論의 政治的 變用(1)-」, 『朝鮮史硏究』6, 조선사연구회, 1997.

薛錫圭, 「17세기 退溪學派 理氣心性論의 政治的 變用」, 『慶北史學』21(金燁博士停年紀念特輯號), 경북사학회, 1998.

薛錫圭, 「16세기 영남학파의 정치철학 형성과 붕당론」, 『겨레문화』2, 五岳文化硏究所, 2000.

薛錫圭, 「17세기 理氣心性論 발달의 역사적 의미 -嶺南學派의 政治哲學 形成과 관련하여-」, 『國史館論叢』93, 國史編纂委員會, 2000.

薛錫圭, 「旅軒 張顯光의 理氣心性論과 政治哲學」, 『韓國中世史論叢 -李樹健敎授停年紀念-』, 2000.

薛錫圭, 「惟一齋 金彦璣의 學風과 學派」, 『韓國의 哲學』30, 경북대 퇴계연구소, 2001.

宋贊植, 「朝鮮朝末 主理派의 認識論理 -寒州 李震相의 思想을 中心으로-」, 『東方學志』18, 연세대 국학연구원, 1978(『韓國學報』9, 일지사, 1977에도 등재).

신정희, 「조선후기 영남지방 鄕約의 일 형태 -尙州지방 향약을 중심으로-」, 『歷史敎育論集』8, 경북대 사범대학 역사교육과, 1986.

신정희, 「향약과 동약」, 『조선시대 대구사람들의 삶』, 계명대학교 출판부, 2002.

안병걸, 「미수 허목과 영남학파」, 『퇴계학과 한국문화』33, 경북대 퇴계연구소, 2003.

禹仁秀, 「朝鮮 仁祖代 山林 張顯光의 社會的 位相」, 『朝鮮史硏究』4, 조선사학회, 1995.

禹仁秀, 「旅軒 張顯光과 善山地域의 退溪學派」, 『韓國의 哲學』28, 慶北大 退溪硏究所, 2000.

劉權鍾, 「旅軒 張顯光의 易學과 性理學의 철학적 연관성에 관한 연구」, 『東洋學』29, 檀國大 東洋學硏究所, 1999.

劉明鍾, 「後期嶺南學派의 主理思想」, 『崇山朴吉眞博士古稀紀念 韓國近代宗敎思想史』, 1984.

劉明鍾, 「朝鮮時代의 性理學派」, 『霽山韓鍾萬博士華甲紀念 韓國思想史』, 1991.

윤천근, 「이황의 조목, 조목의 이황」, 『退溪學』14, 안동대 퇴계학연구소, 2004.

李九義, 「葛峯 金得硏의 문학세계」, 『韓國의 哲學』30, 경북대 퇴계연구소, 2001.

李東英, 「張顯光과 入岩詩歌 環境」, 『인문논총』24, 부산대, 1983.

이상하, 「寒洲 李震相과 退溪定說」, 『韓國人物史硏究 2』, 한국인물사연구소, 2004.

李尙賢, 「月川 趙穆의 陶山書院 從享論議」, 국민대 석사논문, 1998.

李樹健, 「西厓 柳成龍의 社會經濟觀」, 『大丘史學』12·13합집, 1977.

李樹健, 「南冥學派의 義兵活動의 歷史的 意義」, 『南冥學硏究』2, 1992.

李樹健, 「朝鮮時代 嶺南의 鄕村諸規約과 鄕·洞案」, 『嶺南의 鄕約』, 경상북도·영남대학교, 1994.

李樹健, 「旅軒 張顯光의 政治社會思想」, 『嶠南史學』6, 영남대 국사학회, 1994.

李樹健, 「晩學堂 裵尙瑜 硏究 -磻溪 및 葛庵과의 관계를 중심으로-」, 『嶠南史學』5, 1995.

李樹健, 「조선후기 嶺南學派 연구」, 『민족문화논총』21, 영남대 민족문화연구소, 2000.

이연숙, 「17~18세기 영남지역 노론의 동향 -송시열 문인가문을 중심으로-」, 『실학사상연구』23, 무악실학회, 2002.

李完栽, 「旅軒 張顯光의 哲學思想」, 『제2회 東洋文化 國際學術會議論文集-朱子學과 韓國儒學-』,

성균관대 대동문화연구원, 1980.

이윤갑, 「19세기 후반 경상도 성주지방의 농민운동」, 『손보기박사정년기념 한국사학논총』, 1988.

이윤갑, 「조선후기의 사회변동과 지배층의 동향」, 『한국학논집』18, 계명대 한국학연구소, 1991.

李宗雨, 「李震相 心卽理說의 淵源的 考察」, 『동양철학연구』34, 동양철학연구회, 2003.

李宗雨, 「朱熹晩年定說 논쟁에 관한 硏究 -李震相學派와 田愚學派의 論爭을 중심으로-」, 『退溪學報』114, 퇴계학연구원, 2003.

李宗雨, 「李震相學派와 田愚學派의 知覺說 論爭」, 『동양철학연구』37, 동양철학연구회, 2004.

李宗雨, 「한국유학사 분류방법으로서의 主理・主氣 개념에 관한 비판적 연구 -李震相學派와 田愚學派의 논쟁에 관련하여-」, 『동양철학연구』36, 동양철학연구회, 2004.

李炳性, 「李震相의 성리설에 있어서 主宰性에 관한 일고찰 -以心使心論을 중심으로-」, 『동양철학연구』19, 동양철학연구회, 1999.

李炳性, 「李震相 哲學思想硏究 序說 -思想形成 背景과 著述을 중심으로-」, 『韓國思想과 文化』13, 한국사상문화학회, 2001.

李炳性, 「李震相 性理說에서의 보편성과 특수성 문제 -理一分殊論과 理氣通局論을 중심으로-」, 『한국사상과 문화』15, 한국사상문화학회, 2002.

李炳性, 「寒洲 李震相의 理哲學 전개와 위상」, 『韓國思想과 文化』17, 韓國思想文化學會, 2002.

李炳性, 「寒洲 李震相의 性理說 고찰 -理主氣資論에 의한 理의 主宰性을 중심으로-」, 『동양철학연구』28, 동양철학연구회, 2002.

李炳性, 「寒洲 李震相의 心卽理說 含意」, 『양명학』8, 한국양명학회, 2002.

李炳性, 「寒洲 李震相의 心統性情論에 관한 攷察」, 『東洋古典硏究』15, 東洋古典學會, 2002.

李炳性, 「寒洲 李震相의 '理之稟受'로서의 性論 고찰」, 『한국사상과 문화』19, 한국사상문화학회, 2003.

李熙平, 「旅軒 張顯光의 理氣論 硏究 -'太極說'을 중심으로-」, 『東洋古典硏究』10(中觀崔權興先生七秩頌壽紀念號), 동양고전학회, 1998.

李熙平, 「旅軒 張顯光의 理氣經緯說 연구」, 『韓國思想과 文化』17, 韓國思想文化學會, 2002.

李熙平, 「여헌 장현광의 우주론」, 『동양철학연구』33, 2003.

임재해, 「단오에서 추석으로 -안동지역 세시풍속의 지속성과 변화-」, 『한국문화인류학』21, 한국문화인류학회, 1989.

임종진, 「晩求 李種杞의 性理思想」, 『哲學硏究』89, 대한철학회, 2004.

張琪珠, 「張載의 우주론 -『정몽』을 중심으로 하여-」, 『한국의 철학』20, 경북대 퇴계연구소, 1992.

장윤수・임종진, 「한강 정구와 조선 중기 대구권 성리학의 연계성에 대한 연구」, 『동양사회사상』

8, 2003.

張在釪, 「張顯光思想의 考察」, 『韓國思想』18, 한국사상연구회, 1981.

張會翼, 「조선후기 초 지식계층의 자연관: 張顯光의 「宇宙說」을 중심으로」, 『한국문화』11, 서울대 한국문화연구소, 1990.

張會翼, 「조선 성리학의 자연관: 李珥의 『天道策』과 張顯光의 『宇宙說』을 중심으로」, 『과학과 철학』2, 통나무, 1991.

전용훈, 「朝鮮中期 儒學者의 天體와 宇宙에 대한 이해 -旅軒 張顯光(1554~1637)의 「易學圖說」과 『宇宙說』-」, 『한국과학사학회지』18권 2호, 韓國科學史學會, 1996.

鄭萬祚, 「月川 趙穆과 禮安지역의 퇴계학맥」, 『韓國의 哲學』28, 경북대 퇴계연구소, 2000.

정진영, 「임란전후 상주지방 사족의 동향」, 『민족문화논총』8, 영남대 민족문화연구소, 1981.

정진영, 「朝鮮後期 鄉約의 一考察: 夫仁洞 洞約의 中心으로」, 『民族文化論叢』9, 영남대 민족문화연구소, 1982.

정진영, 「영남지역 향약의 형성과 변천」, 『향토사연구』4, 한국향토사연구전국협의회, 1992.

정진영, 「19세기 후반 영남유림의 정치적 동향 -萬人疏를 중심으로-」, 『지역과역사』4, 1997.

정진영, 「百弗庵 崔興遠의 學問과 鄉約」, 『한국의 哲學』29, 慶北大 退溪研究所, 2001.

정호훈, 「17세기 후반 영남남인학자의 사상 -이현일을 중심으로-」, 『역사와현실』13, 한국역사연구회, 1994.

조장연, 「장현광 역학의 원천에 대한 고찰」, 『한국철학논집』15, 한국철학사연구회, 2004.

崔根永, 「〈望亭鄉約案〉考」, 『藍史鄭在覺博士古稀記念 東洋學論叢』, 1984.

崔根永, 「望亭鄉約案考」, 『嶺南의 鄉約』, 경상북도・영남대학교, 1994.

崔英成, 「한강 정구의 학문방법과 유학사적 위치」, 『한국철학논집』5, 한국철학사연구회, 1996.

崔在穆, 「愚伏 鄭經世와 尙州 지역의 퇴계 학맥」, 『한국의 철학』28, 경북대학교 퇴계연구소, 2000.

崔 虎, 『조선時代 嶺南士族의 鄉村支配 연구 -16・17世紀를 중심으로-』, 중앙대 사학과 박사학위논문, 1992.

洪元植, 「한국 孔子教 운동과 李承熙」, 『공자학』3, 한국공자학회, 1998.

洪元植, 「퇴계학의 남전과 한주학파」, 『韓國의 哲學』30, 경북대 퇴계연구소, 2001.

黃善明, 「後天開闢과 鄭鑑錄」, 『韓國宗教』23, 종교문제연구소, 1998.

황위주, 「서울 경기지역의 퇴계문인과 그 성격」, 『퇴계학과 한국문화』33, 경북대 퇴계연구소, 2003.

제 6 장

조선후기 地方寺院과 國家, 在地士族

1. 머리말

불교가 삼국시대에 도입된 후 고려시대까지 지배층의 지배 이데올로기로서 기능했다는 것은 잘 알려진 사실이다. 삼국시기부터 통일신라시대까지 불교는 국왕을 비롯한 귀족층의 종교적인 성격이 강했다. 그러나 고려시기에는 전 지역, 전 계층에 전파됨으로써 전 국민이 함께 믿는 國敎가 되다시피 하였다. 이로 인해 고려시대 사람들은 그 신분의 높낮이를 불문하고 불교식으로 사고하고, 불교식으로 생활하게 되었다.[1] 따라서 국가에서는 불교계에 대하여 많은 배려를 하였고, 경제적으로도 승과에 급제한 승려들에게 別賜田을 지급하고,[2] 사원에 寺院田을 지급하는 등 폭넓은 지원을 하였다.

그러나 조선왕조가 성립하면서 억불숭유정책을 표방하자 상황은 변하였다. 지배층은 정치, 사상, 학문, 종교 뿐 아니라 생활관습까지도 모두

---

1) 허홍식, 「佛敎와 融合된 社會構造」, 『高麗佛敎史研究』, 일조각, 1986.
2) 『高麗史』권78 志32 田制 田柴科 文宗30년 別賜田.

유교 일색으로 전환시키고자 하였다. 이로 인해 문화, 풍속, 사고방식 등 전반적인 면에서 변화가 일어났다. 하지만 국가적인 차원에서 추진된 抑佛崇儒 정책에도 불구하고 이미 뿌리 깊숙이 스며들어 있던 불교를 완전히 제거할 수는 없었다. 그래서 조선시기에도 불교는 다양한 민간신앙과 결합하여 기층민들의 정신세계를 지배했으며, 기층문화의 발전에도 기여했다. 특히 임진왜란 이후 불교에 대한 억압이 완화하면서 불교계는 새로운 방향을 모색할 수 있었다.

현재까지 조선후기 불교사를 다룬 연구들은 사원경제사적 입장에서 연구하거나3) 승려들의 苦役이라는 측면에서 사원 雜役 및 僧軍役을 고찰하는4) 경향이 지배적이었다. 이러한 연구경향은 불교가 조선왕조 동안 지속적으로 탄압받는 종교였다는 점을 전제하고 있는 것이었다. 최근 들어 總攝制를 주목한 연구,5) 조선후기 불교계의 저술 및 僞經에 주목한 연구,6) 법통설에 주목한 연구,7) 願堂의 기능에 주목한 연구8) 등이 제출되었다. 그러나 조선후기 사회경제적 변화와 광범하게 일어났던 寺院과 지방행정 및 在地士族과의 拮抗關係를 살펴 본 연구는 없다고 할 수

---

3) 이광린, 「이조후반기의 사찰제지업」, 『역사학보』17·18합집, 1960; 김갑주, 『조선시대 사원경제의 연구』, 동화출판공사, 1983; 여은경, 「조선후기 사원침탈과 승계」, 『경북사학』9, 1986; 하종목, 「조선후기의 사찰제지업과 그 생산품의 유통과정」, 『역사교육논집』10, 1987.
4) 정광호, 「조선후기 사원 雜役考」, 『사학논지』2, 1974; 우정상, 「남북한산성 의승방번전에 대하여」, 『불교학보』1, 1963; 박용숙, 「조선조 후기의 승역에 대한 고찰」, 『부산대논문집』13, 1981; 윤용출, 「조선후기의 부역승군」, 부산대, 『인문논총』26, 1984; 김갑주, 「남북한산성 義僧番錢의 종합적 고찰」, 『불교학보』25, 1988.
5) 여은경, 「조선후기 대사찰의 총섭」, 『교남사학』3, 1987; 「조선후기 산성의 승군총섭」, 『대구사학』32, 1987.
6) 김남윤, 「조선후기의 불교사서〈山史略抄〉」, 『同大史學』1, 1995; 남동신, 「조선후기 불교계 동향과 『像法滅義經』의 성립」, 『한국사연구』113, 2001.
7) 최병헌, 「조선후기 부휴선수계와 송광사-보조법통설과 태고법통설의 갈등의 한 사례-」, 『동대사학』1, 1994; 김용태, 「조선중기 불교계의 변화와 '서산계'의 대두」, 서울대, 『한국사론』44, 2000.
8) 박병선, 「조선후기 원당의 정치적 기반」, 『민족문화논총』25, 2002.

있다. 따라서 본고에서는 안동권 지역을 대상으로 조선후기 국가 및 지역 사회와 사원의 관계를 살펴보고자 한다.

본 연구에서 주목한 안동을 비롯한 영남지역은 불교 수용 이래 불교문화가 가장 번성했던 지역이다. 신라불교의 初傳地인 선산지역을 비롯하여 각 지역에 고루 분포하고 있는 사찰들은 지방문화의 중심지이자 신앙의 중심지로서 매우 중요한 역할을 하였다. 조선시기 억불정책으로 廢寺되거나 書院 부지로 轉用되는 등 피해를 많이 입기도 했지만, 그럼에도 불구하고 지금까지 大刹로 寺勢를 유지하는 사찰이 가장 많이 남아 있는 곳이 바로 영남지역이다. 본고에서 주된 분석대상으로 삼은 安東圈[9]의 경우 조선후기 성리학이 가장 융성했던 지역으로 사족지배체제가 가장 강고했던 지역 중의 하나이다. 그러나 17세기 이후 안동권에서도 사원의 重創이 매우 활발하게 이루어지고 있었으며, 이는 현존하는 많은 重創記를 통해서 확인된다.

따라서 본고에서는 불교가 영남지역에서 在地的 기반을 확충하게 되는 배경을 살펴보고, 조선후기 지역사회에서의 사원의 위상과 세속과의 관련성을 조명하고자 한다. 이를 위하여 조선후기 사족지배체제가 가장 강력한 지역 중의 하나였던 안동권 지역에서 일어난 사원 중창의 여러 모습을 살펴보고, 조선후기 사원과 재지사족의 분쟁을 대곡사의 사례를 통하여 살펴봄으로써 조선후기 지역사회와 사원 사이의 관계를 살펴보고자 한다.

---

9) 조선후기 안동도호부의 영역은 좁게 보자면 本府 및 屬縣인 臨河縣, 吉安縣, 一直縣, 豊山縣, 甘泉縣, 奈城縣, 郡陽縣, 才山縣과 비록 행정구역은 다르지만 고려시대까지 안동의 속현으로 존재하다 공양왕대 감무가 설치된 禮安縣을 아우르는 지역이지만, 넓게 보자면 경상도 4계수관 중 안동부와 그 관할 하에 있던 군현지역까지 볼 수 있다. 본고에서 지칭하는 안동권은 전자의 범위에서 현 영주시·봉화군·의성군과 예천군 일부를 포함한 개념으로 쓰고자 한다. 물론 영양현, 청송부, 영해부도 광의의 안동권에 포함되지만 자료관계상 일단 제외한다.

2. 고·중세 영남지역 佛敎와 寺院의 기능

1) 고대의 불교와 지방사원의 기능

(1) 불교의 전래와 신라불교의 성격

한국에 불교가 공식적으로 전래된 것은 소수림왕 2년(372)이다. 당시 前秦王 符堅이 고구려에 사신을 보내면서 전도승 順道와 불상·經文을 보낸 것이다.10) 백제도 비슷한 시기인 침류왕 원년(384) 東晉으로부터 불교를 받아들였다.11) 고구려와 백제의 불교 수용은 국가에서 주도한 것으로 주로 호국과 기복차원에서 육성되었다고 할 수 있다.12)

신라의 경우 불교 전래 과정은 고구려나 백제보다 상당히 늦으나 전래 과정에 관한 가장 상세한 기록을 남겼다. 신라에서의 불교 공인은 법흥왕 15년(528)이나,13) 이미 눌지마립간대(417-458) 묵호자가 고구려에서 신라 一善郡에 와서 활동하였고,14) 소지마립간대(479-500) 阿道가 일선군 모례의 집으로 와서 포교하였다는 것을 볼 때 고구려에 불교가 전래된 얼마 뒤 신라에 전래되었던 것으로 보인다. 이러한 신라에서의 초기 불교 전래는 국가의 공식적인 인정을 받은 것은 아니었고, 법흥왕대 이차돈의 순교를 계기로 국가에서 공인되었던 것이다.

신라에서의 불교 공인과 수용은 왕실에서 적극적으로 추진한 것이었다. 이차돈의 순교도 법흥왕의 왕권강화정책과 맞물려 있던 것이었다.15)

---

10) 『三國史記』권18 高句麗本紀 小獸林王 2年 6月;『三國遺事』권3 홍법3 順道肇麗.
11) 『三國史記』권24 百濟本紀2 침류왕 원년 9월.
12) 신종원,「불교의 전래와 토착화 과정」, (불교신문사 편)『한국불교사의 재조명』, 불교시대사, 1994.
13) 『삼국사기』권4 신라본기4 법흥왕 15년.
14) 『三國遺事』권3 興法3 阿道基羅.
15) 이기백,「삼국시대 불교 전래과 그 사회적 성격」,『역사학보』6, 1954(『신라사상사연구』, 일조각, 1986에「삼국시대 불교 수용과 그 사회적 성격」으로 改題하여 수록).

신라는 법흥왕대 불교를 공인한 이래 지속적으로 불교의 권위를 이용한 왕권강화작업을 추진하였다. 진흥왕대 화랑도의 창설16)과 진흥왕의 출가17)도 그러한 경향을 보여주는 것이며, 북중국 불교의 영향을 받은 轉輪聖王思想, 眞種說話, 佛國土說, 王卽佛思想, 八關會·燃燈會 등의 내용은 신라에서의 불교가 국가 체제의 정비와 밀접한 관련을 가지면서 왕권을 뒷받침해주는 역할을 담당하였던 것을 분명히 보여주는 것이다.

신라불교가 국가불교적 성격을 공고히 하는데 있어서 자장의 활동은 간과할 수 없다. 자장은 진골 출신으로 隋에 유학하였다. 귀국 후 자장은 大國統에 취임하고, 신라불교의 체제를 정비하는데 앞장섰다. 자장이 추구한 정책은 왕실의 권위를 불교를 통하여 고양하고, 국가체제의 정비와 단합을 위한 것이었다.18) 물론 자장만이 이러한 경향을 가지고 있었던 것은 아니었다. 圓光 또한 隋에 유학하고 돌아온 후 정치적 자문에 많이 응했으며,19) 잘 알려진 것처럼 隋에 원병을 요청하는 「乞師表」를 쓰는 등 외교문서의 작성에도 관여하였다.

이러한 통일 전 승려들의 정치적 활동은 신라의 위기극복을 위한 노력의 일환이기는 하였지만, 불교를 이용하여 국가정책을 추구했다는 점에서 당시 국가불교적인 성격을 분명히 보여준다고 하겠다.

한편 신라 하대 도입된 선종계열은 9세기 이후 신라의 지배체제가 흔들리자 지방 호족의 지원을 받아들여 산문을 개창하는 경우가 많았다. 이

---

16) 『삼국사기』권4 신라본기4 진흥왕 37년.

17) 『삼국사기』권4 신라본기4 진흥왕 37년 8월.

18) 남동신은 자장이 불교문화를 중심으로 중국의 선진문물을 수용하여 난국을 벗어나고자 하는 정책 즉 佛敎治國策을 취하였으며, 선덕왕의 왕권을 신성화하는 이데올로기적 역할을 수행하였다고 하였다. 또한 자장의 몰락은 唐太宗의 貞觀之治를 모델로 하는 김춘추·김유신의 유교치국책 노선과 대립함으로써 정치계·불교계에서 도태하게 되었다고 해석하였다(남동신, 「자장의 불교사상과 불교치국책」, 『한국사연구』76, 1992). 과연 자장의 입장이 김유신·김춘추가 추구하였다고 하는 '유교치국책'과 대립적 입장에 있었는가는 의문이지만 당시 불교를 통한 정치권력의 확립이 자장에 의해 주도되고 있었다는 것은 충분히 인정할 수 있는 견해라고 생각된다.

19) 김상현, 「신라의 역사와 사상」, 『한국사상사대계』2, 한국정신문화연구원, 1991, 104쪽.

들은 신라 왕실과는 일정한 거리를 두고 있었으며, 새로운 세력인 견훤·
왕건 등에 접근하는 경향이 강했다. 이들의 신분은 다양했다. 無染의 경
우 태종무열왕의 후손으로 도태 왕족이었으며, 道憲은 경주출신의 부유
한 민이었다. 이들은 당시 광범하게 일어났던 농민반란에 대해서는 매우
부정적인 입장을 가지고 있었다. 允多의 경우 농민반란을 피해 동리산 태
안사를 떠나 일시 피신하기도 하였고,[20] 긍양의 경우 전란으로 황폐화된
봉암사를 재건하면서, 농민군을 제압하기도 하였다.[21]

(2) 사원의 정치·사회적 기능

신라에 불교가 수용되면서 자연스럽게 수도인 경주를 중심으로 사원이
창건되었다. 사원은 불교신앙의 중심지였을 뿐 아니라, 정치적 기능도 담
당하였다.

진흥왕대 창건되어 國刹로 기능한 황룡사는 주지가 국통을 겸하였으
며, 百座講會와 看燈을 베풀었으며, 전국의 불교계를 통괄하는 기능을
담당하였다. 또한 국통의 통제하에 있던 지방 승관인 州統·郡統이 황룡
사 승려로 임명되는 것으로 볼 때[22] 사원은 지방행정조직과 병렬적으로
존재하면서 지방민을 慰撫하는 역할을 담당하였을 것으로 짐작된다.

의상이 창건한 부석사의 경우 676년 창건되고 있는데 그 위치 상 신라
의 중요한 교통로 중 하나인 竹嶺의 남쪽에 위치하면서 군사적인 기능도
담당하였으리라 짐작된다. 신라의 경우 초기에 국방·교통상의 요지에
사찰을 건립하였다. 이는 영토확장을 위한 정복전쟁의 수행과 중앙집권
적 통치를 위한 행정체계 정비를 위해 필수적인 교통·역참 시설의 설치
및 운영을 사찰에 어느 정도 위임하기 위한 것이었다.[23] 통일이전 원광

20) 『韓國金石全文』중세상 「谷城大安寺廣慈大師碑」;『泰安寺誌』, 한국학문헌연구소편, 아세아
  문화사, 1977.
21) 김형수, 「고려전기 사원전 경영과 수원승도」, 『한국중세사연구』2, 1995.
22) 이기백, 「황룡사와 그 창건」, 『신라사상사연구』, 일조각, 1986.

이 주석했던 가슬갑사를 비롯한 五岬寺가 청도지방에 건립된 것도 청도
지방이 밀양에서 경주로 가는 길과 언양에서 경산으로 가는 길의 교차로
에 위치한 교통상의 요충지였기 때문이다.24) 통일 이후이기는 하지만 부
석사가 죽령 남쪽에 건립된 것도 교통·군사상으로 요충지였기 때문이
었다.

한편 지방 사찰의 창건은 통일 이후 본격적으로 전개되었다. 통일 이후
본격화된 사원창건은 물론 군사적인 이유로만 이루어진 것은 아니었
다.25) 당시 승려들이 최고의 지식인이었다는 것을 감안한다면 지방민에
대한 교육을 병행하였을 가능성을 배제할 수 없다. 원광이 가슬갑사에 거
주하면서 來訪한 귀산·추항에게 世俗五戒를 강한 것26)도 그러한 교육
적인 측면을 보여주는 것이며, 화랑도의 내부에서 화랑과 낭도를 지도한
자들이 승려였다는 점에서도 분명하다.27) 부석사에서도 의상에 의해 講
學활동이 있었다는 것은28) 부석사가 지방 교육의 중심지로 기능하였다
는 것을 의미한다.

2) 고려 시기 종단의 확립과 사원의 정치·사회적 기능

(1) 종단 정비와 4대 종파의 확립

936년 고려에 의해 후삼국이 통일되자, 불교계도 후삼국시대 선종 중

---

23) 김영미, 「신라사회의 변동과 불교사상」, 『한국사상사방법론』, 도서출판 소화, 1997.
24) 박광연, 「원광의 점찰법회 시행과 그 의미」, 『역사와 현실』43, 2002, 125-126쪽.
25) 이수훈은 신라시기 지방 승관인 주통·군통은 지방통치단위와 밀접한 관련을 가지면서 그
속에서 일정한 역할을 담당하였을 것으로 추측하고, 지방사원의 기능에 대해서도 삼국통
일 이후 신라의 확대된 영역에 대해서 적절한 지방통치제도가 정비되기까지의 공백을 메
우는 역할을 담당하였으리라 보았다(이수훈, 「신라 승관제의 성립과 기능」, 『부대사학』
14, 1990).
26) 『삼국유사』권4 「圓光西學」.
27) 이기동, 「신라사회와 화랑도」, 『신라사회사연구』, 일조각, 1997.
28) 『삼국유사』권4 「義湘傳敎」.

심의 흐름에서 변화하기 시작했다. 태조는 전국에 산재해 있는 불교계를 개성 중심으로 재편하고자 개성에 十大寺를 건립하는 한편, 지방사원을 적극적으로 포섭하고자 많은 재정적 이득을 부여하였다.29) 그러나 태조의 사원창건은 태조 19년(936)까지 집중되어 나타나고 있으며, 그 이후에는 기록이 보이지 않는다. 하지만 고려의 불교정책은 국가가 교단에 대한 통제권을 장악하는 방향으로 전개되었다.

한편 태조는 통일 후 교종을 후원하였다. 고려 태조와 교종 승려들의 관계는 통일 이전부터 있어왔으나, 통일 후 적극적으로 화엄종의 탄문을 후원하는 등 교종을 적극적으로 지원하였다. 교종에 대한 지원은 광종대에도 적극적으로 이루어졌다. 광종은 균여를 귀법사에 주석하도록 하고, 南北岳으로 갈라진 화엄종을 통합하도록 하였으며,30) 탄문을 王師로 임명하여 불교계를 총괄하도록 하였다.31) 이러한 광종의 불교계에 대한 대책은 선종에 대해서도 이루어져 왔으나, 선종에 대한 대책은 법안종을 수용하고자 智宗 등을 중국에 보내 영명 연수(904-975)의 문하에서 수학하도록 한 것 이외에는 별로 찾아볼 수 없다는 점에서 광종이 자신의 왕권 강화를 위해 화엄종을 적극적으로 후원했다고 할 수 있다.

한편 법상종의 경우 현종대 현화사가 창건된 이래 왕실의 적극적인 후원을 받았다. 현종은 법상종 승려출신이었으므로 법상종에 대한 적극적인 후원을 하였다. 그러나 법상종은 이후 인주이씨 출신의 소현이 주지를 역임하는 등 귀족 세력이 많이 출가하였다.

현종대 이후 불교계는 화엄종과 법상종이 국가의 지원을 받아 크게 발전하였다. 그러나 1101년 의천에 의해 천태종이 창립됨으로써 고려불교계는 기존의 화엄종, 법상종, 선종에 천태종이 더해져 4대 종파가 형성되었다.32) 천태종의 창립은 불교계를 재편하기 위한 정치적 의도가 고려됨

---

29) 한기문, 「고려태조의 불교정책-창건사원을 중심으로-」 『대구사학』32, 1983.
30) 김두진, 『균여화엄사상연구』, 일조각, 1981.
31) 『한국금석전문』중세상 「서산보원사 법인국사보승탑비」.

으로써 의천 사후 천태종은 세력을 유지하지 못하다가 칠곡 선봉사에 의
천의 문도들이 들어감으로써 겨우 정착하게 되었다.

　1170년 무신정권의 성립은 교종 중심의 고려 불교계에 큰 변화를 가
져왔다. 당시 불교계는 귀족화되어 있었으며, 무신정권의 성립으로 큰 타
격을 받게 되었다. 교종은 무신정권 이전 문벌귀족과 연결되었으므로 무
신정권에 저항하다 탄압을 받게 되었다. 또한 기존의 질서가 혼란에 빠지
자 세속을 등지고 출가하는 문벌귀족자제가 더욱 많아지고, 개성이 극심
한 혼란을 보이자 불교계의 구심점이 지방으로 옮겨지게 되었다. 僧科에
합격한 知訥이 안동 하가산 普門寺를 거쳐 公山 居祖庵에 정착한 것도
그러한 시대적 흐름을 보여주는 것이었다.33)

(2) 고려시기 사원의 정치 · 사회적 기능

　고려태조는 나말려초 신라국가의 통제로부터 이탈한 승려와 사원을 다
시 국가지배체제로 끌어들이기 위해 지방에 승관을 파견하고, 전국에 산
재한 사원의 주지임면권을 장악하고자 하였다.34) 그런 한편 태조는 불교
가 국가에 의해 통제되어야 한다는 것을 분명히 하고 개성을 중심으로 한
국토개발론인 풍수사상을 받아들이면서 각지에 건립된 사찰을 裨補寺院
으로 공인하고 자신이 정한 사찰이외에 사원을 더 창건하지 않도록 경계
하였다.35) 비보사원의 설정은 지방세력이나 민으로 하여금 국가질서를
승인하도록 요구하는 것이었다.36) 이러한 비보사원은 국가로부터 지원
을 받으면서37) 국가에서 지정한 불교의례를 거행하였다.38) 이러한 의

---

32) 허흥식, 「교종 오종파설의 비판」, 『고려불교사연구』, 일조각, 1986.
33) 『朝鮮金石總覽』下『佛日普照國師碑銘』.
34) 『고려사』권2 세가 태조2 태조 26년 4월.
35) 『고려사』권2 세가2 태조2 태조 26년 4월.
36) 김형수, 「고려전기 비보사원과 지방지배」, 『경상사학』17, 2001.
37) 『고려사』권18 세가 의종 18년(1168) 3월 戊子.
38) 『고려사』권7 세가 文宗卽位年(1046) 12월 丙午.

식의 행사는 民과 국가를 일체화시키는 역할을 하였을 뿐만 아니라39)
지방세력을 견제하고 회유하는 기능을 하였을 것이다. 이러한 국가에 의
한 사원통제 노력은 태조대에 완결된 것은 아니었다. 광종대 僧科를 실시
하여 승려를 관료와 같이 국가가 선발하고 僧階를 주었으며, 승려들을 각
사원에 파견하여 사원을 점차적으로 국가통제권에 흡수하였다.40) 이렇
게 국가의 통제에 흡수된 사원의 경우 '神補記'의 형태로 정리하여 문서
화하였다. 문서로 정리되어 국가에 등록된 사원의 경우 비보사원으로 공
인되었을 것이며, 이러한 비보사원에 대한 기록은 청도의 '淸道郡中古籍
神補記'에서 보여주는41) 바와 같이 그 지방 戶長層의 인적 사항까지 기
록되었으며,42) 草溪縣의 경우와 같이 사원의 창건 연혁과 거주 승려의
인적사항, 건물배치 등을 기재하였을 것43)이다.

사원이 고려시대 중요한 통제의 대상으로 되었던 이유는 당시 사회에
서 사원이 차지하고 있는 종교적 위상 때문만은 아니었다. 후삼국시기 이
미 사원이 지방세력화 되어 있었기 때문이었다. 해인사는 9세기 말 해인
사를 공격해온 세력과 전투를 벌여 57명에 달하는 戰亡者를 낼 정도의
군사력을 가지고 있었으며,44) 많은 전장을 買得하여 소유하고 있었
다.45) 그러므로 해인사는 통일직후 비보사원으로 지정되어 鎭兵法席이
설치되고 있으며, 야로현과 가조현의 지방세력에서 其人 2명을 차출하여
文書堂直으로 삼는 한편 晉州·陜川·興安府에서 供養과 건물 수리를
담당하도록 하였다.46) 해인사에 대한 이러한 조치는 비보사원으로 지정

39) 이병희, 「고려전기 사원전의 분급과 경영」, 서울대, 『한국사론』18, 1988.
40) 한기문, 「寺院編制의 성립」, 『고려사원의 구조와 기능』, 민족사, 1998, 113쪽.
41) 『삼국유사』권4 의해5 「寶壤梨木」.
42) 한기문, 앞의 책 114쪽.
43) 『삼국유사』권3 탑상4 「伯嚴寺前後舍利」.
44) 『韓國金石全文』고대 「海印寺妙吉祥塔誌」.
45) 『梅溪集』권4 「書海印寺田券後」.
46) 『朝鮮寺刹史料』上 「伽倻山海印寺古籍」.

된 사원의 경우 아마 동일했을 것으로 보인다. 국가의 입장에서 보자면 막대한 경제력과 군사력을 갖춘 사원이 국가의 지배에서 이탈할 경우를 초래하면 곤란하였을 것이기 때문이다.

그러므로 고려시대 사원은 종교적 측면만 가지고 있었던 것은 아니었다. 실질적으로 도적의 창궐을 막기 위해 고대와 마찬가지로 교통상의 요지에 寺院을 창건하는 경우도 있었고,47) 지방세력을 제압하고, 감시하는 역할을 사원에 부과하기도 하였다.48) 이러한 비보사원의 운영은 고려 초기부터 국가에 의해 적극적으로 추진되어 조선초까지 유지되었다.

3. 조선후기 불교계의 변화와 지역사회

1) 조선시기 성리학의 보급과 지역사원의 변화

임란이후 조선은 전쟁으로 인한 국토의 피폐를 극복하고, 지배질서를 재정립해야 할 필요성이 있었다. 지배질서의 재정립은 성리학적 체제를 강화시키는 방향으로 나아갔으며,49) 이는 지방에서도 마찬가지였다.

16세기부터 진행되어온 향약보급운동과 서원창설운동은 17세기 들어 본격화되어 전국적으로 많은 서원이 창설되었으며,50) 각 지역에서 본격적으로 향약을 제정하여 士族지배질서를 구축하고자 하였다.51) 이러한

---

47) 『동문선』권64 「奉先弘慶寺記」; 『동문선』권64 「惠陰寺新創記」; 『韓國金石全文』中世上 「安城七長寺 慧炤國師塔碑」.
48) 김형수, 앞의 논문, 1995, 81-83쪽. 太祖가 개태사를 창건한 목적도 이러한 지방세력에 대한 통제노력과 관련 있다고 생각된다. 태조는 통일직후인 936년 개태사를 창건하였는데(『신증동국여지승람』권18 連山郡 佛宇 開泰寺), 이는 후백제 세력을 회유하고 통제하기 위하여 사원을 이용한 사례라고 생각된다.
49) 김준석, 『조선후기 정치사상사연구』, 지식산업사, 2003.
50) 정만조, 「17~18세기 서원·사우에 대한 시론」, 서울대, 『한국사론』2, 1997.
51) 이수건, 「조선시대 영남의 鄕村諸規約과 鄕·洞案」, 『영남의 鄕約』, 경상북도·영남대학

경향은 안동권에서도 마찬가지여서 이미 16세기에 이현보와 이황에 의한 향약보급 움직임이 있었고, 柳成龍·金圻에 의해 안동52)과 예안53)에 각각 향약이 실시되었다.

한편 조선왕조는 국초부터 사원전의 혁파와 사사노비 속공조치54)를 통하여 사원경제를 위축시켰다.55) 태종대 본격적으로 시작된 불교계에 대한 억압은 세종·성종대를 거치면서 강화되었다. 하지만 조선왕조 초기 불교계에 대한 억압은 국가의 재정을 확보하기 위한 측면이 강했으며, 사원 자체를 혁파하고자 한 것은 아니었고, 사원에 지급한 경제적 혜택을 회수한 것이었다. 이는『신증동국여지승람』에 영남지역의 사원으로 284 寺가 확인되는 것으로 보아도 그러하다.

〈표 1〉『新增東國輿地勝覽』소재 영남지역 사원의 수

군현	慶州	蔚山	梁山	永川	興海	東萊	淸河	迎日	長鬐	機長	彦陽	安東	寧海	靑松	醴泉	榮川	豊基
수	12(10)	6	2	11	2	2	2	3	3	0	2	7	2	2(1)	2	5	5(2)
군현	義城	盈德	奉化	眞寶	軍威	比安	禮安	龍宮	大丘	密陽	淸道	慶山	河陽	仁同	玄風	義興	新寧
수	3	3	3	1	2	3	3	2	7(1)	6(2)	2	4	2	1	5(1)	4	1
군현	靈山	昌寧	尙州	星州	善山	金山	開寧	知禮	高靈	聞慶	咸昌	晉州	陜川	草溪	咸陽	昆陽	南海
수	8	4(1)	4	7	15(1)	5	5	3	1	3	6	19	7(2)	3	16	3	3
군현	居昌	泗川	三嘉	宜寧	河東	山陰	安陰	丹城	金海	昌原	咸安	巨濟	固城	漆原	鎭海	熊川	합계
수	4	4	4	3	4	2	3	6	9(1)	3	5	0	0	2	2	0	284(22)

※ 수치는 불우조의 원 사원과 신증사원을 합한 수치이며, ( )는 고적조에 기록된 사원임.

교, 1994, 43-44쪽.
52) 유성룡이 주도하여 실시한 안동의 향약은『영가지』권5에 실려 있다.
53) 金圻의 예안향약에 대해서는 김용덕,「金圻鄕約硏究」(향촌사회사연구회,『조선후기향약연구』, 민음사, 1990)에 상세하게 분석되어 있다.
54) 안동의 경우 鳳停寺가 고려 충선왕의 願堂으로 田 500결, 노비 200口를 지급받았다가 태종 6년 公收된 것을 확인할 수 있다("太尉王願堂 其時 田畓五百餘結 奴婢二百口並以逢受 丙寅年公屬,『봉정사묵서명』,「宣德10年書」).
55) 한우근,『유교정치와 불교-려말선초 대불교시책-』, 일조각, 1993.

안동의 경우도 비록 폐사되는 사원도 많이 나타났지만 상당히 많은 사원이 16·17세기 동안 寺勢를 유지하고 있었다. 구체적으로 안동권역의 사원의 존치현황을『新增東國輿地勝覽』에 실려 있는 사원을『영가지』의 현황과 비교하면 〈표 2〉와 같다.

〈표 2〉『新增東國輿地勝覽』(1530) 所載 安東府 寺院의 변동양상

연번	사원명	비 고
1	開目寺	
2	白蓮寺	16세기말 폐사, 廬江書院
3	法林寺	17세기 폐사(『영가지』권6 古跡)
4	法興寺	17세기 폐사(『영가지』권6 古跡)
5	法龍寺	17세기 폐사(『영가지』권6 古跡)
6	臨河寺	
7	淸凉寺	

16세기『신증동국여지승람』(이하『승람』)이 편찬될 당시 안동부 지역에 존재하던 사원은 위 표2의 7개 사원으로 나타나고 있으나, 1602년 權紀가 편찬한『永嘉誌』에는 1602년 현재 총 60개의 사원이 현존한 것으로 기록되어 있다.56) 당시 안동부의 裨補寺院이었던 西岳寺와 城山寺57)도『승람』에는 누락되어 있으며, 1435년 안동의 재지세력에 의해 중수되었던 鳳停寺와58) 조선 전기『묘법연화경』을 印刊한 廣興寺도 누락되어 있다. 결국『勝覽』에 기재된 사원은 16세기 당시 존재하던 사원 중 일부라고 할 수 있다.

그런 한편 16세기 존재했던 7개의 사원 중『영가지』편찬 당시 사세를 유지하고 있던 사원은 3개 사찰에 불과하다. 사원 수 및 存置상황의 변동은 재지사족에 의한 서원창건운동과 무관하지 않은 것으로 보인다. 예

---

56)『영가지』권6 佛宇.
57)『영가지』권6 불우 西岳寺, 城山寺.
58)『봉정사묵서명』,「宗樑 장혀 墨書」宣德 10년 1일 書.

안에 있던 易東書院이 인근 사찰의 寺社田과 良賤 若干人을 귀속시키는
것을 보아도 그러하고,59) 甘泉縣에 있던 彌屹寺의 寺位田을 豊岳書堂
이 건립되자 풍악서당으로 지급한 것을 보아도 그러하다.60) 그런 한편
폐사된 사원의 基址가 서원용지로 쓰이기도 하였는데, 최초의 서원인 소
수서원이 숙수사지에 세워진 것은 잘 알려진 사실이다. 소수서원은 또한
豊基 聖穴寺의 寺院田을 탈취하여 서원의 位田으로 하기도 하였다.61)

안동의 여강서원은 당시 현존하고 있던 백련사를 毁撤하고 그 자리에
세워진 것이었다.62) 이 과정에서 여강서원의 재원을 마련하기 위하여 풍
악서당의 位田을 여강서원의 位田으로 돌리고자 시도하기도 하였는데63)
원래 이 토지는 彌屹寺의 寺位田이었다. 이러한 서원에 의한 사원전 침
탈은 매우 일반적인 경향이었을 것으로 추측된다.

하지만 이러한 경향과는 달리 일반민들에 의한 불교적 공덕신앙도 지
속되고 있었다. 1580년 안동의 여성 永分은 淸凉山의 石橋를 비롯한 돌
다리를 도합 3곳이나 건설하면서 자신의 극락왕생을 기원하고 있었고,64)
1578년 龍壽寺의 극락전이 새로 세워지는65) 등 사원의 중창도 계속되
고 있었다. 그런 한편 17세기 초까지 吉安의 성황당을 중심으로 民들의
香徒조직이 유지되고 있었다.66)

59) 이수환, 『조선후기 서원연구』, 일조각, 2001, 81쪽.
60) 『영가지』권6 古跡 彌屹寺.
61) 성혈사와 소수서원의 분쟁은 명종 11년(1556) 풍기군수 韓琦가 소수서원에 소속되어 있
  던 位田을 聖穴寺로 되돌리면서 문제가 되었다. 소수서원의 院生들이 문제를 제기한 결과
  韓琦가 파직되는 선에서 마무리되었지만 성혈사의 사원전은 결국 소수서원으로 넘어간 것
  으로 보인다(이수환, 『조선후기 서원연구』, 일조각, 2001, 84-85쪽). 한편 소수서원에
  는 서원 소속의 승려들이 존재하여 儒生供饋 등 서원 내 각종 역의 담당 및 紙地 등 서원
  소용의 현물을 납부하기도 하였다(이수환, 같은 책, 80쪽).
62) 『유일재실기』, 「행장」.
63) 『惟一齋先生實紀』, 「上府伯權草澗文海」.
64) 萬曆八年庚辰四月日/高■川水陰亻帶於久橋萬世/累傳成橋化■也獨辦兼/■■木卅壹萬妻永
  分願我/後世極 樂生淸凉山石橋/都開石橋合橋三庫(「안동시 녹전면 원천리 돗다리 비」)
65) 『淸虛集』권5 「龍頭山龍壽寺極樂殿記」.

　임진왜란 이후 사원의 중창은 본격적으로 이루어졌다. 전쟁으로 인해
폐사가 되었던 안동의 玄沙寺는 1601년 승려 天鑑에 의해 중창되었
고,[67] 같은 해 봉정사의 극락전도 중수되었다.[68] 이러한 사원의 중창과
조성은 17세기를 거치면서 점차 축소되거나, 서원 및 齋舍로 전환되거나
퇴락한 사원의 경우 없어지는 경우가 많았다. 이러한 경향을 보여주는 것
이 다음의 〈표 3〉이다.

〈표 3〉 조선후기 安東府 寺院數의 변천

시기	『勝覽』(1530년)	『永嘉誌』(1602년)	『安東邑誌』(1832년)	『嶠南誌』(1937년)
사원 수	7	60(3)	18(4)	18(4)

　위 〈표 3〉 중 사원 수 내의 ( )안의 숫자는 해당 지리지의 佛宇조에는
있으나 실제로는 폐사된 사원의 수를 나타낸다. 그러므로 각각 1602년,
1832년, 1837년 사원의 수는 각각 총수에서 ( )안의 숫자를 제외한 것
이 당시 현존 사원의 수이다. 『영가지』에 사원의 총수가 많은 것은 소규
모 庵子가 모두 포함되었기 때문이다. 이 소규모 암자는 모두 32菴으로
이를 제외하면 25개 사원이 된다. 『안동읍지』나 『교남지』에는 이러한 군
소 암자들이 거의 누락되고 없다. 이러한 누락은 암자들이 퇴락하여 소멸
한 경우도 있으나, 누락인 경우가 더 많은 것으로 보인다. 실제로 『永嘉
誌』에 실려 있으면서 『안동읍지』나 『교남지』에는 누락된 사원으로 봉정
사의 屬庵인 靈山庵을 들 수 있고, 時聖이 1723년 출가하였던 淸凉山의
蓮臺寺도 『영가지』에는 실려 있으나 후의 두 읍지에는 모두 누락되어
있다.

　사원의 중창은 17·18세기로 이어지면서 단속적으로 나타난다. 그러

---

66) 『永嘉誌』권6 古跡 吉安石城.
67) 『永嘉誌』권6 佛宇 玄沙寺.
68) 봉정사 극락전 어간의 종도리 묵서, 종도리 장혀 상량문.

나 고려시기나 조선초기와는 달리 在地士族[69]이나 중앙의 權貴들이 주
도하는 경우는 거의 없었다.[70] 오히려 사원의 소속승이나 일반 민들에
의해 사원의 중창과 수리가 진행되었다.

2) 조선후기 사회변화와 불교계의 자구노력

조선정부의 억불책은 임진왜란을 경계로 약간 완화되었다. 임진왜란기
승병의 활약은 국가로부터 효용성이 인정되어 전란이 종식된 이후에도
摠攝制가 유지되었으며,[71] 불교계에 대한 정국 운영자의 인식이 전환되
고, 사회적 위상도 제고될 수 있었다.[72] 지배층인 양반들도 임란 후 불
교에 대하여 호의적인 태도를 취하였다. 사찰의 중창 불사에 시주를 하거
나, 직접 선사의 비문이나 사적기를 쓰기도 하는 등 好佛 분위기가 지배
적이었다.[73] 더구나 조선후기 西學이 전래되면서 불교는 상대적으로 탄
압을 덜 받을 수 있었고, 집권층도 불교에 대하여 우호적인 입장을 견지
하고 있었다.[74]

이러한 상황에서 임란 때 활약을 했던 西山 休靜계열의 승려들이 지속
적으로 총섭에 임명되면서 조선전기 나옹—무학 계열로 이어지던 불교계

---

69) 안동지역에서 在地士族이 사원 건립이나 중창을 주도하는 경우는 조선초기를 경계로 거의
   찾아볼 수 없다. 임진왜란 직전 驛僧에 의해 창건되었던 柏嚴寺는 전쟁의 와중에 소실되
   었고(『영가지』권6 고적), 裵尙志의 齋舍로 嘉水庵이 유지되었던 것만 확인할 수 있다(『永
   嘉誌』권6 佛宇). 특이한 것은 16세기에 판서 權輗(1498-1564)가 부모의 분묘를 수호하
   기 위해 佛堂寺를 세운 것이다(『영가지』권6 불우 佛堂寺). 16세기 이후 在地士族이 사원
   을 세운 경우는 안동권에서는 불당사가 유일하다.
70) 5장에서 논할 대곡사의 경우는 조금 예외라고 할 수 있다. 대곡사는 19세기 접어들면서
   河回 豊山柳氏家의 도움을 받아 일부 건물을 중창하였고, 이후 豊山柳氏家와 산송을 벌인
   이후 柳氏家의 墳菴과 유사한 처지가 되었다.
71) 여은경, 「조선후기산성의 僧軍摠攝」, 『대구사학』32, 1987.
72) 김용태, 「조선중기 불교계의 변화와 '西山系'의 대두」, 서울대, 『한국사론』44, 2000.
73) 박병선, 「조선후기 원당의 정치적 기반」, 『민족문화논총』25, 2002, 105쪽.
74) 조성산, 「19세기 전반 노론계 불교인식의 정치적 성격」, 『한국사상사학』13, 1999.

의 주류가 서산계열로 옮겨지게 되었다. 서산계열은 그들의 법통을 태고 보우계로 설정하고 법맥을 정립하게 되었다.[75]

한편 임란 이후 부과된 僧軍役은 고역이기는 하였으나 조선후기 불교가 세력을 유지할 수 있는 계기가 되었다. 국가에서는 산성의 축성과 군역에 승려들을 동원하는 대가로 도첩을 발부하여 주었고, 승군을 統攝하는 都摠攝의 보고를 바탕으로 摠攝과 僧軍들에게 군직을 발급하여 주었다. 그러나 숙종 40년(1714) 義僧防番制가 실시되고 이어 영조 32년(1756) 義僧防番錢制로 전환하게 되자 과중한 역의 부담으로 말미암아 사찰이 공허해지고 승려들이 이산하는 사태까지 일어나게 되었다.[76] 그런데 義僧防番錢制가 실시되면서 각 사찰에 防番錢을 할당할 수 있었던 것은 그만큼 사원경제가 성장했다는 의미였다. 이미 임진왜란 중에도 강원도 平康의 부석사에서는 미투리를 생산하여 판매하고 있었고,[77] 승려들이 개인적으로 사유전답을 소유하기도 하였다.[78] 이러한 개인 전답은 사원에 시납하기도 하고, 法孫에게 상속시키기도 하였다. 그런 한편 寺役으로 부과되었던 紙物 등의 제조를 통하여 재산을 축적하기도 하였다.[79]

조선후기 광범하게 일어났던 사원중창은 이러한 사원의 경제력을 바탕으로 한 것이 많았다. 승려들은 계를 결성하여 사원의 수축 비용 등을 충당하기도 하였다.[80] 의성 大谷寺의 경우 임진왜란 이후 소실된 대곡사를 승려들이 재원을 염출하여 절을 중창하고,[81] 이후 승려들이 契의 비용을 염출하여 기와를 보수하고 있는데[82] 이는 승려들의 개인 재산이 사

---

75) 김용태, 2000, 앞의 논문.
76) 김갑주, 「조선후기 사원경제의 동향-남북한산성 의승방번전을 중심으로-」, 『노산 유원동 박사 화갑기념논총 한국근대사회경제사연구』, 정음문화사, 1985.
77) 김갑주, 「조선후기 승려의 경제활동」, 『조선시대 사원경제연구』, 동화출판공사, 1983.
78) 김갑주, 위의 논문, 141-157쪽.
79) 김갑주, 위의 논문.
80) 한상길, 「조선후기 사찰계의 연구」, 『불교사연구』2, 1998.
81) 『동계집』권2 「대곡사창건전후사적기」.

원의 중창과 운영에 결정적인 기여를 한 사례로 생각된다.

희방사의 경우도 사원의 유지를 위하여 念佛契83) · 燈燭契84)를 형성하여 사원 비용을 충당하였다. 그런 한편 의성 雲嵐寺의 경우 신도들로부터 募緣하여 법당과 요사를 중수하였다.85) 신도들로부터 시주를 받아 사원을 중창하는 것은 고운사 등 여러 사찰에서 확인된다. 이런 경우 그 지방 출신의 승려가 있으면 모연에 매우 유리할 수 있었다. 안동 廣興寺의 경우 안동지방 在地士族인 光山金氏 출신의 時聖이 거주하면서86) 勸善文을 쓰는87) 등 불사에 적극적으로 참여하는 모습을 보여주고 있는 바88) 이런 경우 募緣에 매우 유리하였을 것으로 짐작된다.

그런 한편 역을 담당함으로써 사원을 유지해 나가는 경우도 있었다. 봉화 覺化寺는 임진왜란 이후 태백산 사고가 이동하여 옴으로써 주지는 摠攝에 임명되어 승군을 거느리고 사고를 수호하였다. 그 대신 경제적 반대급부로 국가로부터 位田을 分給받아 사원을 유지할 수 있었다.89)

3) 조선후기 지역 사원의 사회적 기능

조선 초기 국가가 비록 억불책을 실시하였다 하더라도 불교신앙이 억압된 것은 아니었다. 조선초기 관료 중 상당히 많은 수가 불교를 신봉하고 있었다. 초기 대표적인 불교 신자로 많은 불교관계 기록을 남긴 金守溫과 같은 인물들이 존재하였고, 또 祭祀는 사원에서 설행되는 경우가 많았다. 그런 한편 불교적 신앙공동체인 향도 조직도 조선초기까지 지속

---

82) 『嶺左醴泉郡南面太行山大國寺雨漏瓦記』(대곡사 소장).
83) 『한국사찰전서』, 「小白山喜方社念佛契序」.
84) 『한국사찰전서』, 「慶北豊基郡昌面小白山喜方寺燈燭契序文」.
85) 『한국사찰전서』, 「天燈山雲嵐寺法堂重修記」;『한국사찰전서』, 「寮舍重修記」.
86) 『野雲大禪師文集』卷3 「野雲堂大禪師行狀」.
87) 『野雲大禪師文集』권2 「勸善文」.
88) 시성의 활동에 대해서는 4장 1절에서 자세히 살펴볼 것이다.
89) 차용걸, 「四大寺摠攝」, 『한국민족문화대백과사전』10, 1991.

적으로 유지되면서 매향활동을 전개하고 있었다.90) 그러나 16세기 성리학이 본격적으로 보급되면서 매향 의식은 淫祀로 지목되어 활동을 제약받게 되었고, 지방에 산재해 있던 사원도 훼철되거나 서원으로 전용되는 사례가 나타나기도 하였다.

한편 고대 이래 중요한 교통로에 사원을 설치하여 교통의 편의를 도모하는 것도 없어진 것은 아니었다. 안동의 경우 燕尾院은 조선후기 일시 폐사되었으나, 폐사되기 이전 교통 시설로의 기능을 담당하기도 하였다. 즉 연미원은 雲安驛 옆에 위치하여 여행자들의 편의를 돕는 기능을 하였던 것이다.91)

안동 西岳寺의 경우는 좀 다른 성격을 가지고 있다. 서악사는 안동의 비보사원으로 본부 戶長이 사시로 祭를 올리는 의례를 행하였던 사찰이었다.92) 서악사의 사례로 미루어볼 때 16세기까지는 지역별로 비보사원의 기능이 유지되었음을 알 수 있다.

그러나 17세기로 접어들면서 사원은 이제 국가적인 기능을 거의 상실하였다. 안동부의 비보사원이었던 石增寺・斗星寺・大寺도 폐사된 후 복구되지 못하였다.93) 이제 남은 국가적인 기능이라고 한다면 왕실능묘의 수호,94) 승군의 본거지로서의 기능을 들 수 있으나, 사원의 운영은 승려와 신도의 손에 맡겨지게 되었다. 그 결과 신앙의 중심지로서의 역할이 강조되면서 지역 사회에서 그 영향력은 쇠퇴하게 되었다.

---

90) 채웅석, 「여말선초 향촌사회의 변화와 매향활동」, 『역사학보』173, 2002. 안동지역에서는 길안의 성황당을 중심으로 결성되었던 御溝香徒가 17세기 초까지 유지되었던 것을 확인할 수 있다(『영가지』권6 古跡 吉安石城).

91) 『莘圃遺稿』(金肅鉉)坤「燕尾寺彌勒問答」. 「연미사미륵문답」을 쓴 김숙현(1836-1890)은 안동지방의 재지사족으로 유일재 김언기의 후손이다. 김숙현은 이 글에서 불교의 공과 및 미륵의 화복을 논하고 있으나, 사원은 이미 쇠락해졌을지라도 연미원이 교통로 상에 위치하고 있으면서 '惡氣를 누르는' 비보의 역할을 하고 있었다는 것을 인정하고 있다.

92) 『영가지』권2 山川 四嶽; 『영가지』권6 불우 西岳寺.

93) 『영가지』권6 古跡 石增寺, 斗星寺, 大寺.

94) 왕실 능묘의 수호를 위해 중창된 경우는 수원 용주사를 들 수 있다. 용주사는 사도세자의 능묘를 수호하기 위하여 정조에 의해 중창된 경우였다.

하지만 18세기 후반 英正祖시대가 되면서 불교 교학에 대한 이해가 승려사회에서 심화되고, 성리학자들의 불교에 대한 비판적 입장이 완화되자 교학 강의가 성행하게 되었다 당시 호남의 연담유일과 영남의 인악 의침은 각각 私記를 남겨 강원의 교재가 되었다.95) 이러한 승려들의 활동은 조선후기 불교의 교학적인 경향을 강화하는 것이었으나, 여기서 주목할 점은 교학 강의와 저술이 이루어지기 위해서는 경제적 능력이 필요하다는 점이다. 이는 임진왜란 이후 회복된 사원 경제의 위상을 반영하는 것으로 생각된다.

한편 성리학자들의 영향을 받아 승려들도 문집을 출간하는 경우가 많았다. 이러한 승려들의 문집은 대부분 사원에서 출간되었다.96) 사원에서 서적을 출판하는 것은 이미 고려시대부터 있었으나, 고려시대는 불교경전이나 승려의 『語錄』류, 또는 속인의 문집이 많이 출판되었지만, 조선후기 들어와 승려들도 본격적으로 문집을 간행하였다. 이러한 승려들의 문집간행은 法系上 후손이 되는 승려들에 의해 출간되었지만, 지방에서 출판의 기능을 사원이 담당하는 경우가 많았다는 것을 보여준다.97)

그러나 19세기로 접어들면서 사원에 대한 침탈은 강화되었다. 사원에 대한 침탈은 紙役과 같은 국가에서 부과하는 雜役도 많았으나, 사찰로의 士族들의 행차로 인한 침탈도 많았다. 사족들의 행차로 인한 부담은 경제적으로 소작료 수입의 4·5할에 해당할 정도로 과중한 경우도 많았던 것이다.98) 그러므로 승려들의 경제적 지위는 어느 정도 회복되었지만 그에

---

95) 김순석, 「조선후기 불교계의 동향」, 『국사관논총』99, 2002, 84-85쪽.

96) 경상도 지역에서 출간된 문집 중 승려의 문집으로 예를 들자면 敬一의『東溪集』을 들 수 있다. 『東溪集』은 경일의 문도들에 의해 밀양 靈井寺에서 1711년 간행되었다.

97) 蔡濟恭의 『樊巖集』의 경우 하회 豊山柳氏家의 주도로 안동 봉정사에서 판각되었다(河回 豊山柳氏 和敬堂 古文書 完議3『鳳停事樊巖集板閣守護齋完議』). 봉정사는 『樊巖集』의 판각 장소였을 뿐만 아니라 그 판목을 보관하기도 하였다. 당시 『번암집』은 모두 4건이 판각되었는데 그 중 1건을 봉정사에 板閣을 세워 보관하도록 하였으며, 수호비용으로 서후면의 토지를 매입하여 봉정사에 주어 그 경비로 쓰도록 하였다.

98) 정광호, 『근대한일불교관계사연구-일본의 식민지정책과 관련하여-』, 인하대학교 출판부,

못지않게 침탈을 가하는 경우도 많았다. 또한 영조 32년부터 실시된 義僧防番錢制는 사원에 경제적인 큰 타격을 주었다.

그런 한편 사족들과 교유하는 지식층 승려들은 어느 정도 대우를 받았지만, 일반적으로 승려들은 사회적으로 상당히 낮은 대우를 받는 것이 일반적이었다.

4. 寺院의 重創과 지역사회

1) 時聖의 저술을 통해본 사원 重創

時聖(1710-1776)[99]은 안동출신의 승려로서 일생동안 거의 안동권을 벗어나지 못한 인물이었다. 조선시기 대부분의 인물들이 자신이 살던 권역을 벗어나지 못하였으나, 승려들은 雲水를 통하여 다양한 지역으로의 이동이 가능했다. 그러나 승려로서 時聖은 청량산 蓮臺寺에서 출가하여 예천의 昌基寺(龍門寺)에서 일생을 마칠 때까지 잠시 湖南을 여행한 것을 제외하고는 거의 이동이 없었다.[100] 그가 주로 거주한 사원은 안동의 廣

1994, 16-17쪽.

99) 時聖의 출생지역은 확실하지는 않으나, 안동지역으로 여겨진다. 일단 그가 출가할 때의 나이가 14세에 불과하였고 飢寒을 이기지 못하여 淸凉山 蓮臺寺로 출가하였다는 점 및 동생인 軆識大師가 그를 따라 12세의 나이로 출가하였다는 점, 그리고 그 이듬해인 1728년부터 동거하였다는 것으로 볼 때(『野雲大禪師文集』권3 「祭舍弟文」, 부록「行狀」), 그의 세속 거주지는 안동권을 벗어날 수 없을 것이다. 또한 그는 안동지방의 유력사족인 光山金氏 일족으로 그가 안동지방을 중심으로 활동하였을 때 불리한 조건은 아니었을 것이다. 실제로 그는 光山金氏들의 세거지인 禮安縣 烏川里를 방문하여 동족들과 詩를 唱和하기도 하였고(『野雲大禪師文集』권1 「雲嚴精舍伏次退陶先生韻呈烏川諸公以求和」), 당시 경상감사에게 同宗의 誼를 내세워 시를 올리기도 하였다(『野雲大禪師文集』권1 「上慶尙監司金公: 公有同宗之誼」).

100) 『野雲大禪師文集』권3 「野雲大禪師行狀」; 『野雲大禪師文集』권3, 「祭舍弟文」. 「행장」에서는 時聖의 활동지역을 "兩白之間"으로 표현하고 있는데 그가 주석하고 활동한 사원으

興寺, 예천의 金龍寺, 大乘寺, 문경의 鳳巖寺 등으로 안동권을 벗어난 적이 거의 없었으며, 주로 광흥사에 머물면서 활동하였던 것으로 보인다.

時聖은 조선후기 최대 불교 문파인 서산문하 鞭羊派에 속하는 인물이다.101) 그는 影月 應眞의 문하에서 수학한 이후 젊은 나이에 開堂하여102) 이후 학가산의 광흥사를 중심으로 활동하였다. 이로 인하여 時聖은 주로 안동권 사원의 重創記를 쓰거나 勸善文을 작성하기도 하였다. 현재 시성의 저술은 詩와 「答上鄭學士」를 제외하고는 重創記와 勸善文類가 거의 전부라 해도 과언은 아니다. 그러므로 時聖의 저술은 당시 지역 사원의 중창 실태를 살펴보는 데 매우 유용한 자료라고 할 수 있다.

時聖은 養眞庵과 明寂庵의 창건기와 중수기를 썼는데 이 두 암자는 모두 金龍寺의 속암이었다.103) 金龍寺는 비록 신라 진평왕대 창건했다고 『사적기』에 기록되어 있으나, 실질적으로는 1624년 慧聰에 의해 창건되었다고 보아야 한다.104) 따라서 17세기에 들어와서 새로이 창건된 경우라고 할 수 있다. 양진암은 1664년 화재로 인하여 소실되고, 1769년 상주 四佛山에서 옮겨온 無影에 의하여 중창되었다. 양진암의 중창은 無影의 독단적인 노력에 의한 것이 아니라 金龍寺의 소속 승려들이 鳩財하여

로 보았을 때 거의 정확한 표현이라고 할 수 있다.

101) 『西域中華海東佛祖源流』(采永, 이하 『불조원류』로 줄임)에 의거하여 淸虛休靜부터 그까지의 법맥을 정리하면 다음과 같다: 淸虛休靜-鞭羊彦機-楓潭義甡-月潭雪霽-喚性志安-抱月楚 珉-影月應眞-野雲時聖. 또한 『불조원류』에 의하면 慕思大有, 玩虛混珏, 雲虛鵬羽 등 3人의 法嗣를 둔 것으로 나온다. 문집을 編輯한 永植은 앞의 3인 중 누구의 문도인지는 알 수 없다.

102) 그의 「행장」에는 "自妙歲 普說於鶴駕之陽"으로 표현되어 있는데 상당히 젊은 나이에 개당한 것으로 짐작된다.

103) 『慶北五本山古今記要』(강유문, 1937, 경북불교협회)의 金龍寺 관련기록에는 時聖의 두 기문은 포함되어 있지 않다. 『경북오본산고금기요』의 편찬자인 姜裕文의 출신사찰인 고운사의 관련기록은 매우 상세하게 기록되어 있는 것으로 보아 고운사 중심의 편찬이었다고 생각되지만 동화사 등 다른 사원의 관련기록은 풍부하게 수록되어 있는 것으로 보아 이미 1937년경에는 時聖의 활동이 거의 잊혀진 것이 아닌가 한다. 김룡사 출신의 승려인 權相老가 편찬한 『한국사찰전서』에는 수록되어 있다.

104) 『경북오본산고금기요』, 「金龍寺年表」, 「사적기」.

완공을 본 것이었다.105)

明寂庵은 1734년 김룡사의 승려 思順에 의해 창건된 경우이다.106) 당시 思順은 82세의 노승이었다고 하였지만 「창건기」 내용 중 어디에서도 다른 승려들이 창건을 도왔다는 기록은 보이지 않기 때문이다. 17세기 이후 승려들이 개인 田畓을 소유하는 것이 일반적인 경향이었으므로107) 思順이 明寂庵을 창건할 때 사용한 재산은 사순의 사유재산이었을 것으로 여겨진다. 두 암자의 창건에 대한 기록은 매우 소략하여 창건 주체에 대한 기록이 거의 전부이나, 당시 사원의 창건에 있어서 하나의 현상을 보여주는 것이라 할 수 있다. 특히 승려들의 사유재산 소유가 늘어나면서 승려들은 이들 개인 소유 재산을 寺中에 施納하기도 하고, 門孫에게 상속시키는 경우도 있었으나,108) 思順의 경우처럼 암자를 창건하는 경우도 없지 않았을 것이다.

金龍寺의 경우는 時聖이 그리 오랜 기간 동안 주석하지 않았기 때문에 상세한 기록을 남기지는 않았다고 생각된다. 그렇다면 時聖이 오랫동안 거주하면서 활동무대로 삼았던 광흥사의 경우는 어떠했을까?

광흥사도 18세기 다른 사원들의 경우와 마찬가지로 승려들이 자신의 소유재산을 寺中에 헌납하는 사례를 확인할 수 있다. 1750년 광흥사의 前住持 印賢은 몇몇 승려들과 같이 緣化하여 불상을 수리하는 한편 자신이 소유하고 있던 田畓을 寺中에 施納하였다.109) 이러한 승려들의 田畓

---

105) "凡諸費用財力 盖寺中納子隨力布施者也"(『野雲大禪師文集』권2 「金龍寺養眞庵記」)

106) 『야운대선사문집』권2 「雲達山明寂菴刱建記」

107) 김갑주, 『조선시기 사원경제연구』, 동화출판공사, 1983, 147-157쪽.

108) 조선말의 사례이지만 김구의 예를 들 수 있다. 김구는 한 때 승려생활을 한 적이 있었다. 당시 김구의 은사 荷隱堂은 마곡사의 승려로서 많은 재산을 소유한 寶鏡의 상좌였다. 김구가 직접 확인한 『추수기』에 의하면 보경의 재산은 백미로 받는 租만 200석 정도이고, 기타 재산은 수십만 냥에 달할 정도였다. 보경의 재산은 荷隱에게로 이어지고 圓宗(김구)에게 상속되는 것이 일반적이었다. 때문에 圓宗(김구)을 당시 마곡사의 승려들이 매우 부러워하였다고 회고하였다(『백범일지』(도진순 주해, 돌베개, 1997, 156쪽).

109) 『야운대선사문집』권2 「廣興寺應眞殿追遠錄序」. 이 序文은 문집에 실려 있는 것이기 때문에 보시한 인물의 명단은 생략되었다. 광흥사를 직접 방문하였을 때도 그 문서의 실물

기진은 조선후기 일반적으로 볼 수 있는 양상이었다.110)

사원 수리의 경우에는 일반적으로 연화를 통하여 자금을 염출한 뒤 공
사를 하는 것이 일반적이었다. 광흥사는 1747년, 1760년 두 번 중창불
사를 진행하였는데, 1747년에는 광흥사의 승려 法贊과 演總이 주도하여
鳩財하고, 여기서 마련한 자금으로 瓦工에게 위탁하여 기와 12,000葉을
확보하여 改瓦불사를 진행하였다. 당시 사원에서 진행하는 改瓦佛事는
매우 일반적이었던 모양으로 時聖도 申維翰의 「觀龍寺記」를 인용하여
같은 사정을 전하고 있다.111) 1760년의 대웅전 개금불사 때에도 광흥
사의 승려 體普·演竺·惟淑 3인이 주도하여 改金佛事와 佛畵 제작을
전담하였다.112) 이러한 승려의 연화활동을 통한 불사는 조선전기에도
많이 나타나지만, 조선후기에 접어들면서 불사의 특징은 일정 정도 本寺
의 승려들이 주도하여 자금을 모집하고 자신들이 그 운영에 적극적으로
참여하는 모습이 확인된다.

이렇게 볼 때 時聖이 활동하던 18세기 안동권 사원의 경우 주로 단월
들에 의해 불사나 사원 중창이 주도되기보다는 본사 거주 승려들에 의해
주도되고, 또 본사 거주 승려들이 직접 자신의 소유 토지를 寺中에 헌납
하여 사원운영의 재원으로 삼는 모습을 살펴볼 수 있다.

2) 의성 고운사의 중창과 지방행정

임진왜란 이후 孤雲寺가 대규모로 중창된 것은 1668년(顯宗 9)부터이

은 확인할 수 없었다.
110) 김갑주는 顯宗 15년의 금령조치를 근거로 상좌와 승려의 4촌 이내의 족친이 각각 절반
    씩 상속받았을 것이며, 4촌 이내의 족친이 없을 경우 상좌분을 제외한 절반은 속공시켜
    본사에 仍給하여 승역을 돕도록 하였을 것으로 추측하였다(김갑주, 앞의 책 156쪽,
    1983). 그러나 실제로는 광흥사의 예에서 보이는 바와 같이 승려가 자신의 재산을 모두
    사원에 기진하고, 香火之費로 삼는 경우도 많았을 것으로 여겨진다.
111) 『야운대선사문집』권2 「廣興寺燔瓦記」.
112) 『野雲大禪師文集』권2 「廣興寺大雄殿佛像改金幀畵成記」.

다. 1668년의 고운사 중창은 승려 克成·勝默·德宗이 주도한 것인데, 이들은 賀虛樓를 중수하였다. 이어 處淳은 천왕전을 세우고, 설팽은 鳳凰門을 세우는 등 사원 건물을 지어나갔다. 2년 뒤인 1670년에는 崇海 등 7인이 十王殿을 세우는 등 현존 고운사의 가람배치 체제를 갖추어 나갔다. 이때의 고운사 중창은 대부분 승려들에 의해 이루어졌으며, 속인들의 관여는 거의 보이지 않는다. 이후 1695년(숙종 21) 도청·선조 두 승려가 주도한 고운사의 불사는 이들 두 승려가 자신의 재산을 내어 불상을 조성하는 모습을 보여주고 있으며, 다른 승려들도 대웅전을 중수하는 등 광범한 불사를 벌여나갔다.[113] 숙종 21년의 불사에는 거의 속인의 참여가 보이지 않으나, 이 당시 일정 정도 단월의 시주가 있었으리라 여겨진다. 1724년(영조 즉위) 운수암의 창건도 당시 고운사의 승려들이 주도하였으나 法存·智熏 등의 승려들이 연화를 하여 자금을 염출한 것을 확인할 수 있기 때문이다.[114]

17·18세기 고운사의 불사는 주로 本寺 소속 승려들이 주도하였으나, 19세기에 접어들면서 고운사의 중창에 국가가 관여하는 모습을 확인할 수 있다. 1803년(순조 3) 고운사의 寂默堂 西別室이 화재로 인해 전소되자 당시 義城縣令 宋堯輔가 곡식과 銅·베를 내어 중창의 자금으로 쓰도록 하고, 嶺營과 조정에 보고하여 중수의 處分을 받았다. 그런 한편 국가로부터 空名帖을 지급받아 중수의 자금으로 사용하기도 하였다. 이때 의성현령을 감독관으로 安東鎭將을 運材監官으로 하는 등 지방행정관청에서 적극적으로 중수에 참여하였다.[115] 이러한 경우는 다른 사원에서는 거의 나타나지 않는 것이다. 아마 지방관이 고운사의 중수에 적극적으로 참여하는 것은 영조 20년(1744) 御帖이 孤雲寺에 봉안된 것과 밀접한 관련이 있을 것이다.[116] 憲宗 원년(1835)에 화재로 대웅전·관음전이

---

113) 『경북오본산고금기요』, 「義城縣騰雲山孤雲寺事蹟碑文(寫本)」.
114) 『경북오본산고금기요』, 「雲水庵記」.
115) 『경북오본산고금기요』, 「寂默堂西別室重建記事」.

소실되었을 때도 당시 현령이었던 洪鐘浩가 주관하여 대웅전과 관음전을 중수하였다.117)

그런 한편 고운사는 지역민의 전답을 기진받아 寺位田으로 하기도 하였다. 1830년(순조 30) 의성의 高弼文은 錢 40緡을 내어 燭臺를 시주하고, 祭親省墳之資로 자신의 전답을 기증하였다.118) 조선시기 토지의 寺院施納은 금지되어 있었으나 아마 고운사가 왕실과 일정한 연관을 가지고 있었으므로 묵인된 것으로 보인다.

결국 고운사의 경우 왕실과 일정한 연관을 맺음으로써 재지사족의 침탈에서 벗어나면서 오히려 寺役을 감면 받고119) 사원재산을 확충할 수 있었으며, 사원의 중수에 있어서도 일정정도 지방관의 원조를 받을 수 있었다고 생각된다.

5. 地域寺院과 在地士族 : 醴泉 大谷寺와 河回 豊山柳氏家의 紛爭

1) 大谷寺의 중창과 甲契

大谷寺120)는 『大谷寺史蹟』121)에 의하면 고려 공민왕대 지공에 의하

---

116) 『경북오본산고금기요』, 「騰雲山孤雲寺事蹟碑」. 영조의 이 御帖은 현재까지 고운사의 延壽殿에 보관되어 있다고 한다(고운사 현 총무 호성스님의 전언).
117) 『경북오본산고금기요』, 「騰雲山孤雲寺事蹟碑」.
118) 『경북오본산고금기요』, 「高同知獻畓記」.
119) 『경북오본산고금기요』, 「孤雲寺前後救弊實錄」.
120) 大谷寺는 조선후기까지 醴泉에 속해 있었으나, 현재는 의성군 다인면에 존재한다. 大谷寺는 한때 大國寺로도 지칭되었다. 여기에서 언급하는 자료는 특별한 언급이 없으면 대곡사의 소장자료이다. 필자는 2003년 3월 19일 대곡사를 방문하여 현 대곡사 주지 혜봉 스님의 배려로 대곡사 소장 『大谷寺史蹟』과 소장 기록을 열람하고 복사할 수 있었다.
121) 『大谷寺史蹟』은 필사본으로 1970년대 후반 작성된 것으로 보인다. 대곡사의 연혁과 현

여 창건되었다고 하나, 현존 자료에 의하면 乾隆年間에 조성된 것이 많
다. 대곡사는 임진왜란으로 사원 건물이 소실되고 焦土之丘로 남아 있다
가 1605년(선조 38) 坦祐에 의해 중창되었다.[122] 당시는 坦祐가 법당을
세우고 戒壇 등에 의해서 佛像이 조성되는 정도였으므로 작은 암자의 수
준이었다고 생각된다. 이후 대곡사는 1644년부터 1683년까지 약 40여
년에 걸쳐 香爐殿·鐘閣·香積殿·五十三佛典·十王殿 등을 창건하였
다.[123] 이 당시 사원 건물의 중창과 佛具의 마련은 대부분 승려의 힘으
로 이루어졌다. 한편 대곡사에서도 승려에 의한 전답의 寺中 施納을 확
인할 수 있는 바 靈玉이 田庄을 施納하였던 사실을 확인된다.[124] 이는
임란이후 승려의 사유전답이 늘어가는 추세와 부합한다.[125]

　17세기 대곡사는 본사의 건물을 중창하고, 불구를 갖추게 되면서 사세
를 지속적으로 확장해 갔다. 이후 乾隆年間에 접어들면서 대곡사는 屬庵
인 寂照庵을 중창하고,[126] 甲契를 통하여 사원의 수리를 하는[127] 등
사세를 유지해 나갈 수 있었다. 權魯敬이 찬술한 「飛鳳山大谷寺寂照庵
九苞樓上樑文」(1847년)의 施主秩에 의하면 寂照庵의 九苞樓 佛事 당시
속인으로 참여한 인물은 총 49명인데 이 중 職役이나 官職이 표시된 인
물은 전혀 찾아 볼 수 없고, 참여자의 성명도 일반 평민으로 추측되는 인
물이 대부분이다. 승려로서 참여한 인물 중 他寺에 籍을 두고 있다고 생
각되는 인물은 4인에 불과하고, 대곡사 승려로서 참여한 인물은 모두 43
명에 달한다. 이 모든 승려가 갑계에 소속된 것은 아닌 것으로 짐작되지

황에 대하여 상세히 기록되어 있다. 대곡사의 현황에 관한 기록의 마지막이 1976년인
　것으로 보아 그 이후 가까운 시기에 정리된 것이 아닐까 한다.
122) 『東溪集』권2 「醴泉郡太行山大谷寺重創記」.
123) 『東溪集』권2 「大谷寺創建前後事蹟記」.
124) 『東溪集』권2 「大谷寺創建前後事蹟記」.
125) 김순석, 「조선후기 불교계의 동향」, 『국사관논총』99, 2002, 92쪽.
126) 「飛鳳山大谷寺寂照庵九苞樓上樑文」.
127) "若非甲契 諸僧泊檀信之合力相助 烏能如是耶"「嶺左醴泉郡南面太行山大國寺雨漏瓦記」

만 어쨌든 조선후기 補寺活動으로 광범하게 확인되는 甲契가128) 대곡
사에서도 결성된 것을 확인할 수 있다. 대곡사의 甲契도 일반적인 갑계와
마찬가지로 주로 승려들을 중심으로 구성된 것으로 짐작된다.129) 또한
1765년 적조암에서 三壇幀을 제작할 때 寂照庵의 燈燭契와 대곡사 대
웅전의 燈燭契에서도 같이 참여하고 있는 것을 확인할 수 있다.130)

이렇게 보았을 때 대곡사의 경우 고운사의 경우와는 달리 승려들에 의
한 緣化와 甲契를 통하여 사원을 중창하고 사세를 유지시켜 나간 경우라
고 생각된다.

2) 대곡사와 河回 豊山柳氏家의 분쟁

그러나 19세기 접어들면서 대곡사는 경상도일원의 대표적 재지사족가
문인 안동 하회의 豊山柳氏家와 격렬한 분쟁에 휩싸이게 되었다.131) 豊
山柳氏家가 대곡사가 위치한 비봉산에 선산을 마련하면서 대곡사와 豊山

---

128) 한상길, 「朝鮮後期 寺刹契의 연구」, 『불교사연구』2, 1998, 169-174쪽.
129) 한상길은 甲契의 경우 長安寺와 通度寺의 사례를 예로 들면서 俗人도 참여하는 것이 가
　　 능하였다고 하였으나(한상길, 앞의 논문, 172-173쪽) 대곡사의 경우 속인의 명단은 확
　　 인되지 않는다. 속인으로서 참여한 인원 중 갑계에 참여한 인원이 있었는지는 현재의 자
　　 료로서는 알 수 없다.
130) "大施主秩 (중략) 本庵燈燭契各 大雄殿燈燭契各"(「嶺左醴泉郡飛鳳山大谷寺寂照庵三壇幀
　　 記文」)
131) 대곡사와 하회 豊山柳氏家의 분쟁에 대해서는 현존 『大谷寺史蹟』에는 거의 언급이 되고
　　 있지 않다. 다만 "이조말엽에 太顚禪師께서 지방민들에게 佛敎를 숭상케 하여 護山佛敎
　　 精神으로 많은 제자를 輩出케 하였고 그 때 地方名稱은 醴泉郡太行山大谷寺라 불려왔으
　　 나 儒佛時代 國政에서 巡禮次이던 中 이곳에 와 太行峰에 올라 四方地形을 살펴본 즉 山
　　 에 百里나 되는 長谷이 있으므로 大谷寺라고 寺名과 山名을 고치었다. (중략) 특히 地方
　　 儒生民 세력과 倭寇風難과 歷代住持들의 伽藍守護에 태만한 것이며 (하략)"(『大谷寺史
　　 蹟』5-7丈)라고 하여 조선말기 지방유생과 갈등이 있었음을 기록하고 있으나 그 갈등이
　　 어떠한 것이었는지는 밝히지 않았다. 이에 반해 이 갈등의 또 다른 당사자인 하회 豊山
　　 柳氏 和敬堂家에는 이와 관련된 所志와 供招 등이 거의 완전히 남아있어 당시 상황을 알
　　 수 있는 중요한 자료가 된다. 특히 대곡사와의 분쟁에 관련해서 柳氏家에서는 중요한 소
　　 지와 供招 및 題辭를 謄寫하여 『柳台佐山變顚末』(全12丈)이라는 책자로 成冊하여 보관
　　 하고 있다.

柳氏家는 토지문제를 놓고 치열한 공방을 벌이게 된 것이다.

사실 이 분쟁은 처음부터 복잡한 문제를 안고 있었다. 柳氏家가 비봉산에 선산을 만든 것은 在地士族인 張永鎭으로부터 山地를 매입하면서부터였다. 당시 和敬堂 柳氏家는 柳台佐가 1813년 경 이 토지를 醴泉의 사족인 張永鎭으로부터 구입하였다.[132] 柳台佐가 이 산지를 매입한 이유는 부친 柳師春代에 충효당 종가에서 분가해 나왔기 때문에 따로 墳山을 마련하기 위해서였다. 그러나 처음 이 토지를 柳氏家에 판 張永鎭은 그의 전래 토지가 아니라 官으로부터 立案을 받고 난 다음 바로 柳氏家에 팔았기 때문에 이 산을 근거로 경제행위를 영위하는 지역주민들과 갈등이 처음부터 야기될 소지가 있었던 것이다. 이미 1814년 柳台佐의 부친인 柳師春을 入葬하기 이전부터 지역주민들이 偸葬을 하는 등 문제를 야기하면서 入葬을 방해하고 있었고,[133] 金應大가 擊錚을 하여 張永鎭이 10여대 내려온 선산을 立案을 받았다는 명목으로 柳氏家에 팔았다고 주장하는[134] 한편 金德文(異名 金學連, 金學年)이 松楔를 칭하면서 柳氏家가 권세를 믿고 大谷寺의 禁穴碑 내에 入葬하였다고 주장하는[135] 등 초기부터 말썽의 소지가 있었다. 無主地로 인식되어 伐木 등을 통하여 생계를 유지해 나가던 비봉산에 柳氏家의 묘역이 설정되면서 入山 및 산과 관련된 경제활동이 제한되자 지역민들이 반발을 일으킨 것이었다. 이에 대하여 柳氏家에서는 인근의 사찰의 승려들로 하여금 墓域을 수호하게 하는 한편,[136] 墓域과 인접한 大谷寺에 錢 300兩을 시주하고 퇴락한 影子菴을 修築하여 侍墓期間 동안 居接하였고, 이후 승도를 모아

132) 韓國國學振興院 所藏 豊山柳氏 和敬堂古文書 明文44(土地賣買明文). 이하 다른 언급이 없으면 豊山柳氏 和敬堂古文書는 韓國國學振興院 所藏資料이다.
133) 豊山柳氏 和敬堂古文書 所志 022, 所志 24.
134) 豊山柳氏 和敬堂古文書 所志 009(所志草). 이 소지는 산송이 일어나자 金應大가 올린 소지를 柳氏家에서 필사하여 보관한 것이다.
135) 豊山柳氏 和敬堂古文書 所志 033.
136) 豊山柳氏 和敬堂古文書 所志 022.

묘역을 수호하도록 청하였던 것이다.137) 이에 대하여 대곡사에서는 감사의 표시로 순조 18년(1818) 대곡사의 소유토지로 영자암과 인접한 8斗落只를 50兩에 柳氏家에 매도하였다.138)

대곡사에서 柳氏家의 지원을 받아들이게 된 것은 당시 內需司에서 부과되었던 막대한 紙役이 발단이었다. 조선후기 정부는 영조 32년(1756)부터 義僧防番錢制를 실시하면서 막대한 부담을 사찰에 지웠고 또한 사찰에 부과되는 부담이었던 紙役 등은 승려들을 離散하게 만드는 과중한 부담이었다.139) 따라서 柳氏家에서는 대곡사의 紙役을 보조하기 위하여 錢을 내어주고 影子菴을 수축하는 등 절을 유지하는 데 一助하게 되었던 것이다.

그러나 柳氏家가 묘역을 마련한지 14년 뒤인 순조 27년(1827) 대곡사의 승려 泰永이 純祖가 陵幸할 때 駕前에서 柳氏家의 墓域이 寺域을 침범하였다고 擊錚을 함으로써 본격적으로 山訟이 전개되었다. 그러나 이 山訟은 단순히 대곡사와 柳氏家의 분쟁만은 아니었다. 바로 지역주민들과 대곡사의 승려들이 연대하여 柳氏家의 墓域 설치가 불법적이었다고 呈訴를 한 것이었다. 지역주민들은 위에서 지적한 바와 같이 柳師春의 墓 주위로 封禁이 되어 伐木이 금지되자 그에 대한 불만을 가지고 있었던 것이었고, 大谷寺 측에서는 묘역이 법당이 너무 가까이 위치하고 있다는 점에서 불만을 가지고 있었다. 이 山訟을 제기한 승려 泰永 등은 산송의 발단을 대곡사는 지공대사의 유지로 禁穴碑가 있었는데 柳師春의 묘역이 법당과 너무 가까운 곳에 위치하고 있으며, 柳氏家에서 관청의 결정을 기다리지 않고 勒葬을 하였고, 본산은 벌목이 금지되어 있는데 柳氏家에서 入葬한 후 年年으로 栢木을 벌목하여 매매하였지만 柳班의 威令을 견디지 못하여 따를 수밖에 없었다고 주장하였다.140)

---

137) 『安東柳台佐山變顚末』1丈.
138) 豊山柳氏 和敬堂古文書 明文 149.
139) 하종목, 「朝鮮後期의 寺刹 製紙業과 그 生産品의 流通過程」, 『歷史敎育論集』10, 1987.

이에 대하여 柳氏家에서는 묘역이 너무 법당과 가깝다는 주장은 묘와 법당이 153尺이나 되며[141] 또한 戊寅年에 대곡사의 승려들이 入葬을 용인한다고 적어준 標文을[142] 근거로 제출하였으며, 伐木의 일은 그러한 일은 없었지만 朝官으로서 다툴 수 없어 그 재목비용을 대신 지급해준 일은 있으며, 오히려 영자암을 중수하고 대곡사의 紙役에 보내기 위하여 300兩을 내어준 것을 강조하였다.[143] 이와 아울러 오히려 이 지역의 민들이 타관의 양반이라고 멸시하고 자의로 벌목하였다고 지역민 金千萬 등을 제소하였다.[144] 실제로 대곡사의 승려들은 대부분 인근 지역 출신으로[145] 그 지역의 주민들과 밀접한 관계를 맺고 있었고, 柳氏家에서는 이를 빌미로 泰永 등은 지역민 金學年 등의 사주를 받아 돈을 노려 송사를 일으킨 것이라고 역공하였다.[146] 결국 擊錚을 한 泰永은 허망한 말로 송사를 제기하고 감히 못할 말로 朝官을 모욕하였다는 죄로 杖 100의 형을 받고 巨濟島로 定配되는 것으로 정리되었다.[147]

이 山訟은 외형적으로는 재지양반과 사원 사이의 墓域분쟁으로 보이나 실제로는 비봉산의 山林移用權을 둘러싼 다툼이었다. 산지를 합법적으로 소유한 豊山柳氏家와 이전부터 산림을 이용하고 있었던 사원 및 지역민 사이에 산림이용권을 놓고 어느 쪽이 그 권리가 있는 것인가의 싸움이기도 하였던 것이다. 그러나 이 산송에서 대곡사 승려측이 패배하면서 이후 산송은 지역민과 柳氏家의 싸움으로 전개되었고, 대곡사는 柳氏家의 墓를 수호하는 위치로 전락하게 되었던 것이다.

---

140) 『安東柳台佐山變顚末』, 「大谷寺僧泰永供招」, 「僧豪俊聖正寬訓招辭」.

141) 『安東柳台佐山變顚末』, 「山圖」.

142) 『安東柳台佐山變顚末』, 「戊寅給錢三百兩時僧徒標文」.

143) 『安東柳台佐山變顚末』, 「査官親審後白活」.

144) 豊山柳氏 和敬堂古文書 所志 28.

145) 『安東柳台佐山變顚末』, 「大谷寺僧泰永供招」.

146) 豊山柳氏 和敬堂古文書 所志 39.

147) 『安東柳台佐山變顚末』, 「僧泰永定配公事」.

6. 맺음말

지금까지 조선후기 안동권 사원의 동향을 국가 및 재지사족과의 관련을 통하여 살펴보았다. 위에서 논의한 바를 요약하여 맺음말에 대신하고자 한다.

조선왕조는 건국하면서 抑佛崇儒정책을 표방하였다. 이에 따라 태종대부터 寺院田의 몰수와 寺社奴婢의 屬公조치를 취하면서 불교계의 경제적 기반을 약화시켰다. 16세기에 접어들면서 이러한 경향은 더욱 강화되어 각지의 寺院이 폐사되면서 寺院基地가 書院基地로 전용되거나, 심지어 현존하는 사원이 재지사족에 의해 書院으로 탈취당하는 일까지 있었다. 안동의 백련사가 廬江書院으로 바뀐 것이 대표적인 예라고 할 수있다. 이와 아울러 사원의 소유 토지가 서원 位田으로 바뀌는 경우도 있었다.

그러나 16세기까지 불교는 지배적인 종교였다. 16세기 말 安東府 屬縣 吉安縣의 民은 香徒조직을 유지하고 있었으며, 불교신앙에 의해 다리를 건설하는 등 불사를 행하는 경우도 확인된다.

임진왜란 이후 불교는 다시 부흥의 기회를 맞을 수 있었다. 임진왜란 당시 승병의 활동은 당시 불교를 부정적으로 바라보던 지배층의 인식을 바꿀 수 있었고, 조선후기 광범하게 진행되던 토지의 사유화와 산업의 발달은 전란으로 피해를 입은 사원을 재건할 수 있게 하는 경제적 배경이 되었다고 할 수 있다.

안동권 사원에 있어서도 이러한 경향은 확인된다. 안동지방의 士族출신인 승려 時聖은 안동 蓮臺寺에서 출가하여 생애의 대부분을 안동권 사원에서 보냈다. 시성은 주로 廣興寺에서 보내면서 안동권 사원의 重創記文과 勸善文류를 상당수 작성하였다. 시성은 그 지역출신이었으므로 시성의 활동은 안동권 사원이 重創佛事를 할 경우 많은 지원이 되었을 것으로 보인다. 시성의 저술에 나타나는 안동권 사원의 중창불사를 살펴보면 대부분 사원 소속의 승려들이 불사를 주도하고, 승려들이 재원을 염출하여 공사를 진행해가는 양상을 확인할 수 있다. 특히 암자 창건의 경우 승려가 전적으로 사유재산을 施納하여 완공을 본 明寂庵의 사례도 확인된다.

한편 義城 孤雲寺는 임란이후 1668년경부터 중창불사를 진행해 나갔는데, 초기에는 주로 소속 승려들의 노력에 의해 이루어지는 것이 일반적이었다. 그러나 1744년 영조의 御帖이 고운사에 소장된 이래 의성현령 등 지방관이 고운사의 중창불사에 주도적으로 나서는 경우도 있었으며, 일반 신도가 자신의 소유 田畓을 고운사에 施納하는 경우도 확인된다. 따라서 고운사의 경우 왕실과 일정한 연관을 맺으면서 寺役을 감면받고, 사원재산을 확충할 수 있었다고 생각된다. 醴泉 大谷寺의 경우 고운사와는 달리 승려들에 의한 緣化와 甲契를 통하여 사원을 유지시켜나간 경우라고 할 수 있다.

그러나 대곡사는 19세기 접어들면서 안동의 河回 豊山柳氏家와 山訟을 벌이게 되었다. 이 산송은 겉으로는 양반가와 사원간의 묘역을 둘러싼 묘역분쟁으로 보이지만 실제로는 비봉산의 山林移用權을 둘러싼 다툼이었다. 산지를 합법적으로 소유한 豊山柳氏家와 이전부터 산림을 이용하고 있었던 사원 및 지역민 사이에 산림이용권을 놓고 어느 쪽이 그 권리가 있는 것인가의 싸움이기도 하였던 것이다. 그러나 이 산송에서 대곡사 승려측이 패배하면서 이후 산송은 지역민과 柳氏家의 싸움으로 전개되었고, 대곡사는 柳氏家의 墓를 수호하는 위치로 전락하게 되었던 것이다.

조선후기 사원의 중창은 각 지역 별로 광범하게 이루어졌으며, 안동지방의 경우 1600년대 중반부터 본격화되어 17·18세기에 집중적으로 이루어졌다. 이 과정에서 소멸하는 사원도 많았지만, 새로이 사원을 창건하는 경우도 확인할 수 있다. 이러한 조선후기 사원 중창은 임란 이후 지배

층이 불교에 대하여 우호적인 시각으로 바뀌면서 이루어지는 경향도 분
명히 있었다고 생각되며, 고운사의 경우와 같이 왕실과의 연관을 맺으면
서 지방관의 도움을 받는 경우도 있었다. 그러나 대곡사와 같이 산림이용
권을 둘러싸고 지역사족과 격렬하게 대립한 경우도 있었다.

▌참고문헌

1. 사료

『慶北五本山古今記要』『慶尙道續撰地理志』『慶尙道地理志』『高麗史』『高麗史節要』『嶠南誌』『大谷寺史蹟』(義城 大谷寺 소장)『大東野乘』『東文選』『梅溪集』(曺偉)『三國史記』『三國遺事』『世宗實錄地理志』『宋高僧傳』『新增東國輿地勝覽』『莘阡冤稿』(金鼎鉉)『安東邑誌』『安東柳台佐山變顚末』및 안동 하회 화경당가 고문서(한국국학진흥원 소장)『廬江志』『永嘉志』『朝鮮金石總覽』『朝鮮佛敎通史』『朝鮮寺利史料』『朝鮮王朝實錄』『韓國金石文追補』『韓國金石遺文』『韓國金石全文』『韓國佛敎全書』(1-13)『韓國寺利全書』(上・下)

2. 저서

강석주・박경훈,『불교근세백년(증보판)』, 민족사, 2002.
김갑주,『조선시대 사원경제의 연구』, 동화출판공사, 1983.
김두진,『균여화엄사상연구』, 일조각, 1981.
배상현,『고려후기 사원전 연구』, 국학자료원, 1998.
불교신문사 편,『한국불교사의 재조명』, 불교시대사, 1994.
이기동,『신라사회사연구』, 일조각, 1997.
이기백,『신라사상사연구』, 일조각, 1986.
이병희,『고려후기 사원경제의 연구』, 서울대학교 국사학과 박사학위논문, 1992.
이상선,『고려시대 사원의 사회경제연구』, 성신여자대학교 출판부, 1998.
이수건,『한국중세사회사연구』, 일조각, 1984.
이재창,『한국불교사의 제문제』, 우리출판사, 1994.
이태진,『한국사회사연구』, 지식산업사, 1986.
이태진,『한국유교사회사론』, 지식산업사, 1989.
채상식,『고려후기 불교사연구』, 일조각, 1991.
한기문,『고려사원의 구조와 기능』, 민족사, 1998.
한우근,『유교정치와 불교』, 일조각, 1993.
허흥식,『고려불교사연구』, 일조각, 1986.
허흥식,『한국중세불교사연구』, 일조각, 1994.
高橋亨,『李朝佛敎』(1973, 國書刊行會에서 재발간), 1929.
稻葉岩吉,『釋椋』(자가 출판), 1936.

3. 논문

강덕우, 「조선중기 불교계의 동향-명종대의 불교시책을 중심으로-」, 『국사관논총』56, 1994.

강봉룡, 「신라의 승관제와 지방지배」, 『전남사학』11, 1997.

권연웅, 「세조대의 불교정책」, 『진단학보』73, 1993.

김갑주, 「조선후기 사원경제의 동향-남북한산성 의승방번전을 중심으로-」, 『노산 유원동박사 화
        갑기념논총 한국근대사회경제사연구』, 정음문화사, 1987.

김갑주, 「조선전기 사원을 중심으로 한 불교계동향의 일고」, 『동국사학』13, 1993.

김순석, 「조선후기 불교계의 동향」, 『국사관논총』99, 2002.

김영미, 「신라사회의 변동과 불교사상」, 『한국사상사방법론』, 도서출판 소화, 1997.

김영미, 「삼국 및 통일신라 불교사 연구의 현황과 과제」, 국사편찬위원회, 『한국사론』28, 1998.

김용태, 「조선중기 불교계의 변화와 '서산계'의 대두」, 서울대, 『한국사론』44, 2000.

김우기, 「16세기 척신정치기의 불교정책」, 『조선사연구』3, 1994.

김형수, 「고려전기 사원전 경영과 수원승도」, 『한국중세사연구』2, 1995.

김형수, 「고려전기 비보사원과 지방지배」, 『경상사학』17, 2001.

김형수, 「경북지역 불교의 사적 전개」, 한국국학진흥원, 『경북학의 정립과 정신문화사연구』(상),
        2007.

남동신, 「자장의 불교사상과 불교치국책」, 『한국사연구』76, 1992.

남동신, 「나말려초 화엄종단의 대응과 ≪(화엄)신중경≫의 성립」, 『외대사학』5, 1993.

남동신, 「조선후기 불교계 동향과 ≪상법멸의경≫의 성립」, 『한국사연구』113, 2001.

박병선, 「조선후기 원당의 정치적 기반」, 『민족문화논총』25, 2002.

박용숙, 「조선조 후기의 승역에 관한 고찰」, 『부산대논문집』31, 1981.

사문경, 「15세기 승록사의 개편과 혁파」, 『호서사학』26, 1999.

여은경, 「조선후기 사원침탈과 승계」, 『경북사학』9, 1986.

여은경, 「조선후기 대사찰의 총섭」, 『교남사학』3, 1987.

여은경, 「조선후기 산성의 승군총섭」, 『대구사학』32, 1987.

윤용출, 「조선후기의 부역승군」, 부산대, 『인문논총』26, 1984.

이광린, 「이조후반기의 사찰제지업」, 『역사학보』17·18, 1960.

이기영, 「조선왕조말기의 불교」, 『민족문화연구』10, 1976.

이병희, 「조선시기 사찰경제연구의 동향과 과제」, 『배종무 총장 퇴임기념사학논총』, 1994.

이병희, 「조선시대 사찰의 수적 추이」, 『역사교육』61, 1997.

이수훈, 「신라 僧官制의 성립과 기능」, 『부대사학』14, 1990.

이영호, 「신라 중대 왕실사원의 官寺的 기능」, 『한국사연구』43, 1983.

정동락, 「고려시대 對民統治의 측면에서 본 寺院의 역할」, 『민족문화논총』18·19합집, 1998.

조성산, 「19세기 전반 노론계 불교인식의 정치적 성격」, 『한국사상사학』13, 1999.

차문섭, 「조선성종기의 왕실불교와 役僧是非」, 『이홍직회갑기념 한국사학논총』, 1969.

채상식, 「고려·조선시기 불교사 연구의 현황과 과제」, 국사편찬위원회, 『한국사론』28, 1998.

채웅석, 「여말선초 향촌사회의 변화와 매향활동」, 『역사학보』173, 2002.

최병헌, 「조선후기 부휴선수계와 송광사-보조법통설과 태고법통설의 갈등의 한 사례-」, 『동대사학』1, 1994.

하종목, 「조선후기의 사찰제지업과 그 생산품의 유통과정」, 『역사교육논집』10, 1987.

한상길, 「조선후기 사찰계의 연구」, 『불교사연구』2, 1998.

한희숙, 「조선초기의 院主」, 『서암조항래교수 화갑기념한국사논총』, 아세아문화사, 1992.

제 7 장

현대불교의 특징과 영남지역 사찰의 활동

: 봉화 · 구미 · 성주권을 중심으로

1. 서 론

불교는 현대에도 한국인의 정신세계와 생활관습의 정착에 지대한 영향을 미치는 종교이다. 따라서 한국인과 한국문화의 실체를 올바로 규명하기 위해서는 불교와의 관계를 검토하는 것이 반드시 필요하다. 낙동강 유역을 중심으로 한 영남지역은 불교문화가 번성했고, 이는 곧 불교가 이 지역의 문화와 지역민의 정신세계에 미친 영향력이 지대했다는 것을 보여주는 것이다.

불교는 현대사회에 이르러서도 한민족의 정서와 민족문화의 저변에 깊숙이 스며들어 있음을 부정할 수 없고, 불교와 영남 지역민의 밀착성은 일정 부분 지속되어 오고 있다. 따라서 표면상으로 드러나지 않더라도, 또 스스로 그것을 자각하지 못한다 하더라도 한국인들은 불교적 사고와 생활을 여전히 하고 있다. 물론 산업화된 도시지역의 경우 농촌지역에 비해 불교의 잠재적 영향이 덜 나타나는 것은 사실이지만 불교적 정서는 일정부분 남아 있다.

특히 사회가 다양화되고 복잡해지면서 심신의 안정과 웰빙을 추구하는 사회적 분위기를 반영하듯 최근에는 전통사찰을 찾는 신도수가 증가하는 추세에 있고, 도시에 자리 잡은 사찰의 숫자도 늘어나고 있다. 이는 현대 인들의 심적 안정에 불교의 교리와 신행활동이 도움을 준다는 데서 찾을 수 있을 것이다. 그러나 다른 면에서 보면 현대 도시 지역사람들 의식의 저변에도 불교적 정서가 잔재해 있어 여타 종교보다 쉽게 받아들일 수 있 다는 점도 불교신도와 도심사찰 증가의 또 다른 원인으로 볼 수 있을 것 같다.

요컨대 오늘날에도 한국 전체 종교 신도 가운데 불교도가 가장 많고, 새로 생기는 도심사찰도 적지 않다는 것은 현대사회에서도 불교가 정신 적인 면에서나 생활적인 면에서 매우 큰 역할을 하고 있다는 것을 대변해 준다. 이런 점에서 현대 사회에서 불교가 어떤 역할을 하고 있는지 구체 적으로 짚어보는 작업이 필요하리라고 본다.

먼저 산업화가 더디게 진행되어 가장 변화를 적게 겪은 곳인 봉화지역 을 중심으로 현대사회에 불교가 지역적으로 어떤 기능을 하고 있는지 검 토해보았다. 봉화군에서는 불교가 다른 종교에 비해 영향력이 강한 편이 었지만, 일부 포교 중심의 사찰을 제외하고는 수행 중심의 사찰이 많아 지역민과의 밀착정도가 오히려 약한 편이었다. 그럼에도 불구하고 주민 들의 정서는 불교에 상당히 호의적이어서 여타 종교에 비해 불교도의 숫 자가 많고, 사찰도 많이 분포한다는 것을 확인할 수 있었다.

그리고 도농결합형 지역인 구미시와 동화사의 영향력이 절대적인 성주 지역은 불교 수용 이래 불교문화가 번성했던 곳이다. 특히 거대도시 대구 인근에 존재하는 사찰들은 현대 사회에서 불교가 어떤 기능을 하는지 보 여주는 대표적인 예가 될 수 있다. 이 지역에 분포하고 있는 전통사찰들 과 폐사지 및 석탑과 불상 등의 문화유산들은 불교가 이 지역의 문화와 지역민의 정신세계 형성에 미친 영향력이 지대했다는 것을 웅변해준다.

이에 본고에서는 영남지역을 봉화권·구미권·성주권으로 나누어 사찰의 분포현황과 현대불교의 지역 활동을 검토하려고 한다. 이와 같은 연구 목적을 달성하기 위한 방법으로 먼저 각종 자료를 통해 근대 이후의 한국 불교계와 경북 불교계의 흐름을 파악했다. 그리고 해당지역의 군지를 비롯한 각종 문헌자료와 통계자료를 활용하고, 지역의 관공서를 방문하여 그 지역의 인구수와 연령별 인구분포내용 및 종교단체 현황에 대한 각종 자료를 요청하여, 수집하고 정리했다. 또한 각 지역 사찰을 직접 답사하여 승려와 신도들, 그리고 사찰 주변에 사는 지역주민들과의 면담을 통해 사원의 활동내용과 지역민과의 관계 등에 대한 정보를 파악했고, 이를 정리하여 분석하는 방식을 사용했다.

2. 조계종의 성립과 근현대 경북불교의 흐름

1) 일제의 지배와 한국불교의 친일화

1876년 강화수호조규의 체결은 조선이 개항을 하는 계기가 되었으나, 불교계에 가져온 변화도 적지 않았다.[1] 개항과 동시에 일본의 불교가 조선에 진출하는 계기가 되었던 것이다. 개항이듬해 일본의 정토진종 승려 奧村圓心은 부산에 들어와 포교를 시작하였고, 일본 日蓮宗도 부산에 별원을 설치하고 포교를 시작하였다. 이를 계기로 일본의 주요 종단들이 다투어 조선에 포교사를 파견하였다. 결국 1890년 日蓮宗이 경성별원을 설립하게 되었다. 한편 1878년 승려 이동인은 奧村圓心의 도움으로 일

---

1) 삼국시대부터 조선후기까지 불교의 흐름에 대해서는 본서의 제6장(「조선후기 地方寺院과 國家, 在地士族」)을 참고하라.

본에 밀항하고 이듬해 귀국하여 불교포교의 자유를 정부에 건의하였다.2)

일본의 영향력은 개화파를 통로로 확대되었으며, 1894년 갑오경장의 와중에 都摠攝職이 폐지되면서 義僧軍이 해체되었다. 의승군의 해체는 불교계의 입장에서 보자면 군역부담을 덜었다고 할 수 있으나, 국가 전체적인 측면에서 보자면 군사력의 상실과 맥락을 같이하는 것이었다.

한편 당시 조선에 포교하던 일본승려들은 한국 승려들의 사회적 지위를 파악하고, 당시 차별의 상징으로 여겨지던 승려의 도성출입금지령을 해제해 주도록 영향력을 행사하였다. 이로 말미암아 한국 승려들은 도성출입금지령을 해제하는 허가를 얻어낸 일본승려 佐野前勵에게 감사장을 바치기도 하였다. 이러한 이유로 말미암아 불교계에서는 자연스럽게 친일적인 세력이 형성·확대되었다.3)

이러한 상황에서 한국불교를 일본 불교에 종속시키기 위한 작업이 추진되었다. 1908년 圓宗의 탄생은 이러한 과정을 명확히 보여준다. 1908년 전국의 승려대표 52명이 원흥사에 모여 圓宗이라는 새로운 종명을 채택하고 원종종무원을 발족시켰다. 원종의 大宗正으로는 해인사 주지 李晦光이 취임하고, 日僧 武田範之를 고문으로 추대하였다. 원종은 한국불교의 일종의 통합기관으로 설치된 것이긴 하지만 그 성격은 분명하지 않았다. 이에 원종의 大宗正 이회광은 일한합방을 계기로 한국불교를 일본불교와 연합하여 자신의 지위를 더 확고히 하고자 하였다. 그는 원종 종무원을 대표하여 전국 72개 사찰의 위임장을 가지고 일본에 건너가 1910년 10월 일본 조동종에 원종을 병합시키기 위한 조약을 체결하였다.4) 이 사실이 알려지자 朴漢永·陳震應 등은 1910년 10월(음력) 광주 證心寺에서 규탄대회를 개최하였다. 이후 이회광 비판세력들은 1911년 송광사에서 총회를 열고 임제종 창립을 선언하고 임시 종무원을 송광

2) 양은용, 「근대불교개혁운동」, 『한국사상사대계』6(근대), 한국정신문화연구원, 1993.
3) 양은용, 앞의 논문, 149쪽.
4) 이능화, 『조선불교통사』하, 1918, 937-938쪽.

사에 설치하였다. 임제종 운동의 중심인물은 박한영과 한용운이었다. 이들은 주로 호남을 중심으로 세력을 확장하여, 영남의 사찰인 통도사·범어사·해인사 등을 임제종 운동에 포함시킨 결과 통도사·범어사·해인사를 임제종의 三本山으로 정하고 임제종 임시 종무원을 범어사로 옮겼다.5)

　1911년 6월 일제는 조선사찰령 7조를 반포하고, 이어 7월 사찰령시행규칙 8조를 반포하였다.6) 이와 아울러 30본산을 지정하였다. 영남지방의 본사는 달성 동화사, 영천 은해사, 의성 고운사, 문경 김룡사, 경주 기림사, 합천 해인사, 양산 통도사, 동래 범어사 등 총 8사가 지정되었다.7) 사찰령과 시행규칙은 부분적인 개정은 있었지만 일제가 패망할 때까지 그 골격은 변하지 않았다. 이 법안은 1898년 제14회 제국의회에 제출한 「종교법안」을 참조하여 입안한 것이었으나, 종교법안은 통과되지 못한데 반해 사찰령 및 시행규칙은 조선에서 총독부령으로 시행되었다.8) 사찰령과 시행규칙에 의하면 주지의 임명 및 사원재산의 매각에 대해서는 총독부의 허가를 얻도록 하였다. 이는 총독부에서 불교계를 통제하고자 하는 의도가 매우 강하게 내재되어 있었다. 사찰령의 반포로 인해 주지가 바뀐 경우는 거의 없었으므로 큰 저항 없이 사찰령은 수용되었다. 조선총독이 본사 주지의 최종 인가권을 가짐으로써 30본사 주지들은 총독부 당국과 결탁하지 않고서는 사찰을 운영할 수 없었다.

　본사 주지들이 임명된 후 본사는 각각 寺法을 제정하고 총독부의 인가를 받았다. 중앙에 통일된 통제기관을 두지 않았으므로 총독부는 30본산을 개별적으로 관리하여 관권이외의 어떠한 통제나 영향력도 차단할 수

5) 김광식, 『한국근대불교사연구』, 민족사, 1996, 74-77쪽.
6) 이능화, 『한국불교통사』상, 1918, 621쪽.
7) 이능화, 『조선불교통사』상, 1918, 637-652쪽.
8) 김순석, 「'사찰령'의 공포와 조선총독부의 교단장악」, 『조선총독부의 불교정책과 불교계의 대응』, 고려대학교 대학원 사학과 박사학위논문, 2001, 34쪽.

있었다. 또한 사법 등을 제정할 때도 총독부 당국에서 사전에 초안을 제
시함으로써 강한 영향력을 행사할 수 있었다.9)

3·1운동 이후 총독부는 불교계에 대한 통제를 일부 완화하는 한편 일
인과 조선인이 제휴하여 식민통치에 협조할 수 있는 단체를 만들고자 하
였다. 이에 따라 1920년 당시 前田升 등 조선에 있던 신도와 박영효, 이
완용 등 친일파가 중심이 되어 조선불교대회가 발족하였다.

한편 총독부는 불교계 회유책의 일환으로 조선승려들의 일본불교시찰
단을 후원하였다. 물론 일한합방 이전 이능화 등이 일본을 시찰하고 귀국
한 적이 있었으나, 정례화 된 것은 이후였다. 이는 일본 불교계와 조선불
교계의 현실 비교를 통하여 일본의 강대성을 강조하고, 조선의 독립이 불
가능하다는 것을 보여주기 위한 정치선전의 일환이었다.

이에 반대한 한용운 등은 정교분리를 주장하며 사찰령의 철폐를 도모
하였다. 1921년 조직된 불교유신회도 1923년 사찰령 폐지에 대한 건백
서를 올리는 등 많은 승려들이 사찰령 철폐를 주장했다. 불교유신회의 건
백서에 서명한 인물은 총 2,284명이나 달했다. 이들의 노력은 총독부와
결탁한 주지들로부터 외면당하였고, 총독부의 감시와 탄압으로 큰 성과
를 거둘 수 없었다.10)

2) 심전개발운동과 일제시기 경북불교계의 동향

1930년대 일제의 대륙침략이 본격화되면서, 일제는 조선을 통치하기
위하여 여러 방안을 강구하게 되었다. 당시 일본은 미국발 세계공황의 여
파로 경제사정은 매우 악화되었고, 1920년대부터 확산되기 시작한 사회
주의 사상의 확산으로 큰 위기를 맞고 있었다. 이에 일본은 위험사상 방

---

9) 김순석, 2001, 앞의 논문, 177-178쪽.
10) 이재창, 「일제하의 한국불교」, 『한국불교사의 제문제』, 우리출판사, 1994, 325쪽; 김순
    석, 앞의 논문, 95쪽.

지를 위해 불교 등 종교에 의존하고자 하였다. 식민지 조선에서의 방법은 사상적으로 조선인을 황국신민으로서의 국체관념을 철저히 고취시키는 형태로 나타났다.11)

이러한 상황에서 조선총독으로 부임한 宇垣一成은 농촌진흥운동을 채택하는 한편, 정신계몽 운동으로 心田開發運動을 추진하였다. 심전개발운동은 조선인들을 심적으로 철저한 황국신민으로 육성하기 위한 정신통제책이었다. 宇垣의 뒤를 이어 총독에 취임한 南次郎도 이 운동을 그대로 계승하였고, 중일전쟁으로 인해 전시비상체제가 가동되자 퇴색하였다.

심전개발운동은 불교를 이용한 것이었다. 1935년부터 학무국이 중심이 되어 입안하였고, 총독부가 심전개발운동의 3대 목표를 확립하고 적극적인 실행단계에 들어간 것은 1936년 초였다. 이후 조선의 승려들을 적극적으로 심전개발운동에 참여시키기 위해 사찰정화운동을 시행하고, 불교계의 유명 인사들의 순회강연을 실시하였다. 金泰洽·이능화·권상로 등이 지역별로 나누어 순회강연을 실시하였다. 이들이 강연한 주된 주제는 '농촌진흥과 생활개선', '근검저축과 도덕생활', '근검정신과 심전개발' 등이었다. 당시 1935년-1937년 3년간 실시된 강연 횟수는 572회, 동원된 청중의 수는 149,787명이었다. 1937년 중일전쟁이 발발하자 총독부는 '국민정신총동원운동'체제로 돌입하였지만 불교계에서는 1940년대까지 심전개발운동이라는 용어가 존재하였다. 총독부의 정책이 바뀌었지만 불교계가 심전개발운동에 집착하였던 것은 이 운동에서 불교계가 여타의 종교에 비해서 총독부로부터 많은 관심을 받았기 때문이었다.12)

당시 심전개발운동에 참여하였던 김태흡은 불교를 제대로 잘 믿는 것이 심전개발운동의 본래 목적에 충실한 것이라고까지 하였다. 『불교시보』도 심전개발운동의 선전에 나섰다. 이 신문은 심전개발에 관해서 총독부

---

11) 김순석, 「'심전개발운동'과 불교계의 동원」, 『조선총독부의 불교정책과 불교계의 대응』, 2001.
12) 김순석, 2001, 앞의 논문.

의 지침과 강연회 등을 자세히 보도하였다. 결국 심전개발운동은 일제의 식민통치에 불교계가 적극 협력한 사례로 일제의 식민통치체제의 강화에 자발적으로 협력한 것이라 할 수 있다. 이러한 심전개발운동은 영남지방 에서도 적극적으로 추진되었다. 안동출신의 승려 권상로는 심전개발운동 의 강사로 적극 협력하였고, 안동에서는 김태흡이 거의 전담하다시피 순 회강연을 담당하여 안동에서만 총 10회에 걸쳐 이루어졌다.

한편 일제의 분산적인 사찰정책을 극복하기 위하여 1929년 조선불교 승려대회에서 불교계의 대표기관인 종회와 그 실천기관인 교무원을 탄생 시키고 아울러 불교계의 종헌을 완성하였다. 그러나 주지층의 비협조로 말미암아 실패하고 말았다. 불교계의 통일기관을 설립하기 위한 노력은 1937년부터 구체화되기 시작했다. 당시 일제는 총본산 건설을 승인하였 으므로 본격적으로 총본산 건설 사업을 추진하였다. 즉 총본산의 명칭을 朝鮮佛敎禪敎兩宗總本山覺皇寺로 정하고 전불교계가 재정적인 부담을 하기로 하였다.13) 이에 불교계 대부분이 제공한 예산을 투입하여 각황사 에 대웅전을 준공하고 寺法을 1938년 3월 경 기초하였다. 총본산의 외 형을 갖추게 되자 총본산의 寺名을 태고사로 개칭하고, 1940년 일제의 승인을 받게 되었다. 이에 불교계는 더 나아가 종명을 조계종으로 개정하 여 1941년 4월 일제당국의 승인을 받았다. 이러한 총본산 결정과 종명 개정은 일제 식민통치와 타협의 결과물이었다.14) 위에 언급한 심전개발 운동에 적극 참여하고, 전시체제에 적극 협력한 결과이기도 했다.

한편 일제시기 불교는 경북지방에서 점차 그 세력을 회복하기 시작했 다. 경북 불교계의 활동을 손쉽게 만들어준 것이 일제에 의한 30본산제 의 시행이었다. 경북지방은 30본산 중 의성 고운사, 문경 김룡사, 달성 동화사, 영천 은해사 등 4개 사찰이 포함됨으로써 그 세력이 매우 컸음을

---

13) ≪경북불교≫10호, 1937년 4월.
14) 김광식, 「일제하 불교계의 총본산 건설운동과 조계종」, 『한국근대불교사연구』, 민족사, 1996.

알 수 있다. 더구나 문경 김룡사의 경우 조선후기 대표적인 학승들이 잇달아 나오면서 그 寺格은 매우 두드러졌다. 위에서 언급한 안동출신의 권상로도 문경 김룡사를 본사로 출가하였다.

일제시대 지역 불교계의 중심적인 역할을 한 사찰은 달성의 동화사와 의성의 고운사였다. 고운사는 특히 조선후기 강백의 전통을 이은 사찰로, 일제에 의해 본사로 지정된 이래 큰 발전을 보였다. 특히 고운사 출신의 강유문은 불교청년총동맹에 참여하고, 총본산 기초위원으로 취임하면서 중앙 무대에서 활발한 활동을 보였다.15) 그런 한편 ≪慶北佛敎≫의 편집 겸 발행인으로 활동하면서 경북지역 사찰의 연합을 추구하였다.16)

그렇지만 경북 불교계도 친일로부터 자유롭지 못했다. ≪경북불교≫는 강유문이 중앙불교전문학교 강사로 전임한17) 이래 심전개발운동에 적극 참여하였으며, 경북불교협회도 신사참배에 나서는18) 등 적극적인 친일의 길로 들어갔다. 특히 고운사는 佛器 등 23점의 금속을 국방 헌납하는 한편 ≪경북불교≫도 43호(1941.2)부터 日語를 병용하여 기사를 작성하였으며, 사설을 통하여 총독부의 '전시비상체제'에 적극 협력하였다.19)

---

15) 강유문은 1930년 5월 경 결성된 불교 비밀결사인 卍黨의 당원이기도 하였다. 강유문은 中央佛專 재학 시 만당에 가입하였다. 卍黨은 1930년에 결성되어 1933년 4월 경 해소되었다. 卍黨의 당원들은 불교개혁을 추구하며, 寺法改正運動 및 宗憲제정운동을 추구하였고, 이들은 대부분 일본을 비롯한 외국 유학의 경험이 있는 청년 승려들이었다(김광식, 「朝鮮佛敎靑年總同盟과 卍黨」, 『한국학보』80, 1995). 아마 1930년대 후반 강유문이 고운사로 내려와 지방에서 불교운동을 추구하였던 것도 만당의 해소 및 조선불교청년총동맹의 변질과 관련 있는 것이 아닌가 한다.

16) ≪慶北佛敎≫8호, 1937년 2월 「팔공산행」(강유문).
강유문은 이 글에서 "경북도내에 좀 더 큰 본산이 있어 동화사가 다시 경북 수사찰 즉 대본산이 된다면 나는 무조건 찬동하고 싶다. 원래 조선불교의 현황으로는 十三道三十一本山은 너머 수다한 것이다. 一道一本山이 아주 좋은 것이다. 이렇게 될 날은 없으려나'라고 하여 경북지방을 통괄하는 본산을 만들기를 희망하였다. 1936년 경북불교협회를 창립한 것도 이러한 인식의 흐름에서 도내 5본산의 협의회를 만들기 위한 것이었으며, 1937년 『慶北五本山古今記要』를 자신이 주관하여 편집한 것도 이와 관련 있는 것으로 생각된다.

17) ≪경북불교≫12호, 1937년 8월.

18) ≪경북불교≫20호, 1939년 1월.

19) ≪경북불교≫45호, 1941년 4월.

2) 조계종분규와 신흥종단

(1) 해방정국과 불교계의 움직임

1945년 해방이 되자 불교계는 친일불교의 흐름을 단절하고, 불교의 순수성을 찾기 위한 교단 정화운동을 하지 않을 수 없었다. 당시 불교계가 가지고 있었던 문제점은 일본 불교의 영향을 받은 대처승문제, 그리고 조선 선불교 전통의 회복이었다. 일제는 한국불교의 일본화를 유도했고, 그로 말미암아 친일파 승려들이 교단의 주도권을 장악하며 상당한 재산을 축적했다.

1945년 8월 말 결성된 '조선불교청년동맹단'은 불교계 정화운동의 출발점이었다. 9월 12일에는 '조선불교혁신준비대회'가 개최되었다. 이어 '전국승려대회'20)가 개최되어 사찰령·태고사법·31본말사법을 폐지하고, 교헌을 제정하였다. 동시에 중앙 총무원 각도 교무원을 설치하고 13교구제 실시를 의결하였다. 이때 1대 敎正으로 朴漢永이 추대되었으며, 송만공·김구하·설석우 등 8인이 고문으로 추대되었다. 그러나 승려대회에서 의결된 교헌은 1946년 5월에야 공포되었으며, 형식적인 범주를 벗어나지 못한 것이었다. 따라서 선학원을 중심으로 한 혁신운동이 여러 갈래에서 등장하였다.

1946년 12월 선학원을 중심으로 불교청년단·불교여성총동맹·혁명불교도연맹·선우부인회·재남이북승려회·불교혁신동맹 등 7개 단체들이 모여 '불교혁신총동맹'을 결성하고, 金鏡峯을 위원장으로 선출하였다.21) 이들은 사찰령의 폐지와 농민들에게 사찰 토지의 무상분배를 주장

---

20) 之鳴은 전국승려대회를 10월에 개최되었다고 하였고(之鳴, 「해방 후의 불교계와 정화운동」, 『한국불교사의 재조명』, 불교시대사, 1994), 동국대학교 석림동문회는 9월 22·23일 양일간 개최되었다고 하였다(동국대학교 석림동문회, 「종단」, 『한국불교현대사』, 시공사, 1997). 본고에서는 구체적인 일자를 제시한 석림동문회의 설을 따른다.

21) 동국대학교 석림동문회는 혁신불교총동맹의 결성일자를 11월 30일로 보았으며(동국대학

하였다. 이것이 소위 '불교혁신운동'이다. 불교혁신총동맹은 태고사 총무원과 대립하면서 개혁을 요구하였으나, 총무원측은 불교혁신총동맹을 좌익으로 몰아붙여 김경봉·이불화 등 간부 8인이 선학원에서 연행되어 경찰조사를 받기도 하였다.22) 이 과정에서 불교총동맹이 관리하고 있던 博文寺·東本願寺·西本願寺·曹溪學院 등 사찰과 그에 따른 재산을 총무원이 탈취하였다.23) 이에 불교혁신총동맹은 1947년 5월 '전국불교도대회'를 개최하여 총무원을 부정하고 선학원에 '조선불교 총본원'을 설립하였다.24)

한편 1948년 남한 단독총선거가 결의되자 평양에서 개최된 '남북전조선정당사회단체 대표자연석회의'에 참가한 승려 중 김혜진·장상봉 등의 좌익승려들은 북한에 영주하였다.

(2) 정화운동과 한국불교계의 분열

1951년 3월 전쟁의 와중에 조선불교 2대교정인 方漢岩이 상원사에서 입적하자 3대 종정에 송만암이 취임하였다. 송만암은 종전의 교헌을 종헌으로 변경하고, 승단을 비구의 '수행승'과 대처의 '교화승'으로 구분하였

교 석림동문회, 「한국불교현대사주요일지」, 『한국불교현대사』, 시공사, 1997, 522쪽), 불교사학연구회도 불교혁신총동맹의 결성일자를 11월 30일로 기술하였다(불교사학연구회 편, 『한국현대불교사일지』, 중앙승가대학, 1995). 그러나 ≪조선일보≫는 12월 2일로 보도하였다(≪조선일보≫1946년 12월 6일). 『한국현대불교사』와 『한구현대불교사일지』는 모두 1993년 발행된 『한국불교총람』의 기록에 의존한 것으로 당대의 기록인 『조선일보』의 보도를 토대로 불교혁신총연맹의 결성일자를 12월 2일로 보는 것이 타당할 것이다.

22) ≪불교신보≫에 의하면 이때 검거된 인사는 준비위원장 김경봉을 비롯하여 곽서순·이불화·장상봉·김용담·이부열 등의 명단이 확인되며(≪불교신보≫13·14합호, 1947년 5월 27일), 강석주의 이름은 확인되지 않는다. 그러나 강석주도 불교혁신총동맹의 핵심간부였으므로 당시 같이 검거되었다고 보는 것이 옳을 것 같다. 『한국불교현대사』에서는 강석주 외 8인으로 기술하고 있다(동국대학교 석림동문회, 『한국불교현대사』, 시공사, 1997, 20쪽).

23) 강석주·박경훈, 『불교근세백년』(개정판), 2002, 202-204쪽.

24) ≪불교신보≫15호, 1947년 7월 1일.

다. 이에 따라 1952년 11월 불국사에서 승려대회를 개최하고 비구승들의 수행도량인 이판사찰 48개사를 지정했다. 그러나 기득권을 가진 대처승 측 주지들의 비협조로 수행도량 지정은 실패하였다.

그러나 불교정화운동은 정부의 개입으로 본격화되었다. 1954년 5월부터 대통령 이승만은 8차에 걸쳐 불교에 대한 유시를 하였다.25) 이 유시에서 이승만은 사원이 비구승에 의해 장악되어야 한다는 것을 천명하였다. 이는 정화운동이 불교계의 자율적인 문제해결을 위한 것이 아니라 사회법에 의존한 외세의존의 양상을 보였다는 점에서 문제가 있었다.

정부의 개입에 대응해 대처측은 1954년 6월 정기 중앙교무회를 개최하여 조선불교 종정을 '대한불교 조계종 종정'으로, 중앙총무원을 '대한불교 조계종 총무원'으로 개칭하고 수도승단과 교화승단으로 교단을 구별하였다. 이에 대해 비구승 측에서는 선학원에서 河東山・李曉峰・鄭金烏・李靑潭 등이 중심이 되어 '불교정화운동 발기인대회'를 개최하고, '교단정화운동 추진준비위원회'를 구성하였다. 이어 8월 24일 '제1차 전국 비구승 대표자대회'를 개최하고,26) 대처승은 승려가 아님을 공포하는 동시에 대처 측에 대한불교 조계종 종권인도를 정식 요구했다.

9월 29・30일 대처측은 태고사에서 중앙종회를 개최하고 종권과 사찰을 비구측에 인계하기로 결정하였으나 실현되지 못하였다.27) 그러나 비구측이 종조를 태고 보우에서 보조 지눌로 변경하자 정화운동에 적극 협조했던 종정 송만암이 "정화의 원칙에는 찬성하나 방법론은 반대한다."고 천명하고28) 종정사퇴를 함으로써 정화운동은 난관에 봉착했다.

---

25) 대한불교조계종 총무원(수송동), 『한국불교정화운동의 기원과 현황』. 이 문건은 언제 작성되었는지 정확히 알 수는 없으나, 기록된 내용으로 보아 1962년경으로 추정된다. 이는 비구 측 총무원인 수송동 총무원에서 불교정화운동의 경과를 간략히 약술한 것으로 왜색불교의 청산을 주장하면서 1946년 선학원이 주동이 된 한국불교혁신회를 정화운동의 시발로 잡고 있다.

26) 《조선일보》1954년 8월 26일.

27) 불교사학연구소 편, 『한국현대불교사 일지』, 중앙승가대학, 1995, 34쪽.

1954년의 비구 · 대처 분쟁은 어떠한 결론도 내리지 못하고 양측이 대치하는 국면으로 전개되었다. 이에 1955년 1월 문교부 당국에서는 비구 · 대처 양측에 불교정화 전권대표 각 5인을 선출해 회합을 갖도록 종용하였다. 비구측은 효봉 · 청담 · 인곡 · 월하 · 경산을, 대처측은 권상로 · 임석진 · 이화응 · 김상호 · 이정암을 선출해 2월 회합을 갖고 승려자격에 대한 8대 원칙29)에 합의했다. 그러나 대처측은 승려자격에 대한 원칙을 부정하여 분쟁이 재연되었다.

1955년 8월 비구 측은 '전국승려대회'를 개최하고 대처 측의 宋曼庵을 종정으로 하는 대한불교 조계종 총무원 및 그 산하기구의 해산 · 해임, 새 종헌 제정, 새 종회의원 선출, 새 집행부의 구성 등을 의결했다. 이에 새 종헌에 의해 선출된 55명의 종회의원으로 제1회 중앙종회를 열고 대한불교 조계종의 종정으로 薛石友를 추대하고 총무원장에 이청담 등 간부를 선출하였다. 문교부에서 이 종단을 인정함으로써 실질적인 비구종단으로 '대한불교 조계종'이 출범하였다.

1960년 4 · 19로 이승만이 하야하자 대처측은 반격에 나섰다. 50년대 비구측이 우세하였던 것은 이승만의 유시가 상당한 힘이 되었기 때문이었다. 1960년 4월 47일 대처 측은 조계사 탈취를 시도하였고, 해인사 등 몇 개의 큰 사찰을 대처측이 장악하였다. 비구 · 대처 양측은 이후 각각 중앙종회를 열어가면서 법정소송을 지속적으로 전개하였다.

그러나 1961년 5 · 16 군사 쿠테타로 집권한 박정희 군사정부는 당시 난립한 모든 사회단체의 활동을 일시적으로 중단시켰다. 이에 따라 불교 분규도 잠시 소강상태로 접어들었다. 군사정부는 각종 사회단체의 통합과 양성화를 명분으로 단체등록을 받았으나,30) 이 제도는 비구 · 대처 사

28) 동국대학교 석림동문회, 「한국불교현대사 주요일지」, 『한국불교현대사』, 시공사, 1997, 532쪽.
29) ① 독신 ② 수도 ③ 삭발염의 ④ 不草酒肉 ⑤ 不犯四波羅提 ⑥ 20세 이상 ⑦ 3명 이상 단체생활 ⑧ 비불구자.

242 낙동강 유역의 사람들과 문화

이에 새로운 분규를 촉발시키는 단초를 제공했다.

단체등록제도에 따라 비구 측과 대처 측은 각각 '대한불교 조계종'으로 등록신청서를 제출하였다. 이에 군사정부는 불교분쟁과 관련해 하나로 통합할 것을 요구하였다. 그러나 비구 측에서 문교부 조례안을 사실상 거부해[31] 대처 측에서 수정안을 제시하였으나 협상은 결렬되었다.

1962년 1월 정부 측에서 불교분쟁 종식을 위해 강제적인 권력을 발동하여 비구·대처 양측은 불교분규종식을 위한 불교재건위 구성에 합의하고, 비구측 종정인 하동산과 대처 측 종정인 국성우가 문교부에 출두해 선서문에 서명·날인하였다.[32] 여기에 기초하여 불교 재건을 위한 비상종회의원을 선출함[33]으로써 비로소 통합종단이 결성되었다.[34]

그러나 이 통합종단의 결성은 정부에 의해 타율적으로 도출된 것이었다. 어쨌든 통합종단은 초대종정으로 李曉峰을, 총무원장에 林錫珍을 선출하고[35] 1962년 4월 '대한불교조계종'이라는 명칭으로 문교부에 정식 등록하여 통합종단 대한불교조계종이 비로소 성립되고, 25교구 본사제를 실시하였다. 이어 5월에는 불교재산관리법이 공포되었다.[36]

1962년 4월 종정 효봉, 총무원장 임석진으로 출발한 통합종단은 대처 측의 국성우 종정이 종헌을 불법으로 규정하고 비구 측의 효봉을 피고대표로 하는 '사찰정화대책위원회 결의 무효확인소송'을 제기함으로써[37] 불교분쟁은 다시 법원으로 확산되었다. 또한 종회의원 의석비율에 불만

30) 《경향신문》1961년 9월 18일.
31) 《동아일보》1961년 12월 29일.
32) 《조선일보》1962년 1월 23일; 『불교재건위원회회의기록』, 「선서」(1962년 1월 20일).
33) 《조선일보》1962년 1월 31일.
34) 이때 선임된 비상종회 의원은 법륜사 측(대처 측) 의원 15인, 조계사측(비구측) 15인, 만약의 사태에 대비한 보결의원 6인(법륜사측 3인, 조계사측 3인)으로 종회 구성상 정확히 반반씩 분포하도록 타협하였다(『제4차 불교재건위원회의사록』(1962년 1월 31일)).
35) 《경향신문》1962년 4월 2일.
36) 《조선일보》1962년 5월 24일.
37) 불기 2992년(서기 1962년) 7월 10일자 대처 측 조계종 종정 鞠璽祐의 談話文(『불교정화분규자료』(민족사 영인, 1996, 698-699쪽).

을 가진 대처 측은 9월 임석진 총무원장을 비롯한 대처 측 간부가 모두 사퇴하면서 비구 측과 대결을 선언하였다.38) 이미 불교재산관리법에 의거한 전국 사찰 및 대표자 등록시한이 10월 15일까지로 정해져 있었기 때문에39) 대처 측에 매우 불리한 상황이었으나 10월 비구 측의 이청담 등 15인을 상대로 '종헌 및 종정추대 무효확인소송'을 제기함으로써 다시 분규가 재연되었다.40)

이러한 과정에서 대처 측의 박대륜이 1965년 11월 불교재산관리법 폐지에 관한 청구서를 국회에 제출하였다. 한편 대처 측이 제기한 '종헌 및 종정추대 무효확인소송'에서 법원이 대처 측에 승소판결을 내리게 되자41) 분규는 법원을 무대로 격렬하게 전개되었다.

1966년 10월 통합종단 초대 종정 이효봉이 표충사에서 입적하자, 제2대 중앙 종회에서는 대처승 측에서 종회의원을 사임하였으나, 2대 종정으로 이청담을 추대하고42) 총무원장에 경산을 선임하였다. 그러나 이 과정에서 파벌의식이 드러났으며, 지도체제를 확립하는데 난점이 있었음을 보여주었다.

결국 1967년 2월 대처 측의 일파가 통합종단을 부정하고 분종을 선언하였다.43) 또한 종정 청담과 총무원장 경산은 대처승에 대한 대책 및 종단 재정운영을 놓고 갈등이 심화되었다.44) 이 같은 분위기는 내분으로 비화하였다. 해인사에서 개최된 제16차 임시종회에서 종단의 난국타개를 명분으로 종정과 총무원장이 다 같이 사퇴하는 사태에 이르게 되었다. 이에 따라 3대 종정에 윤고암을, 총무원장에 영암을 선출하고 청담을 장로원장으로 추대하였다.45)

---

38) 《조선일보》 1962년 9월 21일.
39) 《동아일보》 1962년 10월 2일.
40) 《조선일보》 1962년 10월 5일.
41) 《조선일보》 1965년 6월 13일.
42) 《조선일보》 1966년 12월 1일.
43) 《동아일보》 1967년 2월 27일; 《조선일보》 1967년 2월 28일.
44) 《조선일보》 1967년 7월 27일.

그러나 1969년 3월 대처 측 박대륜은 다시 분종을 공포하고 통합종단 백지화를 재천명하며 문교부에 비구승과 대처승의 종단 분리를 인정해 달라고 요구하였다.46) 1970년 4월 대처 측은 전국대의원대회를 열고 '한국불교 태고종'으로의 독자노선을 선언한데 이어 5월 '한국불교태고종' 을 창종하고 불교재산관리법에 의거해 문화공보부에 정식 등록하였다.47)

(3) 신흥종단의 창종과 발전

해방 후 1960년대까지 한국불교계의 중심종단은 역시 조계종이었다. 태고종도 조계종에 뿌리를 두고 있으나 '불교정화운동'으로 인해 69년 분종된 종단이다. 하지만 해방 전후부터 조계종과는 성격을 달리하는 몇 개의 종단이 존재했다. 법화계열의 5개 종단(천태종·대한법화종·한국법화종· 불입종·일승종)과 밀교계열의 2개 종단(진각종·진언종)도 해방 전후 창종을 선언하고 불교종단으로 활동하였다. 미륵계열 3개 종단(미륵종·법상종·용화종)과 화엄계열 2개 종단(원효종·화엄종)이 창립된 것도 이 즈음이었다. 비구니로만 구성된 대한불교 보문종과 태고종 창종 이전 대처 측에서 분리된 또 하나의 종단이 대한불교 총화종이다.48)

이 밖에도 대한불교정토종(정토계열)과 천화불교가49) 1960년대 창립

---

45) ≪조선일보≫ 1967년 8월 3일.

46) ≪동아일보≫ 1969년 3월 27일.

47) 『한국불교종단조직 실태조사보고서』, 민족불교연구소, 1989, 151쪽; 동국대학교 석림동문회, 「한국불교현대사 주요일지」, 『한국불교현대사』, 1997, 572쪽.

48) 총화종은 1966년 비구·대처 분쟁에서 백양사 승려들이 중심이 되어 비구·대처를 화동(和同)시키려는 목적에서 대한불교 화동위원회를 결성함으로써 비롯되었다. 화동위원회는 이후 모든 종파와 제휴하면서 종파를 초월하여 현실과 진리가 일치하는 생활불교를 구현한다는 목적에서 1969년 대한불교 총화회로 발전하였다. 이러한 총화종의 설립은 교리상의 뚜렷한 차이점은 없지만 대처·비구 분쟁과정에서 형성됨으로써 종단운영상 상당한 난맥상을 보이기도 했다(민족불교연구소, 『한국불교종단조직 실태조사보고서』, 1989, 182쪽).

49) 천화불교의 경우 상당히 애매한 점이 있다. 비록 『약사여래본원경』을 중심으로 소의경전이 구성되었으나, 출발초기부터 사직공원 내에 단군전을 조성하는 등 정통적인 불교의 모습과는 상당히 거리가 멀다. 더구나 창건주인 이숙봉은 승려라기보다는 속인으로서 종단

되었다. 이상의 18개 종단이 불교재산관리법에 의해 불교단체로 등록한
종단이다. 이 18개 종단 외에 1970년대에 창립된 종단으로는 대한불교
미타종(정토계열)과 불교총지종(밀교계열), 그리고 대한불교 홍제종이 있으
며, 1988년 불교재산관리법이 폐지되기 전 창립한 종파로는 1987년 창
립한 대한불교 교화종이 있다.

그러나 1988년 불교재산관리법이 폐지된 후 1990년부터 신흥종단이
급격히 創宗되었다. 이 당시 창립한 종단들은 종조·종지·종풍·소의경
전 등 종단의 기본요건조차 갖추지 않은 종단들이 대다수였으며, 1988
년 이후 창립된 신흥 종단의 수도 약 40여 개에 이른다. 이들은 기존 소
속종단에서 의견대립이나 파벌형성에 따른 내분으로 갈라져 나온 후 창
종을 선언한 종단들이 대부분을 차지하고 있다.50) 이 중 일부는 한국불
교종단협의회에 가입하였으나, 대부분 불교종단협의회에 가입을 하지 않
고 있다. 이들 신흥종단들은 대부분 종단 규모가 영세한 경우가 많으며
상당수 많은 종단이 본거지를 영남지방에 두고 있다.

〈표 1〉 (사)한국불교종단협의회 회원종단 (1997년 11월 현재)51)

	종단명	창종연도	종조/중흥조	소의경전	대표자
1	대한불교조계종		도의국사/태고보우국사	금강경·전등법어(제한 없음)	송월주
2	한국불교태고종		태고보우국사	금강경·화엄경(제한 없음)	홍인곡
3	대한불교천태종	1966.08.30 (중창)	지자대사/상월대사(중창조)	법화경·법화삼대부·천태사교의	전문덕

을 창종한 경우이다(민족불교연구소, 위의 책, 367쪽). 그러므로 천화불교는 1964년 불
교재산관리법에 의거해 불교단체로 등록하였으나, 1996년 경 한국불교종단협의회의 정
관 위배를 이유로 제명되었다(동국대학교 석림동문회, 「제종단사」, 『한국불교현대사』,
1997, 95쪽). 천화불교는 종단 측의 발표에 따르면 1998년 현재 사찰 4개, 승려 7명,
신도 6900명의 소규모 종단으로 존립하고 있다.
50) 일붕선교종의 경우 조계종 원로의원이었던 서경보가 창종하였다. 이 종단의 경우 종단에
대한 불만이 새로운 종단의 창종으로 이어진 대표적인 경우라 할 수 있다(동국대학교 석
림동문회, 「제종단사」, 『한국불교현대사』, 1997, 93쪽).
51) 동국대학교 석림동문회, 위의 논문 96~98쪽에서 재인용하고, 종단협의회에 가입되어 있
으면서 누락된 종단은 1998년판 『한국불교총람』에 의거하여 보충하였다.

4	대한불교진각종	1947.06.14	회당 손규상	대일경·금강정경·종조법전	김성초
5	대한불교관음종	1988.08.10 (불입종에서 개명)	대각국사 의천	법화경	이홍파
6	대한불교일승종	1968.02.10	태고보우국사	법화경	김혜정
7	대한불교법화종	1960.08.13	대각국사 의천	법화경(제한 없음)	김대호
8	대한불교보문종	1972.04.20	담진국사	법화경·경전조록	정혜일
9	대한불교원융종	1988.10.15	태고보우국사	금강경(제한 없음)	배일공
10	불교총지종	1972.12.24	손원정(대련)	대일경·금강정경	안효강
11	대한불교법상종	1969.03.15	태현법사/ 진표율사(중흥조)	미륵삼부경·해심밀경·능가경	정법륜
12	대한불교원효종	1963.09.10	원효대사	화엄경·미타경·금강경·법망경	송무진
13	대한불교총화종	1969.05.15	태고보우국사	반야경·화엄경	전남정
14	대한불교진언종	1954.04.01	혜통화상	대일경·금강정경	손금광
15	대한불교용화종	1931.11	진표율사	미륵상생경·성불경	이법덕
16	한국불교법륜종	1988.11.30	태고보우국사	금강경·화엄경	이혜우
17	대한불교본원종	1989.09.09	태고보우국사	정토삼부경	이대화
18	대한불교조동종	1989.05.27	동산양개선사	금강경(제한 없음)	윤송정
19	한국대승불교여래종	1988.10.04	대각국사의천	법화경(제한 없음)	신인왕
20	대한불교대승종	1968.05.28		금강경(제한 없음)	윤일오
21	대한불교일붕선교종	1988.09.16		금강경·육조단경·전등법어	김무찰
22	대한불교삼론종	1989.04.15	혜관대종사	반야경·화엄경·삼론(제한 없음)	이대산
23	보국불교염불종				이청봉
24	대한불교미타종	1944.08.18	함허득통선사	정토삼부경·화엄경·열반경	권성우
25	대한불교열반종	1991.10(종명등록)	보덕화상	대열반경(제한 없음)	김해근
26	한국불교법화종*	1946.02	대각국사 의천	법화경·무량의경·관보현보살행법경	김신현 (재단이사장)
27	대한불교불입종**	1965.12.05	의천/태허 홍선	묘법연화경	우경조

* 한국불교 법화종은 『한국불교현대사』에는 한국불교종단협의회 가입 종단으로 되어 있으나, 『한국불교총람』에는 비가입 종단으로 기록되어 있다.

** 대한불교 불입종은 『한국불교현대사』에는 누락되어 있으나, 1998년판 『한국불교총람』에는 가입종단으로 기록되어 있어 첨가하였다.

(4) 현대 경북 불교계의 동향

해방 후 경북 불교계는 크게 두 가지 흐름으로 구별된다. 첫째 조계종 중심의 체제이다. 해방 후 조계종은 불교혁신운동 및 정화운동의 와중에서 비구 측과 대처 측의 치열한 분쟁이 지속되면서 경북지방의 사원도 이에 휩쓸려 들어갔다. 하지만 1970년대를 거치면서 대부분의 전통사찰이 조계종으로 소속되면서 조계종의 우세가 확립되었다.

조계종 소속 안동권 사원들은 대부분 전통사찰이기는 하지만, 상당히 재정적으로 열악한 상황에 있는 것으로 판단된다. 대부분 사원이 농촌지역에 소재하고 있으므로 농촌인구의 감소로 말미암아 일부 문화재 보유 사찰을 제외하고는 대부분 신도의 감소로 인하여 사세가 몰락하고 있었다. 또한 해방이후 한국전쟁을 거치면서 사원이 소실되는 경우도 많아 원위치가 아닌 다른 곳으로 옮겨 사원을 재건하는 경우도 있었다. 영주 흑석사의 경우 순흥의 초암사를 철거하여 영주 이산면에 새로이 세운 경우며,52) 풍기 영전사도 원 위치는 욱금동에 소재하고 있었으나, 1949년 소백산 지구를 소개시킬 때 동부동으로 이전한 경우였다.53)

한편 1947년 문경 봉암사에서 성철·혜암·청담·월산·자운 등이 중심이 되어 발족한 봉암결사는 조계종의 선불교 수행의 바탕이 되었으며, 봉암결사의 성원 중 이청담은 정화운동을 이끌었던 중요한 승려였다.

그런 한편, 해방 후 김룡사가 경제적으로 쇠퇴해 지자, 해인사의 말사로 있던 직지사가 제 8교구로 이동하면서 8교구 본사가 되었다. 일제시대 본산이었던 동화사와 고운사는 각각 제 7교구와 16교구의 본사로 되면서 사세를 유지해 나갔다.

해방 후 경북불교계의 흐름을 또 하나 지적한다면 신흥종단의 등장이다. 해방직후 밀교를 표방하며 등장한 진각종은 대구를 본거지로 종세를 확대시켜나갔다. 손규상이 창시한 진각종은 1947년 심인불교로 시작하여 1954년 진각종으로 종명을 변경하였다. 진각종은 기존 불교와 차별성을 가지면서 종세를 확장시켜 나갔다. 진각종은 현재 신흥 종파 중 가장 성공적인 사례로 이해되고 있는데, 정성운은 진각종의 성공 요인으로 기존 교단과 차별성을 갖는 개종이념, 현대적으로 정비된 교리체계와 의식 등을 꼽고 있다.54)

---

52) 송지향, 『영주영풍향토지』상, 여강출판사, 1987, 283쪽.
53) 송지향, 앞의 책, 303-304쪽.
54) 정성운, 「원불교와 진각종의 교세성장요인 분석」, 『불교평론』13, 2002.

3. 봉화군 소재 사찰의 지역 활동

1) 사찰의 분포현황과 지역적 특징

봉화는 산이 많고 개발이 덜 된 지역이면서 민족의 대동맥인 백두대간을 잇는 태백산과 소백산 자락에 인접해 있다. 이 때문인지 불교적 관점에서 볼 때 봉화에는 크고 작은 사찰과 암자, 토굴 등이 대단히 많이 분포하고 있다. 또 노인인구가 많은 농촌산골 마을이므로 불교신도도 많은 편이다. 오래된 전통사찰이 있고, 불교문화가 도처에 산재해 있기 때문에 불교를 믿지 않는 사람이라 할지라도 특정종교를 믿지 않는 경우 불교적 분위기에 거부감이 없는 편이다.

먼저 봉화읍에는 중대사(조계종), 석연사(원각종), 성불사(조계종), 공벽사 등 네 개의 사찰이 있다. 물야면에는 축서사(조계종), 삼신사(법화종), 봉선사(태고종), 지림사(조계종), 일용사(대승종), 용문사(유불교), 봉덕사(법화종), 법흥사(대승종), 해원사 등 9개 사찰이 있다. 그리고 봉성면에는 두봉사, 문수암(법화종), 통천사(미타종), 천성사(태고종), 문수암(중대사) 등 5개, 법전면에는 법천사(일붕 선교종), 화장사, 화장암 등 3개, 춘양면에는 각화사(조계종), 보광사(법화종), 청룡사(총화종), 송학사(대각종), 백운사(법화종), 보양사(천태종), 석담사(법화종), 금용사(법화종), 덕수암(법화종), 덕선암(미타종), 대각사(법화종), 무량사 등 11개, 석포면에는 정수암(법화종), 연등사(천태종), 현불사(불승종), 월암사(법화종), 정법사(조등종), 문수사(태고종), 백화도량, 태란사(태고종) 등 8개, 재산면에는 금강사 1개, 소천면에는 홍제사(조계종), 대장사(법상종), 보현사, 옥천암, 천태종 현동분회, 대각선원, 백년암, 약수암, 적광사 등 9개, 명호면에는 청량사(조계종), 명호사(여래종), 지장사(대각종), 향적사, 고운암, 일운사, 묘현사 등 7개, 상운면에는 관음사, 청룡사(대각종), 상운암 등 3개의 사찰이 존재한다. 모두 합쳐 60개의 사찰이 존재하는 것이다. 이외에도 기록상 드러나 있지 않은 산 속 작은 암자와 토굴도 많다고 지역주민들이 증언하고 있다.

소속 종단을 밝혀놓은 경우만을 대상으로 볼 때, 봉화군 소재 사찰의 경우 법화종(11)-조계종(7)-태고종(4)-천태종(3), 대각종(3)의 순이다. 조계종 사찰도 많은 편이지만, 법화종 소속의 사찰이 가장 다수라는 것과 그 외의 신흥종단 사찰도 많다는 것이 눈에 띄는 점이다. 법화종 사찰은 특히 춘양면에 6곳이 있어 집중적인 면을 보이는데, 이는 경동교구 종무원인 백운사가 있기 때문인지도 모르겠다. 춘양면에 있는 법화종 사찰의 경우 백운사에서 정기적인 모임을 갖고 있다.

이 사찰들 가운데, 각 읍면 사무소의 종교현황 자료에 신도수가 100명 이상이라고 기록해 놓은 절로는 축서사(600명), 삼신사(300명), 봉선사(100명), 지림사(200명), 각화사(250명), 보광사(100명), 백운사(200명), 보양사(300명), 금용사(100명), 연등사(580명), 현불사(15,000명), 백화도량(100명), 청량사(5,000명), 향적사(100명), 관음사(250명), 성불사(300명) 등 16개 사찰이 있다. 이외의 사찰은 신도수가 대부분 50명 이하이며, 신도수가 10여명에 불과하다고 보고한 사찰도 상당수였다.

그러나 불교 신도들 가운데에는 여러 절에 중복 등록된 경우도 있고, 또 외지에서 한 두 차례 다녀간데 그친 신도도 있고 하기 때문에 기독교에서의 고정신자와 같은 개념으로 볼 수 없다. 따라서 각 사찰의 정확한 신도수를 파악하는 것은 불가능한 작업이다. 그리고 100명 이상으로 기록되어 있는 사찰의 경우에도 실제 방문조사를 해본 결과 그보다 적은 경우도 많았다. 춘양면에 있는 천태종 소속의 보양사의 경우, 과거에는 지역에서 신도수가 가장 많은 사찰이었지만 몇 년 전 단양 구인사로 가던 길에 버스가 전복되는 사고가 난 이후 신도수가 급격히 감소했다고 한다. 춘양면사무소에는 300명이라고 신고했지만, 400~500명 가까이 되었는데 그 사고 이후 150명 정도로 줄어들었다고 한다.

그러므로 관공서의 종교현황 자료에 기록된 각 사찰의 신도 수는 사찰들 간의 상대적인 규모만 대략적으로 비교할 수 있을 뿐 정확한 내용이라고 볼 수는 없는 상황이다. 사찰을 방문하여 면담한 결과 신도수가 가장 많은 사찰은 석포면에 있는 현불사이고 명호면의 청량사–물야면의 축서사–춘양면의 각화사의 순이었다.

위의 사찰들에서 문화재를 보유한 전통사찰은 鷲棲寺, 覺華寺, 清凉寺, 千聖寺, 弘濟寺 등 5개 사원이다. 다섯 개의 전통사찰 가운데 축서사, 각화사, 청량사는 신도수도 많고 영향력도 큰 사찰로서 봉화의 대표적인 사찰로 기능하고 있지만, 홍제사와 천성사는 신도가 크게 줄고 건물도 쇠락해지는 등 寺勢가 매우 축소되어 있었다.

2) 봉화군 소재 사찰의 활동

근자에 이르러 불교계에서는 찾아오는 신도들만 맞이하던 소극적인 태도에서 벗어나 적극적으로 일반인들의 생활공간으로 내려가 불교를 전파하거나, 진리와 심적 안정을 찾으려고 하는 사람들이 찾아올 수 있게 프로그램을 개발하는 등 노력하는 사찰들이 점차 늘어나고 있다. 현실참여와 지역민에 대한 봉사활동 등에도 점차 적극성을 보이고 있다. 말하자면 한국 불교계도 이제 시대적인 요청에 따라 변화를 모색하고 있는 상황이다. 이것은 결국 현대사회에서 불교계가 존립하기 위한 기반을 모색하는 것이라고 할 수 있다.

이런 관점에 입각하여 본 조사에서는 봉화지역 소재 사찰에 대한 조사를 토대로 오늘날 불교사찰이 지역과 지역민에 대해 수행하고 있는 기능과 역할을 다음과 같이 정리해보았다.

먼저 수행의 場으로서의 기능이다. 수행의 場이란 승려와 거사, 그리고 일반신도들이 수행을 하는 곳으로서의 기능을 하고 있다는 의미이다.

참선이나 경전공부를 통해 부처의 본래 가르침 그대로 깨달음을 얻고자 수행하려는 사람들을 위해 장소를 제공해주고, 가르침을 주는 기능을 하고 있다는 것을 뜻한다.

봉화 소재 사원 가운데 수행에 가장 중점을 두고 있는 대표적인 사찰로는 覺華寺와 鷲棲寺를 들 수 있다. 각화사는 선방이 있어 평균 50여명의 승려와 신도들이 거주하며 용맹 정진하는 곳으로 유명하다. 현재 주지는 정진스님이고 선원장은 고우스님이다. 고우스님은 1937년 경북 성주에서 출생하였고, 1958년 청암사에서 서웅스님을 계사로 사미계를, 1963년 범어사에서 석암스님을 계사로 비구계를 수지했다. 출가 후 40여 년 동안 봉암사, 축서사, 금영사, 용주사, 각화사 등 제방 선원에서 오직 참선에만 몰두해 왔다. 고우스님은 오늘날 한국불교계의 대표적인 선승 가운데 한 명으로 꼽히고 있다. 속세활동을 전혀 하지 않지만 전국적으로 명성이 높은 고승이라 신도들도 많이 찾아오는 편이다.

각화사의 기본 입장도 고우스님과 같아 대중포교나 행사 등에는 비중을 두지 않고 선방 중심으로 선공부에 치중하고 있다. 따라서 생활불교, 대중불교, 실천불교와는 거리가 있다. 그러나 봉화지역민들에게는 전국적으로 유명한 전통사찰이자, 이름난 고승이 있는 사찰로서 자부심과 긍지를 느끼게 해주는 측면이 있다. 일반인들도 그 때문에 각화사에 대해서는 알고 있는 사람들이 많았다. 그리고 봉화지역의 승려들이나 신도들은 고우스님을 대단히 높게 평가하고 존경하고 있었다.

축서사는 義湘大師가 浮石寺보다 3년 앞서 신라 30대 문무왕 13년(673)에 창건하였다. 축서사의 주지스님은 無如스님이다. 1940년 경북 김천 출신인 스님은 지난 1966년 오대산 상원사에서 희섭스님을 은사로 출가했다. 수계 후 선방에 들어가 송광사, 해인사, 관음사, 칠불사, 망월사 등 제방 선원에서 20여 년 동안 수선안거하고, 1987년 이후 축서사에 주석하고 있다.

무여스님은 화두참선법을 가장 중요한 수행법으로 강조하고 있다. 이에 따라 축서사에서는 철야참선법회를 매월 개최하여 불자들의 선 수행을 지도하고 있다. 현재 재가선방인 '선열당' 공사를 한창 짓고 있는 중인데, 이도 역시 축서사의 목적이 선 수행의 보급과 지도에 있다는 것을 잘 보여준다. 그런 한편으로 현재 교무 일을 보고 있는 계법스님의 경우에는 축서사 홈페이지를 직접 제작, 운영하고, 현재 3기생을 배출하고 있는 '축서사 불교교양대학'을 개최하여 수업을 직접 진행하기도 하는 등 대중 포교와 교육에도 힘을 쓰고 있다. 그러나 계법스님의 경우에도 궁극적인 방향은 참선수행에 두고 있다.

그런데 각화사와 축서사의 경우에는 일반신도들보다는 승려나 거사들이 수행하는 곳이란 측면이 더 강하다. 물론 이 사찰 승려들의 지도방향에 일반신도들 가운데에도 기복보다는 수행에 더 비중을 두고 경전공부도 하고 참선공부도 하는 사람들이 많이 있다. 특히 축서사에서는 철야 정진하는 신도들이 적지 않다. 하지만 봉화지역 전체 사찰을 대상으로 특성별로 분류한다면 각화사와 축서사는 승려나 거사들의 수행처라는 점을 가장 큰 특징으로 들 수 있다.

각화사에서는 현재도 40~50명 가까이 되는 승려와 거사들이 수행 중이고, 축서사에서는 현재 거사들의 선방을 신축하고 있는 중이다. 궁극적으로는 승려나 거사, 기타 일반신도 모두 수행할 수 있는 터전을 추구하겠지만, 그 가운데서도 현재 특히 치중하고 있거나 목표로 삼고 있는 것은 승려나 거사들의 선공부 중심기관으로 삼고자 하는 사찰들이라고 볼 수 있다.

이 두 사찰의 경우 문화재를 보유한 전통사찰이라는 점과 경관이 좋은 곳에 위치해 있다는 점, 그리고 일반인들에게까지도 그 명성이 알려져 있는 큰스님이 주석하고 있다는 점 등 여러 가지 요인이 결합되어 많은 사람들이 찾는 절들이다. 그 가운데에는 지역민도 있고, 외지인도 있다. 불교신도들 외에 일반인들도 적지 않게 찾는 절들이다. 절에 오래도록 머무는 사람들도 있고 잠시 들렀다 가는 사람들도 있다. 절에 거주하는 승려, 특히 큰스님으로 이름이 나있는 각화사의 고우스님이나 축서사의 무여스님과 재접을 하는 사람들도 있고 그렇지 않고 그냥 가는 사람들도 있을 것이다. 이 가운데 불교신도가 아닌 지역민들과 외지에서 잠시 들렀다가 가는 사람들에게는 수행중심의 사찰이 큰 영향을 미치지 못한다고 볼 수 있다.

하지만 크게 보면 사회의 정신적 지도자로서의 큰스님이나 깨달음을 위해 속세의 영화를 다 버리고 토굴에 들어가 가혹하게 자기 수행을 하는 사람들의 존재를 인식하는 것 자체로서 번잡한 생활을 하는 세속의 현대인들에게 자기를 돌아보게 하는 기회를 준다는 점에서 그 영향을 과소평가할 수 없다고 본다. 이런 점에서 수행을 위주로 하는 각화사와 축서사가 지역과 지역민에 대해 끼치는 영향은 과소평가할 수 없다고 본다.

그리고 祈願의 場으로서의 역할을 하는 사찰들이 있다. 이는 단순히 '부처님께 원하는 바를 기도하는 공간으로서의 절의 역할'이란 뜻이 아니라, '祈福佛敎的인 성격이 강한 절'이라는 의미가 더 강하다고 할 수 있다. 하지만 사원이 가장 주력하는 기능과 승려들이 신도들을 인도하는 방향에 따라 수행처로서의 기능이 더 강한 사찰과 기원장소로서의 기능이 더 강한 사찰을 구분할 수는 있을 것 같다.

기복 불교는 자신이나 가족의 행복만을 생각하고 그것을 불교 신봉의 목적으로 삼는다는 점에서, 利他的인 면을 강조하는 불교 본래의 근본정신에도 배치된다. 따라서 현대불교에서 극복해야할 점 가운데 하나로 지적되고 있다. 그러나 오늘날에도 기복 불교의 면모가 대단히 강하게 남아있기 때문에 독실한 불교신자인 경우에도 가족의 행복을 기원하기 위해 절에 다니는 것이 부처 본래의 뜻과 거리가 있다는 것조차 모르고 있는 사람들이 많은 형편이다. 그러므로 기복 불교의 문제점과는 관계없이 현대 사회에서의 사찰의 지역적 기능과 역할을 꼽을 때 '기원의 장'이라는 부분을 거론하지 않을 수 없다.

봉화지역 사찰의 경우에도 신도수가 적은 소규모의 사찰일수록 기복 불교적인 면을 많이 보이고 있다. 그 가운데 한 예로 전통사찰 가운데 하나인 천성사의 경우를 들 수 있다.

천성사는 봉성면 금봉리 262-1번지에 소재하고 있는 태고종 소속의 사찰이다. 이 절은 1952년에 직도스님(속명 李化星)이 창건했다. 금년 정월에 직도스님이 열반하면서 그 제자인 현 주지스님이 주지직을 계승했다. 현주지스님은 대처승이지만 가족은 강원도에 있고 현재 절에는 상주하는 공양주보살도 없이 혼자서 생활하고 있다. 직도스님의 49재에 참석하기 위해 와 있던 자제심보살(84세, 서울거주)과 청정심보살(75세, 서울거주)의 설명에 따르면 과거에는 축서사보다 천성사가 더 큰 절이었다고 한다. 이 절의 경우에는 신도의 대부분이 노보살들이고 주지스님의 의식도 그에 대한 거부감이 별로 없기 때문에 기복 불교적인 성격을 강하게 가지고 있는 것으로 파악되었다. 주지스님은 "법당에 모신 부처님이 오래된 돌부처님이라 영험이 많아 여러 사람들이 기도의 효험을 보았고, 그에 따라 계속 절을 찾고 있다."고 했다. 이 절에서는 또 신도들의 요청이 있으면 사주나 궁합 등을 간단하게 봐주기도 한다.

이는 비단 천성사 뿐 아니라 봉화 내에 있는 소규모 사찰의 경우 비슷한 양상을 띠는 절이 많을 것으로 추정된다. 특히 천성사처럼 전통사찰로 등록되어 있지도 않은 사찰 가운데 신도수가 수십 명에 불과한 경우에는 대부분 기복 불교적인 성격을 가지고 있다고 해도 과언이 아닐 것이다. 특히 신흥종단 소속의 소규모 사찰의 경우 그런 성격을 띠는 경우가 더욱 많았다.

사찰의 지역적인 기능 가운데 하나로 또 들 수 있는 것은 지역민의 의사소통 기관으로서의 기능을 하고 있다는 점이다. 즉 지역신도가 다른 사람에게는 이야기할 수 없는 집안의 문제로 혼자 고민하는 경우 스님에게 그 고민을 털어놓고 상담을 하는 경우도 있고, 신도들 간이나 다른 일반 지역민과의 사이에 갈등이 발생했을 때 주변 사람들의 요청에 의해 스님이 중재에 나서는 경우도 있다. 또 지역민 가운데 경제적으로 어려운 사람이 있을 때 신도들의 전언에 따라 절에서 쌀이나 부식품 등을 갖다 주는 경우도 있다. 승려가 지역민들과 격의 없이 지냄으로써 개인적인 갈등을 해소하는데 도움이 되어 주는 상담원 역할을 수행하는 것이고, 또 절이 지역민 간에 의사소통의 장으로서의 역할을 수행함으로써 지역민의 화합을 도모하는데 기여하기도 하는 것이다.

이와 같은 역할은 지역민의 거주지와 가까운 곳에 위치해 있는 비구니 사찰들이 가장 적절하게 하고 있는 것으로 보였다. 봉화읍내에 있는 중대사와 북지리에 있는 지림사를 그 예로 들 수 있다.

중대사는 봉화읍 삼계리에 있는 조계종 소속의 사찰이다. 주지스님은 비구니스님으로 법랍이 30년 되었다. 40세에 승가대학에 다녔는데 대학에서 복지학을 전공했다. 현재 연꽃어린이집을 봉화군으로부터 수탁 받아 운영하고 있다. 고정신도는 대략 50명 가까이 되는데, 이 가운데 초하루 법회 등에 참가하는 사람은 10여명밖에 되지 않는다고 한다. 주지스님은 신도 확대를 위한 노력은 왠지 장사꾼 같아서 하지 않는다고 한다. 하지만 어린이집을 운영하면서 어린이들에게 자연스럽게 불교를 접할 수 있게 하고 있고, 또 축서사 불교교양대학에 강사로 참가하면서 청·장년층에 대한 포교도 부분적으로 수행하고 있다.

주지스님의 경우 절로 찾아오는 신도에 한해 상담을 요청하면 그에 응해주고 있다. 신도들은 다른 사람들에게 이야기하지 못하는 집안내의 갈등문제 같은 것도 스님께는 편안하게 털어놓고 상담을 하고 있다고 한다. 그리고 신도 가운데 노환이나 기타 병으로 병원에 입원해 있으면 병문안을 가서 마음을 안정시켜주는 일도 하고 있다.

한편 같은 비구니사찰이자 마을 가까이에 있는 사찰인 지림사의 경우
도 지역 신도 가운데 여성 불자들이 언제든 예불을 하러가기도 하고, 마
음 편히 놀러갈 수 있으며, 스님과 개인적인 상담을 할 수 있는 사찰로
꼽을 수 있다. 현재 지림사에는 모두 6명의 스님이 소속되어 있는데 상주
스님은 동국대에 출강하고 있는 주지스님과 광문스님 두 사람이다.

현재 지림사는 젊은 비구니 스님들이 상주하므로 인해 여러 가지 계획
을 도모하고 있으나, 가까이에 축서사란 큰 절이 있어 인근 마을의 신도
들도 모두 흡수하지 못하고 있는 상태이고 아직 외지에도 널리 알려진 상
태가 아니어서 활동범위가 그다지 넓지 못한 상태이다. 이런 불리한 점을
해결하기 위해 지림사에서는 북지리 불상의 보존을 위한 여러 가지 방법
을 강구하여 군에 요구를 하고 있다. 또 현재 경북대학교 박물관에 옮겨
져 있는 석조반가사유상의 발견지점 등을 중심으로 주변 일대에 대한 조
사를 하고, 관련 문헌자료를 수집함으로써 지림사의 역사를 제대로 복원
하려는 노력도 기울이고 있다.

이런 노력들과 함께 지림사가 마을 근처 평지에 있는 비구니 사찰이란
점 때문에 나름대로의 역할을 수행하면서 점차 영향력을 넓혀가고 있었
다. 그 중 하나가 인근 마을 젊은 부인들의 의사소통의 장으로서의 기능
을 하고 있다는 점이었다. 역시 숫골마을 주민들과의 인터뷰 과정에서 확
인한 내용으로서 시골마을에서는 비교적 젊은 층에 속하는 50~60대의
여성 불자들과 그보다 더 젊은 부인들은 아주 마음편한 절로서 지림사에
모여 절의 일을 돕기도 하고, 서로 담소하며 놀기도 하는 장소로 생각하
고 있었다. 이들은 스님들과 함께 이야기를 나눔으로써 불교 교리나 예법
등에 대한 공부도 쉽고 편안하게 할 수 있고, 또 꼭 불교에 관한 이야기
가 아니라도 세상사나, 여성들이 기본적으로 안고 있는 문제들, 농촌여성
의 문제 등에 대한 이야기도 듣고 서로 의견도 나누고 할 수 있어 참 좋
다는 반응을 보였다.

이들은 또 서로 간에 친목을 도모하는 장으로 지림사를 활용하기도 한다. 그리고 이웃에 어려운 사람이 있는 경우 자신이 형편이 안 되면 절의 스님께 이야기를 하기도 하는데, 그러면 지림사에서는 절의 재정도 그리 넉넉지는 않은 편이지만 시주로 들어 온 쌀 등을 나눠주기도 한다고 한다. 마을 안에 어려운 일이 발생하거나 개인적으로 문제가 발생했을 때, 마음 편하게 도움을 청할 수 있는 스님들이 있어 좋다는 이야기도 나왔다.

조사자가 면담을 했던 10여 명의 숫골마을의 불자들은 모두 자신의 소속 사찰이 축서사라고 답했다. 그러면서도 여성신도들 가운데 상당수는 지림사에도 자주 가고, 행사가 있을 때 가서 일도 도와주고 있다. 조사 과정에서 들은 바를 종합해 보건대, 숫골마을 신도들 중에는 축서사와 지림사에 동시에 다니는 사람이 많은데, 축서사의 무여스님에게는 인생사나 신행생활에 있어서 상대적으로 큰 문제를 상담하고 있고, 지림사의 스님에게는 큰스님께 이야기하기 곤란한 소소한 생활상의 갈등 같은 것들을 의논하는 경우가 많았다. 축서사와 지림사의 지역적인 기능의 차이를 느낄 수 있는 대목이었다.

지역민에 대한 봉사 및 사회복지활동의 중심기관으로서의 역할을 하고 있는 사찰은 많다. 利他와 布施를 근본 요소로 하고 있는 불교 사찰로서는 봉사기관으로서의 기능을 기본적으로 가지고 있다. 어떤 사찰이라도 아무리 밤늦게 찾아오는 사람이라도 내치는 법이 없고, 매우 가난한 절이라도 배고픈 사람이 오면 허기를 면하게 해준다. 신도는 물론이고 일반 지역주민들이 절에 도움을 요청하는 경우 대부분 그에 응하고 있다. 이는 어느 지역의 사찰이라도 마찬가지라고 볼 수 있다. 봉화지역에서도 이런 계획과 원을 가지고 있는 승려들을 다수 만날 수 있었다.

봉사를 실천하고 있는 사찰로는 봉화군으로부터 어린이집을 수탁 받아 운영하고 있는 봉화읍내의 중대사와 영주시로부터 장애인복지관을 수탁 받아 운영하고 있는 명호면의 청량사가 그 예이다.

불교대학에서 복지학을 한 중대사의 주지스님은 사회복지 활동의 차원에서 연꽃어린이집을 만들어 5년째 운영하고 있다. 절 옆에 살고 있던 장애인 아이의 딱한 처지를 해결하는 과정에서 봉화군청과 접촉을 하게 되었고, 그를 계기로 어린이집을 수탁 받을 수 있었다고 한다. 엄마도 같이 농사를 짓는 집이 많은 농촌지역이므로 부모가 일하러 나갔을 때 마땅히 아이를 돌볼 사람이 없다는 점에서 도시 아이들 못지않게 어린이집이 절실하게 필요하다는 점을 역설해서 결국 국가로부터 돈을 받아 어린이집을 지을 수 있게 되었다고 한다.

현재 연꽃어린이집은 정부의 보조금과 어린이들 집에서 내는 회비, 그리고 중대사에서 내는 후원금을 보태어서 운영하고 있다. 연꽃어린이집은 봉화읍내에서 비교적 대규모이고, 버스도 운행하고 있기 때문에 거리가 먼 시골마을의 어린이들도 다닐 수 있다. 이 어린이집에 다니는 아이들 가운데에는 불교를 믿는 집안의 아이인 경우도 있고, 종교가 없는 가정의 아이도 있으며, 기독교 가정의 아이도 있다.

교육내용에는 불교에 관한 것을 거의 넣지 않고 있다. 주지스님은 어린이집에서 종교적인 색채를 너무 강하게 띠면 종교를 강요하는 것이 되기 때문에 그것을 원칙으로 하고 있다고 한다.

한편 청량사의 주지 지현스님은 대한불교 조계종 사회복지재단인 영주시장애인종합복지관의 관장으로 일하고 있다. 2002년에 건립되었는데 3년마다 위탁을 하기 때문에 현재는 불교계에서 맡고 있지만, 운영을 잘못하면 천주교나 개신교 등 다른 종교단체로 넘어갈 수도 있다고 한다. 집안에 있는 장애인 밖으로 끌어내기, 여성을 위한 각종 문화강좌, 장애인을 위한 목욕서비스 등의 활동을 하고 있다. 신체장애인 재활운동과 장애아돌보기 등의 프로그램도 진행하고 있다.

이상에서 보았듯이 지역에 존재하는 어린이집이나 장애인복지관 운영 같은 활동을 통해 불교계가 사회복지를 실현하는데 앞장설 수 있고, 지역과 지역민에 대한 봉사를 체계적, 조직적으로 실천할 수 있다는 점에서 매우 긍정적인 면이 있음을 확인할 수 있다. 그리고 비록 이용자와 직원들의 종교적 성향과는 관계가 없다고 하지만, 실제로는 그 기관을 운영하는 종교단체에 대한 긍정적인 인식을 확산시키는 역할을 한다는 것은 분명한 사실이다. 이는 결국 포교활동의 일환으로 볼 수 있다. 이러한 포교는 간접적인 포교방식이므로 그 효과가 금방 나타나지는 않지만 파급효과가 크고 지속적이라는 점에서 대단히 유용한 활동일 수 있다. 이는 또 종교인의 입장에서도 교리를 실천하고 자기수행을 할 수 있는 장이 마련되어 있다는 점에서 매우 긍정적인 의미를 가지고 있다.

이외에도 지역의 사찰은 전통문화 보존의 場으로서의 기능과 문화센터로서의 기능을 하고 있다. 국보나 문화재를 보유하고 있는 전통사찰의 경우에는 그에 대한 보존노력을 하게 된다. 지역의 주민들은 자기 고장에 이런 문화재가 있다는 점에서 자부심과 긍지를 가질 수 있다. 실제로 숫골마을 주민들과의 인터뷰 과정에서도 그런 점을 확인할 수 있었다. 이마을의 주민들은 북지리 마애여래좌상에 대해 애정이 많은 편이었다. 그리고 지금 경북대학교 박물관에 있는 하반신만 남은 석조미륵반가사유상에 대해서도 관심이 많은 편이었다.

이곳 주민들에게 "전통사찰과 국보급 문화재가 마을 인근에 있으므로 인해 지역에는 어떤 혜택이 있는가?"라는 질문을 하니, 우리 동네 가까이에 그런 문화재가 있다는 것이 자랑스럽다는 대답과, 그 문화재들을 보려고 외지에서 젊은 학생들이 많이 답사를 오는데 그들이 오고가고 하는 모습을 보는 것 자체만으로도 기분이 좋다는 대답이 나왔다.

요컨대 지역에 있는 사찰의 경우 전통문화를 보존하고, 또 소극적이든 적극적이든 그에 대한 홍보를 절의 홈페이지나 사보 등을 통해 하고 있다. 그러므로 문화재의 중요성을 신도들이나 일반대중에게 널리 알려 문화유산보존에 대한 필요성과 경각심을 고취시켜 주는 역할도 하고 있다

는 점을 인정할 수 있다. 지역민에게 문화적인 자부심과 긍지를 높여주는
작용도 하고 있다고 할 수 있다.

근자에 들어 체계적인 교육을 받은 젊은 승려들이 많이 양산되었고 생
활불교, 참여불교를 지향하는 분위기가 고조되면서 사원이 종교적 기관
으로서만 아니라 지역의 문화센터로서, 신도들뿐 아니라 일반 지역민들
도 함께 어울려 문화생활을 함께 하는 장으로서 역할을 하는 사례가 많이
보이고 있다. 봉화지역에도 역시 그런 기능과 활동을 하는 사원이 있다.
명호면 청량산에 있는 청량사에서 지금까지 2회에 걸쳐 개최한 바 있는
산사음악회와 상운면 하눌리에 있는 관음사에서 하고 있는 풍물교육이
그 예이다.

청량사에서 열고 있는 산사음악회에는 외지의 신도들과 관광객들도 많
이 참여하고 있다. 하지만 준비과정에서는 역시 지역신도들이 많은 일을
하고 있으며, 음악회가 열리는 날에는 불교신도뿐 아니라 절 인근 지역에
사는 주민들도 많이 구경하러 온다고 한다. 이 산사음악회에는 불교계의
승려음악가나 성악가도 참가하지만, 국악인 오정해씨 같은 유명 인사들
도 초청을 하고 있기 때문에 많은 사람들이 관람을 하러 온다.

한여름 시골산사에서 열리는 음악회이면서 그 수준도 상당하기 때문에
지역민들도 많은 관심을 가지고 있고 호응도도 높은 편이다. 금년으로 3
회 차에 이르는 이 행사의 경우 이제 명호면 지역의 중요한 문화행사의
하나로 자리를 잡았다고 볼 수 있다. 절에서 해마다 정기적으로 개최하는
이러한 산사음악회는 주민들의 문화수준을 높이고, 삶의 질을 고조시키
는데 큰 역할을 한다고 볼 수 있다.

관음사에서는 주지인 농선 최병호 법사가 원하는 지역주민을 대상으로
풍물 강습을 해주고 있다. 현재 3기생을 수강하고 있는 중인데, 3기생의
경우에는 비신자가 50%를 차지한다. 풍물강습을 하기 위해 관음사에서
는 100만 원의 경비를 들여 악기를 구입해 비치해 두고 매주 수요일에

강습을 한다. 농선법사는 수강생을 모집하고 풍물강습을 하는 과정에서 종교적인 권유는 전혀 하지 않으며, 참석하는 수강생들도 그런 면과 전혀 관계없이 단지 절에 와서 장구나 북, 꽹과리 등을 연주하는 방법을 열심히 배우고 간다.

산사음악회와 풍물강습은 문화의 사각지대에 살면서 동시대를 사는 도시 지역의 사람들이 일반적으로 누리고 있는 문화생활로부터도 소외되고 있는 농촌 시골마을 주민들에게, 이러한 행사와 교육을 통해 생활의 질을 높일 수 있는 기회를 제공하고 있다는 점에서 매우 바람직한 일이라고 본다. 그리고 이런 일들은 방향을 달리 보면 곧 일반인들에게 불교에 대한 거리감을 없애고 친근감 있는 종교라는 인식을 심어줌으로써 자연스럽게 포교를 하는 길이기도 하므로 사찰들로서도 의미가 결코 적지 않은 활동이라고 본다.

이제 인구가 적고 노인층이 많은 가난한 농촌지역인 봉화에 있는 사찰들이 지역과 지역민을 위해 기여할 수 있는 활동 가운데 현재 이루어지고 있지는 않은 것, 몇 가지만 간단하게 짚어보기로 하겠다.

첫째, 지역사찰의 승려들이 인근 마을에 사는 독거노인들의 정황을 파악해 체계적으로 돌보는 일을 하면 바람직할 것 같다. 봉화는 독거노인이 많은 농촌지역이므로, 승려가 그 가정을 수시로 방문해 외로운 노인들의 말벗이 되어주고, 병원에 갈 일이 있을 때 동행해서 수속을 밟아준다든가 하는 일들을 하면 노인들에게는 많은 도움이 될 것이다.

둘째, 농촌 어린이들이 방과 후에 지역사찰에서 시간을 보낼 수 있도록 개방해준다면 지역민들에 많은 도움이 될 수 있을 것이다. 노인들이 많은 곳이지만 그나마 일부 남아 있는 젊은 층 가구의 경우 대부분 부부가 함께 농사를 짓고 있다. 그러므로 사실상 도시의 맞벌이 부부 가정과 사정이 똑같다. 어린이들이 방과 후에 시간을 보내며 숙제와 공부도 할 수 있는 곳, 특히 부모들이 안심하고 맡긴 채 일을 할 수 있는 곳이 필요한 것이다. 도시의 맞벌이부부보다 수입이 적은 농촌의 가정이 이런 곳은 더욱 절실하게 필요하다고 할 수 있다. 더 나아가면 스님들의 경우 어린이들의 공부를 도와줄 수도 있을 것이다.

셋째, 농촌지역 사찰의 승려들이 신도들과 일반 지역민들을 대상으로 환경교육을 적극적으로 실시함으로써 환경을 보호하면서 오염되지 않은 먹거리를 생산할 수 있도록 인식을 심어줄 수 있으면 대단히 유익할 것이다. 물론 이때 교육의 방식이나 내용에 대한 많은 연구가 선행되어야 할 것이다.

4. 구미시 소재 사찰의 지역 활동

1) 사찰의 분포현황과 지역적 특징

구미시는 첨단산업도시와 전형적인 농촌마을이라는 상반된 성격의 지역들이 병존하고 있다. 따라서 거주지에 따라 주민들의 인식과 생활 방식의 차이가 있을 수 있고, 종교적인 면에서도 그런 점을 확인할 수 있다. 구미 지역에는 모두 47개의 사찰이 있고, 종파별로 보면 조계종 소속의 사찰이 압도적으로 많다. 47개 사찰 가운데 조계종 소속의 사찰은 모두 29개소나 된다. 다음으로 법화종 사찰이 도선사, 봉불사, 법성사 등 3개소 있다. 그리고 태고종 사찰이 황룡사와 송원사, 천태종 사찰이 금룡사와 구인사신도회, 진각종 사찰이 보광심인당과 지원심인당, 정토종 사찰이 도심사와 용마사로 각각 2개소씩이다. 이외에 법륜종 사찰 1개소(법천사), 원효종 사찰 1개소(정광사), 용화종 사찰 1개소(아미사)가 있고 원불교당이 있으며, 기타 종파를 알 수 없는 사찰이 3개소이다. 구미시는 산업도시와 농촌이 결합된 지역으로 불교적인 측면에서 다음과 같은 특징이 있다.

첫째, 수행 중심의 사찰보다는 지역 활동을 활발히 하는 사찰이 많다는 점을 가장 큰 특징으로 들 수 있다. 이는 공업도시라는 지역특성에서 기인한바 크다고 보지만, 주목되는 것은 도시 외곽의 면 단위 농촌지역에 있는 사찰의 경우에도 동일하다는 것이었다. 그리고 다른 지역에 비해 군소종파 소속 사찰의 숫자가 매우 적고 조계종 소속의 사찰이 과반을 넘는다는 점이 눈에 띈다.

둘째, 사암연합회가 결성되어 있고 정기적으로나 비정기적으로 모임을 자주 가지고 있기 때문에 다른 지역에 비해 사찰 승려들 간의 교류가 활발한 편이라는 것도 하나의 특징으로 들 수 있다. 사암연합회에는 조계종 사찰뿐 아니라 태고종과 다른 종파 사찰도 소속되어 있다. 그러나 역시 이 사암연합회 활동도 조계종 소속 승려들이 가장 활발히 하고 있다. 그리고 사찰들 간에 역할분담이 잘되어 있어, 지역 활동과 사회활동이 매우 원활하게 이루어지고 있다는 점도 다른 지역과 다른 차이점으로 볼 수 있다.

이러한 특징들이 나타난 배경으로는 다음의 점들을 지적할 수 있을 것 같다. 먼저 구미시에 속하는 곳은 아무리 시골지역이라 하더라도 심심산골인 곳이 거의 없다는 것이 하나의 원인일 것이다. 구미 시내나 선산읍내, 그리고 각 면 동 지역 어느 곳이라 해도 대체로 접근성이 좋은 편이다. 주변에 있는 산들도 대부분 마을과 거리가 멀지 않은 편이다. 따라서 승려 중심의 수행사찰이나 선방, 폐쇄적인 기도처 같은 곳이 존재하기에는 지역적 여건이 별로 적합하지 않은 편이다. 구미의 어느 지역에 있는 사찰이든 지역주민들과 매우 밀접한 관계를 가지고 있고, 승려들이 지역 활동을 활발히 하고 있는 데는 이런 이유도 있다고 본다.

더욱이 선산지역은 신라불교 初傳地이므로 불교사적인 측면에서도 의미가 큰 곳이다. 선산읍을 비롯하여 도개면, 무을면, 산동면 등에 분포하

고 있는 전통사찰들과 폐사지, 석탑과 불상 등의 문화유산들은, 불교가
이 지역의 문화와 지역민의 정신세계 형성에 미친 영향력이 지대했다는
것을 웅변해준다.

2) 구미시 소재 사찰의 활동

지역 활동의 중심은 역시 도리사이다. 도리사의 주지인 법등스님은 법
랍이 43년이고 직지사의 회주 녹원스님으로부터 계를 받았다. 카드에 등
록된 신도는 4,200여 세대나 되지만, 총무스님인 묘장스님의 말로는 이
가운데 실제로 열심히 하는 사람은 3,000여 세대 정도라고 한다. 다른
절과 마찬가지로 세대수는 많아도 불교신도의 특성상 자주 오는 편은 아
니기 때문이라고 한다. 보통 일 년에 3~4번 정도 오는 신도가 많고, 초
파일 하루만 절에 가도 스스로 불자라 한다. 따라서 한 달에 한 번 정도
오면 아주 신심이 깊은 편이라고 할 수 있다.

신도의 지역별 분포현황은 구미, 해평, 왜관, 대구 순이라고 한다. 지
역민이 70% 정도이다. 타지는 대구가 많고 서울, 부산은 의외로 적다.
여기서 의외라고 표현한 것은 다른 지역의 유명사찰의 경우에는 외지인
이 훨씬 더 많기 때문이다. 도리사도 전국적으로 널리 알려진 사찰임에도
불구하고 지역민이 훨씬 많다는 점에서 특징이 있다고 할 수 있다.

도리사는 신라 최초의 사찰이라는 특수성이 있기 때문에 인근 마을 주
민들이 대단한 애착을 가지고 있는 절이다. 신도들 중에는 4, 5대째 이
절에 다닌다는 사람들이 상당히 많다. 따라서 주변 마을 사람들은 도리사
를 '우리 절'이라는 친근한 용어로 부르고 있다.

이런 점 때문인지 도리사의 신도는 유동성이 적다고 한다. 이 절에 한
번 오면 다른 절에 가는 경우가 드물다고 한다. 총무스님은 어떤 일을 해
도 스님을 믿고 한다고 하면서 신규 사찰은 스님의 언행에 따라 신도들이

늘었다 줄었다 아주 유동적인데, 도리사는 그렇지 않다고 했다.

도리사에서는 여러 가지 지역 활동을 선도해 나가고 있다. 법등스님은 구미시내에 있는 불교대학의 학장과 금오종합복지관의 관장을 겸하고 있다. 그 외에도 지역 내에서 행해지는 불교계의 활동에는 항상 주축이 되고 있다. 또한 총무스님을 비롯해 도리사에 상주하는 스님들이 하고 있는 활동도 많다. 그 중 특징적인 것으로 가정 법회와 의료봉사, 주말 가족수련회 등을 들 수 있다. 첫째, 가정 법회는 스님이 신도 가정을 방문하여 법회를 열고 가택기도를 해주고 있다. 작년부터 왜관지역 신도 가정부터 실시했는데 반응이 좋은 편이라고 한다. 둘째, 방학 때가 되면 경희의료원에서 의사와 학생들이 와서 한방과 양의를 합쳐 지역민에게 의료봉사를 해주도록 주선하고 있다. 이 사람들은 절에서 기거하면서 마을에 내려가 진료를 한다. 셋째, 가족수련회는 봄부터 시작해서 주말마다 실시한다. 가족상담, 전통염색, 사찰예절, 유가예절 등의 프로그램을 짜서 실시하고 있는데 역시 호응도가 높다. 특히 가장들이 아주 좋아한다고 한다.

그리고 외국인 쉼터와 노숙자 쉼터를 운영 중인 남화사는 구미시 남통동 70번지에 있는 도심 속 사찰이다. 올해로 법랍 40년째 되는 성화스님이 주지이고 파계사에서 고송스님을 은사로 계를 받았다. 연간 절을 세 번 이상 찾는 신도는 300명이 채 안 되고, 기본신도는 100명 정도이다.

이 절에서는 외국인근로자 쉼터를 운영하고 있다. 2003년 11월 15일에 불법체류자 강제퇴거 조치가 이루어지면서 외국인 근로자들이 절에 마음 놓고 찾아오지 못하지만, 이전에는 대단히 많이 다녀갔다고 한다. 요즘은 사무장이 필요한 물품들을 날라다 주기도 하고, 도움을 요청하면 언제든 가서 도와주고 있다. 외국인 쉼터와 관련한 일은 사무장이 전적으로 담당하고 있다.

노숙자 쉼터는 1998년 IMF가 터지면서 시작했다. 현재 절 밑에 간이 숙소를 지어놓고 있는데, 많을 때는 상당수 사람들이 기거했지만, 현재는 두 명만 남아 있다. 노숙자쉼터와 외국인 쉼터를 운영하는 경비는 모두 절에서 조달하고 있다. 구미시에서 경비를 일부 조달한 적이 있지만, 번거로운 점이 너무 많아 여력이 되는 대로 사찰 자체의 힘만으로 운영하려고 하고 있다.

미혼모쉼터를 운영하고 있는 법륜사는 비구니사찰로 주지는 명효스님이고 총무는 견진스님이다. 지역민이나 스님들은 법륜사보다는 죽장사라는 이름을 주로 사용하고 있다. 견진스님은 법랍이 20년이고 문경 윤필암에서 계를 받았다. 법륜사의 일반 신도는 700여 세대이다. 이 가운데 초하루 법회 때 참여하여 봉사하는 신도는 50명 정도 된다.

법륜사는 친근한 비구니 스님들이 상주하고 있기 때문에, 여성 신도들이 많이 찾아와 어려운 점을 털어놓고 상담을 하고 있다. 그래서 미혼모 쉼터인 연화의 집을 운영하고 있다. 연화의 집은 또 매 맞는 아내들의 일시적인 도피처도 되고 있고, 편찮으신 할머니들이 와서 요양하다가 가는 곳으로도 기능하고 있다.

현재 법륜사에는 비구니 스님 두 분, 공양주 보살 한 분, 80세가 넘은 요양 중인 할머니 두 분과 미혼모인 젊은 여성과 남자아이가 살고 있다. 주지 스님인 명효 스님과 총무 스님인 견진 스님은 독립적인 사찰 운영을 위해 철저하게 검소한 생활을 하고 있어 할 수 있는 일들은 두 스님이 다 처리하고 있었다. 법륜사에서 여성 쉼터를 운영한지는 5년 정도 되었다. 지금까지 많은 사람들이 거쳐 갔고 많을 때는 7~8명이 절에 머물 때도 있다.

양로원을 운영하면서 어린이합창단을 이끌고 있는 불로사는 행정 구역상으로는 김천시에 속하지만 생활권은 완전히 구미시에 속해 있다. 신도도 대부분 구미지역 사람들이고, 주지스님도 구미지역 사암연합회에 소속되어 활동하고 있다. 올해로 법랍 24년째 되는 현오스님이 이절의 주지로 있다. 현재 불로사에는 몸이 아프거나 나이가 많은 스님이 양로원

개념으로 평생 상주하고 있는 스님 3명을 포함해서 20명가량이 지금 절에 상주하고 있다. 불로사는 양로원을 운영하고 있기 때문에 평소에도 상주하는 사람이 많다.

불로사의 1년 재정 운영규모를 보면 창건사찰이라 사찰 건물 자체를 현대식으로 짓는데 많은 재정이 필요해서 사찰 건물을 짓고 부채가 생겼지만, 지금은 빚을 지지 않고 운영이 되고 있다. 1년 예산은 1억 5천만원으로 거의 다 생활비로 그 중에서도 어린이 합창단의 지출이 많은 편이다. 법회를 참석하는 학생은 중·고등부 합쳐서 50명이고, 어린이 합창단은 45명 정도가 참석하고 있으며, 합창단은 순회공연과 정기 연주회를 개최하고 있다. 어릴 때부터 체계적으로 가르쳐 신앙생활에 도움을 주고자 시작한 어린이 법회와 합창단은 불로사의 대표적인 활동상이 되었다.

노인요양원인 자비원을 운영하고 있는 자비사의 주지스님은 정신스님이다. 직지사의 녹원스님이 스승이다. 현재 사찰운영의 실질적인 역할은 원장으로 있는 선해스님이 하고 있었으며 정신스님은 가끔 들려 운영 상황을 둘러보는 정도였다. 선해스님은 법랍이 20년이고 자비원에 온지 8년가량 되었다.

자비원이 지역민과 친밀하게 지내기까지는 많은 시간이 필요했다고 한다. 동네사람들이 노인요양원 같은 시설을 반기지 않았기 때문에 자비원 내에 들어와 격렬하게 항의를 했었다고 한다. 자비원에 기관장들 출입이 잦아지고 하면서부터 동네사람들도 절을 오기 시작했고 현재는 동네에 행사가 있으면 찬조하고 재가 있으면 자비원에 와서 지내고 하는 관계가 형성되었다고 한다.

구미지역과 다른 지역과의 차이점에 대해 정신스님은 "조계종 16교구가 수행중심이라면, 구미지역 사찰이 속해있는 8교구는 복지시설, 교육사업을 많이 하고 있는 것이 특징이다. 그 가운데 특히 구미지역이 잘 되고 있다."라고 설명하고, 앞으로 불교 어린이회관을 지을 것인데 하나는 봉곡동에 1,320평 규모로 사업을 할 계획이고, 다른 하나는 인동에 교육 부지를 마련할 계획이라고 했다. 정신스님은 또 구미는 다른 지역과 다르게 불교 초전지란 특징이 있어서 스님들이 더 열성적이라는 말도 덧붙였다.

그리고 유치원을 설립해 운영하고 있는 금강사는 구미 시내에 위치한 도심 속의 사찰이다. 구미지역 사암연합회 회장직을 맞고 있는 정우 스님의 법랍은 40년이다. 금강사에 온 지는 26년째이다. 현재 사찰에 상주하고 있는 사람들은 스님 3명과 공양주 보살 2명으로 사찰규모가 그만큼 크다는 것을 알 수 있다.

금강사에 한 달에 한 번 고정적으로 다니는 신도는 1,100~1,600여 세대이고, 초파일 같은 큰행사가 일을 때에는 2,000여 세대 정도가 금강사에 다니고 있다. 신도의 연령 분포는 젊은 층이 많은 구미지역을 그대로 반영하여 젊은 층이 많은데, 70대는 0.5%, 40~50대가 70%, 30대는 10~15%, 20대 이하는 청년회가 있고 불교학생회가 있어 약간의 고정 신도가 꾸준하게 금강사에 다니고 있다. 성별 분포는 90% 이상이 여성이고, 남성들은 스님 표현을 빌리자면 기웃기웃하다가 가는 경우가 많다고 한다. 지역적으로는 시내가 50%이상으로 나머지는 외곽에서 오고 있다. 절의 특성상 타 지역으로 이사를 가도 초파일이나 큰 행사 때는 계속적으로 다니고 있다.

금강사에서 이전부터 해오던 가장 중요한 활동은 유치원운영이고 구미 시내에 생긴 최초의 불교계 유치원으로 유명하다. 유치원은 인성교육을 바탕으로 어린이 포교를 위해 운영하고 있다.

1931년 포교당으로 시작한 원각사는 아파트가 들어오면서 아파트 속에 위치한 특이한 사찰이다. 주지는 대혜스님이고, 공양주 보살이 절에 상주하고 있다. 일반신도는 700여 세대이고, 고정 신도로 신도회에 소속되어 원각사에서 하는 사회봉사에 적극적으로 참석하고 있는 신도는 50명이다. 신도의 연령별 분포는 70·80대가 20%, 60대가 20%, 4·50

대가 50%, 30대 이하는 10% 정도이다. 연령분포에서도 알 수 있듯이
원각사는 상당히 젊은 절로 중간층이 많다. 다른 절과 마찬가지로 여성
신도가 많다.

원각사는 대혜 스님이 사암연합회 총무를 맡고 있는 것을 보아도 알 수
있듯이 포교활동에 전념하고 있음을 알 수 있다. 원각사의 지역 활동의
특징은 간병인 봉사활동과 어르신 점심 공양 등 주로 인근 주민들에게 거
부감가지 않고 특히 어른과 소외된 계층에 대해 다양하게 봉사활동을 하
고 있다.

매월 첫째 주 수요일 날 어르신들 점심공양을 절에서 하고 있는데, 승
합차로 모시고 와서 식사와 과일, 떡 등을 대접하고, 소요되는 경비는 매
회 30~40만 원 정도이다. 그리고 간병인 봉사 모임은 3년 정도 되었고,
20~40명으로 구성되어 있다. 정기적으로 교도소와 군부대를 위문 방문
하기도 한다.

이외에도 정신 지체자와 무연고노인을 보호하면서 보천다회를 운영하
고 있는 보천사의 법진스님과 금오종합복지관을 실질적으로 운영하는 대
둔사의 진오스님이 장학금을 수여하는 등 지역에서 정력적으로 활동을
하고 있다.

이와 같이 구미지역은 지역민과 함께 하는 생활불교의 전형적인 모습
을 발견할 수 있는 곳이다. 지역 불자들과의 인터뷰를 통해 지역승려들의
활동과 노력이 좋은 평가를 받고 있다는 것을 확인할 수 있었다.

5. 성주권 불교의 특징과 지역 활동

1) 사찰의 분포와 불교적 특징

먼저 성주군에는 모두 58개의 사찰이 등록되어 있는데, 그 가운데 전

통사찰은 선석사(주지는 선문), 감응사(선봉), 임정사(견성)이다. 칠곡군의 경우를 보면, 2005년 4월 현재 불교단체가 78개이고, 신도 수는 17,965명으로, 기독교 단체의 수 68개, 신도 수 6,240명, 천주교 13개 10,030명, 원불교 1개 40명 등 기타 종파를 압도한다. 그 가운데 전통사찰은 영명사(보명), 도덕암(법망), 송림사(성덕), 금곡사(고경), 대둔사(성욱), 선봉선원(성수) 등 6개이다. 고령은 29개의 사찰가운데 전통사찰은 관음사(지선), 반룡사(보이) 등 2개이다. 달성은 모두 61개의 사찰 가운데 화장사, 포교당, 유가사, 운흥사, 용연사, 용문사, 소재사, 남지장사 등 8개의 전통사찰이 등록되어 있다. 이 가운데 태고종인 임정사를 제외한 나머지는 모두 조계종 사찰이다. 소속 종단을 밝혀놓은 경우만을 대상으로 볼 때, 조계종과 법화종 사찰이 가장 많은 편이다.

성주권 지역은 불교와 유교 등 전통문화가 남아있고, 동시에 대도시의 영향을 직접적으로 받는 지역이다. 이런 면에서 전체적으로 전통과 현대, 농촌과 대도시라는 상반되는 요소들이 함께 공존하는 지역적 성격을 드러내고 있는 지역이라 할 수 있다.

특히 불교적 관점에서 볼 때, 성주권의 지역적 성격은 더욱 특징적인 면이 있다. 산이 많고 개발이 덜 된 가야산 지역과 대도시 대구 팔공산 지역을 포함하는 성주권은 전통사찰과 암자 토굴이 있는 반면에, 또 작은 규모의 도시적인 사찰이 난립하고 있는 곳이다. 또 도시와 인접해 있기 때문에 사찰단위의 불교신도의 수도 다른 지역에 비해 상대적으로 많은 편이다. 그리고 불교적 측면에서 동화사가 성주권 불교에 지대한 영향을 끼친다는 점이다.

2) 성주권 소재 사찰의 활동

달성군 비슬산에 있는 용연사에는 주지인 지운스님을 비롯하여 5명의

스님과 2명의 보살이 상주하고, 등록된 신도 수가 4,500명에 이를 정도
로 달성군에서 가장 큰 사찰이다. 지운스님은 50대로 2003년 11월에 용
연사주지로 부임하였고, 고정 신도 수는 300여명 남짓 된다. 신도의 구
성은 인근 대구지역이 대부분이고, 전국에서 많은 사람들이 사찰순례 차
견학을 오고 있다. 주지스님은 송광사 승가대학 총장을 지낸 학자형으로,
용연사 주지소임은 이번이 처음이라 한다. 그는 대내외적인 활동을 매우
활발히 하고 있는데, 예를 들면 매주 월요일과 수요일에 불교방송에서 강
의를 하고, 다선 수련회와 유식강의를 주도적으로 이끌어 가고 있다.

무료 급식소를 운영하고 있는 성주 선석사는 성주지방에서 가장 큰 절
이다. 선석사 주지스님의 법명은 '선문'이고 나이는 45세이다. 등록된 신
도는 총 1,000명가량 되지만, 한 달에 한번 이상 정기적으로 오는 신도
는 지역주민 50여명 정도이고, 초전, 월항, 왜관 등 여러 지역을 합치면
신도회는 7개가 구성되어 있다.

주지스님은 2004년 4월 천주교 기독교 불교대표가 모인 종교인과의
간담회에서 그 동안 불교 측에서 소홀했던 사회봉사에 적극적으로 참여
할 것임을 선언하면서, 선석사의 봉사는 시작되었다. 이미 2004년 2월
6일 선석사에서 운영한 불교 기초 교리반 학생들 사이에서 봉사에 대한
이야기가 자연스럽게 나왔고, 평소에 뜻을 가지고 있던 스님이 흩어져 있
던 개인들의 봉사의지를 묶어내게 된 것이다. 스님은 봉사단 결성 후 걱
정이 되어 잠을 못 이룰 때가 많다고 한다. 앞으로의 재원문제, 선석사
봉사단 보살들만을 계속 일을 시킬 수만 없다는 문제 등이 고민이라고
했다.

무료급식소 봉사는 선석사 주지스님을 비롯한 15명으로 출발하여, 선
석사 보리봉사단 41명이 참가하면서 정식으로 창단되었다. 보리봉사단은
2004년 11월 노인 138명에게 점심 무료급식, 월항면 청소·침술봉사,
12월 독거노인 김장봉사·초전복지회관 청소 및 침술봉사를 하였다. 이

후 2004년 12월 27일 성주읍에 35평 규모의 '자비경로식당'이 문을 열면서 무료급식은 체계적이고, 지속적으로 이어지고 있다. 이곳은 조계종 성주 사원주지연합회의 후원을 받고 있고, 관운사 지산스님도 기부금을 헌금하였다.

급식소에서는 매주 수요일 점심을 제공하고 있는데, 선석사 보리봉사단 보살들이 3조로 나누어서 운영하고 있다. 월항, 초전, 왜관·구미에서 각 7~8명이 참가하고, 40대~60대 보살이 주축이다. 같은 지역에 사는 1개조가 3주에 한번 씩 돌아가면서 무료급식소에서 봉사를 하는 것이다.

선석사 자원 봉사팀은 한 달에 1만 원의 회비를 내고 있고, 매달 10만 원 이상 돈을 내는 보살도 3명 있다. 무료급식소 봉사와 반찬배달 봉사는 자발적으로 하는 것이지만, 기간이 지속되면서 봉사단원들의 피로감이 누적되고 있다. "우리 선석사 봉사단만 이렇게 하다가는 지치지요. 바쁜데도 스님이 자꾸 나오라고 하니까 불만입니다. 일주일에 한번은 할 수 있지만, 더 이상 요구하면 이탈하는 사람들이 많이 생길 것이다."라는 말에서 부담감을 느끼는 단원들이 점차 늘어가고 있다는 것을 알 수 있다.

국가가 생활보호대상자를 지원하는 데 있어서 섬세한 부분까지 관리하기에는 어렵다. 아니 받아도 될 사람이 받는 경우가 있고, 정말 받아야 되는데 못 받는 사람이 있다. 그러한 것은 이웃에 함께 거주하는 사람들이 잘 알고 있고, 그러한 부분을 지역의 사찰이 맡고 있는 것이다.

유치원을 운영하고 있는 고령 관음사는 1910년 어느 처사의 조그마한 암자로 시작되었지만, 현재 1,200명의 신도가 등록되어 있을 정도로 규모가 커졌다. 고정적으로 절을 찾는 신도는 인근의 노인들이 대부분을 차지하고 있으며, 주로 보살들이다.

지선 주지스님은 지역 활동을 체계적으로 하기 위하여 이미 1998년 고령군에 있는 27개의 공찰과 개인사찰에 주지연합회 결성을 제의한 바 있지만, 호응이 없었다고 한다. 관음사는 지역의 주민들이 재난을 당했을 때 발 벗고 나서는 편이다. 1999년 신도들을 중심으로 불우이웃돕기 성금을 모금한 바가 있고, 2004년 해일 피해를 입은 동남아시아 국민을 지원하기 위해 지역의 반룡사와 관음사가 각 100만 원을 모금하였다.

관음사의 최대 특징은 유치원을 경영하는 것이다. 선재 유치원은 포교를 목적으로 1991년도에 설립되었고, 이미 입적하신 전 주지스님은 유치원의 수익에 관심이 많은 분이었다고 한다. 당시 고령에는 유치원이 없었기 때문에 인가된 정원 120명을 훨씬 초과하는 원생을 받아들여 이익을 추구했지만, 지금의 원장이 정원을 적절하게 줄였다.

관음사의 경우 부설유치원 원장이 사찰의 재정을 관리하고 있기 때문에 절과 유치원의 재정분리가 불분명한 측면이 있지만, 현재 유치원에서 이익을 창출하지 못하여 절의 경제에 도움을 주지 못하고 있다. 교육의 목표는 인성교육에 둔다고 하였다. 요즘 학부모들은 가시적인 것, 즉시 효과를 발휘하는 교육에 관심이 많지만, 인성교육이 글자를 일찍 깨우치는 것보다 더 중요하다는 방침을 고수해 왔고, 현재에는 그러한 교육방침에 대해 많은 어머니들이 공감을 하고 있다. 원생들의 부모 가운데 50% 정도가 불교신도이고, 매주 월요일마다 원생들을 위한 법회를 열고 있다. 그리고 초파일을 전후하여 반야심경 봉독대회가 정기적으로 열리고, 이것은 아이들에게 반야심경을 열심히 봉독하게 하는 촉매제가 되는 것이다. 어린 시절부터 자연스럽게 불교를 접하게 되고, 그것은 부모들에게도 영향을 주니, 관음사의 유치원운영은 분명히 포교에 도움이 되고 있었다. 이는 대부분의 원생들이 한 학기가 지나면 반야심경 정도는 외우게 되는 것을 통해서도 알 수가 있다.

성주군 벽진면에 있는 관음사는 태고종의 비구니 스님이 운영하고 있다. 40여 년의 짧은 역사를 가지고 있지만 벽진면에서는 가장 오래된 사찰이고, 지역에서 사회활동을 활발히 하고 있다. 관음사 스님의 법명은 대은행이고, 속세명은 여상금, 나이는 70대 초반이다. 법랍은 대략 40년 정도이다. 관음사는 여상금 보살이 신기를 누르기 위해 사찰을 세웠기 때문에 부처님을 모시는 일반적인 사찰과 차이점이 있다. 즉, 부처님에 대한 불심을 가진 신도들의 시주로 사찰이 운영되는 것이 아니라, 보살이 가진 무속인적 능력에 이끌려오는 사람들의 회사가 사가 대부분을 차지한다.

주지는 관내의 경로당에 밀가루, 국수, 연탄 등을 전달해 주고, 화장실과 부엌을 개량해 주는 활동을 지속적으로 하고 있다. 그러한 봉사활동은 계획을 세우고 체계적으로 이루어지는 것이 아니라, 주변의 이야기를 듣고 스스로 판단하여 실행하는 방식이다. 이러한 주지의 활동을 높이 평가하여 성주군에서 표창을 하려고 하였지만 그녀는 기어코 수상식에 참여하지 않았단다. 지역의 어려움과 함께 하는 주지의 봉사활동은 지역민들에게 깊은 감동을 주고 있다.

성주군의 대흥사도 지역의 노인들을 돌보는 봉사활동을 하고 있다. 주지의 법명은 선철이고 법랍은 40년, 동화사 양진암에서 출가했다. 비구니 스님이지만 추진력이 있고 불사와 복지사업에 관심이 많다. 스님이 28년 전 대흥사에 왔을 때 풀이 무성하여 허물어져 가는 것을 다시 중수하였다. 현재 주지 외에 4명의 비구니 스님이 상주하고, 신도는 200명 정도이다.

대흥사의 활동 가운데 가장 특징적인 것은 나이 70대에서 90대인 25명가량의 할머니들을 보살피는 것이다. 한 달에 10~15만 원의 회비가 있지만, 아예 내지 않는 노인들도 있다. 자식에게 버림받은 무의탁노인이 2~3명이고, 며느리와 갈등이 있는 신도의 시어머니도 있다. 스님은 할머니들과 생활하면서 그들의 고민을 들어준다. 시부모와의 갈등이나, 반대로 며느리에게 받은 설움을 이야기하는 시어머니 신도들의 이야기를 들어주고 상담을 해준다. 자식과의 갈등, 경제적 어려움 때문에 노인을 맡겨놓고 모셔가지 않는 사람들이 많다고 한다.

대흥사에는 노인들을 목욕시키기 위해 보살 8~10명으로 구성된 목욕봉사단이 있다. 비구니사찰이기 때문에 신도회는 보살들 중심으로 구성되었고, 목욕봉사단의 연령대는 주로 50대이다. 그리고 1년에 5번 정도 경주의 벚꽃과 경산의 연꽃을 구경하기 위하여 단체로 외출을 하고, 방생회와 사찰순례를 원하는 노인이 있으면 대동하기도 한다.

이와 같이 성주의 대흥사는 소외 받는 노인들을 돌보는 일을 5년 동안 해오고 있고, 사업을 확대하고자 하는 희망을 가지고 있다.

교도소 교화활동과 목욕봉사를 하는 달성 보림사는 1940년대 초반 眞佑스님이 大德寺란 이름으로 창건하였다. 그 후 신도들이 늘고 사세가 커지면서 현 위치인 대방산으로 이전하여 보림사로 개칭하였다. 주지인 선주스님이 보림사에 주석한지는 27년이 되었고, 신도는 대구지역에 거주하는 여성들이 대부분이다. 신도 가운데 40대가 주로 사회봉사활동을 하며, 남성 신도들이 늘어나는 것은 확실하지만 그 수는 많지 않단다.

달성군에는 61개의 사찰과 수십 개의 암자가 있고, 그 가운데 사암연합회의 활동에 동참하고 있는 사찰은 25개 정도이다. 그 활동 중의 하나가 대구교도소 교화사업이다. 대구교도소 교화사업은 천주교와 기독교가 동참하고 있다. 선주스님은 여기서 불교분과 총무이다. 10년 전에 대구교도소 교도관 불자회 모임인 불심회가 조직되었다. 회원들이 이절 저절 옮겨 다니면서 항상 불안한 마음으로 간신히 법회를 해오던 것을 주지스님이 지도법사가 되면서 보림사에서 정기적인 법회를 하게 되었다. 그 후 불심회 회원들은 절을 자신의 집처럼 생각하게 되면서, 절 입구의 인도와 탑을 수리해 주는 등 자원봉사를 적극적으로 하고 있다. 불심회 120명의 신도들은 매월 첫째 주 수요일에 보림사에서 법회를 가지고, 스님은 매주 3째 주 월요일에 대구교도소를 직접 방문하여 재소자를 위한 법회를 열고 있다.

대도시 대구와 인접한 달성은 도시와 농촌이 공존하는 곳이다. 보림사

는 도시로 통학하는 지역의 학생들에게 장학금을 지급하는 사업을 지속
적으로 하고 있다. 절 내에는 초등 중등 고등학교 학생회와 거사회가 조
직되어 있고, 스님이 직접지도하고 운영한다. 그리고 불교교양대학이 개
설되어 있는데, 초급반과 중급반을 3개월 과정으로 운영하면서 불교의
기초교리와 문화사 등을 교육하고 있다. 초급반은 7기가 배출되었고, 중
급반은 현재 3기가 교육중이다. 여름방학을 이용하여 어린이 불교학교를
20년간 운영하고 있고, 학부모들이 와서 밥을 해주는 봉사가 계기가 되
어 봉사팀이 만들어졌다.

현재 보림사에는 5개의 봉사팀이 있고, 팀은 20~30명의 여성신자들
로 구성되어 있다. 즉 양로원 봉사팀, 재난 시 봉사팀 보현회, 자연보호
봉사팀 보리회, 김장봉사팀 2개이다. 봉사팀의 배치는 스님이 직접 정하
고, 몇 년에 한번 역할을 바꾸기도 한다.

그리고 보림사의 양로봉사팀은 정기적으로 목욕봉사를 하고 있다. 그
것은 바로 매달 셋째 주 금요일 대구 수성구에 있는 화성양로원에 가서
노인들을 목욕시키는 일이다. 목욕봉사팀은 20명으로 구성되어 있고, 그
가운데 12명이 40대이다.

주지스님은 보림사 옆에 수련회, 노인 양로원, 유치원 등을 지어 포교
활동의 범위를 넓혀보려는 희망을 가지고 있다. 보림사가 그 동안 벌여온
지역 활동으로 인하여 옥포 주민들과 관계가 원만하기 때문에 이러한 사
업이 시작된다면 포교와 신도확장에 도움이 될 것이다. 하지만 보림사 주
변의 그린벨트가 풀리지 않으면 스님의 꿈은 이루어지지 않을 것이다. 이
웃에 대한 봉사는 순수한 마음이 없으면 불가능하다. 남에게 보여주기 위
하여 봉사하는 것은 많은 상처를 남기는데, 특히 연말 연초에 사진이나
찍어서 과시하기 위해 양로원이나 고아원을 찾는 사람들은 도리어 많은
사람들을 마음 상하게 한다. 보림사는 2004년 '우수종교사찰'로 지정되
었고, 동화사에서 대구 경북지구 포교대상도 받았다.

6. 맺음말

지금까지 영남지역 불교사의 전개에 대한 인식을 바탕으로 봉화군, 구미시, 성주권을 사례로 오늘날 불교가 지역사회에서 어떤 기능을 하고 있으며, 새롭게 일어나고 있는 변화상이 무엇인지 하는 점들을 살펴보았다.

먼저 종교적인 면에서 볼 때 봉화는 가난하고 조용한 시골이기 때문에 세속에 물들지 않고 수행에 전념하는 승려가 많다는 특징을 가진 곳이라고 할 수 있다. 이런 점에서 봉화지역의 사찰은 전국적으로 수행의 중심처가 될 수 있다고 본다. 가장 모범적이고 가장 청정한 수행처가 될 수 있을 것이다. 그런 한편으로 일반 지역민의 현실적인 문제를 해결하면서 더불어 잘 사는 이상사회를 만들기 위한 실험의 장이 될 수도 있는 지역이라고 본다.

영남지역의 사찰을 보면, 주지의 성향이 사찰의 기능과 역할에 미치는 영향이 매우 크다는 것을 알 수가 있다. 예를 들어, 달성 용연사의 경우 승가대학 총장 출신이 주지로 부임하면서 공부하고 참선하는 분위기로 점차 바뀌고 있다. 고령의 어느 사찰은 주지가 연로하여 대외적인 활동은 활발하지 않고 공양주 보살 한 명만이 절 살림을 꾸려가고 있는 등 명맥만 유지하고 있다. 이에 반해 성주 대흥사의 경우, 비구니 사찰로 주지와 몇몇 비구니 승들의 활동이 활발하다. 무의탁노인들을 돌보는 데 발 벗고 나설 뿐 아니라 주지가 직접 인부들과 땀 흘리며 공사를 진두지휘한다. 이처럼 주지와 신도회의 성향에 따라 사찰의 대내외적인 활동이 결정된다.

요즘 사찰에도 대형화의 바람이 분다는 것을 알 수가 있었다. 최근에 대대적인 불사를 하였거나 사업을 추진하고 있는 사찰이 많았다. 대구 인근의 고찰에만 사람들이 몰리고 있고 시골의 일반 사찰은 신도가 줄어들면서 명맥만 유지하고 있는 경우도 있다. 대신 개인 사찰의 수가 늘어나고 운영이 잘 되고 있다. 개인 사찰은 스님들이 한 자리에 종신토록 있기 때문에 신도들이 계속 느는 추세이다.

지역의 스님들과 신도와의 면담 과정에서 젊은 신도들이 늘어나는 추세는 분명했다. 대구시내의 종합대학교에는 대학생 불교단체가 활동을 하고 있고, 용연사나 반룡사 등 큰 사찰에서는 청소년 법회나 여름 불교학교 등을 정기적으로 개최하고 있다. 그리고 선석사에서는 기초 교리반을 운영하면서 불교의 대중화에 노력하고, 달성의 화장사에는 청년회와 고등부 중등부 학생회가 조직되어 일종의 독서실 같은 역할을 하고 있다. 요컨대 젊은 신도들의 증가는 불교계에 일어나고 있는 변화들 가운데 한 가지에 속한다.

이 지역에서 확인한 또 다른 변화는 청장년층 가운데 남성 불자가 늘어나고 있다는 점이었다. 그 동안 불교 신도는 60대 이상의 여자 노인층이 주류를 이루었다. 그러나 복잡한 도시생활을 벗어나 주말을 자연에서 찾으려는 사회적 분위기를 반영하여 가족 단위로 사찰을 찾는 경우가 크게 증가하고 있고, 또한 감응사 총무스님과 같이 많은 사찰에서 부부가 함께 찾는 것을 권장하는 분위기를 반영하여 처사의 비중이 크게 증가하고 있다. 특히 칠곡의 대표적인 사찰인 송림사의 경우 서울의 불자회 청년회 회장을 역임한 분이 신도 회장을 맡으면서 신도들을 조직하고 사업을 벌이는 데 적극적인 모습을 보이고 있다. 즉, 최근 합창단을 결성하여 발표회를 하고, 솔바람 차회에서는 다도대학을 4개월 과정으로 운영하는 등 산중 불교의 성향을 벗어나 지역민들과 함께 하고자 하는 노력을 보이고 있다.

한편 노인 불도들의 경우 지금도 여전히 기복 불교 중심이었지만, 젊은 불도들에서는 그런 면을 탈피하여 마음공부를 위주로 하는 경우가 점차 늘어가고 있다는 점을 들 수 있다. 이러한 것은 영남 지역만의 독특한 것이라기보다는 현대 한국 불교계에서 일어나고 있는 변화상을 그대로 반영하는 것이라고 볼 수 있다. 즉 근자에 이르러 불교계에서는 찾아오는 신도들만 맞이하던 소극적인 태도에서 벗어나 적극적으로 일반인들의 생활공간으로 내려가 불교를 전파하거나, 진리와 심적 안정을 찾으려고 하는 사람들이 사원으로 찾아올 수 있게 프로그램을 개발하는 등 노력하는 사원들이 점차 늘어나고 있다. 불교계에서는 또한 현실참여와 봉사활동 등에도 점차 적극성을 보이고 있다. 무료 급식소를 운영하는 선석사나 관음사 등이 대표적이다. 천성산 사건에서 시작된 지율스님의 단식을 계기로 젊은 스님들은 환경 살리기 운동이나 사회비판 활동에 적극적인 관심을 보이고 있는 것도 특징이다.

사람들이 절을 찾는 이유는 대개 문화재를 가진 전통 사찰이어서 널리 알려졌기 때문이거나, 명성이 높은 스님의 법문이나 예언을 듣기 위해서이다. 그리고 절 주변의 경치가 아름답고 조용하여 심신을 안정시키고 수양하기에 좋기 때문이다. 따라서 주변 지역민들만 그 사찰에 가는 것이 아니라 외지에서도 오는 경우가 많다. 잘 알려진 달성 용연사의 경우에는 오히려 인근 대구의 신자가 지역신자보다 더 많은 편이다. 사찰의 재원이 되는 전체 시주금의 상당부분은 외지인이 낸 것이다. 따라서 이런 면에서만 보면 사찰과 지역민과의 관계는 점차 미약해지고 그에 따라 포교활동의 주 대상도 지역주민보다는 오히려 외지인으로 삼는 것은 당연한지도 모른다.

하지만 중생구제라는 불교의 진정한 목표에서 본다면 오히려 불교계가 더 눈을 돌려야하고 지속적으로 관심을 가져야하는 것은 간헐적으로 찾아오는 외지인보다는 지역주민들이 아닐까 한다. 불교사원들이 터를 잡고 있는 지역사회에 대해 기여하고, 지역주민들에게 정신적으로든 물질적으로든 베풀 때 사찰의 존재의미가 있는 것이다. 불교와 일정한 거리를 두고 있는 젊은이들에게도 승려는 여전히 존경의 대상이었고, 승려들의 활동과 노력이 좋은 평가를 받고 있다는 것을 알 수 있었다.

영남의 사찰에서 행하고 있는 대표적인 활동상을 살펴본 결과 짐작할 수 있듯이, 이 지역의 불교는 현대사회에서 불교가 할 수 있는 지역 활동의 거의 대부분을 진행하고 있다고 해도 과언이 아니다. 지역스님들의 이러한 활동들은 개별 사찰들의 독립적인 활동에 바탕을 두고 있지만, 정비된 시스템에 의한 조직적이고 체계적인 활동의 필요성에 대한 문제의식은 공유하고 있는 편이다.

사찰의 재정도 제도적인 취약점으로 인해 안정적으로 활동을 수행하기 어렵다는 문제가 있었다. 대구시와 인접한 사찰의 경우에는 넉넉하지는 않더라도 비교적 재정 상태가 안정적인 것으로 보였지만, 산중사찰의 경우에는 지역민의 숫자가 전체적으로 줄어들고, 경제적으로 어렵기 때문에 점차 쇠락해가고 있는 실정이다. 이를 타개하는 방법은 교부금을 보조한다든지 산사체험 프로그램이나 여름학교 같은 것을 정기적으로 운영하여 외지의 사람들을 끌어들이는 유인책이 필요하다는 생각이다.

또한 사찰의 봉사활동이 다양한 분야에서 진행되고 있지만 신앙의 실천이라는 측면에서 자발적이고 적극적으로 활동하는 경우보다는, 사찰의 스님이 주도하고 부탁하기 때문에 수동적으로 따라가는 경우도 많았다. 일부 봉사단원의 경우 피로도가 높아지고 가정의 생활에 영향을 끼치면서 고민하는 예도 발견할 수 있었다.

현재 한국 불교계는 시대적인 요청에 따라 변화를 모색하고 있는 상황이라고 할 수 있다. 이것은 결국 현대사회에서 불교계가 존립하기 위한 기반을 모색하는 것이라고 할 수 있다. 다양한 종교가 공존하는 현대사회에서 불교가 계속 존립하고 그 기반을 넓히기 위해서는 다양한 방식으로 포교활동을 전개할 필요가 있다. 위의 활동들은 바로 지역민과 함께 하고자 하는 시대적인 변화를 적극적으로 수용한 것이라 할 수 있다.

┃ 참고문헌

강석주·박경훈, 『불교근세백년』(개정판), 2002.

김광식, 「朝鮮佛教靑年總同盟과 卍黨」, 『한국학보』80, 1995.

김광식, 『한국근대불교사연구』, 민족사, 1996.

김순석, 「'사찰령'의 공포와 조선총독부의 교단장악」, 『조선총독부의 불교정책과 불교계의 대응』, 고려대학교 대학원 사학과 박사학위논문, 2001.

김순석, 「'심전개발운동'과 불교계의 동원」, 『조선총독부의 불교정책과 불교계의 대응』, 2001.

동국대학교 석림동문회, 『한국불교현대사』, 시공사, 1997.

민족불교연구소, 『한국불교종단조직실태 조사보고서』, 1989.

불교사학연구소 편, 『한국현대불교사 일지』, 중앙승가대학, 1995.

송지향, 『영주영풍향토지』상, 여강출판사, 1987.

양은용, 「근대불교개혁운동」, 『한국사상사대계』6(근대), 한국정신문화연구원, 1993.

이능화, 『조선불교통사』(상·하), 1918.

이재창, 「일제하의 한국불교」, 『한국불교사의 제문제』, 우리출판사, 1994.

정성운, 「원불교와 진각종의 교세성장요인 분석」, 『불교평론』13, 2002.

之 鳴, 「해방 후의 불교계와 정화운동」, 『한국불교사의 재조명』, 불교시대사, 1994.

≪慶北佛教≫ 8호, 1937년 2월.

≪경북불교≫ 10호, 1937년 4월.

≪경북불교≫ 12호, 1937년 8월.

≪경북불교≫ 20호, 1939년 1월.

≪경북불교≫ 45호, 1941년 4월.

≪경향신문≫ 1961년 9월 18일.

≪경향신문≫ 1962년 4월 2일.

≪동아일보≫ 1961년 12월 29일

≪동아일보≫ 1962년 10월 2일.

≪동아일보≫ 1967년 2월 27일

≪동아일보≫ 1969년 3월 27일.

≪불교신보≫ 13·14합호, 1947년.

≪불교신보≫ 15호, 1947년 7월 1일.

『불교재건위원회회의기록』 1962년 1월 20일.

『제4차 불교재건위원회의사록』 1962년 1월 31일.

≪조선일보≫ 1946년 12월 6일.
≪조선일보≫ 1954년 8월 26일.
≪조선일보≫ 1962년 1월 23일.
≪조선일보≫ 1962년 1월 31일.
≪조선일보≫ 1962년 5월 24일.
≪조선일보≫ 1962년 10월 5일.
≪조선일보≫ 1965년 6월 13일.
≪조선일보≫ 1966년 12월 1일.
≪조선일보≫ 1967년 2월 28일.
≪조선일보≫ 1967년 7월 27일.
≪조선일보≫ 1967년 8월 3일.

낙동강 유역의 사람들과 문화

Ⅲ. 전통의 지속과 변화

제 8 장

경북지역 동제의 현대적 전승과 변용

: 동제의 부활과 전승주체의 현실대응을 중심으로

　이 글은 경북지역, 즉 안동권, 상주권, 성주권에서 전승되는 동제의 한 특성을 밝히는 것에 목적이 있다. 그 특성은 '동제의 부활'을 의미한다. 동제의 전승기반이 전반적으로 약화한 상황에서 전승주체들이 어떠한 방식으로 현실에 대응하는가에 주목한 결과, 전승이 중단된 동제를 부활시키는 것이 두드러진 현상으로 나타났다. 동제의 부활은 비단 경북지역만의 특징은 아닐 것이다. 그러나 동제는 경북지역의 지리적, 사회문화적 배경과 밀접하게 연관을 맺으면서 전승되었다는 점에서 변별성을 지닐 수 있으며 지역문화의 단면을 읽을 수 있는 요소가 된다. 문화의 속성상, 동제는 지역적 특수성뿐만 아니라 일반성도 내포하고 있기 때문에 이 글은 동제에 대한 일반적인 논의로 확장될 수 있을 것이다.

　민속연구에서 동제는 무속과 더불어 일찍부터 주목받아 왔다. 선교사들이 기독교의 전파를 효과적으로 수행하기 위해서 민간신앙을 주목한 이래, 일제강점기에 일본인 학자들 역시 조선인들의 사고와 정신세계를 이해하고, 이를 바탕으로 식민지배의 정책을 입안하기 위한 차원에서 동제를 주목했다. 특히 무라야마 지준(村山智順)과 아키바 다카시(秋葉隆)는 동제를 유교식과 무교식으로 이분하여 한국의 연구자들이 동제의 구조를 파악하는 데에 영향을 미쳤다. 이후 1980년대 이르러 서구학자들의 의례이론을 수용하면서 한국의 문화적 상황에 맞는 독창적인 이론을 정립할 수 있는 가능성을 모색하게 되었고, 단순히 의례연구의 이론적 차원을 넘어 실제 의례에 대한 구체적인 분석을 시도하면서1) 동제연구가 본궤도에 진입하였다. 지금까지 이루어진 동제연구는 크게 신, 제의, 공동체 등 세 영역에서 진행되어 왔다. 동신 연구는 신앙의 대상과 신화를 중심으로, 제의 연구는 동제의 기능과 구조를 중심으로, 공동체 연구는 동제와 공동체의 상호관계를 분석하는 것에 중심이 있었다.2) 이 과정에서 동제연구는 상당한 양이 축적되었고 더불어 질적으로 발전을 거듭하였다.

그럼에도 불구하고 대부분의 연구는 개별 동제를 분석하는 데에 집중되어 있으며, 범지역적으로 연구하였더라도 동제를 소개하는 보고서 형태에 머문 경우가 많다. 무작정 지역적 범위를 확대한다고 해서 좋은 성과를 거둘 수 있는 것은 아니지만, 지역문화의 특성을 밝히기 위해서는 소수의 동제를 분석하는 것만으로는 불가능하다. 이런 측면에서 이 글은 기존 동제연구에서 시도하지 못한 광범위한 조사를 바탕에 두고 있으므로 영남지역의 문화적 정체성을 밝히는 데에 일조할 수 있을 것이다.

한편, 근현대시기를 거치면서 형성된 거대담론, 즉 민족주의와 민중주의의 물결 아래 민속연구도 일정한 편향성을 지니고 있었다. 국가는 근대화과정에서 동제와 무속을 비롯한 민속을 '미신'으로 규정하여 타파하는 한편, '원형보존'이라는 원칙으로 문화재보호법을 제정하고 '우수한 민족문화의 보존 및 계승'이라는 명분을 세워 민속문화의 전승맥락을 무시하고 그들의 의도에 맞게 선택적으로 수용하여 특정한 방향으로 재구성하였다. 여기에 맞선 민중운동진영에서는 민속문화를 민중적, 변혁적 관점에서 해석하여 '건강한 민중문화'를 강조했고 문화적 방식으로 민중담론

---

1) 덕성대학교 인문과학연구소, 『한국 의례문화 연구사 및 연구방법』(Ⅰ), 1997, 37쪽.
2) 황루시, 「동신신앙 연구」, 『한국민속연구사』, 지식산업사, 1994.

을 재생산하게 되었다. 그러나 각 집단은 자신들의 이해관계에 따라 민속문화를 서로 다르게 해석했을 뿐, 결과적으로 민중과 민속문화의 실상을 드러내기보다 자신들의 의도에 맞게 선택적으로 수용하고 해석하며 특정한 방향으로 재구성하였다는 점에서 닮아 있다.

이와 같은 거대담론 하에서 민중은 항상 '고립적인 존재'로 오인되었다. 하지만 민중은 고립된 섬으로 존재하는 것이 아니라 상하의 관계 속에서 자신의 이해관계에 따라 갈등하고 화합하는 역동적인 존재이다. 톰슨이 계급을 구조나 범주가 아닌 인간관계 또는 역사적 관계로 파악하였듯이,3) 민중은 시대적 상황에 따라 얼마든지 자신의 입장과 이해를 관철시키기 위해서 다른 계층과 갈등하고 타협한다. 오늘날 도시화, 산업화의 영향으로 민중은 누대에 걸쳐 살아온 모둠살이 공간을 잃기도 하고 자신들의 문화를 상실하는 등 큰 피해를 보고 있다. 그렇다고 해서 이들은 일방적인 피해자, 수동자의 지위에 머물지 않고 상황에 따라 나름의 대응전략을 구사하여 현실적 문제를 적극적으로 타개해 나간다.

따라서 이 글에서는 민중을 '다면적, 역동적인 존재'로 보고 사회구조적 변동 속에서 민중이 선택하고 대응하는 전략이 어떠한 것인가를 주되게 살필 것이다. 이를 통해 동제의 제의에 치중한 그간의 경향을 극복하고 동제가 지속되고 변화하는 요인이 무엇인가를 규명하려고 한다.

2. 경북지역 동제의 분포와 성격

경북지역 동제의 현대적 변화를 이해하기 위해서는 권역별 특성을 살펴볼 필요가 있다. '낙동강 유역의 인간과 문화'의 과제를 수행하기 위해서 편의상 경북지역을 낙동강과 연접한 안동권, 상주권, 성주권 등 세 권

---

3) 톰슨, E. P./나종일 외, 『영국노동계급의 형성』(상), 창작과 비평사, 2000, 7쪽.

역을 구분하였지만 울진, 영덕, 포항지역을 아우르는 동해안권도 고려해야 한다. 따라서 여기서는 네 권역에서 전승되는 동제의 성격을 대략적으로 소개하려고 한다.

먼저 안동권이다. 주지하듯이 안동권은 유교문화의 전통이 뿌리 깊은 곳으로 일찍부터 재지사족들이 세거하면서 '성리학적 교화'를 통해 '아랫사람(下民)'을 지배해왔다.4) 특히 안동에서는 재지사족이 14세기부터 동성마을을 형성하기 시작하여 17세기 중엽에서 18세기 무렵에 이르러 본격화하였는데,5) 이러한 기반 위에 안동은 퇴계를 정점으로 유교의 본향으로 자리를 잡았으며 그 영향력은 오늘날까지 지속되고 있다. 양반들의 입장에서 보면, 동제를 비롯한 민간신앙은 좌도음사(左道淫事)에 속하기 때문에 척결되어야 하는 대상이다. 그럼에도 불구하고 퇴계의 후손들이 사는 안동시 도산면 토계리의 경우, 진성이씨 조상이 당신으로 현몽할 뿐만 아니라 예로부터 해오던 법식과 절차는 아랫사람인 당주들이 맡고 유교식 제의절차는 자신들이 맡음으로써 신분간의 조화로운 공존을 모색하였다.6) 하회마을에서 류씨들이 타성들이 주도하는 별신굿을 후원한 것 또한 같은 맥락에서 이해할 수 있다. 그러므로 안동권은 유교문화의 영향 아래 민속문화가 큰 힘을 발휘하지 못했던 것처럼 보이지만 실상은 그렇지 않았다. 오히려 안동권의 민중들은 양반들과 갈등하고 화합하는 상호작용을 통해 자신들의 문화를 풍부하게 전승하였는데 하회별신굿탈놀이, 놋다리밟기, 차전놀이, 저전 논매기소리, 예천 청단놀음 등이 그러한 결과들이다.

안동권의 동제는 양반과 민중, 상하의 관계 속에서 '동제-별신굿'의 이

---

4) 윤천근, 「안동을 중심으로 하여 살펴보는 조선후기의 '윗사람'과 '아랫사람'」, 『안동지역 민속의 전통과 현대』, 안동대학교 국학부·퇴계학연구소, 2003.
5) 김미영, 「안동지역 동성마을 종가의 정체성에 관한 연구」, 『안동지역 동성마을의 존재양상과 역사·문화적 특성』, 안동대학교 안동문화연구소 기초학문육성지원사업단, 2004, 21쪽.
6) 한양명, 「잊혀진 축제: 퇴계 후손들이 세거해 온 마을들의 동제」, 『터를 안고 仁을 펴다: 퇴계가 굽어보는 하계마을』, 안동대학교 안동문화연구소, 2005, 313~314쪽.

중구조로 형성, 전승되어 왔다. 공민왕의 딸을 모시는 안동시 도산면 가송리의 경우, 평년에는 유교식 동제, 3년이 되는 해에는 별신굿을 하였고, 하회마을에서는 평년에는 동제, 10년마다 별신굿을 했다. 이외에도 안동의 수동, 병산, 마령, 축계, 사신, 영양의 무창리 주곡동, 예천의 맛질과 대제리 등 여러 곳에서 내륙별신굿이 성행하였다.[7) 별신굿은 대규모 축제로서 탈놀이, 진법놀이, 무당굿, 풍물 등 다양한 볼거리와 먹거리, 심지어 매춘까지 포함된 장으로, 별신굿이 벌어진다는 소문이 들리면 그 마을에 친척을 둔 사람뿐만 아니라 인근 주민까지 찾아가 며칠 동안 즐겼다. 따라서 안동권의 동제는 평년에는 조용한 가운데 유교식으로 지내지만 일정한 주기로 거행하는 큰 동제, 즉 별신굿에서는 소란스럽게 판을 벌인 가운데 다양한 놀이들이 펼쳐지는 특성이 있다.

다음은 상주권이다. 상주권은 안동권과 다른 양상을 띤다. 안동권에서는 소수의 마을을 제외하고 주로 정월 보름에 동제를 거행하지만, 상주권에서는 10월 상달에 지내는 경우가 아주 많다. 10월 상달고사는 부족국가시대부터 내려온 추수감사제로 정월에 지내는 동제보다 훨씬 고형에 속하는 지역공동체신앙이다. 지역공동체신앙은 주류문화를 많이 따르는 경향이 많은데, 안동의 경우 주류문화라 하는 유교문화의 강한 전통 속에서 정월의 세수(歲首) 중심의 신앙으로 바뀌었고, 상주권에서는 유교문화의 세력이 상대적으로 약해 고대로부터 지속해오던 추수감사제적 의미의 공동체신앙을 전승하고 있다고 보여진다. 안동권과 마찬가지로 상주권에서도 문경, 예천을 중심으로 별신굿이 성행하였지만 축문 없이 동제를 지내는 경우가 많고 풍물패가 차지하는 비중이 높다는 유교문화의 영향을 덜 받았다 하겠다. 동신의 신격에 있어서도 고대사회의 흔적을 발견할 수 있는데, 상주시 화서면 하송1리(송내, 청계)에서는 견훤장군을 동신으로

7) 조정현, 「별신굿의 존재양상과 민중의 문화창조력: 축제적 성격과 전승·연행원리를 중심으로」, 2005년 안동대학교 대학원 민속학과 겨울세미나 박사학위 중간발표 논문, 2005, 14쪽.

모시고 있으며, 화남면 동관리에서 거행하는 골맥이제의 신격에도 견훤 장군이 포함되어 있다. 또한 아직까지 생우(生牛)를 잡아 제물로 올리는 곳이 많아서 다른 권역보다 고형의 희생제의를 보여주고 있다. 한편, 상주권 중 예천, 문경은 도시화의 수준이 미약한 편이지만, 구미는 대규모 산업단지가 들어서 있어서 도시와 농촌 지역으로 양극화하여 동제전승에도 영향을 미치고 있다. 구미의 두산전자(주)가 사원의 안녕과 회사의 번영을 기원하기 위해 동제를 지내고 있는 것이 그 한 예이다.

다음은 성주권이다. 이번 조사에서 안동권, 상주권, 성주군 세 지역을 조사한 결과, 동제의 전승력이 가장 미약한 곳이 성주권이었다. 특히 성주에서 동제를 지내는 마을은 극히 드물었으며 그나마 동제를 지내는 곳에서는 일제강점기, 한국전쟁, 새마을운동 시기에 중단하였다가 최근에 '장승제'라는 새로운 형태로 부활시켜 전승하고 있다. 이처럼 전승력이 크게 약화한 데는 시설재배의 확산과 도시화, 산업화의 영향이 크게 작용한 것으로 보인다. 성주와 고령은 각각 참외와 딸기를 재배하여 고소득을 올리는 지역으로 젊은층이 마을을 떠나지 않거나 귀농하는 경우가 많으며, 칠곡과 달성은 대구에 인접한 곳으로 급격하게 도시화가 진행되고 있고, 이 중 달성은 대규모 산업단지가 들어서서 기존에 있던 마을이 자취를 감추는 경우도 있다. 전통적으로 동제를 전승해온 노인층에 비해 젊은층은 동신에 대한 관념이 약하고 외지에서 들어온 사람들은 아예 동제에 대해 관심을 두지 않기 때문에 전승기반이 약화할 수밖에 없다.

전반적으로 성주권의 동제는 유교식의 독축고사형보다 풍물굿형이 매우 우세하다. 달성, 칠곡, 고령 등에서는 동신을 상징하는 천황대 또는 서낭대를 세우고 풍물을 쳐 '신내림'을 하는데, 그 대표적인 경우가 고령군 우곡면 봉산리의 동제이다. 이 마을 동제는 제관을 선출하는 과정부터 제사가 끝나고 뒷풀이, 즉 지신밟기까지 풍물이 중요한 역할을 담당한다. 특히 고령과 달성에서는 "農者天下之大本"이라 적힌 일반적인 농기와는 달리 청도, 창녕, 밀양 등 경남지역에서 우세하게 나타나는 오색의 서낭기가 주로 쓰인다는 점에서 경북과 경남의 점이지대적 성격을 띤다. 또한 성주권에서는 새해맞이 축제의 맥락에서 동제와 함께 연행되는 대동놀이가 풍부하게 전승되었다. 성주성 동문 밖에서 벌어졌던 '관왕묘'와 관련한 줄당기기와 고령군 월막리, 달성군 남리와 북리의 줄당기기의 존재는 고을, 마을 수준에서 다양하게 줄을 당겼다는 사실을 알려준다. 한편, 달성군의 비슬산 인근의 다수 마을에서는 동제를 지내고 각 마을 서낭대를 세운 아래서 씨름으로 마을간 경합을 벌였다. 통상적으로 씨름은 단오에 행하는 놀이로 알려져 있지만, 달성과 청도에서는 정월에 동제의 뒷놀이로 오신(娛神)행위의 일환으로 행해졌다.

이상의 세 권역은 경북 내륙에 위치하고 있지만 고립된 지역으로 남아있지는 않았다. 안동과 문경새재를 잇는 길은 영남에서 서울로 올라가는 교통로였고, 그 사이를 흐르는 낙동강의 수운은 물자의 교류뿐만 아니라 정치경제, 사회문화의 교류를 촉진하는 통로가 되었다. 특히 안동의 하회와 병산에서 전승된 탈놀이가 합천의 초계 밤마리 오광대를 중간 기점으로 동래, 부산, 김해, 가산, 창원, 통영 등지의 들놀음과 오광대의 유래와 전승에 영향을 미칠 수 있었던 것은 낙동강이 있었기에 가능했다.[8]

마지막으로 동해안권이다. 경북 동해안은 현재까지도 별신굿이 왕성하게 전승되고 있는 지역으로 마을주민의 요청에 의해서 세습무가 전문적인 예술기량으로 굿을 담당해준다는 점에서 강신무가 참여한 내륙별신과는 차별성을 띤다. 동해안권 역시 안동권, 상주권과 마찬가지로 평년에는 동제를 지내고 2년, 3년, 5년, 7년, 10년 등의 주기에 따라 별신굿을 거행하는 이중적 구조로 동제가 전승되고 있다. 전파론적 관점에서 보면 이러한 이중적 구조가 동해안 지역에서 월등히 우세하게 나타나기 때문에, 이 문화가 중심부인 동해안에서 경북내륙으로 전파되었을 개연성이

---

8) 임재해, 「하회별신굿 당제 시기와 낙동강 유역의 탈놀이 전파」, 『안동문화』15집, 안동대학교 안동문화연구소, 1994, 19~22쪽.

높다. 여하튼 거친 바다를 생업의 터전을 살아가는 주민들은 항상 생명의 위협을 걱정해야 했고 이를 극복하기 위해서 동신에게 크게 의존함에 따라 제의의 전승력이 매우 강하다. 이런 이유로 내륙보다 훨씬 많은 신과 제당을 가지고 있으며 일 년에 행하는 동제의 수도 많다. 그리고 해안에 위치한 관계로 바다에서 잡는 고기 중 대게, 문어 등 가장 좋은 것을 골라 제물로 올리는데, 선주들은 자신의 배가 사고 없이 만선하여 귀향할 수 있도록 최상의 제물을 아끼지 않는다.

동해권에서 주목되는 것은 신격을 지칭하는 향언이 발달하였다는 점이다. 예컨대 울진군 북면 덕천리에서는 동신의 신격을 "노씨 궁전에 이씨 배판 성황님"이라 설명한다. 노씨는 할아버지로 이 마을에 처음 들어온 분이고 이씨 할아버지는 마을의 터전을 닦은 분이다.9) 또 영덕의 대부분의 마을에서는 "某姓 터전에 某姓 골목"이라 하여 그 마을의 개기(開基) 및 개척한 인물을 동신으로 섬기고 있다. 여기서 '골목'은 집과 집 사이를 가르는 공간적 경계를 뜻하기도 하지만 고을(마을)로 들어오는 잡귀나 질병을 막아주는 수호신, 즉 '골맥이'를 뜻한다. 골맥이는 경북 내륙지역과 동해안 지역을 중심으로 통용되는 용어이다. 이러한 향언은 마을의 역사를 짐작케 하는 중요한 단서가 되며 자신의 삶을 글로 남기지 못했던 민중들이 지식을 저장하는 중요한 수단이 된다.

3. 경북지역 동제의 부활양상과 그 형태

현재 경북지역에서 동제가 부활하는 요인과 양상은 여러 가지이다. 그 양상은 크게 세 가지로 나뉜다. 첫째, 주민들이 자체적으로 부활한 경우, 둘째, 국가의 문화정책과 관의 지원에 의해 부활한 경우, 셋째, 지역 산

9) 한양명 외, 『남자는 그물 치고 여자는 모를 심고』, 민속원, 2007, 300쪽.

업체의 목적에 따라 부활한 경우 등이다. 동제가 부활하는 과정과 그 형
태를 살펴보면 다음과 같다.

1) 주민들에 의한 자체적 부활

성주군 대가면 옥련1리, 옥성1리의 주민들은 '장승제'라는 새로운 형태
로 동제를 부활시켰다. 두 마을은 여의(余衣)실이라는 하나의 자연마을이
었으나 박정희 정권 시절에 주민들의 요구로 분동하였다. 1990년대 말
부터 이 마을에서는 젊은 사람들이 자꾸 죽거나 다치게 되었고, 마을에
살다가 객지에 나간 사람까지도 봉변을 당하는 경우가 더러 있었다. 그래
서 주민들은 정월 보름날에 마을 앞 도로 가에 장승을 세우고 제사를 지
내 더 이상 사고가 발생하지 않도록 빌었고 그 때문인지 마을은 편안해졌
다. 이때부터 주민들은 장승이 마을을 지켜준다고 믿게 되었다.

이 마을 동제가 장승제로 부활하게 된 데는 인근 마을 봉동의 장승제
영향이 크다. 30여 년 전 봉동에서 "젊은 초상"이 많이 나게 되어 김천에
서 내왕하던 풍수 김석진 씨의 조언대로 마을 입구에 돌장승을 세운 후부
터 젊은 초상이 끊어지게 되었다는 소문이 퍼지자, 인근에 있는 탕실과
여의실에서도 봉동의 장승제를 따라 배워 기존의 동제와는 다른 장승제
로 마을의 사고방지를 기원하였다. 세 마을의 장승제는 젊은이의 죽음,
교통사고, 가축의 죽음 등을 방지할 수 있다는 공통의 이념적 기반 하에
생겨났다. 조사과정에서 만난 인근 마을의 주민들도 "우리 마을도 사고
나면 장승제를 지내야 한다"고 할 정도로 현재 장승제는 범지역적으로 확
산될 조짐을 보인다.

이 마을 동제는 1930년대 중반에 중단되어 당시의 형태를 기억하는
사람은 없으나, 인근의 봉동에 사는 90세의 정경순 씨는 "내가 19살에
시집왔을 때 안여실에서 동제를 지낼 때는 우리 마을 입구에도 황토를 뿌

렸다. 그때는 마을 뒤에 있는 느티나무에서 제사를 지냈다"는 증언을 통해 그 형태를 다소나마 짐작할 수 있다. 그러므로 원래 여의실의 동제는 현재 고목으로 남아 있는 마을 뒤 느티나무에서 거행되었으며 타 마을과의 경계까지 황토를 뿌려 외부인의 출입을 막았던 것으로 보인다.

여의실의 동제가 부활하게 된 데는 장승제의 이미지도 한 몫 했다. 장승제를 기획하고 책임지고 있는 청장년회의 회장 송우영 씨는 장승제에 대해 자세히 아는 사람이 없어서 인터넷 '장승학교' 홈페이지에 나와 있는 절차와 제물의 진설 규칙에 따라 제사의 형식을 만들었고, 자체의 기금과 주민들의 찬조금을 받아 경비를 충당하였다. 장승이 전통의 표상으로, 한국문화의 대표적 상징으로 의미와 기능이 변화하고[10] 생산과 소비가 광범위하게 이루어짐에 따라, 주민들은 보다 전통성 있는 제의의 표상으로 장승제를 수용한 것이다. 분명 이 마을 동제가 과거에 중단된 형태와는 완전히 다른 것이지만, 주민들은 그 형태의 변화에 불만을 가지기 보다는 '사고를 방지'하려는 목적을 달성하였다는 점에 더 큰 의미를 부여한다. 또한 장승제를 지낼 때는 초청장을 보내 면장, 농협장, 경찰서장, 우체국장 등 각 기관장과 외부인들의 참석을 유도하고, 이 마을 장승제를 대가면을 대표하는 행사로 홍보한다. 이런 점에서 여의실에서 부활한 동제는 사고를 예방하려는 주민들 내부적인 목적뿐만 아니라 외부적으로 마을의 정체성을 강화하려는 목적도 담겨 있다.

2) 국가의 문화정책과 지원에 의한 부활

경북지역에서 조사한 마을 중 안동의 가송리와 수동, 구미의 도중리와 성수1리, 문경의 부곡리 등 여러 마을에서 관의 지원을 받아 동제를 전승하고 있다. 현재 마을인구의 노령화로 동제를 이어받을 젊은이가 거의 없

10) 김주호, 「장승 전문제작자의 출현과 장승의 성격변화: 안동 하회마을 김종흥 씨의 사례를 중심으로」, 안동대학교 민속학과 석사논문, 2006, 51~73쪽.

고, 있더라도 되도록 편하게 하려 해서 노인층과 갈등을 빚고 있다. 특히 동제의 경제적 기반이 되었던 동산이나 동답이 묵어 더 이상 쓸모없게 되거나 경지정리 또는 산업화로 이 땅이 팔려 경비를 마련하기 힘든 상황이 되었다. 그나마 주민들이 얼마씩 "풀어서(갹출해서)" 간신히 제물을 마련하고 있지만 별신굿과 같이 엄청나게 큰 액수가 드는 행사를 마을 자체적으로 벌인다는 것은 매우 어렵다. 동신에 대한 관념 희박, 경비조달의 어려움, 마을인구 감소와 노령화로 인한 전승력의 약화는 정도의 차이는 있으나 모든 마을이 당면한 문제이다.

이런 상황에서 관의 지원을 받는 마을은 상대적으로 동제를 전승하기 유리만 반면, 그렇지 못한 마을은 관의 지원을 받는 마을을 부러워한다. 관의 지원은 동제가 전승력을 갖는 데 매우 중요한 요인이 되며, 지원을 받는 마을의 동제는 국가로부터 '보존해야 할 문화자원'으로 가치를 인정받고 우월한 위상을 가지게 된다.

문경군 호계면 부곡리는 막골과 오얏골, 그리고 삼실 등 세 개의 자연마을로 구성되며, 평년에는 자연마을별로 동제를 지내지만 10년 주기의 별신굿은 오얏골에 모여 함께 거행한다. 1995년의 별신굿은 거의 주민들이 자체적으로 경비를 해결하여 거행하였다. 전체 경비는 800만 원이 소요되었는데, 이 중에서 600만 원은 마을 풍물패들이 걸립으로 마련하였고 나머지는 문경시의 지원과 상가에서 거둬들인 합성계 기금으로 충당하였다. 1995년의 별신굿 이후, 2004년에 다시 별신굿을 해야 하나 경비를 조달하지 못해 결국 행사를 취소하였다. 평년의 동제 경비는 130만 원이며, 별신굿을 할 경우 무당 초청비 1,000만 원~1,500만 원을 포함하여 전체 2,000만 원이 소요된다. 별신굿의 전승을 담당하며 마을의 대소사를 결정하는 합성계(合成契)에서 세운 2004년 별신굿의 예산은 2,080만 원이었다. 이것을 근거로 문경시에 2,000만 원을 지원해 달라고 요청하였는데 문경시가 최종적으로 재정지원을 할 수 없다고 결정함에 따라 행사를 취소하였다. 호계면에서도 300만 원을 지원해 주기로 하였으나 문경시의 지원이 무산됨으로써 역시 소용이 없게 되었다. 그러다가 2007년에 문경시로부터 2,000만 원을 지원받아 원래 주기에서 3년이 늦게 별신굿(3월 3일~4일)을 하였다. 비록 문경시의 지원을 받았지만 경비의 집행은 전적으로 주민들의 책임 하에 이루어졌으며 그 형태도 주민들이 원하는 방향으로 유지되었다. 그러나 별신굿의 연행에서 가장 큰 비중을 차지하는 것이 무당인데, 갈수록 그처럼 큰 판을 소화할 무당을 구하기 힘들어 동해안별신굿을 연행하는 김석출 무계를 초청하려는 움직임도 있었다. 이들은 세습무로서 고도의 예술적 기량을 보유하고 있고 생계유지를 위해 마을에서 초청을 받는다면 얼마든지 올 수 있었으나 최종적으로 경비를 지원하는 문경시의 반대로 무산되었다. 원래 이 마을 별신굿은 경북 내륙의 강신무를 불러서 했기 때문에 동해안의 세습무를 부른다면 자칫 별신굿이 변질될 수 있다는 이유로 안동 인근에서 활동하는 무당을 초청하게 된 것이다.

문경시가 동해안 세습무를 초청하는 것에 반대한 것은 이 마을 별신굿에 '지역문화의 보존'이라는 가치를 부여하기 때문이다. 향후 문경시는 지역문화의 자산을 발굴, 육성하는 차원에서 호계 별신굿뿐만 아니라 산북면 내화리 화장 별신굿, 산북면 석봉리 별신굿, 동로면 적성리 벌재 큰마별신굿 등 문경지역에서 풍부하게 전승되었던 별신굿을 묶어서 '내륙별신굿 세트'를 만들 계획을 세우고 있다. 이것이 가능해지면 일반적으로 알려진 동해안별신굿과는 다른 별신굿을 선보일 수 있어서 변별성을 높일 수 있다고 판단한 것이다. 2004년에 주민들이 경비지원을 하였을 때는 문경시가 거부하였으나 2007년에 2,000만 원을 지원한 것은 이와 같은 지자체의 이해관계가 맞물려 있기 때문이다.

다음은 성주군 수륜면 백운2리 중기리의 사례이다. 중기리는 성주군 수륜면 소재지에서 59번 국도를 따라 고령군으로 넘어가는 가야산 중턱

에 위치한 마을이다. 성주군 대부분의 마을에서 참외농사를 지어 고소득
을 올리고 있는 데 비해, 중기리는 가야산 중턱에 위치한 관계로 콩과 메
밀 등의 밭작물에 의존한다. 경작한 콩과 메밀을 가공하여 촌두부와 메주
를 만들어 팔거나 가야산 국립공원을 찾는 관광객을 상대로 음식점을 운
영하며 생계를 유지한다. 그러나 이 마을 뒤에는 가야산 국민호텔이 들어
서서 여름 내내 주민들이 잠을 못 자게 떠들어대고 관광객들이 지나가면
서 작물을 뜯어 가는 통에 외부인에 대한 거부감을 지니고 있었다.

이러한 지리적인 불리함을 이점으로 바꿀 방안을 고민한 정기정 씨는
인터넷을 이용하여 정부의 농촌지원 프로그램이 있다는 것을 알고 농림
부의 '녹색농촌체험마을' 사업계획서를 성주군청에 제출하여 사업에 선정
되었고, 연이어 2003년에는 행정자치부에서 시행하는 '정보화마을'에도
지정됨에 따라 마을에 컴퓨터가 도입되어 노인들까지 인터넷을 배우는
변화를 일으켰다. 이와 같은 일련의 과정에서 동제는 '녹색농촌체험마을'
프로그램의[11] 일환으로 기획되었다.

원래 이 마을 동제는 1970년대에 마지막으로 제사를 지내고 중단하였
다. 당시 제관을 선출하기가 어렵고 경제적으로 부담이 되어 새마을지도
자를 맡고 있던 김형숙 씨(남. 80)가 혼자 당에 올라가서 "산신님 이것을
마지막으로 중단합니다."고 고하였다. 이후 30여 년 동안 동제가 중단되
었다가 2002년 농림부 사업 '녹색농촌체험마을'에 선정되면서 동제를 부
활시키고 프로그램의 하나로 배치시켰다. 2002년과 2003년에는 동제를
지냈으나, 2004년 마을에 초상이 나서 동제를 지내지 않았고 2005년에
는 제관을 하려는 사람이 없어서 정월보름날 달맞이 행사만 했다.

2002년부터 부활한 동제는 원래의 형태와는 크게 다른 모습이다. 먼

---

11) 중기마을 녹색농촌체험마을사업의 프로그램으로 4월~10월의 유채꽃 · 토종벌 · 감자캐
기 · 두릅따기 · 황토볼길 등과 11월~3월의 해맞이행사 · 논썰매장 · 민예품 체험 · 정월대
보름 행사 · 장담그기 · 눈썰매장 등이 있다. 연중 프로그램으로는 농산물장터와 전통먹거
리 체험이 있다(『2002년 중기마을 '녹색농촌체험마을' 사업계획서』).

저, 정월 초사흘 새벽 3~5시에 올리던 제사가 정월 보름날 오전 9시 30
분~10시로 바뀌었다. 둘째, 제관을 섣달 중순에 선출하지 않고 설을 쉬
고 정초에 동회를 개최하여 선출한다. 또한 제관은 2명에서 초헌, 아헌,
종헌, 축관, 집사 등 5명으로 늘어났다. 이 중에서 초헌은 연장자로서 실
질적인 제관이 된다. 셋째, 참제 범위가 넓어졌다. 예전에는 제관들만 제
사에 참여하였으나 부활한 동제에서는 마을주민들 뿐만 아니라 달맞이
행사를 구경하러 온 관광객들도 참여한다. 넷째, 제의의 절차가 새롭게
구성되었다. 상탕, 중탕, 하탕 순으로 제사를 드리고 주민들과 함께 지신
밟기를 하던 동제가 하탕에서만 제사를 드리고 법주사지 삼층석탑 탑돌
이, 지신밟기, 달맞이 행사로 이어진다. 오전 10시경에 제사를 마치면 주
민들이 미리 법주사에 가서 제물을 준비하고 스님의 독축에 따라 점심시
간까지 탑돌이를 한다. 점심을 먹고 나서는 집집마다 돌면서 지신밟기를
하는데, 풍물패가 집에 들어가면 집주인은 돈과 쌀을 내놓고 음식을 대접
한다. 지신밟기로 모은 돈은 차후 마을 경비로 사용된다. 해질 무렵까지
지신밟기를 하고 2년 전 마을 앞에 마련한 달맞이 공원에서 달집을 태운
다. 주민들과 관광객, 관에서 나온 사람들이 함께 풍물을 치면서 달이 뜨
기를 기다리며 달이 떠오르면 함성을 지르면서 개인별로 소지를 올린다.
　다음은 고령군 쌍림면 월막리의 사례이다. 월막리에는 월막, 국전, 산
막 등 세 개의 자연마을이 속해 있고 모두 106가구가 살고 있다. 과거 이
마을은 주로 나락농사를 지었으나, 고령군 쌍림면이 대표적인 딸기산지
로 바뀌면서 비닐하우스로 딸기농사를 짓게 되었다. 그러나 딸기농사로
고소득을 올릴 수 있다는 기대와는 달리 크게 성공을 거두지 못하고 많은
빚을 지게 되자 젊은이들이 도시로 나가고 다시 나락농사를 전환하였다.
한편, 이 마을에는 풍부한 문화자원이 있는데, 남명 조식의 문하에서 공
부를 하고 임진왜란 때에 의병을 일으켜 활약한 예곡 곽율을 모신 예곡재
(禮谷齋), 우애가 깊어 사후 삼형제(유효준·유제준·유랑준)를 합장한 묘와

삼우정(三友亭), 천년 고찰 반용사(盤龍寺), 이미숭 장군 유적 등과 1999년 개관하여 다양한 전통문화를 체험할 수 있는 대가야 향토문화학교가 대표적인 것이다. 이러한 문화자원은 2003년 문화관광부 '문화역사마을 만들기' 사업에 선정되는 데에 큰 이점으로 작용하였다.

월막리의 부활한 동제는 비교적 전통적 형태를 유지하고 있으나 과거와 비교할 때 몇 가지 차이점이 있다. 첫째, 국가로부터 나온 사업비로 동제의 경비로 사용한다. 예전에는 동답에서 나오는 수세(수확량의 절반)를 받아 제물을 구입하였다. 2004년에는 사업비로 허물어진 제당을 보수하고 제물을 장만하였다. 둘째, 제의처가 축소되었다. 뒷산의 당산, 마을의 회나무와 조산 순으로 제물을 물려 제사를 드렸으나 현재는 당산과 회나무에서만 제사를 올린다. 셋째, 제관의 수가 늘어나고 금기기간이 줄어들었다. 제관의 수가 제관, 집사 2명에서 초헌, 아헌, 종헌 3명과 집사 2명 등 총 5명으로 늘어났다. 제일 며칠 전에 마을 어른들에게 부탁하면 어른들 중에서 한 명이 초헌을 맡고, 이장이 아헌, 새마을지도자가 종헌, 마을 사람 중에서 2명이 집사를 맡는다. 과거처럼 3일 금기를 지키지 않고 당일 아침에 장을 보러가서 목욕을 하고 14일에 금줄을 치고 황토를 뿌린다. 넷째, 제물의 종류가 늘어나고 규모가 커졌다. 예전처럼 제관이 제물을 장만하지 않고 부녀회가 과일(조율이시와 사과), 건어물(명태포, 오징어, 백문어), 탕(문어와 명태), 육탕(돼지창자), 석어(조기), 시루떡, 막걸리, 향, 초 등을 장만한다. 다섯째, 축문이 새로 생겼다. 원래 축문 없이 제사를 모셨으나 2005년부터 문화원이나 다른 곳에서 축문을 구하여 고축할 예정이다.

동제부활의 과정에서 주목되는 것은 주도자들의 역할과 국가의 개입양상이 달라졌다는 점이다. 중기리의 정기정 씨와 월막리의 안준영 씨는 정부의 정책에 관심을 기울이고 발 빠르게 대처한 결과 높은 경쟁률을 뚫고 사업에 선정되었다. 주도자들의 움직임은 30여 년 전 새마을지도자가 앞

장서서 "산신님 이것을 마지막으로 중단합니다."고 고한 뒤 동제를 중단했던 중기리의 상황과는 크게 다른 것이다. 당시 국가는 '조국의 근대화'라는 명분아래 '미신타파'를 앞세워 동제를 강압적으로 중단하였으나, 현재 국가의 개입은 오히려 동제의 전승력을 회복하는 계기로 작용하고 있다. 이런 측면에서 오늘날 국가는 동제의 한 전승주체가 된다.

또한 주목되는 것은 전승주체들이 국가의 정책을 나름의 방식으로 이해하고 그 대안을 찾아가는 과정에서 동제가 부활하였다는 점이다. 각 마을에서는 정부 부처의 사업계획서를 인터넷으로 확보하여 검토하고 자기 마을의 문화자원을 적극적으로 활용한다. 농림부에서 시행하는 '녹색농촌체험마을'의 다음과 같은 취지 아래 시행되고 있다.

▎농촌관광

IMF 영향으로 위축되었던 국내 관광 수요는 국민소득증가 등으로 점차 회복되고 있고 앞으로 크게 늘어날 전망, 주5일 휴가제의 도입, 종전 유명 명소 위주의 획일적인 대중관광형태 보다는 다양한 경험을 바라는 관광 수요증대 등으로 향후 농촌전원 관광에 대한 수요도 증대, 도시민의 농촌관광수요에 적극 부응하고 침체된 농촌 지역사회에 활력을 불어 놓기 위해 농촌관광을 추진, 농촌관광은 도시민에게 삶의 여유를 찾게 해주고 농촌에는 지역 활성화와 소득증대 효과가 있어 도시·농촌 모두에게 이익.12)

한편, 문화관광부의 '문화역사마을만들기' 사업계획서에는 다음과 같은 추진목적이 설명되어 있다.

▎사업목적

5천년 민족문화의 우수성과 다양성을 바탕으로 우리 삶의 터전인 마을의 문화를 지역주민의 자발적 참여로 지속가능한 마을로 가꾸고, 마을의 문화·역사적 소재를 발굴·육성, 관광자원화하여 문화와 환경이 아름답게 조화된 자생력

12) 농림부 홈페이지 '농촌관광'(http://www.maf.go.kr).

있는 마을 조성.13)

정부가 시행하는 두 사업의 목적은 크게 '도시와 농촌의 교류확대', '지역활성화', '농촌형 관광의 확대', '소득증대' 등으로 요약된다. 이와 같은 정부의 시책은 노령화로 인해 마을이 점차 활기를 잃어가고 경제적으로 어려움을 겪고 있는 농촌의 주민들에게는 한편으로 반가운 소식이지만, 다른 한편으로는 쉽게 소화하기 힘들고 먼 이야기일 수도 있다. 그러나 두 마을의 전승주체들은 자기 마을의 문화자원을 발굴, 정리하고 부각시킴으로써 마을의 정체성을 확립해 나간다. 비록 처음의 기대처럼 경제적으로 큰 이익을 가져다주지는 못했지만, 국가에서 시행하는 사업에 선정되었다는 자긍심은, 중기리의 경우처럼 2003년 행정자치부 '정보화마을' 사업에도 선정되는 성과로 나타난다. 그러므로 동제의 부활은 단순히 동신에게 올리는 제사의 복원으로만 이해하기 힘들다. 국가의 정책을 나름의 방식으로 해석하고 대처하는 현실대응이 동제의 부활이라는 결과로 나타난 것이다.

3) 산업체에 의한 부활

지역의 산업체에게 있어서 동제는, 지역민과 우호적인 관계를 도모하고 회사의 이미지를 제고하며, 사원들의 건강과 회사의 발전을 기원하는 데에도 중요한 수단이 된다. 이와 관련한 사례는 구미에서 조사되었는데, 주민들이 더 이상 전승하지 않는 동제를 산업체가 주체가 되어 부활, 전승하는 특징을 지닌다.

구미시 구포동에 소재하는 (주)두산전자는 두산그룹의 계열사로서 1974년 설립되었으며 전자제품의 필수부품을 생산, 판매하지만 일반인들은

---

13) 문화관광부 홈페이지 '문화역사마을가꾸기' 사업계획(http://www.mct.go.kr/index.jsp).

이 회사를 부정적인 시각으로 보는 경향이 많았다. 그 이유는 이 회사가 1991년 3월에 일어난 페놀사건과 직접적으로 연관이 있기 때문이다.

이 회사에서 동제를 지내는 곳은 정문 가까이에 있는 버드나무이다. 1980년대 이후, (주)한국 오크스(Korea Oaks)가 두산전자로 바뀌면서 공장을 새로 지었는데 그때부터 느티나무를 베지 않고 동제를 지내기 시작하였다. 그래서 몇 해 전까지만 하더라도 동제를 지낼 때는 구미공단의 건립으로 인해 인근지역으로 이주한 연로한 원주민들을 초청하여 음복을 함께 하기도 하였다. 공단건립으로 집단이주를 하기 전에 살던 마을 주민들이 현재의 동목에 제사를 지냈는지는 확인되지 않지만 제사를 모시기 시작한 회사의 입장에서는 수령이 오래된 고목에 제사를 지내는 것인 만큼 전통적인 제사로 인식하기에 충분했다. 하지만 제사의 실질적인 주체가 회사임으로 인해 원주민들의 참여는 점차 약화되었으며, 지금은 동제라는 명칭만 남아있을 뿐 회사의 신년기원제적 성격으로 변하였다.

매년 정월 보름이면 최소한의 생산인원을 제외한 모든 직원들이 모여서 나무 아래에 제수를 마련하고 동제를 지낸다. 공장의 근무인원수는 대략 210명 정도이며 공장 가동은 3교대로 한다. 따라서 대략 50여 명이 제사에 참여하게 되는데, 제관은 따로 없지만 공장장이 초헌을 하고 이하 팀장, 노조위원장, 생산반장 순으로 헌작한다. 동제의 경비는 회사에서 별도로 책정하는데 충당하는데 한 해에 대략 1~2백만 원이 든다. 주민들 없이 직원들만 제사를 지내기 때문에 축문 역시 직원들의 안녕과 회사의 번영을 기원하는 내용으로 작성하였다.

1991년 페놀 사건으로 회사의 명예는 대단히 크게 실추되었으며, 사회적으로 환경문제의 심각성을 인식하게 되는 계기가 마련되었다. 그런 상황에서 회사는 실추된 회사의 명예를 회복하기 위해 무던히 노력하였고, 그 노력의 일환으로 회사 영내에 있는 보호수를 더욱 철저하게 관리했다. 버드나무는 보호수로서 수령이 오래되어 건강상태가 좋지 않았으나 회사가 경비를 부담하여 여러 번 수술을 받고 회복하였다. 지금도 이 회사 내 환경관리팀이 이 나무를 전담하여 보호하고 해마다 서너 말의 막걸리를 갖다 붓는다. 이러한 노력의 결과로 회사는 지역 주민들로부터 실추된 명예를 회복하게 된 것은 물론 외국 바이어들에게도 좋은 이미지를 제공하는 소재가 되었다. 특히 보호수는 정문 가까이 위치한 관계로 따로 안내할 필요 없이 회사에 들어서는 사람들 누구나 쉽게 맞닥뜨리게 되어 자연스럽게 이 회사가 환경문제에 지대한 관심을 갖고 있다는 이미지를 심어줄 수 있다.

이 사례는 과거 원주민들이 동제를 모셨는지에 대한 사실과는 크게 상관없이 동제라는 전통적인 마을공동체의 제의가 산업체 차원의 문화행사로 정착해 가는 하나의 과정을 보여주는 것으로 도시화, 산업화 과정에서 목적 집단에 의해 동제가 수용되고 신년기원제로 재창조된 예라 하겠다.

4. 동제 전승주체의 현실대응

동제의 전승주체는 내외부적 환경의 변화에 적극적으로 대응할 수 있는 존재이다. 동제가 중단되는 것을 안타까운 시선으로 봐라볼 것이 아니라 이것 또한 전승주체들이 어쩔 수 없는 상황에서 '합의한 선택'으로 인정해야 한다. 어느 누구도 이들의 선택에 간섭할 수도, 해서도 안 되는 문화적 자치의 문제라고 생각한다. 특정한 시기가 되고 여건이 갖추어지면 다양한 전승주체들에 의해서 새로운 형태의 동제가 부활될 수도 있기 때문에 문화의 '생성-소멸'의 순환 메커니즘을 자연스런 현상으로 받아들일 필요가 있다. 여기서는 앞에서 소개한 성주군 수륜면의 중기리와 고령군 쌍림면 월막리의 사례를 중심으로 전승주체들의 역동적인 현실대응 모습을 살펴보려고 한다.

1) 주도자들에 의한 새로운 동제전통 창출

성주군 중기리의 정기정 씨(남, 68)는 인터넷을 통해서 2002년 농림부의 '녹색농촌체험마을' 사업이 시행되고 있다는 것을 알고 사업계획서를 작성하여 성주군으로 제출했다. 당시 주민들은 이 사업이 어떤 것인지를 잘 몰랐기 때문에 한 사람씩 찾아가서 알리고 설득하여 이장과 함께 사업계획서를 준비하였다. 그는 68세의 고령인데도 불구하고 인터넷을 아주 잘 활용한다. 처음 컴퓨터를 배울 때에 인근 주민에게 찾아가 배우기를 청하였으나 박대 받은 이후부터 컴퓨터 학원을 다녔다. 그러나 농사일이 바빠 제대로 배우지 못하여 틈틈이 자식들에게 배워 독학했다. 이장과 함께 사업계획서를 준비하면서 마을의 문화자원을 일일이 정리하여 기초자료를 수집했다. 한 예로 조동일 교수에게 직접 메일을 보내 경북지역의 상여소리 및 지신밟기 자료를 받았는데, 이 자료를 검토한 결과 마을의 현실에 맞지 않아 마을에 사는 소리꾼 세 사람의 소리를 종합해서 새로운 지신밟기 사설을 만들고 문서화했다. 그리고 이것을 마을회관에 비치하여 앞소리꾼이 배우도록 권했다. 그가 만든 자료집에는 "전통문화"라는 제목이 달려 있고 여기에는 지신밟기, 상여소리, 동제 및 탑제의 발원문, 마을인근의 문화유적 설명서 등에 이르기까지 다양한 내용이 담겨 있다. 또한 그는 일제강점기에 측량한 결과, 고령군에 속한 상황봉(1340m)이 가야산의 최고봉이라고 알려진 것에 의문을 품고 국토지리원에 민원을 제기하여 '성구군에 있는 칠불봉이 상황봉보다 3m 높은 1343m이다'는 답을 얻어 "가야산의 최고봉이 성주 땅에 있다."는 것을 자랑스럽게 알리고 있다. 그의 집요한 성격과 철저한 준비는 녹색농촌체험마을 프로그램을 계획하는 데에서도 빛을 발했다.

또한 그는 마을에서 관광자원이 될 만한 것을 발굴하고 국립공원 가야산의 이미지를 부각시켜 관광객을 유치할 수 있는 프로그램을 개발하기에 이른다. 청정한 자연환경을 부각시키기 위해서 로고를 "향기 나는 중기마을"로 정하고 다양한 체험 프로그램을 기획하여 홈페이지에 올렸다. 특히 정월 대보름 달맞이행사를 크게 벌여 관광객이 함께 참여할 수 있도록 했고, 달맞이를 보다 볼 것이 많은 행사로 만들기 위해서 동제와 탑돌이를 함께 묶었다. 전통문화적 이미지를 부각시킬 수 있고 많은 사람이 참여할 수 있는 행사로 기획했던 것이다.

> 조사자 : 동제 지내고 탑돌이하고 달맞이하는 과정을 어르신께서 다 기획하신 겁니까?
> 제보자 : 그렇지. 그거는 옛날에 하던 방법에다 요새 좀 가미를 했지. 탑돌이는 없었는데 뭔가 한 가지만 해서는 동제 한 가지만 해서는 너무 단조로워서 안 되겠다 싶어서. 또 탑이 이왕 있으니까 탑돌이 해서 뭐 나쁜 법은 없거든. 그래서 탑돌이는 추가를 했지. 옛날에 탑돌이는 없었는데.
> 조사자 : 탑돌이 할 때 스님이나 그쪽 절에 가서도 협조를 구하셨겠네요? 스님이) 쉽게 허락했습니까?
> 제보자 : 그렇지. 바로 그 길 하나 사이 두고 고 위에 조그마한 절이 하나 있어. 암자의 스님이 와서 계시는데 스님이 와서 뒷일 해 주잖아.14)

녹색농촌체험마을에 선정이 된 첫해에 '동제-탑돌이-달맞이행사'를 하여 주민들과 관광객들로부터 큰 호응을 얻었다. 제의처인 당간지주로 가는 길을 새로 내고, 마을 앞에 달맞이공원을 만드는 등 마을주변 정리까지 병행하면서 주민들의 참여를 이끌어 냈다. 30여 년 전까지 엄숙한 분위기에서 거행되었던 동제가 보름날 아침 동민 전체와 관광객이 참여한 가운데 흥겨운 잔치분위기로 진행됨으로써 새로운 동제의 전통이 만들어졌다. 만들어진 동제는 다음해에도 같은 방식으로 이어졌으나 2004년에

---

14) 정기정 씨와의 면담 내용.

마을에 초상이 나서 동제를 지내지 못했고, 2005년에는 탑돌이와 달맞이행사를 했으나 제관을 하려는 사람이 없어서 동제를 지내지 않았다.

에릭 홉스봄에 의하면, 만들어진 전통은 명시적이든 암묵적이든 통상 공인된 규칙에 의해 지배될 뿐만 아니라 특정한 의례나 상징적 성격을 갖는 일련의 관행들을 뜻하며, 그것들은 특정한 가치와 행위규준을 반복적으로 주입함으로써 자동적으로 과거와의 연속성을 내포한다고 하였다.15) 이 지적과 같이, 중기리의 동제는 부활한 만들어진 것이지만 30년 전의 동제와 연속성을 띤 것으로 재구성되어 해를 거듭하면서 자연스러운 것으로 인식되고 있다. 그렇다고 해서 주민들은 새로운 동제전통에 완전히 구속되지는 않는다. 상황에 따라서 자신들이 취해야 할 것과 버려야 할 것을 구별한다. 예컨대, 2004년 마을에 초상이 나서 동제를 지내지 않았던 것은 동신에 대한 전통적 관념을 따른 것이며, 2005년 제관을 할 사람이 없어서 동제를 다시 중단했지만 탑돌이와 달맞이행사를 선별하여 지속하고 있는 것은 그들이 자발적으로 선택한 결과이다.

주도자에 의해서 동제의 전통이 새롭게 만들어진 것은 고령군 월막리의 경우도 다르지 않다. 안준영 씨(남, 49)는 해인사에서 운영하는 '이산각연구소'에서 대장경을 복원하는 일에 참여하다가 1998년 '강 문화를 찾아서' 행사를 계기로 고령군의 요청으로 이 마을에 들어왔다. 그는 1999년 고령군이 인수한 폐교 월막초등학교에 대가야 향토문화학교를 개관하고 마을 노인들에게 물어 동제를 비롯한 마을의 역사와 문화를 발굴하고 정리하였다. 그가 발굴한 지신밟기, 풍물, 줄당기기, 달집태우기 등은 향토문화학교의 체험프로그램으로 활용되었으며, 2003년 문화관광부 '문화역사마을만들기' 사업계획서와 2004년 고령문화원에서 발간한 『고령군 쌍림면 월막리 조사보고서』에도16) 반영되었다. 한편 향토문화

---

15) 홉스봄, 에릭/박지향·장문석 역, 『만들어진 전통』, 휴머니스트, 2004, 20쪽.
16) 문화·역사마을만들기 고령군추진협의회, 『고령군 쌍림면 월막리 조사보고서』, 고령문화원, 2004.

학교에서 풍물을 체험한 주민들을 모아 '달맞이 풍물단'을 결성하고,
2004년에는 영천에서 벌어진 경북풍물경연대회에 고령군 대표로 참가하
여 장려상(3등)에 입상하는 가시적인 성과를 거두기도 했다. 차후 그는
이 마을의 사계절 풍경을 판각에 담아 향토문화학교에 전시하고, 자신이
다른 곳으로 자리를 옮기더라도 그 자료들을 이 마을에 남길 계획이라고
한다. 그의 판각 솜씨는 전국적으로 알려져 행정자치부, 경북도청, 경주
엑스포, 울진 친환경 엑스포 등 각종 행사에 초청되고 있으며, 전국을 다
닌 안목은 사업을 계획하고 추진하는 데에 큰 도움이 되었다.

'문화역사마을만들기' 사업은 추진위원회가 구성되어 진행되었다. 동장
이 추진위원장, 안준영 씨가 집행위원장, 새마을지도자가 집행부위원장
을 맡았으며, 기획에 관련된 일은 안준영 씨의 책임 하에 이루어졌다. 사
업기간은 2003년 4월~2005년 12월까지이며, 사업비는 9억 1천 6백
만 원이며, 주된 사업 내용은 마을지 발간 · 마을 문화역사지도 발간 · 종
합전시회 자료집 발간 등의 연구사업, 전통문화체험학습, 농특산물과 전
통문화 관련 전시관 건립, 축제 및 공연, 편의시설 확충 등이다.[17]
2004년에는 이 사업의 일환으로 허물어진 당집을 새로 짓고 동제를 부
활하였다. 제의 형식을 보다 충실하게 갖추기 위해 제관 및 제물의 수를
늘리고 기존에 없던 축문을 구하였고, 안준영 씨는 자료수집을 목적으로
한 명의 제관으로 참여하여 동제장면을 사진으로 남겼다. 이와 같은 노력
으로 이 마을 동제는 비교적 전통적인 형태에 가깝게 재현할 수 있게 되
었다.

2) 전승주체들이 겪은 갈등과 화합

먼저 주민들과 관의 갈등이다. 주민들과 관의 갈등은 다양한 국면에서

---

17) 문화 · 역사마을만들기 고령군추진협의회, 위의 책, 151~172쪽.

발생했다. 중기리의 경우, 성주군을 통해 사업계획서를 농림부에 올리는 과정에서부터 일이 순조롭게 풀리지 않았다. 정기정 씨가 사업계획서를 작성하여 성주군청 담당직원에게 제출하였으나, 직원은 "전국에 우리보다 나은 마을이 많은데, 우리 같은 촌에서는 이런 거 내 봐야 안 됩니다. 포기 하이소!"라는 말을 되풀이하면서 그의 움직임을 주저앉히려고 했다. 이에 정기정 씨는 "길고 짧은 것은 대 봐야 아는 거 아니오. 되든 안 되든 올려 봅시다."라고 끈질기게 설득하여 사업계획서를 제출했고, 그 결과 2002년에 '녹색농촌체험마을'로 선정되었다. 이 일이 있은 후부터 성주군청에서는 완전히 달라진 태도로 중기리의 사업에 협조하였고 2003년 행정자치부의 '정보화마을' 사업계획서를 제출할 때에는 더욱 협조적으로 나왔다.

한편 월막리 주민들이 사업을 추진하면서 관(官)과 겪은 갈등은 심각했다. '문화역사마을만들기' 사업은 문화관광부가 지원주체가 되고, 각 시군의 문화원이 보조사업자가 되어 진행된 것이다. 주민들은 사업주체인 문화원 직원들과 고령문화원에서 초청한 전문가들의 지도와 심사에 따르고, 고령군청 담당 직원의 방문을 받아 여러 차례 사업의 진척 정도를 점검 받았다. 이 과정에서 심사위원들은 사업의 주체가 고령문화원임을 강조하고 "마을 사람들에게 끌려가면 안 된다.", "주객이 전도된 것 아니냐? (사업의 내용이) 너무 대가야 문화학교에 치중된 것이 아니냐? 마을주민 중심으로 바꿔라."고 주문하였다. 이와 같은 내용을 주문 받은 주민들은 "심사위원들이 비평하고 권위를 내세우려 하니까, (사업을 준비)하는 사람 입장에서는 힘들다."고 토로했다. 심사위원들은 외부에서 들어온 안준영 씨에 의해서 대부분의 프로그램이 기획되고 향토문화학교의 주도로 진행되는 것을 염려했던 것이다. 그러나 안준영 씨는 "문화학교의 역사는 월막리의 역사다. 나중에 다른 곳으로 가더라도 이 마을의 역사와 문화를 담은 것은 모두 놔두고 갈 것이다."는 주장을 편다.

2005년 사업이 마무리되는 단계에서 문화원이 발간한 책자로 인하여 고령문화원과 주민 간의 갈등은 더욱 심각했다. 주민들은 자치적으로 사업을 운영하려고 하는데, 문화원에서 나와 사사건건 개입하고 트집을 잡아서 갈등이 쌓여 갔다. 마을과 문화원과의 잠재된 갈등은 『고령군 쌍림면 월막리 조사보고서』 발행과정에서 부상하였다. 이 보고서를 받은 주민들은 현풍곽씨 종손 곽재현 씨에게 의뢰하여 그 내용을 꼼꼼하게 검토한 결과, 마을의 실상과 다른 내용이 많고 오탈자가 너무 많다는 이유로 문화원에 항의하여 새로 발간할 것을 요청했다. 문화원은 사업비가 이미 집행되었기 때문에 별도의 경비를 마련하여 책자를 재발간하는 것은 불가하며, 마을과 문화원에서 각각 발간비의 절반씩을 분담하는 것이 어떻겠냐는 중재안을 냈다. 이에 주민들은 문화원의 실수로 잘못 집행한 사업비를 자신들이 부담할 수 없다는 입장으로 맞서게 되어 더 이상의 논의가 진전되지 못했다. 결과적으로 양쪽 모두 힘들여 책자를 발간했음에도 불구하고 문화원에서는 이 책자를 배포하지 못하고 있다.

다음으로 주민간의 갈등이다. '전통마을만들기' 사업은 주민 간에 미묘한 갈등을 야기한다. 중기리의 경우, 정기정 씨는 나이가 젊은 동장 최상곤(남, 39) 씨와 함께 사업을 주도해나갔으나, 모든 기획안이 정기정 씨의 머리에서 나오기 때문에 동장은 끌려가는 입장에 있다. 명목상 동장이 추진위원회의 회장을 맡고 있으나 정기정 씨가 의도하고 계획하는 대로 따라가지 못한다. 이러한 동장의 처지는 외부인을 만나는 과정에서도 자신감이 결여된 태도로 나타난다. 조사자들이 동제와 녹색농촌체험마을 사업에 대해서 이모저모를 묻자, 당혹해 하면서 "정기정 씨를 찾아가 보라"고 권하였다. 정기정 씨의 입장에서는 자신이 나이가 많고 몸이 편치 않아 젊은 사람이 나서서 사업을 이끌어 주기를 바라지만 실상은 그렇지 못해서 답답해한다.

두 마을의 주민들은 새로운 형태의 동제를 창출해 가는 과정에서 주민

들끼리 또는 관과의 관계 속에서 예기치 못한 갈등을 겪고 있다. 이런 갈
등은 동제의 전승주체가 공동체 성원만으로 존재하는 것이 아니라 관이
동제의 간접적 전승주체로 등장하는 과정에서 발생하는 불가피한 현상이
다. 이러한 현상은 비단 경북지역에만 한정된 것이 아니다. 경기도 부천
의 원종동과 구리시의 갈매동의 사례는18) 마을의 민속문화가 국가의 지
원을 받고 무형문화재로 지정됨에 따라 새로운 제의전통을 수립하는 과
정을 보여주고, 관이 동제전승에 결정적인 영향을 미치는 한 주체로 부상
하여 주민들과 갈등하는 존재가 되고 있음을 잘 보여준다.

3) 동제에 대한 전승주체의 서로 다른 해석

　주민들은 부활한 동제를 서로 다르게 해석한다. 비교적 나이가 많은 사
람들은 동신에 대한 믿음이 강한 반면, 젊은층은 다소 약한 편이다. 대부
분 노년층이 거주하는 중기리에서 2004년 초상이 난 관계로 그 해에 동
제를 지내지 않았다는 사실은 주민들의 의식 속에 여전히 동신에 대한 믿
음이 깊숙이 자리 잡고 있음을 보여준다. 이에 비해 월막리 주민들의 인
식은 다소 복잡하여 노년층이라고 해서 반드시 동신에 대한 신앙심이 깊
은 것은 아니다. 2003년 사업을 준비하는 과정에서 안준영과 새마을지
도자 등 젊은 사람들이 "마을의 젊은이들이 돈을 융자받아 딸기농사를 지
었는데 성공하지 못하고 빚만 지고 밖으로 나가고 마을의 발전이 이루어
지지 않는다. 마을이 발전되지 않는 게 옛날에 산제를 그만둔 것 때문이
아니냐?"고 하면서 마을어른들에게 동제를 부활시킬 것을 건의했다. 이
에 어른들은 "옛날에 우리가 없앤 제사를 뭐 할라고 지낼라 카노? 그건
(마을이 발전되지 않는 것과) 상관이 없다."는 입장을 보였다. 그러나 젊은이
들의 설득으로 2004년 동제를 부활한 이후에 이장 부인은 "동제를 지낼

---

18) 강정원, 「동제 전승주체의 변화」, 『한국민속학』36집, 한국민속학회, 2003.

때는 마을을 나간 사람들이 객사를 하지 않았고, 전쟁 때나 군대에 가서 전사한 사람이 없었다. 산제를 그만두고부터 사람이 많이 죽었는데, 다시 산제를 지내고부터 괜찮아졌다."고 했다. 또한 동제를 부활시키는 것을 반대했던 어른들도 두 해에 걸쳐 동제를 진행하는 동안, "제사는 우리가 할 일"이라고 인정하고 마을회관에 모여 자체적으로 제관을 선출하고 있다. 분명하게 이 마을 동제는 '문화역사마을만들기' 사업의 일환으로 기획되고 부활하였으나, 주민들은 과거 마을에 있었던 불상사가 동제의 부활과 함께 사라졌다고 해석한다. 이것은 여전히 주민들의 의식 속에 잠재하고 있던 동신에 대한 믿음이 동제의 부활로 표출된 것이다. 그러므로 과거에 동제전승을 담당했던 층과 그렇지 못한 층은 동신에 대한 믿음이 차이를 가질 수밖에 없으며, 동제의 부활을 두고서도 서로 다르게 의미를 부여하고 해석한다.

5. 맺음말

이 글은 동제의 부활과정에서 나타난 전승주체, 즉 민중의 현실대응이 어떠한가를 밝히는 것에 궁극적인 목적이 있다. 이를 위하여 경북지역 동제의 성격을 권역별로 소개하고, 동제의 부활양상을 검토하는 가운데 전승주체들이 동제와 관련한 집단 또는 계층과 갈등하고 화합하는 과정을 주목하였다. 의도했든 의도하지 않았든, 근대화시기를 거치면서 문화적 헤게모니를 장악한 거대담론, 민족주의와 민중주의 갈등은 민중을 '고립적인 존재'로 오해하는 데 기여했다. 그러나 전통사회에서부터 민중은 자신들이 처한 계급적, 경제적 상황에 맞게 나름의 전략을 구사하면서 양반과 갈등하고 화합한 주체였다. 안동 하회마을에서 하회 류씨들의 머슴 또는 소작인으로 생계를 유지했던 각성들이 양반의 후원을 받아 별신굿을 치렀다는 점은 민속문화를 지배계급과의 상호관계 속에서 이해해야 한다는 것을 단적으로 보여준다.

　같은 맥락에서 근대화시기 민중은 국가의 강압에 의해서 누대로 지켜왔던 동신에 대한 제사를 거둘 수밖에 없었던 힘없는 존재이기도 하지만, "박정희가 당을 불태워서 부하 손에 죽었다."는 말로 군사정권에 대한 반감을 드러내고 동신의 영험함을 재생산하는 존재이기도 하다. 오늘날 도시화, 산업화의 영향으로 젊은층이 마을을 떠나고 마을을 지키는 노인들조차 제관을 맡기 힘들게 되자 전문적 사제자(스님, 무당)에게 의뢰하여 제사를 대행하기도 하며, 또 어떤 경우는 "정 제사를 지낼 사람이 없으면 아예 그만 두겠다."고 한다. 궁여지책이지만 제사를 중단하는 것도 전승주체들이 선택하는 하나의 대응책인 것이다. 이처럼 전승주체는 자신이 처한 상황에 맞는 대응전략을 세우고 실천하는데, 최근에 국가의 개입으로 부활한 동제에서는 그러한 양상이 잘 나타난다. 국가의 문화정책을 잘 이해하고 또 경우에 따라서 관 과 갈등을 겪으면서도 동제를 부활시킨 중기리와 월막리의 사례는 전승주체들의 역동적인 모습을 단적으로 보여준다.

┃ 참고문헌

강성복, 『괴목정 노신제와 동제』, 부여문화원, 2003.

강은주, 「도당제를 통해 본 공동체 의식의 지속과 변화」, 서울대학교 인류학과 석사논문, 1986.

강정원, 「동제 전승주체의 변화」, 『한국민속학회』36집, 한국민속학회, 2002.

금장태, 「한국 고대의 산신과 제의: 그 구조의 종교사회적 고찰」, 『동대논총』8집, 동덕여자대학교, 1978.

김몽상, 「동남해안의 어로민속」, 『한국민속학』16집, 한국민속학회, 1983.

김미영, 「안동지역 동성마을 종가의 정체성에 관한 연구」, 『안동지역 동성마을의 존재양상 과 역사·문화적 특성』, 안동대학교 안동문화연구소 기초학문육성지원사업단, 2004.

김선풍, 『한국시가의 민속학적 연구』, 형설출판사, 1981.

김수미, 「사촌마을 동제의 변화와 동성집단의 정체성 확립」, 안동대 민속학과 석사논문, 2003.

김정업, 「해도 부락제의 신 출현 형식고」, 『한국민속학』8집, 한국민속학회, 1975.

김주호, 「장승 전문제작자의 출현과 장승의 성격 변화: 안동 하회마을 김종홍 씨의 사례를 중심으로」, 안동대학교 민속학과 석사논문, 2006.

김창민, 「동제수행의 규범적 규칙과 실제적 규칙」, 『한국문화인류학』21집, 한국문화인류학회, 1989.

김춘동, 『농촌사회의 변동과 정치적 과정』, 경북대학교출판부, 1995.

덕성대학교 인문과학연구소, 『한국 의례문화 연구사 및 연구방법』(Ⅰ), 1997.

무라야마 지준(村山智順), 『部落祭』, 조선총독부, 1937.

박선애, 「서울지역 한 집성촌 마을신앙의 성격과 전승의미: 강일동 산치성을 중심으로」, 『한국민속학』38집, 한국민속학회, 2003.

박호원, 「한국 공동체신앙의 역사적 연구: 동제의 유형 및 전승과 관련하여」, 한국정신문화연구원 박사논문, 1997.

서대석 외, 『동해무가』, 형설출판사, 1974.

_____, 『한국무가의 연구』, 문학사상사, 1980.

윤천근, 「안동을 중심으로 하여 살펴보는 조선후기의 '윗사람과 아랫사람'」, 『안동지역 민속의 전통과 현대』, 안동대학교 국학부·퇴계학연구소, 2003.

이기태, 「공동체신앙의 역사」, 『한국민속사논총』, 지식산업사, 1996.

_____, 「읍치 성황제 주제집단의 변화와 제의 전통의 창출」, 민속원, 1997.

이두현, 「동제와 굿당」, 『사대논집』17집, 서울대학교 사범대학, 1978.

이훈상, 『가산오광대: 중요무형문화재 제73호』, 국립문화재연구소, 2004.

임재해, 「하회별신굿 당제 시기와 낙동강 유역의 탈놀이 전파」, 『안동문화』15집, 안동대학교 안동문화연구소, 1994 .

정승모, 「마을공동체의 변화와 당제」, 『한국문화인류학』13집, 한국문화인류학회, 1981.

_____, 「성황제의 민간화와 향촌사회의 변동」, 『태동고전연구』7집, 태동고전연구소, 1991.

조정현, 「별신굿의 존재양상과 민중의 문화창조력: 축제적 성격과 전승·연행원리를 중심으로」, 2005년 안동대학교 대학원 민속학과 겨울세미나 박사학위 중간발표 논문, 2005.

주강현, 「서해안 고기잡이와 어업생산풍습: 어업생산력과 임경업 신격화 문제를 중심으로」, 『역사민속학』1집, 한국역사민속학회, 1991.

천혜숙, 「문경 내화리 당제의 당신화와 동제의 관계」, 『한국민속학보』7집, 한국민속학회, 1997.

_____, 「화장마을의 당신화의 요소 및 구조분석」, 『민속연구』6집, 안동대학교 민속학연구소, 1996.

최경호, 「'미신타파' 이후의 동제와 마을의 정체성: 경북 영덕 노물리의 사례를 중심으로」, 『종교연구』13집, 한국종교학회, 1997.

최광식, 「동제의 기원에 대한 일고찰」, 『역사민속학』10집, 한국역사민속학회, 2000.

최인학 외, 『한국민속연구사』, 지식산업사, 1994.

톰슨, E. P./나종일 외 역, 『영국노동계급의 형성』(상·하), 창작과 비평사, 2000.

표인주, 「전남의 촌제와 당신화」, 『한국민속학』25집, 한국민속학회, 1993.

하효길, 「황도대동제의 형태와 그 변화양상」, 『민족과 문화』(Ⅰ), 정음사, 1988.

_____, 「서해안 지역 풍어제의형태와 특성: 특히 위도지방을 중심으로」, 『한국민속문화연구총서』5집, 중앙대 한국민속학연구소, 1997.

한양명, 「축제전통의 수용과 변용」, 『민속문화의 수용과 변용』, 집문당, 1999.

_____, 「청량산 일대 공민왕 신앙의 분포와 성격」, 『고려 공민왕과 임시수도 안동』, 안동시·안동대학교 민속학연구소, 2004.

_____, 「잊혀진 축제: 퇴계 후손들이 세거해 온 마을들의 동제」, 『터를 안고 仁을 펴다: 퇴계가 굽어보는 하계마을』, 안동대학교 안동문화연구소, 2005.

_____, 『남자는 그물 치고 여자는 모를 심고』, 민속원, 2007.

현용준, 「제주도의 토신당굿」, 『무형문화재지정자료』21집, 1966.

_____, 『제주도무속자료사전』, 신구문화사, 1980.

황경순, 「상주 천봉산성황제 주재집단의 지속과 변화」, 안동대학교 민속학과 석사논문, 2001.

홉스봄, 에릭/박지향·장문석 역, 『만들어진 전통』, 휴머니스트, 2004.

『2002 중기마을 '녹색농촌체험마을' 사업계획서』.

고령군 쌍림면사무소 홈페이지(http://region.kory21.net/쌍림면).

농림부 홈페이지 '농촌관광'(http://www.maf.go.kr).

대가야문화학교 홍보 팜플렛.

문화관광부 홈페이지 '문화역사마을가꾸기' 사업계획(http://www.mct.go.kr/index.jsp).

문화·역사마을만들기 고령군추진협의회, 『고령군 쌍림면 월막리 조사보고서』, 고령문화원,
2004.

중기리 홈페이지 '가야산 녹색체험마을'(http://www.greentour.or.kr).

제 9 장

경북지역 정기시장의 변화와 지속

: 민족지 맥락에서의 검토

1. 들어가는 글

1) 연구 배경 및 목적

2002년 10월 19일 토요일은 날씨가 하루 종일 흐렸다. 한마디로 '우 중충한 가을날'이었다. 이날 필자는 두 명의 대학원생과 함께 길을 물어 물어 안동시 북후면 옹천리에 있는 옹천장을 찾았다. 필자의 반(半)장돌 뱅이 생활은 이렇게 시작되었다. 아래의 내용은 필자의 현지조사 노트에 서 발췌된 것이다.

··· 조사자가 목격한 옹천장날의 모습은 '실망' 그 자체였다. 장이 열리고 있는 구역은 그다지 크지 않았다. 장날임에도 불구하고 장터는 한산하기만 했고, 바람 이 불고 날씨마저 흐려 장터는 더욱 을씨년스러워 보였다. 이곳에 도착할 때까지 가지고 있었던 생각, 즉 "그래도 장날인데, 장터가 사람들로 조금은 붐비겠지"라 는 생각은 무참히 깨어졌다. 이렇듯 조사자가 옹천장에 대해 막연한 환상을 가지

고 있었던 데는 다음과 같은 기억이나 사실들이 크게 작용했던 것 같다. 첫째, 조사자가 어린 시절(1970년대 초·중반) 울산에서 보았던 장날 풍경에 대한 기억. 어머니가 사 주신 자장면은 너무 너무 맛있었고 장터는 사람들로 북새통을 이루고 있었다. 특히 추석이나 설 명절 대목에 어머니를 따라 장에 갔을 때는 더욱 그러했다. 둘째, 조사자가 석사 과정에 재학하고 있었던 1985년 여름, 경남 울주군 온산면에서 현지조사를 실시하던 중 남창장날에 나가서 시장 조사를 하게 되었는데, 그때 보았던 장터 모습에 대한 기억. 셋째, 1990년대 초반까지도 조사자의 외가가 있는 언양의 장날은 그런 대로 성시(盛市)를 이루었다는 사실.

  … 귀가 길의 차 안에서 앞으로 3년 동안 계속해야할 오일장1) 조사와 관련하여 이런저런 생각을 하게 되었다. 시골장터에서 만난 사람들, 특히 그 근처 촌락에 거주하고 있는 사람들의 대부분은 여전히 순박함을 간직하고 있었다. 그들이 베푸는 인심이 그러하고 타인을 별로 경계하지 않는 것이 그러했다. 그러나 장터에서 비교적 큰 규모의 슈퍼마켓을 운영하고 있는 젊은 부부는 우리를 경계의 눈초리로 보기도 했다. … 어떻게 소기의 연구 목적을 달성할 것인가? 연구 방향은 어느 정도 조정을 해야 할 것인가? 효율적인 조사 방법은 무엇인가?

  이러한 고민들 속에서 3년이라는 시간이 흘렀다. 필자가 반(半)장돌뱅이 생활을 끝낸 것은 2005년 7월 17일이었다. 필자와 대학원생 2명으로 구성된 본 조사팀은 총 115일 동안 안동권(영주·봉화·안동·의성)·상주권(문경·예천·상주·구미)·성주권(성주·칠곡·달성·고령)에 있는 60기의 오일장을 대상으로 현지조사를 실시하였다. 또한 지역민들의 시장 이용 패턴 등을 보다 면밀하게 살펴보기 위해서 21개 마을을 방문하여 주민들과 면담을 실시하기도 하였다. 이 과정에서 본 조사팀이 면담을 실시한 사람의 수는 총 694명(남자 410명/여자 284명)이었다. 본 연구에 사용된 자료는 이 기간 동안 행해진 현지조사를 통해 수집되었다.

  사람들이 모이는 곳에는 시장이 형성되기 마련이다. 시장은 '교환되는 품목의 수요와 공급에 반응하는 가격이 존재하는 경제적 상호작용의 영역'(market) 혹은 '그러한 상호작용이 행해지는 특정한 장소'(marketplace)

---

1) 본고에서는 정기시장, 오일장, 장시라는 용어를 별 다른 구별 없이 사용되었음을 밝혀 둔다.

를 가리킨다.2) 가격 형성의 기능이 강조되는 전자는 '추상적 시장(abstract market)'으로, 그리고 공간 개념이 강조되는 후자는 '구체적 시장(concrete market)'으로 불리기도 한다.3) 구체적인 공간 개념으로서의 시장(market place)은 '저자', '장시(場市)', '장문(場門)', '장터' 혹은 줄여서 '장(場)' 또는 '시(市)'라고 불리어 왔다. 구매자와 판매자가 교환을 목적으로 만나는 시장은 사회적 · 경제적 · 문화적 · 정치적 및 여타 대상물(referents)을 가지고 있는 현장이다.4) 다시 말해서 물품의 교환이나 거래를 위해 자연스럽게 형성되는 공간인 시장은 사회 · 경제적 및 문화적 실천들이 동시에 나타나는 하나의 복합적인 체계라고 할 수 있다.

한국 사회에서 장시는 오랫동안 재래 상업의 중추적 역할을 담당해 왔으며, 특히 농촌 사회에서 경제 · 사회 · 문화생활의 중심지이자 농촌 공간의 결절(node)이 되어 왔다.5) 말하자면 촌락 사회의 장시에서 이루어지고 있는 경제적 교환과 사회적 교환은 문화적 전통6)으로 이어져 왔다. 이와 같이 장시는 재화의 교환을 통해 '사람과 사람' 그리고 '공간과 공간'을 묶어주는 하나의 끈이 되어 왔다.7)

---

2) Plattner, Stuart, "Introduction," in Stuart Plattner (ed.), *Markets and Marketing: Monographs in Economic Anthropology*, No. 4, Lanham · New York · London: University Press of America, 1985, viii쪽.
3) 오상락, 「유통근대화에 있어서 재래시장의 좌표」, 서울대학교 한국경영연구소, 『경영논집』 제14권 제3호, 1981, 205쪽; 정승모, 『시장의 사회사』, 서울: 웅진출판, 1995〔1992〕, 32쪽.
4) Belshaw, Cyril S., Traditional Exchange and Modern Markets, Englewood Cliffs, N.J.: Prentice-Hall, Inc., 1965, p. 8.
5) 이재하 · 홍순완, 『한국의 장시』, 서울: 민음사, 1992, 11쪽; 박찬석, 「전통시장의 생태학적 접근」, 『죽파 홍순완 교수 화갑기념논문집』, 1985, 345쪽 참조.
6) 여기에서 말하는 '전통'의 의미는 "지속성과 변화성을 함께 지닌 생동하는 실체로서 고정적으로 박제화된 잔존물과 구별되며"(임재해, 『한국민속과 오늘의 문화』, 서울: 지식산업사, 1994, 22쪽), "생활양식과 사고방식의 종합이라는 광의의 문화에 대한 인식"(한국문화예술진흥원 · 문화발전연구소, 『전통문화의 자주적 현대화방안』, 1989, 5쪽)과 동일하다.
7) 이와 유사한 논의는 Skinner의 연구에서도 발견된다(Skinner, G. William, "Marketing and Social Structure in Rural China," (Part 1), *Journal of Asian Studies* 24(1), 1964, p. 3). 그의 주장에 의하면, 농촌 사회나 전통적인 농경 사회에서 시장 구조는 지역

우리나라에서 시장이 언제 생겨났는지에 대한 문헌상의 기록은 명확하지 않다. 그러나 시장은 물물 교환 및 매매 수단인 화폐의 등장과 밀접한 관련성을 지니고 있는 것으로 보인다. 문정창의 주장에 따르면 우리나라의 화폐 발생사에 근거해 볼 때 시장은 고조선 시대부터 상당히 발달해 있었다.[8)]

한국 사회에서 시장이 문헌 기록에 처음으로 등장하는 것은 삼한 시대이다. 삼한 시대에는 두레라는 공동 노동 제도가 시행되어[9)] 벼를 비롯한 보리·기장·조·콩 등의 오곡을 생산하는 농업이 발달하였고, 양잠에 의한 직물 생산 기술이 발달하여(『三國志』卷三十 東夷傳 馬韓條) 국내의 여러 시장에서 철을 화폐로 하여 교환 매매가 이루어졌다.[10)]

신라는 그 수도인 경주에만 모두 4개의 시장을 개설하고 3개의 시전(市典)을 두었다. 그러나 이러한 시장은 시전(市廛: 常設 公廊商店)을 뜻하는 것으로서[11)] 오늘날 도시 상설시장에 해당하는 것으로 보인다. 다른 한편 지방시장, 즉 향시(鄕市)에 대한 확실한 문헌 기록은 발견되지 않고 있다.[12)] 그러나 경제사가들의 주장에 의하면 신라 시대에는 이미 시장으로 행상하며 다니는 보부상이 상당수 있었고, 『新唐書』新羅傳에는 부녀자들이 시장에서 상품 교역을 했던 사실이 기술되어 있으며, 『鷄林類事』에는 지방에는 대체로 교통의 교차점, 성읍 내외와 같은 특정 장소에서 일정한 날짜를 정하여 교역하는 시장(場市 혹은 定期市場)이 열리고 있다고 나타나 있다.[13)]

의 사회 조직을 형성하고, 수많은 촌락을 단일한 사회 체제, 즉 전체 사회로 통합시키는 데 결정적인 양식을 제공한다.

8) 文定昌, 『朝鮮の市場』, 東京: 日本評論社, 1941, 1쪽.
9) 고승제, 『한국촌락사회사연구』, 서울: 일지사, 1979〔1977〕, 47쪽.
10) 고승제, 위의 글, 41쪽.
11) 유교성, 「한국상공업사」, 『한국문화사대계』(Ⅱ), 고려대학교 민족문화연구소, 1978〔1965〕, 1013쪽.
12) 文定昌, 『朝鮮の市場』, 東京: 日本評論社, 1941, 4~5쪽.
13) 유교성, 위의 글, 1014~1015쪽; 강만길, 『한국상업의 역사』, 서울: 세종대왕기념사업회, 1974, 81~88쪽.

백제는 비옥한 토지에서 생산되는 풍부한 농산물을 기반으로 일찍이 각종 문물이 발달하여 중국 및 일본과의 교역도 성행했기 때문에 시장이 발달했을 것으로 짐작된다. 백제에서도 신라에서처럼 수도인 고마성(固麻城)에 관설시장을 개설하고 도시부(都市場)라는 시사(市司)를 두어, 관설시장의 개폐, 매매에 관한 일정한 관습, 상품의 배열, 시가의 지정, 시장 질서의 유지, 분쟁의 재결, 불법 매매의 단속, 시전의 세금 및 벌금 징수, 관이나 왕실용품의 조달 등을 주요한 직무로 삼았다.14) 또한 지방에는 가로시(街路市)와 성읍시(城邑市)가 산재하여 광범위한 시장 체계가 형성되어 있었을 것이다.

고구려의 경우에는 시장에 관한 문헌이 발견되지 않고 있기 때문에 당시의 시장 상황을 알 수가 없다. 그러나 고구려에는 사유 재산 제도와 채권 의무를 보호하기 위한 엄격한 법률이 있었으며, 화폐로는 곡폐(穀幣), 포폐(布幣), 전(錢)을 사용했다.15) 또한 전국 164개의 주(州)·군(郡)·현(縣)이 있었으므로, 경시(京市) 이외에 성읍시나 가로시 등이 160기 정도는 있었을 것으로 추측된다.16)

고려 시대에는 3경(京)의 시전 상인 이외에도 각 향시를 순회하며 장사를 하는 전업 행상인이 상당수 발생한 것으로 보이는데,17) 이는 상업 및 시장에 대한 장려와 보호 정책의 결과였다.18) 이들 보부상은 시장이 개설되지 않는 원격지에 물품을 가지고 가서 행상을 하였으며, 그들 중 일부는 몽고와 지나(支那)에까지 가서 특산물을 교역하였다. 또한 승려들

---

14) 백남운 지음(윤한택 옮김), 『조선사회경제사』, 서울: 이성과 현실, 1989, 251~252쪽.
15) 조병찬, 『한국시장경제사』, 서울: 동국대학교 출판부, 1992, 43~44쪽.
16) 文定昌, 『朝鮮の市場』, 東京: 日本評論社, 1941, 6쪽.
17) 당시의 시장 풍속을 보면 성읍시는 아침과 저녁 두 차례에 걸쳐 열렸는데 그 형태가 가로시와 같고 주민들은 이곳에서 어류와 채소 등의 식료품을 매매했다고 한다(文定昌, 위의 글, 10~11쪽).
18) 文定昌, 위의 글, 11쪽; 유교성, 「한국상공업사」, 『한국문화사대계』(Ⅱ), 고려대학교 민족문화연구소, 1978[1965], 1052~1053쪽; 강만길, 『한국상업의 역사』, 서울: 세종대왕기념사업회, 1974, 83~85쪽.

도 수공업 생산의 발전과 더불어 잉여 생산품의 상품화로 인하여 시정(市井)을 통한 많은 경제적 이득을 획득하였는데, 이들은 경외(京外)의 시정(市井)과 여각(閭閣)에 출입하여 취전재(聚錢財)하는 일이 비일비재하였다.19)

장시에 대한 억압 정책으로 인해 조선 시대 초기 약 80년 동안에는 장시가 없었다는 주장이 많다.20) 이후 1470년부터는 장시가 형성되기 시작하여 16세기 전반기인 중종(中宗)에서 명종(明宗) 시대에 이르러서는 전라도·충청도·경상도 등 삼남 지방 등지로 파급되었다.21) 16세기 말과 17세기 초에 걸쳐 일어난 양 난으로 국가 경제가 도탄에 빠짐에 따라 대동법(大同法)이 실시되고, 실학의 경제 사상이 대두되면서 조선 후기에 들어와서는 향시가 더욱 발전하게 되었다. 18세기 중엽인 영조 16년(1740년)에 이르러서는 전국에 1,052기의 장시가 산재하였다. 영조 46년(1770년)에 편찬된 『東國文獻備考』에는 1,064기의 장시가 있었던 것으로 나타나고, 순조 30년(1830년)에 편찬된 『林園十六志』에는 1,052기의 장시가 나타나고 있다. 1908년에 간행된 『增補文獻備考』에 의하면 1864년에서 1908년 사이에 전국에는 1,077기의 장시가 있었다. 이에 비해 건융 3년(1909년)에 구 한국정부 농상공부에 의해 발행된 『朝鮮要覽』에는 849기가 나타나고 있다.22)

---

19) 유교성, 위의 글, 1042~1043쪽.
20) 한우근, 『한국통사』, 서울: 을유문화사, 1970, 261쪽; 조기준, 『한국자본주의 성립사론』, 서울: 대왕사, 1985, 273쪽; 경상북도사 편찬위원회, 『경상북도사』(상권), 1983, 325쪽. 조선 초기에 정기시장 형태의 향시가 개설되지 못한 것은 상업이 발달하고 상인이 늘어나면 토지 경제를 기반으로 하는 중세 국가인 조선 왕조의 지배 체제를 위협하는 일이 되기 때문이었다(강만길, 위의 글, 88~93쪽). 그러나 농업 사회 내부의 잉여 생산물의 발생이 시장 발생의 자연스러운 조건이라는 사실과 고려 시대에 이미 정기시장이 번성했던 사실 등을 미루어 볼 때, 조선 시대 초기에도 각 지방에는 장시가 있었던 것으로 보인다(이재하·홍순완, 『한국의 장시』, 서울: 민음사, 1992, 70쪽).
21) 김성훈, 『한국농촌시장의 제도와 기능연구』, 서울: 국립농업경제연구소, 1977, 82~86쪽.
22) 『增補文獻備考』는 『東國文獻備考』의 내용을 그대로 옮겨 수록하면서 1770년 이후에 신설된 13기의 장시만을 보충한 것이기 때문에 당시의 장시 상황과는 무관한 것으로 보인다(이재하·홍순완, 『한국의 장시』, 서울: 민음사, 1992, 82~83쪽). 그래서 조선 말기의

일제 시대의 정기시장은 매년 시장 거래의 90% 정도를 차지할 정도로 시장 경제에서 매우 중요한 위치를 점하고 있었다. 이러한 현상은 당시에 다양한 시장 기구가 출현하였으나, 일제의 식민지적 경제 수탈이 전국에 산재한 정기시장을 통해 이루어지고 있었기 때문에, 정기시장에서의 거래량이 줄어들지 않고 계속해서 유지되었다는 데 그 근본적 원인이 있다.[23] 일제 강점기에는 경제적 수탈을 목적으로 정기시장을 인위적으로 개설한 결과, 그 수가 1,500기를 넘기도 하였다.

그러나 일제로부터의 해방과 6·25 동란과 같은 정치적·경제적 혼란으로 인해 장시의 수는 감소하고 그 기능은 크게 약화되었다. 이후 군사정부가 실시한 경제개발계획에 힘입어 장시는 다시 번성할 수 있었다. 그러나 1970년대 중반부터 산업화와 도시화가 본격적으로 진행되면서 농촌은 피폐해지기 시작했고, 이에 따라 정기시장도 쇠퇴의 길을 걷기 시작했다. 1970년에 994기였던 오일장의 수는 1975년에 1,047기로 증가하였으나, 1979년에는 925기로 줄어들었다. 그 후 교통과 통신의 발달, 대중 매체의 확산, 농산물 및 공산품 유통 구조의 변화가 진행된 결과, 1980년대 말에는 750여기의 장시가 존재하게 되었다.

1990년대 이후부터 정기시장의 쇠퇴는 더욱 가속화되었는데, 특히 1990년대 중반 이후에는 유통 시장의 전면 개방과 더불어 대형 할인점과 전문점이 대거 등장하고, 홈쇼핑 및 전자상거래 등이 활발해지면서 정기시장의 입지는 점점 좁아지게 되어, 2002년 정기시장의 수는 겨우 500기에 그쳤다.[24] 이러한 숫자상의 감소뿐만 아니라 오일장의 기능 역시 상당히 약화되어 왔음은 주지의 사실이다.

장시 상황을 이해하는 데는 『朝鮮要覽』이 보다 적절하다.
23) 이재하·홍순완, 위의 글, 119쪽.
24) 그간 가장 많은 숫자의 오일장을 보유해 온 경상북도의 경우, 1970년에는 235기의 오일장이 있었으나, 1975년에는 212기, 1980년에는 193기, 1985년에는 156기로 줄어들었으며(이재하·홍순완, 위의 글, 159쪽), 1999년에는 그 숫자가 104기로 현저하게 줄었다(경상북도, 『고향장을 아시나요?: 경북의 오일장』, 1999, 4~5쪽).

이처럼 오일장의 쇠퇴 혹은 사멸은 피할 수 없는 하나의 사실이 되고
있다. 그러나 대개의 오일장은 여전히 지역민들—특히 농촌 주민들—의
경제생활과 사회생활에서 중요한 역할을 일정 부분 담당하고 있음도 하
나의 사실이다. 중앙 정부나 각 지자체가 오일장 정책을 펴 나가는 과정
에서 딜레마에 빠지게 된 것도 바로 이러한 모순 때문이다.25)

본 연구의 목적은 안동권·상주권·성주권 정기시장의 변화와 지속을
민족지적26) 맥락에서 검토해 보는 데 있다. 이를 위해 본 연구에서는 다
음과 같은 네 가지 내용을 주로 다루었다. 첫째, 면담 자료에 근거하여
정기시장 이용자와 관계자의 인적 구성을 통계 자료로 제시하였다. 둘째,
이들 3개 권역 정기시장의 현황 및 특징을 살펴보았다. 셋째, 현재 정기
시장이 수행하고 있는 경제적 기능을 고찰하였다. 넷째, 정기시장의 사
회·문화적 맥락을 짚어보았다.

2) 조사 대상자 개관

정기시장의 인적 구성에 대한 통계 자료는 현재의 시장 상황을 이해하
는 데 중요한 자료로 활용될 수 있다. 아래에서는 면담 자료를 근거로 상
인·소비자·관계자의 성별 및 연령별 분포, 직업별 분포, 장사 경력 등
을 정리해 보았다.

---

25) 이와 관련된 논의에 대해서는 본고의 제5장을 보라.
26) 민족지의 성격과 본질에 대해 보다 광범한 논의에 대해서는 다음의 연구를 참조하라:
Geertz, Clifford, *Works and Lives: The Anthropologist as Author*, Stanford,
CA.: Stanford University Press, 1988; Sanjek, Roger (ed.), Fieldnotes: *The
Making of Anthropology*, Ithaca and London: Cornell University Press, 1990;
Watson, C. W., *Being There: Fieldwork in Anthropology*, London·Sterling,
Virginia: Pluto Press, 1999; Clifford, James and George E. Marcus (eds.),
Writing Culture: *The Poetics and Politics of Ethnography*, 1986 (이기우 옮김,
『문화를 쓴다』, 서울: 한국문화사, 2000).

(1) 조사 대상자 일반의 특성

① 성별 분포

〈표 1〉은 총 조사 대상자 694명의 성별 분포를 나타낸 것이다. 한국 문화의 맥락에서는 조사자의 성(性)에 따라 조사 대상자 간에 상당한 성비(性比) 불균형이 있어 왔다는 것은 주지의 사실이다. 이러한 사실은 본 연구에서도 확인된다. 〈표 1〉이 보여 주듯이 조사 대상자 중에서 남자가 차지하는 비중이 상대적으로 높다. 이는 본 조사팀의 성비(남자 2명, 여자 1명)와 직접적인 관련성을 지니고 있다. 조사 지역들 중에서 성비 불균형 정도가 가장 심한 곳은 성주권이다.

〈표 1〉 조사 대상자의 성별 분포 (단위 : 명)

성별/지역	안동권	상주권	성주권	합 계
남	180(57.0)	146(58.9)	84(64.6)	410(59.1)
여	136(43.0)	102(41.1)	46(35.4)	284(40.9)
합계	316	248	130	694

② 연령별 분포

아래의 〈표 2〉는 조사 대상자의 연령별 분포를 보여 주고 있다. 이 도표에서 알 수 있듯이 조사 대상자들 중의 절반가량(48.8%)은 60세 이상이다. 특히 70세 이상의 고령층은 17.4%에 달한다. 이에 비해 30대 이하의 비중은 8.8%에 불과하다. 이러한 연령대 구성은 현재 오일장을 이용하고 있는 상인들과 소비자들의 노령화 현상을 드러내는 것이라 할 수 있다. 시간이 지날수록 이러한 현상은 더욱 두드러지게 나타날 것으로 보인다.

〈표 2〉 조사 대상자의 연령별 분포 (단위 : 명)

연령/지역	안동권	상주권	성주권	합 계
39세 이하	38(12.0)	19(7.7)	4(3.1)	61(8.8)

40~44세	15(4.7)	13(5.2)	9(6.9)	37(5.3)
45~49세	39(12.3)	16(6.5)	13(10.0)	68(9.8)
50~54세	30(9.5)	29(11.7)	15(11.5)	74(10.7)
55~59세	59(18.7)	39(15.7)	17(13.1)	115(16.6)
60~64세	54(17.1)	45(18.1)	19(14.6)	118(17.0)
65~69세	50(15.8)	32(12.9)	18(13.8)	100(14.4)
70세 이상	31(9.8)	55(22.2)	35(26.9)	121(17.4)
합 계	316	248	130	694

사사오입으로 인해 백분율의 합계는 100.0이 아닐 수도 있다.

③ 직업별 분포

다음의 〈표 3〉은 조사 대상자의 직업별 분포를 정리한 것이다. 이 도표에 의하면 상인들의 수(540명)가 압도적으로 많은 것으로 나타나 있다. 이것은 이동상인들이 오일장의 핵심 집단이라고 간주하고, 이들을 우선적으로 면담하였기 때문에 생겨난 현상이다. 21명(3.0%)의 공무원들은 각 지자체의 오일장 관계자들이며, 21명(3.0%)의 무직자들 중의 절대다수는 고령으로 생계 활동을 할 수 없는 사람들이다.

〈표 3〉 조사 대상자의 직업별 분포   (단위 : 명)

직업/지역	안동권	상주권	성주권	합 계
상 업	257(81.3)	177(71.4)	106(81.5)	540(77.8)
농 업	50(15.8)	47(19.0)	13(10.0)	110(15.9)
공무원	8(2.5)	21(3.2)	5(3.8)	21(3.0)
회사원	0(0.0)	0(0.0)	2(1.5)	2(0.3)
무 직	1(0.3)	16(6.5)	4(3.1)	21(3.0)
합 계	316	248	130	694

사사오입으로 인해 백분율의 합계는 100.0이 아닐 수도 있다.

(2) 조사 대상 상인들의 특성

① 성별 분포

〈표 4〉는 조사 대상 상인들의 성별 분포를 보여 주고 있다. 이 도표에

따르면 조사 대상 상인들 중에서 남자의 수가 여자의 수에 비해 상대적으로 많다. 이러한 현상은 성주권에서 상대적으로 강하게 나타난다. 그러나 안동권 조사 대상자들의 경우에는 성비 불균형의 정도가 비교적 낮다. 전체적으로 보았을 때 조사 대상 상인들의 성비 불균형은 그다지 심각하지 않다고 할 수 있다.

〈표 4〉 조사 대상 상인들의 성별 분포 (단위 : 명)

성별/지역	안동권	상주권	성주권	합 계
남	140(54.5)	101(57.1)	61(57.5)	302(55.9)
여	117(45.5)	76(42.9)	45(42.5)	238(44.1)
합계	257	177	106	540

② 연령별 분포

〈표 5〉는 조사 대상 상인들의 연령별 분포를 나타내고 있다. 이 도표에 의하면 6, 70대 이상의 상인들이 절반가량(44.7%)을 차지하고 있다. 반면 30대 이하는 매우 낮은 비중(10.0%)을 차지하고 있다. 이러한 현상은 젊은층이 오일장에서 장사하기를 기피하고 있다는 사실과 오일장 상인들의 노령화 현상을 반영하는 것이기도 하다. 또한 3, 40대의 연령군에는 IMF 때 실직을 당한 후 장삿길에 나선 사람들이 상당수 포함되어 있다.

〈표 5〉 조사 대상 상인들의 연령별 분포 (단위 : 명)

연령/지역	안동권	상주권	성주권	합 계
39세 이하	33(12.8)	19(10.7)	2(1.9)	54(10.0)
40~44세	13(5.1)	10(5.6)	8(7.5)	31(5.7)
45~49세	30(11.7)	12(6.8)	12(11.3)	54(10.0)
50~54세	25(9.7)	23(13.0)	13(12.3)	61(11.3)
55~59세	50(19.5)	36(20.3)	13(12.3)	99(18.3)
60~64세	45(17.5)	29(16.4)	14(13.2)	88(16.3)
65~69세	45(17.5)	21(11.9)	17(16.0)	83(15.4)
70세 이상	16(6.2)	27(15.3)	27(25.5)	70(13.0)
합 계	257	177	106	540

사사오입으로 인해 백분율의 합계는 100.0이 아닐 수도 있다.

③ 장사 경력

〈표 6〉은 조사 대상 상인들의 장사 경력을 보여 주고 있다. 이 도표에 의하면 장사 경력이 30년 이상 된 상인의 수는 3분의 1(33.4%) 가량 된다. 특히 성주권의 경우에는 30년 이상 장사를 해 온 사람들의 비율이 45.3%에 이른다. 장사 경력이 10년 미만인 상인들의 비중은 21.8%로 상대적으로 낮은 편이다.

〈표 6〉 조사 대상 상인들의 장사 경력 (단위 : 명)

구 분	안동권	상주권	성주권	합 계
5년 미만	33(13.9)	10(6.0)	11(10.4)	54(10.5)
5~9년	28(11.8)	21(12.5)	9(8.5)	58(11.3)
10~14년	27(11.3)	20(11.9)	10(9.4)	57(11.1)
15~19년	23(9.7)	17(10.1)	10(9.4)	50(9.8)
20~24년	41(17.2)	42(25.0)	12(11.3)	95(18.6)
25~29년	8(3.3)	13(7.7)	6(5.7)	27(5.3)
30년 이상	78(32.8)	45(26.8)	48(45.3)	171(33.4)
합 계	238	168	106	512*

사사오입으로 인해 백분율의 합계는 100.0이 아닐 수도 있다.
*조사 대상 상인들 중에서 부부의 장사 경력이 같을 경우에는 1명만 기재하였다.

2. 안동권 · 상주권 · 성주권 장시의 현황 및 특징

1) 장시 현황

(1) 안동권

2005년 7월 현재 안동권에는 25기의 오일장이 있다. 이들의 개시일을 보면 5일을 주기로 고르게 장이 열리고 있음을 알 수 있다. 다만 5일과 10일에 열리는 시장의 수가 상대적으로 많은 편이다. 노점의 수를 기

준으로 볼 때 표준시장(standard market)27)의 수는 13기, 중간시장(inter-
mediate market)의 수는 7기, 중심시장(central market)의 수는 5기이다.

이들 표준시장 중에는 생명이 얼마 남지 않은 시장이 상당수 있다. 출
시 상인의 수가 10명 미만인 오일장의 경우에는 존속 가능성이 더욱 희
박하다. 번개시장 형태에서 발전한 영주 오일장은 노점의 수를 기준을 했
을 때 경북 지역의 오일장들 중에서 최대 규모이나, 시 당국은 이 시장의
존재를 인정하지 않고 있다.28) 전체적으로 보았을 때 안동권 장시 일반

---

27) 중심시장 · 중간시장 · 표준시장이라는 구분은 시장의 규모에 따른 것으로 개별 시장에 대
한 조사를 통해 얻어진 결과에 근거한 것이다. 장세(場勢)를 판단하는 데는 이용객의 거
주 범위 및 숫자, 거래액의 규모, 출시 상인의 거주 범위 및 숫자 등 다양한 기준이 사용될
수 있다. 그런데 이용객의 수와 거래액의 규모는 정확한 산출이 거의 불가능하다는 점에
서 신빙성 있는 자료를 제공하지 못한다. 또한 시장으로의 접근성을 판단하는 거주 범위
의 경우에도 교통의 발달로 인해 다양한 변수들이 개입될 소지가 있다. 이에 따라 여기에
서는 계량화가 용이한 출시 상인의 수를 통해 현재 개장 중인 개별 오일장의 규모를 판단
했다(설병수, 「농촌 정기시장의 사회 · 문화적 의미: 상주지역의 사례를 중심으로」, 역사
문화학회, 『지방사와 지방문화』제8권 1호, 2005, 294쪽 참조).

28) 영주장에 대해서는 보충 설명이 필요하다. 공식 문건상으로 볼 때 현재 영주시에는 오일장
이 없다. 현재 5 · 10일을 주기로 하여 하망동 원당로 대로변에서 열리고 있는 '실질적인
영주장(오일장)'은 지역 주민들에게는 '번개시장'으로, 그리고 영주시 공식 문건에서는 '신
번개시장'으로 불리고 있다. 영주장은 1940년대 하망동 일대의 나무전 골목과 우시장에
서 출발해 물류 수송의 요충지라는 이점을 등에 업고 한때는 대구의 서문시장이나 칠성시
장과 어깨를 겨루는 큰 장으로 성장했다. 이후 영주장은 1955년 영주와 강원도 철암을 잇
는 영암선 철도가 개통되면서 '상설 시장화'의 길을 걷게 되었다. 이는 영암선의 개통으로
영주가 봉화를 대신하여 지역 생활권의 중심지로 탈바꿈하는 동시에, 물류 수송 요충지로
서의 이점을 등에 업고 양적인 성장을 하게 되었기 때문이다. 그 결과 1965년 영주장터에
는 상설시장(현재의 '공설시장')이 들어섰고, 오일장은 상설시장 주변에서 열렸으며,
1980년대 이후에는 겨우 명맥만을 유지하는 수준에 이르렀다. 1984년 시에서 오일장을
폐지하게 되자 상인들의 일부는 현재의 위치로 옮겨 와 번개시장 형태로 장사를 하게 되
었다. 이 시장이 '번개시장'으로 불리게 된 것은 아침부터 낮 12시까지 잠깐 동안 섰다가
없어졌기 때문이다. 오전에 이곳에서 장사를 끝낸 상인들 중에는 아파트 단지나 주택가를
돌면서 장사를 하는 사람들이 많았다. 이후 1988년경이 되자 번개시장은 그 규모가 상당
히 커졌으며, 7~8년 전부터는 오후 늦게까지 장사를 하는 상인들이 많아지게 되었다.
2002년 시 당국이 파악한 바에 의하면 원당로에는 333개소의 노점이 있다. 그러나 상인
들의 주장에 따르면 이곳에서 장사를 하는 노점의 수는 500~600개소에 이른다. 이렇듯
시장의 규모가 방대해지면서 도로 무단 점거와 불법 주차, 쓰레기 무단 투기, 소음 등으로
생활환경 악화 등 각종 문제점들이 노출되어 왔다. 2005년 7월 현재까지도 영주시청 · 신

의 기반 시설은 그다지 양호하지 못하다. 장옥이 없는 장시가 9기에 이르
고, 화장실이 없거나 수거식인 경우도 19기에 이른다.

〈표 7〉 안동권 장시의 현황

개시일	1·6일	2·7일	3·8일	4·9일	5·10일
	5기	4기	4기	5기	7기
노 점	30개소 미만	30~49개소	50~99개소	100~199개소	200개소 이상
	13기	1기	6기	1기	4기
장 옥	없음	1~5동 미만	5~9동	10~19동	20동 이상
	9	8	3	1	4
화장실	없음		수거식		수세식
	4기		15기		6기

(2) 상주권

2005년 7월 현재 상주권에는 20기의 오일장이 열리고 있다. 개시일
을 기준으로 보았을 때 상주권에서는 5일과 10일을 제외한 날에는 장이
고르게 열리고 있다. 출시 노점의 숫자로 보았을 때 표준시장의 수는 6
기, 중간시장의 수는 10기, 중심시장의 수는 4기이다. 전체적으로 보았
을 때 상주권 장시 일반의 기반 시설은 안동권의 그것에 비해 더욱 열악
한 편이다. 장옥이 없는 장시가 9기에 달하고, 화장실이 없는 장시가 11
기에 달한다.

〈표 8〉 상주권 장시의 현황

개시일	1·6일	2·7일	3·8일	4·9일	5·10일
	5기	5기	5기	4기	1기
노 점	30개소 미만	30~49개소	50~99개소	100~199개소	200개소 이상
	6기	5기	5기	2기	2기
장 옥	없음	1~5동 미만	5~9동	10~19동	20동 이상
	9기	5기	6기	—	—

번개시장 노점상인들·상설시장 점포상인들 간의 문제는 완전히 해결되지 않고 있다.

화장실	없음	수거식	수세식
	11기	6기	3기

(3) 성주권

2005년 7월 현재 성주권에는 15기의 오일장이 개설되어 있다. 개시일로 볼 때는 3일과 8일에 열리는 장시의 수가 제일 많은 반면, 5일과 10에 열리는 장시의 수는 제일 적다. 노점의 수를 기준으로 볼 때 성주권의 장시는 양극화 현상을 보이고 있다. 즉 중간시장의 수가 적은 반면, 표준시장과 중심시장의 수가 많다. 성주권 장시 일반은 대구광역시의 영향을 직·간접적으로 받고 있다. 전체적으로 보았을 때 성주권 장시의 기반 시설은 양호한 편이다. 특히 수세식 화장실을 갖추고 있는 오일장이 9기에 이른다.29)

〈표 9〉 성주권 장시의 현황

개시일	1·6일	2·7일	3·8일	4·9일	5·10일
	3기	4기	5기	2기	1기
노 점	30개소 미만	30~49개소	50~99개소	100~199개소	200개소 이상
	8기	—	2기	2기	3기
장 옥	없음	1~5동 미만	5~9동	10~19동	20동 이상
	5기	4기	3기	—	3기
화장실	없음		수거식		수세식
	4기		4기		9기

2) 권역별 장시의 특징

(1) 안동권의 장시

제1차년도 조사지들 중에서 의성 지역을 제외한 세 지역은 대구광역시로부터 비교적 멀리 떨어져 있다. 특히 봉화군은 경북 관내에서 최북단에

---

29) 이들 중 2기의 오일장에는 수거식 화장실과 수세식 화장실이 각각 1개씩 있다.

위치해 있다. 안동권 장시의 특징을 요약하면 다음과 같다.

첫째, 상주권·성주권의 장시에 비해 안동권의 장시 중에는 5일과 10일에 열리는 장이 많다. 안동권의 25기 장시 중에서 5일과 10일에 열리는 장의 비중은 28%인데, 이 수치는 상주권의 5%, 성주권의 7%에 비해 월등히 높다.

둘째, 안동 지역에는 댐 건설의 영향을 받은 오일장이 5기—정산장·임동장·예안장·온혜장·신평장—나 된다. 특히 정산장·임동장·예안장[30]은 수몰 지구 주민들이 모여 살고 있는 곳에 입지해 있다.

셋째, 영주·봉화 지역에서는 장시의 수가 급격하게 줄어들어, 2005년 7월 현재 전자에는 3기, 후자에는 2기의 장시가 존재하고 있을 따름이다. 이는 오일장 쇠퇴의 일반 요인에다 지리적 열세가 작용한 결과이다.

(2) 상주권의 장시

제2차년도 조사지들 중에서 구미를 제외한 세 지역은 안동권과 마찬가지로 대구광역시에서 상대적으로 멀리 떨어져 있다. 상주권 장시의 특징을 요약하면 다음과 같다.

첫째, 문경 지역[31]과 상주 지역의 장시들 중에는 광산의 성쇠에 직·

---

30) 정산장이 입지해 있는 예안면 정산1리와 임동장이 입지해 있는 임동면 중평2리가 수몰 지구라는 점에선 공통점을 지니고 있기는 하나, 양자 간에는 경제 수준에서 상당한 차이가 난다. 이는 정산1리에 있는 '강석우 안동시의원 사무실' 앞쪽에 걸려 있는 '예안면 생계대책위원회'이라는 현판이 웅변적으로 말해주고 있었다. 양 지역은 외관상 여러 모로 비교가 되었다. 첫째, 정산1리의 주택들 중 절대다수가 빈터를 드러내고 있는 반면, 중평2리의 주택들 중 절대다수는 어디에 내놓아도 손색이 없을 정도로 잘 지어졌으며, 골목도 반듯반듯하게 나 있었다. 둘째, 정산1리는 골짜기가 끝나는 곳에 터를 닦아 건설된 반면, 중평2리는 산을 깎아 터를 마련하였다. 셋째, 정산1리의 주민들에 비해 중평2리 주민들은 정부로부터 보상금을 많이 받았다. 예안장이 열리는 도산면 서부리 역시 댐(안동댐)의 수몰로 인해 만들어진 이주 단지이다. 서부리의 상황은 정산1리의 그것을 많이 닮아 있다. 정산1리처럼 서부리에 있는 주택들의 대부분도 크기와 형태가 규격화되어 있는 데다 낡은 모습을 하고 있었다.

31) 우리가 문경장 현지조사를 하면서 만난 주민들뿐만 아니라 상인들 중에는 광산의 전성기

간접적인 영향을 받은 곳이 많은 반면, 구미 지역의 장시들은 공단의 영향을 강하게 받아 왔다.

둘째, 안동권의 오일장에 비해 상주권의 오일장은 상대적으로 불완전한 시장 체계를 형성하고 있다. 이는 상주권의 경우엔 농암장과 장천장을 제외하곤 5일과 10일에 개설되는 오일장이 없기 때문에 발생하는 현상이다. 물론 이러한 현상은 오일장의 전반적인 쇠퇴를 반영하는 것이기도 하다.

셋째, 예천 지역의 시장 체계는 지리상의 위치로 인해 다소 특이한 모습을 띠고 있다. 즉 예천군은 사방으로 영주시·안동시·의성군·상주시·문경군 등 5개 시·군과 접해 있기 때문에, 예천군 관내의 4개 오일장32)은 독립적으로 존재하는 것이 아니라, 타 시·군 시장 체계의 영향

에 대한 향수를 가진 사람들이 많았다. 문경읍의 전성기에 대한 그들의 회고담을 요약해 보면 다음과 같다: "문경읍이 경제적으로 전성기였을 당시에는 단봉·석봉·장자 등지에 3개의 광산이 있었다. 이 당시 투표 유권자가 20,000명이나 되었다(그러나 최근에는 빈 집이 많이 생겨날 정도로 인구가 줄었다). 그들은, "문경의 돈은 점촌으로 내려갔으며, 문경의 돈이 내려가지 않으면 대구가 마비된다는 말이 있을 정도였다"라고 말했다. 당시 국민학교의 학생 수는 3,000명에 달했다. 이 지역이 한때 흥청거렸던 광산촌이었던 탓에 술집이 많았다. 당시 술집의 숫자는 80~100개에 달했으며, 술집 아가씨들도 500여 명에 달했다. 막걸리 집에도 아가씨가 2명 정도는 있을 정도였다. 특히, '이화장'(말이 '식당'이지, 사실은 '아가씨 집'이었다고 한다)은 이 일대에서 규모가 제일 컸는데, 12~13명의 아가씨가 고용되어 있었다(지금도 이 식당은 그 자리에서 영업을 하고 있다). 택시 기사도 한 달에 500~600만 원의 수입을 올렸다. 남자들은 술을 먹고 계집질도 할 겸해서 수안보 온천으로 많이 넘어 갔고, 여자들의 상당수는 춤바람이 나서 점촌으로 나갔다. 춤을 추러 나간 여자들은 광산에 사고가 났다는 소식을 듣고는 부랴나게 들어오기도 하였다."

32) 예천군 관내 4기의 정기시장 중 용궁 우시장은 전국 규모의 장세(場勢)를 유지하고 있다. 우리가 용궁 우시장으로 현지조사를 나간 것은 2003년 12월 3일이다. 이날 현지조사 노트에는 용궁 우시장의 모습과 필자의 단상(斷想)이 다음과 같이 적혀 있다: "우리가 우시장에 도착한 시각은 새벽 4시가 조금 넘어선 시각이었다. 소를 싣고 들어와 있는 차량은 2대밖에 발견되지 않았다. 그로부터 15분가량이 지나자 트럭들이 속속 우시장으로 모여들기 시작했다. 이 무렵 우시장터에는 모닥불이 지펴지기 시작했고, 바로 옆에는 커피·오뎅·베지밀을 파는 40대의 아낙네가 장사 준비를 하기 시작했다(그녀는 커피를 종이컵에 담아 팔았는데, 한 잔에 1,000원을 받았다. 가격이 지나치게 비쌌건만 그의 노점에는 사람들이 끊었다). 새벽 5시경이 되자 불가에는 농민인지 상인인지 구분도 안 되는 25명의 사람들과 5명가량의 중개인이 모여들었다. 그들은 서로 인사를 나누고 세상사는 얘기

을 받고 있다.

(3) 성주권의 장시

안동권이나 상주권에 비해 성주권은 대구광역시와 지리적으로 가깝다. 또한 성주 지역 일반과 칠곡 지역 일부에서는 환금 작물인 참외 농사가 광범위하게 행해지고 있다. 이러한 이유들로 인해 성주권은 전자의 두 권역과는 상이한 오일장 및 지역 상황—예컨대 상인들의 구성, 시장 인심, 지역민의 소비 생활, 지역 인심—을 보여 준다. 이러한 현상은 다음과 같이 정리될 수 있다.

첫째, 성주권의 장시에 출시하는 상인들 중의 절반 이상은 대구시 혹은 그 근교에 거주하고 있다. 이는 시장 전체의 인심이 그다지 좋지 않다는 것을 의미하며 실제로도 그러하다. 현지조사를 하면서 만난 상인들 중에는 우리의 존재를 의심하거나 의심의 눈초리를 끝까지 거두지 않는 사람들이 상당수 있었다.

둘째, 성주권의 시장 체계는 안동권이나 상주권의 그것에 비해 자체 완결성이 더욱 떨어진다. 이러한 현상은 다음과 같은 두 가지 사실에서 비롯된다. 먼저, 각각 25기와 20기의 오일장을 가진 안동권과 상주권에 비해, 성주권은 불과 15기의 장시를 가지고 있다. 또한, 각각 7기와 5기의 중간시장을 가진 안동권과 상주권에 비해, 성주권은 불과 2기의 중간시장을 가지고 있다.

셋째, 안동권이나 상주권의 오일장 이용자들에 비해 성주권의 오일장 이용자들은 대구광역시의 영향을 상당히 많이 받고 있다. 특히 대구시와

며, 소 가격에 관한 얘기들을 주고받고 있었다. 도로변에 나가 보니 소를 실은 12대 가량의 트럭들이 길에서 대기하고 있었다. 새벽 5시 25분경이 되자 불가에 모인 사람들은 60여 명으로 늘어났다. 우시장의 동편에도 모닥불이 피어오르기 시작했고, 바로 그 옆에는 50대의 아낙네가 장사 준비를 하고 있었다(이 노점에서는 커피를 주로 팔았다). 이즈음 우시장터에는 수은등이 하나 둘 들어오기 시작했고, 관리 사무실에도 형광등이 켜졌다.

인접해 있는 지역들에서 이러한 현상이 두드러지게 나타나고 있다. 일례로 이마트 성서점(1999년 10월 개점) 및 월배점(2001년 4월 개점)의 등장은 성주권 지역민들과 출시 상인들의 경제 활동에 상당한 변화를 가져 왔다.

넷째, 성주권의 중간시장들과 중심시장들에서는 IMF 외환위기의 영향으로 이동상인들의 수가 오히려 늘어나는 현상이 발생했다. 이러한 현상은 안동권과 상주권의 장시와 비교했을 때 더욱 두드러진다. 상인들과 주민들의 진술에 따르면 이들 시장은 IMF 외환위기 이전에 비해 장세(場勢)가 2배가량 커졌다. 다시 말해 외환위기는 쇠퇴를 거듭하고 있는 성주권의 일부 장시들에 활력을 불어넣는 결과를 초래했다. 그러나 시장 인심은 더욱 나빠졌다.

다섯째, 성주 지역 장시들 일반과 칠곡 지역 장시들의 일부는 1980년대 초반 경부터 본격화된 참외 농사33)의 영향을 강하게 받아 왔다. 이들

그로부터 15분가량 지나자 2개의 우시장 문이 열렸다. 이때부터 우시장은 갑자기 활기를 찾으며 정신없이 돌아갔다. 무슨 난리가 난 듯했다. 오른쪽 출구로는 트럭들이 '돌진 명령'이라도 받은 듯이 삽시간에 밀려들어 왔고, 왼쪽 출구로는 차례를 기다리며 미리 매어 놓았던 10여 마리의 소가 들어왔다. 출구로 들어오는 소들 중에는 우시장 안으로 들어오지 않으려고 뻗대는 놈들이 여럿 있었다. 트럭에서 내려오는 소들 중에도 이런 놈들이 여럿 되었다. 이놈들이 자다가 나와서 그런 것인지, 낯선 곳에 와서 그런 것인지, 아니면 '우시장을 도살장으로 착각'해서 그런 것인지는 알 수 없었다. 어쨌든 간에 소 주인들과 중개인들은 이놈들을 힘으로 제압하기도 하고(한 사람은 앞에서 끌고 또 한 사람은 뒤에서 엉덩이를 밀었다), 달래기도 하여 결국엔 시장 안으로 들여놓았다. 오전 6시경에도 소를 실은 트럭의 행렬을 끊이질 않았다. 누가 농민이고 누가 상인인지 제대로 분간할 길이 없었지만, 그 시각 장터에는 300명은 족히 되어 보이는 사람들이 운집해 있었다. 그리고 소의 숫자는 500두 이상은 되어 보였다. 장터 곳곳에는 소의 매매를 둘러싸고 흥정이 벌어지고 있는 데다, 소가 주인의 말을 듣지 않고 펄쩍펄쩍 뛰는 바람에, 소 주인과 주위에 있던 사람들 간에는 시비가 붙기도 하였다. "소 때문에 이웃 영감 다치겠다"는 생각을 하면서, 조사자들은 이런 예의 없는(?) 소에게 봉변을 당하지 않기 위해 몸을 여러 번 사려야 했다. … (수태) 감정사는 맹활약을 하고 있었다. … 그는 비닐장갑을 끼고 흰 가운을 입고 있었다. 그는 소의 자궁에 손을 넣은 뒤, 소가 임신한 지 몇 개월이나 되었는지를 감정해 주고 있었다. 흥미로웠던 사실은, 그가 비닐장갑을 낀 왼손으로 감정을 하고 있었다는 것, 그리고 소가 10초가량 안 움직이고 있어야 감정이 가능하다는 것이었다. 한 마리 당 감정가는 20,000원이었다. 오늘 그가 감정한 암소의 숫자는 수십 마리는 족히 되어 보였다. 아침 7시가 넘어서도 장터는 여전히 활기를 띠고 있었다. … 불가에 모인 사람들은 주로 소 사

지역에서 발생한 영농 형태의 변화, 유통 구조의 변화, 경제 여건의 향상 등은 지역민들의 소비 패턴을 크게 바꾸어 놓았고, 그로 인해 이들 지역의 오일장은 더욱 쇠퇴하게 되었다.34) 성주권 장시에서 나타나는 규모의 양극화 역시 이러한 맥락에서 이해되어야 할 것이다.

 여섯째, 안동권·상주권의 중심시장과 중간시장에 비해, 성주권의 중

육과 관련된 얘기를 하고 있었다. 그들 중의 한 명은, "일이 많아 고생하거나 말거나 간에 소가 많으면 소원이 없겠다"는 말을 하였다. 이는 최근 소 가격의 폭등으로 인해 어떤 사람들은 상당한 수입을 올리고 있음을 뜻하는 것이기도 하였다. 이 무렵 모닥불이 피워져 있는 장터의 동편에서는 의류 장수 부자(父子)가 등장하여 작업용 바지와 점퍼를 팔기 시작했다. … 또한 이 불가에는 영업 사원 한 사람이 전단지와 명함을 돌리면서 판촉 활동을 하고 있었다. 그는 소 특수 사료 및 축사 자동화 설비 등을 전문으로 취급하는 회사(구미 소재)의 직원이었다. 아침 7시 40분 경 장터에는 150두 가량의 소가 남아 있었으나, 매매는 거의 이루어지지 않고 있었다. 서서히 파장 분위기로 접어든 것이다. … 오전 8시 30분경이 되자 파장 분위기가 역력했고, 그로부터 30분이 지난 오전 9시경 오늘 우시장은 마무리되었다. 그러나 장터에는 50두 가량의 소가 귀가 길에 오르지 못하고 있었다. (… 소 울음소리, 끊임없이 이어지는 트럭의 행렬 및 불빛, 각자의 목적을 달성하려는 사람들의 번뜩이는 눈, 오가는 수표와 지폐, 떠들썩한 식당… 소와 사람이 뿜어내는 입김은 신 새벽을 가르고 언 땅을 녹이고 있었다. 우시장의 이러한 모습은 고요함을 유지하면서 단잠에 빠져 있는, 그 근처 아파트의 그것과는 너무나 대조를 이루고 있었다. … 한국의 농촌은 수천 년 동안 우리네 삶의 근간이 되어 왔다. 그러나 이 땅에서 지난 3, 40년 동안 자본주의의 확산이라는 맥락에서 진행된 산업화와 도시화는 농촌을 송두리째 바꾸어 놓고 있다. 그것도 피폐된 모습으로. 오늘 우리가 용궁 우시장에서 만난 소의 울음소리는, 우리가 과거에 익히 들었던, 그리고 정답게 느껴졌던, 그 울음소리와는 달랐다. 오늘 우리가 들었던 소 울음 속에는 분명, '어떤 슬픔'이 묻어 있었다. 바뀐 것은 소의 본질이 아니라, 갈수록 영악해지고 있는 인간의 모습이리라.)

33) 전한식·박우철은 성주 지역에서의 참외 재배 역사에 대해 다음과 같이 언급하고 있다(「성주지역 시설참외 연작지의 토양 특성 및 토양 선충 변화」, 『한국환경농학회지』제20권 제2호, 2001, 127쪽): "성주 참외 재배 역사는 자가 소비용으로 보리골 사이 직파 재배에서 1950년대 이후 기름종이 고깔 재배, 1960년대 비닐 터널 재배, 1970년대부터 대나무 비닐하우스 재배, 1980년대부터 철재 파이프 하우스로 시설이 바뀌어진 후 연작재배가 시작되었다."

34) 성주와 칠곡 지역의 일부에서 참외 농사가 본격화되면서 상태가 나빠진 것은 비단 오일장만이 아니다. 이들 지역에서는 인심도 급격하게 나빠졌다. 이러한 현상은 참외 농사의 본고장이라 할 수 있는 성주 지역에서 더욱 두드러지게 나타난다. 우리는 성주 지역의 오일장들에 대한 현지조사를 하면서, 지각 있는 지역민들로부터 "참외 농사가 성주를 망쳐 놓았다"는 말을 종종 들을 수 있었다. 이 말 속에는 참외 농사가 이 지역 오일장의 쇠퇴를 가져왔을 뿐만 아니라 지역 인심도 황폐화시키고 있다는 의미가 포함되어 있다.

심시장과 중간시장의 개시 시간은 30분~1시간가량 늦다. 이러한 현상은 전자가 입지해 있는 지역에 비해, 후자가 입지해 있는 지역에는 젊은 사람들이 상대적으로 많이 살고 있는 데서 비롯된다. 즉 전자의 소비자들에 비해, 후자의 소비자들이 장을 보러 나오기 시작하는 시간이 상대적으로 늦다.[35]

3. 경제적 적소로서의 정기시장

1) 생계의 맥락

과거의 농촌 오일장에서는 '물건을 파는 사람이 곧 사는 사람이고, 물건을 사는 사람이 곧 파는 사람'이었다.[36] 즉 오일장에 나오는 농민은 반상인(半商人)이었다. 그러나 상품 자본주의가 심화될수록 생산과 소비는 더욱 철저하게 분리되고, 이에 따라 농민이 시장에 가지고 나갈 수 있는 물품은 점점 줄어들게 되었다. 게다가 오늘날 농촌 오일장에는 중국을 비롯한 외국에서 들어온 공산품과 농산물이 판을 치고 있다. 다시 말해 현재의 오일장은 농민을 세계자본주의 체제로 편입시키는 통로가 되고 있다.

그럼에도 불구하고 오일장이 경제적 기능을 부분적으로 담당하고 있음은 부정할 수 없는 하나의 사실이다. 이동상인들은 오일장을 통해 그들의 생계를 꾸려가고 있고, 일부의 농민들 혹은 반상인(半商人)들 역시 장을 통해 자신들의 생계에 도움을 받고 있다.

오일장에서 장사를 하는 이동상인들은 여러 범주로 분류될 수 있다:

---

35) 이와 관련하여 박○철(남, 40대 초반, 도넛 장수, 출시 경력 10년, 구미 거주) 씨는 다음과 같이 진술했다: "도시 주변에 있는 장일수록 늦게 열린다. 젊은 사람들이 많기 때문이다. 젊은 사람들은 아침에 집안일을 끝내고 난 뒤 장을 보러 나온다. 그러나 촌장(村場)은 일찍 열린다. 늙은 사람들은 오전에 장을 보고 오후에는 다른 일을 하기 때문이다."
36) 정승모, 『시장의 사회사』, 서울: 웅진출판, 1995[1992], 19쪽 참조.

고참 상인과 신참 상인, 성공한 상인과 그렇지 못한 상인, 부부 상인과 단독 상인, 남성 상인과 여성 상인, 현재의 생업에 만족하는 상인과 그렇지 못한 상인. 이들이 어떤 범주에 속하던 간에, 그리고 경기 침체로 인해 대다수의 상인들이 어려움을 겪고 있을 지라도, 그들에게 있어서 오일장은 생계의 원천임을 부정할 수 없다.

특히 오일장에서 오랫동안 장사를 해 온 사람들 중에는 경제적으로 성공한 사람들이 적지 않다. 아래에 나오는 신○호 씨 부부의 진술은 이러한 사실을 뒷받침해 주고 있다. 필자가 신씨 부부와 면담을 실시한 것은 2005년 2월 13일 제11차 칠곡 약목장 현지조사 때였다. 그들의 얘기는 한 편의 드라마를 연상케 한다. 신씨 부부는 신발 장사를 하여 상당한 부를 축적했다. 이들은 그간 장사를 해서 번 돈으로 8년 전부터 농장도 경영하고 있다. 신씨 부부는 농장에서 염소를 기르고 있으며, 간·위장·허리에 좋은 약재도 재배하고 있다. 특히 간에 좋은 약재는 거의 다 기르고 있다.

> **신○호 부부**(남, 40대 후반·여 40대 중반, 신발 장수, 출시 경력 15년, 김천시 거주)
>
> 한때 신씨 부부는 왜관장(1·6일), 선산장(2·7일), 약목장(3·8일), 김천장(황금시장, 5·10일)을 차례로 돌면서 장사를 했다. 신씨는 도매상을 이용해서 물건을 구입하기도 했으나, 부도 등으로 문을 닫는 신발 공장의 창고를 5,000만 원 혹은 1억 원에 사서 물건을 구입하는 경우가 많았다("물건을 정상 가격에 구입해서 팔면 남는 게 없다"라고 그는 말했다). 이런 방식을 통해 구입한 신발을 시장에 내다 팔면 10배가량의 장사가 되었다. 당시 그는 전국에 있는 15명의 신발 대상(大商) 중의 한 명이었다. 그래서 "지금도 부산에 가면 이 바닥에서는 나를 알아보는 사람들이 많다"라고 그는 말했다.
>
> 당시 그는 300평 규모의 신발 창고에 트럭 1,000대 분량의 신발을 보유하고 있었다. 또한 신씨 밑에는 10명가량의 소매상이 있었다. 이들은 신씨가 구입해 온 물건들 중에서 가격이 싼 물건을 그 자리에서 모두 구매해 갔다.
>
> … 신씨 부부가 출시했던 장들 중에서는 선산장에서의 매출이 제일 많았다.

신씨는 당시의 장사 상황에 대해 다음과 같이 진술했다: "선산장에서는 보통 트럭 5대 분량의 물건을 갖다 놓고 장사를 했다. 어떤 때는 트럭 8대 분량의 물건을 가지고 나오기도 했는데, 노점 길이가 47미터에 달했다. 가격이 싼 신발 (트럭 5대 분량)은 앞쪽에, 그리고 가격이 비싼 신발(트럭 3대 분량)은 뒤쪽에 풀어 놓고 장사를 했다. 하루 장사를 마치고 수입을 계산해 보면 비싼 물건의 매상이나 가격이 싼 물건의 매상이 비슷했다. 물건을 얼마나 많이 팔았다는 얘기인가! 트럭 5대 분량의 물건을 가지고 나올 경우, 2대 분량은 장날 하루 전에 미리 실어다 놓고 3대 분량은 장날에 실어 나오는 방식을 취했다. 선산장에서는 보통 220만 원, 많을 때는 300만 원 가량의 매상을 올렸다. 1시간에 150만 원 어치의 물건을 판 적도 있다. 이렇게 매상을 많이 올릴 때는 신발을 봉지에 넣어 주지 않았다. 신발을 꺼내 주기만 하면 (손님들은 신발을) 바로 가져갔다. 그때는 일하는 사람을 2명이나 두어 가며 장사를 했다. 물건을 넣어 주는 봉지도 5, 6군데 걸어 놓았다." … 신씨는 현재 자신의 장사 상황에 대해 다음과 같이 진술했다: "현재 나는 30평 규모의 점포에 트럭 100대 분량의 신발 재고를 가지고 있다. 지금의 장사 규모는 한창 때에 비하면 10분의 1도 안 된다."

1997년 말 한국 사회에서 발생한 IMF 경제 위기는 수많은 사람들을 길거리로 내몰았고, 이들 중의 일부는 오일장에서 경제적 적소(economic niche)를 찾았다. 그러나 그들이 장삿길에 나섰을 때는 대개의 오일장이 이미 사양길에 접어든 상태였다. 이는 그들이 생계를 이어가기 위해 악전고투하고 있음을 의미하는 것이기도 하다. 아래에 소개되는 채소 장수 김O규 씨의 사례를 통해 우리는 오일장의 최근 상황 및 경기 상태를 진단할 수 있다.

김O규(남, 49세, 채소 장수, 출시 경력 6년, 달성군 논공읍 거주)

논공 사람인 김씨는 IMF 외환위기 이후 회사에서 나와서 장삿길로 들어섰다. "처음에는 어떻게 장사를 해서 돈을 벌어야 하는 지도 몰랐다"고 그는 말했다. 그는 화원장(1·6일)→성주장(2·7일)→창녕장(3·8일)→고령장(4·9일)을 돌며 장사를 하고 있다. 5일 중에서 하루는 쉰다. 그가 주로 물건을 해 오는 곳은 (대구) 팔달시장과 매천시장이며, 일부 품목——예컨대 시금치 등——은 동네에서 받아 가지고 나온다.

그의 말에 따르면 갈수록 경기가 더욱 안 좋아지고 있다. "해가 갈수록 경기가 나아지기는커녕 나빠지고 있다. IMF 직후보다 경기가 더 나쁘다. 작년 7·8월에는 여름 장사를 하여 그래도 어느 정도 저축을 했는데, 올해는 내 돈 들여서 장사를 하고 있다. 지금 갖다 놓은 무는 보름이나 되었는데도 안 팔리고 있다. 마누라는 나보고 장사가 안 되니 다시 회사로 돈 벌러 가라고 한다. 그런데 그게 말이 쉬워서 그렇지, 이 불경기에 대학교를 졸업한 사람들도 취업이 안 되어 난리인 판에, 나 같은 사람을 받아 줄 곳이 어디에 있기는 하겠는가"라고 김씨는 말했다.

그는 IMF 이후에 생겨난 노점상들과 관련하여 다음과 같은 말을 했다: "IMF가 직후 기업체에서 나온 부장, 과장들 중에서도 장사를 시작한 사람들이 많았다. 그러나 이 사람들은 대개 2년 안에 장사를 그만두었다. (달성) 화원장의 경우에도 IMF 직후에는 노점상들이 상당히 많이 늘어났다. 그 당시 대로변은 사람들로 엄청나게 붐볐다. 지금은 노점상들도 눈에 띄게 줄어들었고 장사도 잘 안 되고 있다."

그의 주장에 의하면 화원 일대의 재래시장은 이마트 월배점 생기면서 엄청난 타격을 입었다: "이마트가 생겨나면서 월배시장 뿐만 아니라 화원장도 죽었다. 대로변에서 장사를 했던 노점상의 수가 줄어든 데도 이마트의 영향이 컸다. 이마트 때문에 동네 슈퍼들도 장사가 영 안 된다." (2004년 12월 26일 화원장 현지조사 노트에서)

위의 김O규 씨의 사례에서 알 수 있듯이, IMF 경제 위기 때 실직을 당한 뒤 장삿길에 나선 사람들 중의 상당수는 오일장에서 아직까지 제대로 기반을 다지지 못하고 있다. 그래서 그들의 수입은 그다지 만족스러운 수준이 아니다. 결과적으로 그들의 미래 역시 밝지 못하다.[37] 그러나 이

---

37) 우리가 현지조사를 하면서 만난 상인들의 말에 의하면, 몇 살에 장사를 시작했느냐에 따라 성공의 가능성이 달라진다. 그들은 다음과 같이 말했다: "2, 30대, 늦어도 30대 중반에 장사를 시작하면 성공할 가능성이 어느 정도 있다. 그러나 40대 이후에 장사를 시작하면 비전(vision)이 없다. 장사에 대해 알고 돈을 벌만 하면 60살을 넘기기 일쑤이기 때문이다. 특히 50대가 넘어서 하던 일이 안 되어 장사를 시작하는 경우에는 문제가 심각하다. 생각한 만큼 돈벌이는 안 되지. 자식들 공부시키느라 한창 돈은 들어갈 때지. 어떻게 보면

동상인들 중의 일부는 다양한 장사 전략을 동원하여 적지 않은 수입을 올리고 있으며, 일에 재미를 느끼고 있다. 최○식(남, 34세, 과일 장수, 출시 경력 4년, 상주 시내 거주) 씨가 그러한 예에 속한다. 우리가 최씨를 처음 만난 곳은 풍양장(예천군 풍양면 낙상리 소재)이었으며, 이후 공성장(상주군 공성면 옥산리 소재)에서도 그를 만난 바 있다.

> 최씨는 … IMF 외환위기 때 회사에서 나왔다. 그 후 몇 해 동안 처와 같이 가게를 하였으나 실패했다. 그러다가 시작한 것이 과일 장사와 화훼 장사였다. 그는 공성장(1·6일), 선산장(2·7일), 풍양장(3·8일)에 출시하고 있다. 물건은 점촌 도매상〔제주도에서 올라오는 귤을 취급함〕에서 주로 해 오며, 간혹 대구에서도 물건을 가져다가 판다. 그의 설명에 의하면, "대구에서 오는 물건은 질이 떨어진다. 도매상에 가면 항상 싱싱한 물건이 있다. 내가 가지고 나오는 밀감이 괜찮은 것은 이 때문이다."
> 그는 오일장에서 하루 종일 장사를 하지 않는다. 그는 오전 동안 오일장에서 장사를 하다가 오후가 되면 상주 시내로 들어가서 장사를 한다. 그리고 오일장에 나가지 않는 날에도 상주 시내에서 장사를 한다. 상주 시내에서는 마트나 사우나탕 근처에서 주로 장사를 한다. 조사자가 "한 달에 몇 일 정도 쉬느냐"고 물었더니, 그는 "비가 올 때만 쉰다"라고 대답했다.
> 그는 봄에서 가을까지는 화훼 장사를 하고, 겨울철에만 과일 장사를 한다. 그는 서울에서 꽃 포장 기술과 분갈이 기술을 배웠다. 그는 이 두 가지 장사를 다음과 같이 비교했다: "귤 장사를 해서는 생활비밖에 못 번다. 한 달에 200만 원 가량 번다. 화훼 장사는 재미도 있고 벌이도 괜찮은 편이다. 한 달에 300∼400만 원 정도 번다." (2003년 12월 21일 공성장 현지조사 노트에서)

앞서 지적했듯이 오일장은 일부의 농민들에게 중요한 경제적 적소가 되고 있다. 이들은 생업이 농사인 비 전업 상인이라는 점, 그리고 여러 장을 순회하지 않고 특정 장에만 출시한다는 공통점을 지니고 있다. 이동 상인들과 달리 이들은 농한기에 해당하는 겨울에서 초봄 사이에 집중적

이런 사람들이 제일 불쌍한 사람들이다."

으로 장사를 나온다. 이러한 농민들 중에는 자신이 직접 재배하여 수확한 농산물이나 산과 들에서 채취한 각종 나물을 시장에 내다 파는 사람들이 많다. 또한 농한기를 이용하여 아예 장삿길에 나서는 사람들도 더러 있다. 어떤 이는 과자 장수로, 어떤 이는 과일 장수로, 어떤 이는 뻥튀기 장수로, 어떤 이는 모종 장수로 변신한다. 계절에 따라 직업이 달라지는 셈이다. 요즈음 식으로 표현하면, 이들은 '투잡(two jobs)'을 가진 사람들이다.

2) 경제적 거래 행위의 맥락

홍정은 시장 경제 원리에 의해 작동하는 것 외에 사회·문화적 양상을 함축하여 그 사회에서 중요하게 여겨지는 가치와 이념을 수반하는 기제[38]로서 특별한 위치를 점하고 있다. 그래서 홍정이라는 경제 행위는 가치와 이념적 요소, 즉 사회·문화적 양상이 개재된 인간관계의 한 표현으로 이해된다. 과거에 비해 그 정도가 약해지긴 했으나, 현재도 오일장에서는 상인과 고객 간의 홍정이 흔히 발견된다. 이러한 관행은 물건의 양을 조절하는 것이 상대적으로 용이한 농산물의 거래에서 특히 많이 발견된다. 홍정 과정에서는 '덤', '떨이', '우수' 등과 같은 매매 관행이 종종 사용되기도 한다. 이러한 관행은 단골을 확보하고 유지하는 데 중요한 수단으로 작용한다. 다음의 대화 내용은 2003년 11월 22일 행해진 문경장(문경시 문경읍 하리 소재) 현지조사 시 박○숙(여, 50대 초반, 잡화 장수, 출시 경력 21년, 문경 시내 거주) 씨의 노점에서 관찰된 것이다.

(김장철이어서 한 할머니가 박씨의 노점에 비닐을 사러 왔다. 이 할머니는

---

38) Firth, Raymond, "The Social Framework of Economic Organization," in E. E. Leclair Jr. and H. K. Schneider (eds.), *Economic Anthropology: Readings in Theory and Analysis*, New York: Holt, Rinehart and Winston, 1968, pp. 65~87.

김장철마다 박씨의 노점에 비닐을 사러 오는 할머니라고 한다.)

> 할머니 : 비닐 2천 원어치만 줘요.
> 박 씨 : 예, 8개 넣었어요. 300원도 안 쳤어요(치었어요).
> 할머니 : 뭐 이케[이렇게]39) 잘 해 줘요.
> 박 씨 : 맨날[만날] 욜로[이곳으로] 오시잖아. 비닐 원래 300원 받아야 되
>   는데 300원도 안 쳤어[먹였어].
> 할머니 : 저 밑에 아는 데도(곳에도) 별로 안 싸던데. 뭐 이케 싸게 줘여.
>   그럼 고무줄도 하나 줘 봐여.
> 박 씨 : 고무줄은 4개 천 원인데 5개 넣었어요.
> 할머니 : 이래줘도 되어?
> 박 씨 : 뭐 매년 오시는데 싸게 줘야지.

오일장에서는 굳이 단골 관계가 아니더라도 상인과 고객 간에는 흥정이 다반사로 일어난다. 아래의 대화 내용은 2004년 4월 16일에 실시된 함창장(상주시 함창읍 구향리 소재) 제8차 현지조사에서 수집된 것이다. 떡을 사러 온 한 할머니는 떡장수에게 물건을 많이 살 것이라는 점, 그리고 쑥떡의 크기가 작다는 점을 강조하며, 집요하게 흥정을 한 끝에 만족할 만한 결과를 얻었다.

> 손 님 : (쑥떡을 가리키며) 이게 다래요[전부예요]?
> 떡장수 : 있어요, 할매. 이 밑에 있어요. 내가 마를까봐 떡을 밑에 넣어 놨
>   어.
>   (손님이 판 위에 고물을 묻혀 놓은 떡이 전부냐고 묻자, 떡장수는
>   "아직 고물을 묻히지 않은 떡이 판 밑에 있다"고 대답한다.)
> 손 님 : 얼마래요[얼마예요]?
> 떡장수 : 이거 다섯 개에 천 원이래요.

---

39) 지리적 요인과 사회적 요인에 의해 발생하는 방언은 지역사(혹은 지방사) 연구에서 중요한 분야 중의 하나이다. 본서의 제3장과 4장에서는 안동권·상주권·성주권 방언의 제 양상을 심도 있게 다루고 있다.

손 님 : 너무 비싼데…

떡장수 : 안 비싸요, 할매. 어디라도 다 그래 받아요.

손 님 : 여섯 개 천 원씩 주지. 좀 많이 살 껜데.

떡장수 : 어디라도 다 그래 받아요. 내 많이 넣어 줄께요.

손 님 : 천 원씩 따로 따로 담아 줘요.

떡장수 : (쑥떡 5개에 인절미를 두 개 더 넣어 주면서) 내 이게 안 팔리니까 이것 좀 넣어 주께요.

손 님 : (쑥떡을 가리키며) 에이, 이거 담아 줘.

떡장수 : (목소리를 높이며) 할매, 쑥떡은 이거 뿐이라. 내가 이게(인절미가) 안 팔리니까 주는 거지.

손 님 : (판 밑을 가리키며) 여 있다매. 여기.

떡장수 : (목소리가 떨리면서) 있어도, 쑥떡은 남아도 괜찮지만 인절미는 남으면 안 되니까 카지[그러지].

손 님 : 아이~ 그러면 안 사요. 좀 낫게[많이] 살라[사려고] 카니[하니]. (쑥떡을 가리키며) 좀 작네. 요기 좀 작네요. 요기.

떡장수 : 아이~ 안 팔아요. 좋은 데 가서 사여[사세요].

손 님 : 그래서 6개씩 해 주면 5천 원 어치 넘게 살라 카니까네[하니까]. 많이 사여. 그래 줘, 고마.

떡장수 : 할머니 그지요. 오늘은 떡이 대단히 두꺼워여.

손 님 : 내가 많이 사께, 줘.

떡장수 : (떡을 세며) 하나, 둘, 셋, 넷, 다섯, 여섯, 이러면 돼도 안 해여.

손 님 : 안 그래도 노인들이 앉아서 많이 가져 오라 칸께[하니까]. 내가 주는 대로 가져오지 카는데, 작은 거 딱 가져와 봐.

떡장수 : 얇으면 6개 주면 되는데 오늘 되게 두꺼워요.

손 님 : 할머니들 하나 앞에 500원씩 냈는데, 세 개는 먹어야지. 그래, 그 생각이라.

오일장이라고 해서 흥정이 항상 순조롭게만 이루어지는 것은 물론 아니다. 판매자와 구매자가 서로 친분이 있다 하더라도, 경우에 따라서는 흥정 과정에서 신경전이 벌어지고 언성이 높아지기까지 한다. 이러한 상황은 일차적으로 당일의 물건 시세 때문에 발생하며, 해당 상인의 인성도

어느 정도 작용을 한다. 다음의 사례는 2002년 12월 29일 제4차 구담
장(안동시 풍천면 구담리 소재) 현지조사 시에 행한 참여관찰을 통해 얻은 자
료의 일부를 정리한 것이다.[40]

　박O례(여, 50대 중반, 생선 장수, 출시 경력 30년, 예천군 풍양면 거주) 씨
는 부부 상인이다. 박씨 내외는 안계장(1·6일), 선산장(2·7일), 풍양장(3·
8일), 구담장(4·9일)을 차례로 돌며 장사를 하고 있으며, 5일과 10일에는 대
구에 물건을 하러 간다. 대구에는 생선 도매시장이 여러 군데 있다고 한다. 구
입해 온 생선은 집에 있는 냉동 창고에 보관을 하고 있다.
　나는 박씨의 옆에 서서 그녀가 장사하는 것을 한참 동안 유심히 관찰해 보았
다. 그녀는 생선이나 젓갈의 가격을 깎아 주는 법이 없었다. 손님들이 에누리를
하려고 하면, "그 가격에는 사 오지를 못한다"거나, "요즘은 생선 값이 많이 올
랐다"고 말하면서 '사고 싶으면 사고, 말고 싶으면 말아'는 식의 반응을 보였
다. 박씨와 오래 동안 친분이 있어 온 것으로 보이는 남자가 생선을 사러 왔을
때도 마찬가지였다. (50대 중반으로 보이는 그는 대낮부터 술이 제법 취해 있
었는데, 행색으로 미루어 보건대 그는 알코올 중독자이거나 홀아비였다.) 그 남
자는 박씨에게 "지난 장에는 왜 안 왔어. 몇 번을 찾아 봐도 보이지 않아 할 수
없이 다른 가게에 가서 생선 몇 마리를 사 가지고 들어갔다"라고 말했다. 박씨
는 그에게 "그러고 보니 저번 장은 쉬었다. 집에 일이 있어서"라고 응답했다.
　박씨와 그 남자가 수인사를 나누고 할 때는 사이가 아주 좋아 보였다. 그러
나 막상 물건 값 흥정이 시작되자 두 사람의 관계가 갑자기 냉랭해졌다. 그 남
자는 생선 한 박스에 13,000원에 사고자 했고 박씨는 15,000원을 내라며 버
티었다. 그녀의 주장은 "그 가격으로는 물건을 사 올 수가 없다"는 것이었다. 흥
정은 한참이나 계속되었다. 결국 그 남자는 흥정에 실패했고 박씨가 제시한 가
격인 15,000원에 생선을 사 가지고 갔다. 거래가 끝나자 그는 약간 화가 난
목소리로 박씨에게 "(생선 가격을) 깎자고 한 내가 그르지. 이씨(그녀의 남편을
가리킨다─필자 주)하고 얘기를 해야 되는데"라고 말했다. 그러자 박씨는 "그른
줄 이제 알겠나. 내가 안 된다면 안 되는 거지. 그 가격에는 못 팔아"라고 응수
했다.

---

40) 설병수, 「민족지의 맥락에서 본 정기시장: 안동 구담장의 사례를 중심으로」, 『역사민속학』
　　제17호, 2003, 333쪽.

상인과 소비자 간의 단골 관계 역시 오일장에서 발견되는 특징 중의 하나라고 할 수 있다. 단골이란 "특정의 구매자와 특정의 판매자 간의 관계가 한 번의 거래 행위를 넘어서서 계속적으로 지속될 때 형성되는 것"[41]이다. 그래서 판매자와 구매자 간의 단골 관계는 집단의 강제력보다는 개인 간의 도의적 속성에 의해 유지되는 경향이 강하다. 2002년 11월 9일 제1차 구담장 현지조사에서 만난 김○분(여, 51세, 의류 및 이불 장수, 출시 경력 30년, 의성군 안계면 거주) 씨의 사례를 통해서 우리는 단골 관계의 한 단면을 읽을 수 있다.[42]

김씨는 그녀의 남편과 같이 장사를 하고 있다. 원래 이들은 계절별로 의류만을 전문적으로 취급하다가 약 10년 전부터는 이불과 한복을 새로 추가했다. 이러한 취급 품목의 다양화는 10년 전부터 장사가 잘 안 되어서 나름대로 생각해 낸 타개책의 일환이었다. 어느 장을 가나 옷가게는 많지만 한복이나 이불을 취급하는 곳은 거의 없는 것 같아서 선택하게 된 것이었다. 10년이 되다 보니 요즘은 멀리서 일부러 찾아오는 단골들이 많다. 이들은 이전에 와서 물건을 사 갔던 사람들의 소개를 받고 오는 경우가 많은데, 주로 집안에 혼사가 있을 때 새로 한복이나 이불감이 필요해서 찾아온다. 한복의 경우는 주문을 받아 두었다가 다음 장에 옷을 구해서 갖다 주는 경우도 많다고 한다.

이러한 단골 관계는 경쟁적인 거래에서 나타나는 매상의 불확실성과 위험에 대비한 효과적인 적응 수단이 되며, 거래 당사자의 어느 한 편에서 신용을 확대해 줄 때, 그리고 이에 대한 신용을 지킬 때 이러한 관계가 더욱 활발하게 이루어진다.[43] 춘양장(봉화군 춘양면 의양리 소재)에서 이

---

41) Salisbury, F. Richard, "Trade and Market," in David L. Sills (ed.), *International Encyclopedia of the Social Sciences*, Vol. 16, N.Y.: The Macmillan Company & The Free Press, 1980, p. 119.

42) 설병수, 「민족지의 맥락에서 본 정기시장: 안동 구담장의 사례를 중심으로」, 『역사민속학』 제17호, 2003, 334쪽.

43) Cook, Scott, "Economic Anthropology: Problems in Theory, Method, and Analysis," in *Handbook of Social and Cultural Anthropology*, John J. Honigmann (ed.),

불 장사를 하고 있는 김O철(남, 50대 중반, 출시 경력 20년, 영주 시내 거주)
씨는 단골 관계의 의미에 대해 다음과 같이 진술했다.[44]

　요즈음 같이 장사가 안 될 때는 장에 나오는 것도 별로 재미가 없다. 하지만
그간 단골 관계를 맺어놓은 손님들도 있고 해서 장에 안 나올 수도 없다. 그 사
람들 때문에 장에 나온다고도 할 수 있다. 같은 장에 오래 다니다 보면 단골이
자연스럽게 생기는데, (단골들의) 얼굴은 물론이고 어느 동네에 사는지도 안다.
그래서 외상도 해 준다. 단골들 중에는 연세가 많아 기억력이 없는 분들도 있
다. 그래서 때론 외상값을 받아내는 데 애를 먹기도 한다. 하지만 대개는 다음
장날에 (외상값을) 갚는다.

우리가 2003년 2월 9일 제2차 춘양장 현지조사에서 만난 건어물상
김O순(여, 46세, 출시 경력 7년, 부부 상인, 영주시 풍기읍 거주) 씨 역시 자신이
계속해서 이 장에 나오는 이유에 대해, "특별히 장사가 잘 되어서라기보
다는 아는 사람들이 많기 때문이며, 실제로 단골 거래가 70% 이상을 차
지하고 있다"라고 진술했다.[45] 그녀의 설명에 의하면 "오일장에서는 단
골 거래가 많기 때문에 단골을 얼마나 많이 확보하느냐에 따라 장사의 성
패가 결정된다. 장사 경력이 짧을수록 단골의 수가 적어서 장사에 어려움
을 겪기도 한다."
　앞에서 지적한 대로 단골 거래는 이미 오래 전부터 오일장에 뿌리를 내
리고 있는 거래 관행으로, 소비자인 주민과 상인 간의 장기간에 걸친 인
간적인 신뢰를 바탕으로 형성된다.[46] 또한 이는 서로 상충되는 경제적
이해관계 속에서 생겨나는 것이기도 하다. 왜냐하면 소비자는 싼값에 질
좋은 물건을 구입하기 위해 단골 상인을 찾게 되는데, 이윤 추구가 주목

　Chicago: Rand McNally College Publishing Company, 1973, pp. 831~834.
44) 설병수, 「정기시장에 대한 민족지적 연구: 봉화 춘양장의 사례를 중심으로」, 『민속학연구』
　　제14호, 2004, 276쪽.
45) 설병수, 위의 글, 276쪽.
46) 설병수, 위의 글, 276쪽.

적인 상인이 이와 같은 소비자의 욕구를 충족시켜 주는 데는 기본적으로 한계가 있기 때문이다. 과거에는 이러한 단골 관계의 단적인 예로 '외상 거래'라는 관행이 성행했다. 그러나 많은 상인들이 증언하고 있듯이, 현재는 외상 거래의 관행이 겨우 명맥만 유지되고 있다. 이는 오일장에서 소비자와 상인 간의 신뢰라는 정서적 기반이 무너지고 있음을 의미하는 것이기도 하다.

4. 사회·문화적 적소로서의 정기시장

1) 사회적 맥락

오일장에는 다양한 사람들이 모인다. 사람들의 만남이 일회에 그치지 않고 반복될 경우, 그들 간에 사회적 관계가 형성되는 것은 당연한 일이다. 여기에서는 오일장의 핵심 집단이라 할 수 있는 이동상인들 및 이들의 존속을 가능케 하는 소비자들을 중심으로 오일장의 사회적 의미를 살펴보고자 한다.

(1) 이동상인들 간의 사회적 관계

오일장 출시 상인들에게 있어서 장터는 생계 현장이자 인간적인 관계를 형성하는 공간이다. 도시에 있는 대형 마트나 상설시장에 비해 정기시장에 출시하는 상인들은 상대적으로 친밀한 사회적 관계를 형성하는 경우가 많다. 시장에서 형성되는 상인들 간의 사회적 관계는 일반적으로 호의성을 기반으로 한다. 비록 경제적으로는 경쟁 관계에 놓여 있어, 동일 물품을 취급하는 상인들에게 배타적인 태도를 취하고 영업에 유리한 '목'이나 '장자리'를 차지하기 위해 서로 경쟁하기도 하지만, 일반적으로 그들 사이에는 정서적 유대감이 강하게 나타난다. 이는 그들이 치열한 삶의 현장에서 고락을 함께 하는, 그래서 서로의 처지를 잘 이해하는 '동지'이기 때문이다.

하루씩 시장을 옮겨 다니면서 장사를 하는 정기시장 상인들 사이의 정서적 유대는 오랜 기간 같이 장사를 다니면서 자연스럽게 형성되는 것으로, 순회하는 시장의 중복도가 높을수록 그리고 동행한 기간이 길수록 강하게 나타난다. 장차(場車)에 의존해 장사를 다녔던 과거에는 상인들의 순회 패턴이 비교적 단조로웠다. 왜냐하면 장차가 일정한 지역을 단위로 인접한 몇 개의 시장을 연결하는 정형화된 노선을 가지고 있었기 때문이다. 순회 패턴이 일정하다 보니 특정 상인과 접촉할 기회가 많고 상호 간의 친밀도 역시 높을 수밖에 없었다.

그러던 것이 근래에 와서는 상인들 간의 대면 기회가 크게 줄어들면서 유대감 또한 약화되는 추세를 보이고 있다. 이는 도로망이 발달하고 자가 차량 소유자가 늘면서 과거에 비해 상인들의 순회 패턴이 다양해졌기 때문이다. 그러나 유대감 자체가 완전히 사라진 것은 아니다. 새로운 관계가 형성될 기회가 적어졌을 따름이다. 2004년 12월 11일 왜관장에서 만난 두 여성 상인의 사례는, 과거에 일반적으로 존재했던 상인들 간의 유대감이 현재에도 여전히 살아 있음을 보여 준다.

왜관 읍내의 중앙로에서 상설시장으로 이어지는 소방 도로 입구에는 채소를 파는 최씨(여, 52세, 출시 경력 20년, 왜관 읍내 거주)의 노점과 떡을 파는 박씨(여, 58세, 출시 경력 20년, 대구 시내 거주)의 노점이 자리 잡고 있다. 이들은 이곳에 상설시장이 들어선 1981년 무렵부터 같은 자리에서 장사를 하고 있는 '터줏대감'들이다. 주변 상인들과 손님들은 이 두 사람을 각각 '나물 아지매'와 '떡 아지매'로 부르기도 한다.
두 사람이 사는 곳은 다르지만 20년 넘게 알고 지내면서, 이들은 이제 서로에게 정신적으로나 경제적으로 없어서는 안 될 존재가 되었다. 시장에서 힘들게 장사를 하면서 두 사람은 친자매처럼 가까워졌다. 이들은 특별한 일이 아니면,

"서로 얼굴이라도 보기 위해" 거르지 않고 시장에 나온다. 몇 해 전까지만 해도 김천장이나 약목장으로도 같이 장사를 다녔지만, 지금은 박씨가 왜관장에만 나오기 때문에 왜관장날이 아니면 서로 만날 기회가 없다. 대구에 나오는 박씨가 혹시 늦기라도 하는 날이면 최씨는 걱정이 돼서 전화라도 해 봐야만 마음이 놓인다.

두 사람은 판매하는 물품이 다르지만 오래 전부터 공동으로 장사를 하고 있다. 집이 먼 박씨는 오후 4시 반이면 팔다 남은 떡을 최씨에게 넘겨주고 일어선다. 이때부터 최씨는 채소를 팔면서 남은 떡을 대신 팔아 주고 박씨로부터 순수입의 절반을 받는다. 그러나 두 사람 사이에서 돈은 그리 중요하지 않다. "하루 종일 있어 봐야 만 원짜리 몇 장 만지기" 힘들지만 이들은 시장 생활에 대한 불만은 별로 없다. 그들은 "여기 나와서 돈도 좀 벌고 서로 만나는 게 재밌다. 서로 의지하면서 힘든 줄 모르고 산다"라고 말한다.

우리가 여러 차례 현지조사를 나갔던 약목장에서도 상인들 간의 유대는 쉽사리 발견된다. 약목장 남쪽 입구인 '단계교' 위와 이 근처에서 장사를 하는 과일 장수 신씨, 한약재상 김씨, 도넛 장수 박씨, 통닭 장수 이씨 부부는 친밀한 관계를 형성하고 있다. 이들은 연령이 40세 전후이며 출시 경력이 10년 이하라는 공통점을 지니고 있다. 이들은 틈만 나면 통닭 장수 노점에 모여서 이런 저런 얘기를 나눈다. 이들은 점심을 같이 먹고 각자가 취급하는 물품을 나누어 먹기도 한다.

오일장 출시 상인들 간의 '동지 의식' 혹은 유대감은 경제적 거래 행위 속에서도 발견된다. 즉 이들은 동료 상인이 거래 과정에서 어려움을 겪을 때, 발 벗고 나서서 거래가 원만하게 이루어지도록 도와주기도 한다. 이것은 경제적 거래 과정에서 나타나는 상인들 간의 '사회적 동맹'(social alliance)으로 표현될 수 있다.

상인들은 3, 4명 혹은 4, 5명이 한 조가 되어 고스톱이나 포커를 치기도 하고, 두 사람이 한 조가 되어 장기나 바둑을 두기도 한다. 이러한 놀이는 그들 간의 유대감을 강화하고 무료함을 달래는 데 상당한 도움이 된다. 상인들 간의 친밀 관계는 척박한 생계현장 속에서도 그들이 고단한

심신을 달래고, 나아가 장터 생활에 재미를 붙이는 데 매우 중요한 요인
으로 작용하고 있다.

상인들이 장터에서 즐기는 놀이의 측면에서 보았을 때, 안동권이나 상
주권 출시 상인들과 성주권 출시 상인들 간에는 약간의 차이가 존재한다.
즉 전자의 일부가 고스톱이나 장기를 즐기는 데 비해, 후자의 일부는 포
커나 바둑을 즐긴다. 이것은 전자와 후자의 상인들이 상이한 사회적 속성
을 지니고 있음을 반영한다. 즉 고스톱과 장기가 농촌풍(rurality)에 가깝
다면, 포커와 바둑은 도시풍(urbanity)에 가깝다고 할 수 있다.

(2) 이동상인과 소비자 간의 사회적 관계

짧게는 수 년, 길게는 수십 년 동안 동일한 장에 출시해 온 이동상인들
은 그 지역 주민들과 친밀한 관계를 형성하고 있는 경우가 적지 않다. 상
인들은 자신의 노점을 찾아오는 손님의 이런 저런 사정을 세세하게 알고
있다. 이동상인과 소비자 간의 친밀도는 해당 오일장에 출시하는 상인의
수가 적을수록 높아지는 경향이 있다. 이렇게 형성된 상인과 소비자 간의
유대는 소위 '의리'로 종종 발전한다. 2003년 11월 13일 동로장 현지조
사를 하면서 만난 의류 장수 장O옥(여, 54세, 출시 경력 17년, 예천군 용궁면
거주) 씨가 점촌장47)을 마다하고 꾸준히 이 장에 나오는 것은, 물론 장자
리 문제도 있겠지만 단골들과의 의리 문제가 크게 작용하고 있기 때문이
다. 그녀는 상인과 단골 간의 의리에 대해 다음과 같이 말했다.

　… 내가 장사가 안 되는 동로장에 계속 나오는 것은 사람들과의 안면 때문이
　다. 단골이 있기 때문에 장사가 어느 정도 되는 것은 사실이다. 그러나 다 아는
　사람들이기 때문에 손해를 보는 측면도 있다. 장사꾼의 입장에서 밑지고 팔 수

---

47) 점촌장(문경시 신흥동 및 흥덕동 소재)은 동로장(문경시 동로면 적성리 소재)과 같은 날
　　짜(3·8일)에 열린다. 현지조사 당시 후자에는 불과 5명의 이동상인이 출시해 있었던 데
　　비해, 전자에는 150명가량의 이동상인이 출시해 있었다.

는 없는 노릇인데 깎아 달라고 하면 외면하기가 힘들다. 물건 값을 더 받기는 바라지도 않지만 본전은 건져야 하는데 이런 장에서는 그마저도 쉽지 않다.

우리가 3년 동안 현지조사를 행했던 60기의 오일장 중에서 상인들 간의 친밀도뿐만 아니라 상인들과 지역민들과의 친밀도가 가장 높은 곳은 안동 임동장이다. 아래에 소개되는 내용은 2002년 12월 15일 임동장 현지조사에서 수집된 자료의 일부를 정리한 것이다.[48]

　이날 출시한 상인들은 6명이었다. 이곳에 출시하고 있는 상인들은 짧게는 수년, 길게는 수십 년 동안 같은 장에서 장사를 해 온 사람들이다. 그래서 그들 간의 유대 관계 역시 다른 장터에 비해 아주 돈독한 편인데, 이것은 "(상인들끼리) 같이 점심 먹는 재미로 임동장에 나온다"는 그들의 말에서도 확인된다.
　… 점심 무렵에 생선 장수 할머니는 석쇠에 고기 세 마리를 구웠고, 이 동네의 할머니 한 분이 제공한 콩밥과 김치가 장터 안으로 들어왔다. 이불 장수 우씨는 막걸리 2병을 더 사 왔다. 밥도 생선도 김치도 아주 맛있었다. 대부분의 상인들은 점심을 같이 먹었다. 점심을 먹고 난 뒤에는 휴대용 버너로 물을 끓여 커피[49]도 같이 마셨다. 그러던 중 어느 중년의 아줌마가 손자와 함께 장터로 들어왔다. 장꾼들은 그 아줌마를 불러대면서 "커피 한잔 하고 가라"며 연신 손을 흔들었다. 그녀가 장터 안으로 들어오자 장꾼들은 그녀에게 "교회 갔다 오나 보지", "옷 좋네"라는 등의 말을 건넸다. 장꾼들과 그녀는 평소에 친분이 있는 사이에서나 할 수 있는 얘기들, 그리고 진한 농담까지도 서슴없이 주고받았다. 그 아줌마는 자기가 입고 있는 재킷이 자신의 차지가 된 사연이며, 사위와 딸 얘기 등을 거리낌 없이 하였다.
　점심 무렵에 동네 할머니 서너 명(대개가 팔순에 접어든 노인들이란다)이 장터에 나타났다. 이들은 물건을 사기 위해 나온 사람들이 아니었다. 그들은 귤을 팔고 있는 할머니의 노점에서 한참 동안 놀다가 오후 2시 30분경에야 귀가했

48) 설병수, 「민족지의 맥락에서 본 정기시장: 안동 구담장의 사례를 중심으로」, 『역사민속학』 제17호, 2003, 337~338쪽 참조.
49) 상인들 간의 '커피 같이 마시기'는 임동장 뿐만 여타의 오일장에서도 흔하게 발견되는데, 이러한 모습은 오일장의 새로운 풍속도 중의 하나라고 할 수 있다. 오일장에서 커피가 음식문화의 한 부분으로 자리 잡기 시작한 지는 10년가량 되었다.

다. 생선 장수 할머니의 말에 의하면, "따뜻한 봄에는 장날이 되면 동네 노인들이 장에 나와 떼를 지어 놀다가 들어간다"고 한다. 그들에게 장날의 장터는 물건 구경뿐만 아니라 사람 구경을 하기에 딱 좋은 '놀이터'인 셈이다.

위와 같이 단골에 대한 상인의 태도 그리고 상인과 지역 주민의 관계를 통해 우리는 오일장의 상인과 소비자 간에 오가는 것이 재화와 물건만이 아님을 알 수 있다. 각박한 현대 사회 속에서도 사람들의 정이 여전히 살아 숨 쉬고 있는 오일장이 적지 않다. 이러한 인간미는 오일장의 소재지가 대도시와 가까우면 가까울수록 없어지는 경향이 있다.

(3) 소비자들 간의 사회적 관계

과거에 장날은 촌사람들의 잔칫날(혹은 생일날)이었다. 그래서 장날은 "평상시에 억압되었던 감정을 표시하는, 사회적으로 허용된 기회"[50]가 되기도 하였다. 우리가 달성 현풍장과 칠곡 약목장 현지조사를 하면서 만난 노인들은 과거의 장날 풍경을 다음과 같이 회고했다.

　… 현풍장의 전성기는 1970년대였다. 당시에는 현풍면 사람들뿐만 아니라 유가면·구지면·개진면·논공면 등지의 사람들도 이 장을 이용하였다. 장에 나온 사람들 중에는 술이 취해 거그를〔그것을〕 내놓고 길가에서 오줌을 누는 경우가 많았다. 촌 영감들 중에는 술이 취해 아무 데나 자다가 돈을 빼앗기는 사람들도 많았다. (2004년 11월 20일자 현풍장 현지조사 노트에서)

　… 약목·성주·김천 등지에서 소비되는 소금은 '구 왜관나루'에서 하역되었다. 나루터 주변에는 10개가량의 주막이 있었다. … 약목장의 전성기는 1940~1950년대였다. 좌판을 자그마하게 펴 놓고 장사를 하거나 좌판 형태의 판을 목에 메고 다니며 장사를 하는 장돌뱅이들만 150명가량 되었다. 그 당시 약목장은 왜관장보다 훨씬 컸다. 6·25 전쟁이 일어나기 전까지 이 일대에는 색

---

50) Cox, D., *The Feast of Fools*, 1969 (김천배 역, 『바보제: 축제와 환상의 신학』, 서울: 현대사상사, 1989〔1973〕, 41쪽).

시를 두고 막걸리를 파는 집이 많았다. 그러나 술값이 비싸서 부자들이 주로 이
용하였다. "장날은 촌놈들 잔칫날"이라는 말이 있듯이, 장날이 되면 사람들은 하
던 일을 내팽개치고 장으로 나왔다. 평소에는 못 먹던 술을 빈속에 먹으면 금방
술이 취했다. (2005년 1월 27일자 제7차 약목장 현지조사 노트에서)

현재에도 오일장은 주민들이 사회적 만남을 가지는 데 중요한 장소로
이용되고 있다. 장날이 되면 장터 주위의 식당이나 다방은 손님들로 북적
거린다. 그들은 친구나 지인(知人)들을 만나 서로의 안부를 묻기도 하고,
식사를 같이 하면서 술을 마시기도 하며, 다방에서 담소를 나누기도 한
다. 여자들의 경우와는 달리, 남자들의 사회적 만남에서는 술이 등장하는
경우가 많다. 그래서 장날이 되면 장터 주위에서 술 취한 노인들이 가끔
씩 발견되곤 한다. 이들은 인사불성 상태에서 고함을 지르거나 욕을 해대
며 그간의 스트레스를 해소하기도 한다. 그러나 과거처럼 술 취한 사람들
로 인해 장터 전체가 시끄러운 경우는 거의 없다. 이는 '해방'의 공간이자,
'소음이 갖는 상징성'이 한껏 드러나는 공간이기도 했던 장터가 원래의 모
습을 점점 잃어가고 있음을 의미하는 것이기도 하다.

2) 문화적 맥락

장터의 문화적 맥락은 크게 두 가지로 구분해서 생각해 볼 수 있다. 하
나는 장터가 수행하는 문화적 기능에 관한 것이고, 다른 하나는 장터에서
발견되는 문화적 원리에 관한 것이다.

한국 사회에서 장터는 오랫동안 하나의 문화 공간으로 활용되었다. 그
래서 장날이면 곡마단·돌팔이 약장수·쇼 공연단이 장터에서 며칠씩 공
연을 했고, 가설 영화가 상영되기도 했다. 때론 씨름판도 열렸다. 가위질
을 하면서 재미있는 사설을 늘어놓는 엿장수 역시 훌륭한 볼거리 중의 하
나였다. 그러나 교통과 통신의 발달, 근대적 매스 미디어의 보급과 확대

가 이루어지면서, 장터의 이러한 문화적 기능은 거의 자취를 감추게 되었다. 우리가 현지조사를 행했던 오일장들 중의 절대다수는 1970년대 후반에서 1980년대 중반 사이에 문화적 기능을 상실하였다. 장터가 가진 여러 기능들 중에서 두드러지게 약화된 것이 바로 이 문화적 기능이라 할 수 있다.

그래서 장터를 방문하는 사람이 돌팔이 약장수나 엿장수를 만나는 것은 '작은 행운'으로 여겨지기도 한다. 우리가 115일 동안 60기의 오일장을 대상으로 현지조사를 하면서 만난 약장수·광약 장수·엿장수 등은 불과 5팀에 불과했다. 이들 중에서 약장수들의 장사 수법은 예나 지금이나 달라진 게 거의 없었다. 약장수들은 그들 특유의 장사 멘트를 통해서 손님들을 끌어 모으는 데 일가견이 있는 사람들이다. 그들은 물건을 판매하기 전에 사설을 장황하게 늘어놓으면서 선심성의 선물 공세를 펴는데, 이는 청중들의 혼을 빼놓음과 동시에 물건을 사지 않으면 안 되는 분위기로 유도하는 데 목적이 있다. 청중들은 값비싼 약을 부지불식간에 구매하고 후회를 하기도 하지만, 돌팔이 약장수들의 언설과 행위가 그들에게 좋은 구경거리임에는 틀림없다.

우리가 전형적인 돌팔이 약장수 팀을 만난 것은 2003년 12월 13일 풍양장에서였다. 흥미로운 것은 이 5인조의 약장수 팀에는 여자와 스님이 끼어 있다는 사실이다. 여자는 영업의 제1단계에서 손님들을 끌어 모으는 역할을 하였고, 1명의 남자는 영업의 제2단계를 책임지고 영업의 제3단계에 등장하는 스님을 보조했다. 이들의 영업 과정에서 핵심 인물은 제3단계에 등장한 스님이었다. 나머지 2명의 남자는 주로 물건 운반을 담당하였다. 아래의 다소 긴 인용문은 이 현장에서의 참여관찰을 통해 수집된 자료를 재구성한 것이다.

오전 10시 40분경 일단의 사람들이 장터로 들어왔다. 그리고는 마이크 소리가 울려 나왔다. 약장수들이 풍양장에 들어온 것이다. 그들의 언설과 공연은 정오 무렵까지 계속되었다.

(영업의 제1단계는 40대의 아줌마가 큰 뱀을 어르는 것으로 시작되었다.) 그녀는 "뱀의 다리를 보여 드리겠습니다. 지금부터 약 1시간 20분 동안 여러분을 즐겁게 해드리겠습니다"라며 사람들을 불러 모으고 있었다. 그녀는 "내가 어르신들 모셔 놓고 없는 다리를 있다고 거짓부렁을 했으면 혼이 나야 돼. 이 뱀은 다리가 있습니다"라고 말했다. 그런 뒤 그녀는 뱀의 여기저기를 만지면서, "이놈아, 대가리를 들어. 대가리를 들라니까"라고 말했다. 그러더니 "제가 대가리, 대가리 하니까 듣기에 좀 그렇지요. 사실, 남자의 거시기도 대가리라고 하잖아요"라고 말했다. (그리고 자기 혼자서 한바탕 웃었다.) 그러다가 "이놈은 내가 웃는 꼴을 못 봐. 웃는 것이 건강에 얼마나 좋은 줄 모르고. 사람은 웃을수록 젊어지는데"라고 그녀는 말했다. (그러면서 그녀는 여러 차례 호탕하게 웃었다.) 그러다가 그녀는 의자에서 발라당 자빠졌다(우연을 가장한 고의인 듯했다 —필자 주). 땅바닥에서 일어난 그녀는 "(뱀을 향해) 가만히 있어. 지랄하고 있어"라고 말하더니, "덩치는 남산만 해가지고 뒤로 자빠졌어. 창피해 죽겠어"라는 자책을 했다.

그녀의 멘트는 계속되었다: "구렁이는 꿈에서 봐도 재수가 좋다고 그랬어요. (뱀의) 다리는 앞에서도 보이고 옆에서도 보입니다." 이런 말을 하면서 그녀는 주위에 서있던 사람들을 향해 "어머니 빨리 앉으셔. 처음부터 앉아 계신 분들 고맙습니다"라고 말했다. 그러다가 그녀는 "우리 과장님한테 마이크를 넘기겠습니다"라고 말하자, 50대의 남자가 마이크를 잡았다. 그녀의 역할은 자신들의 존재를 장터에 알려서 사람들을 모으는 데 있는 듯했다.

(이제 이들의 영업은 제2단계로 접어들었다.) 마이크를 든 남자의 상의는 도복 차림이었다. 그는 다음과 같은 멘트를 하면서 사람들을 끌어 모으고 있었다: "뱀의 다리를 보여 드리겠습니다. 이 뱀은 길이가 4m 90㎝나 됩니다. 17년간 먹이를 줘서 키웠어요. 이 뱀은 다리에 구슬이 여러 개 붙어 있어요. 흔히들 여의주라고 하지요. 구슬을 보신 분은 복을 받습니다. 복권에 당첨됩니다. 멀리 떨어지면 안 보이니까 가까이 당겨 앉아요. 어머니, 요만큼 앞으로 당겨 앉아요. 자 그럼, 다리를 꺼냅니다. 박수 한 번 주세요." 그런 뒤 그는 뱀을 뒤집어 다리를 꺼내 보여 주었다.

그러나 그 크기는 작았고, 그가 여의주라고도 했던 구슬은 아예 보이지도 않았다. 사람들이 다소 실망한 듯한 표정을 짓자, 그는 "이놈이 흥분하면 다리가 아주 커집니다. 이놈아, 인사를 해야지"라는 말로 얼버무렸다. 그런 뒤 그는 "이놈은 먹이를 아무나 주면 안 먹어요. 원광 스님이 주면 잽싸게 받아먹어요. 스님이 머리를 들라고 하면 머리를 번쩍 들어요"라고 말했다. 그는 "원광 스님은 아주 유명해서 여러 분도 잘 아실 겁니다. 미국에서 오랫동안 포교 활동을 하셨고, TV에도 여러 번 출연을 했기 때문에 여러분들도 봤을 겁니다. 자 그럼, 원광 스님을 소개하겠습니다. 스님 나오시지요"라며, 마이크를 스님에게 넘겨주었다.

(분위기는 조금씩 무르익어 가고 있었는데, 그 주위에는 60여 명의 촌로들이 운집해 있었다. 이제 영업은 제3단계로 접어들고 있었다. 원광 스님이라는 자가 3번째 배우로 등장한 것이다.) 이 사람은 잘 생긴 얼굴에다 빡빡 머리를 하고 있었고, 안경을 쓰고, 가사장삼을 입고, 목에는 염주를 걸고, 왼편 가슴에는 '사랑의 열매'를 달고, 오른손에는 대나무 지팡이를 들고, 흰색 장갑을 끼고 있었다. 마이크를 넘겨받은 그는 일단 염불부터 외웠다. 스피커에서도 염불 소리가 울려 나왔다. 분위기가 상당히 고급스러워지고 있었다. 그런 뒤 그는 "저는 주역에 통달했습니다. 주역에 통달하면 사람들의 운명을 알 수 있습니다"라고 말했다. 그리고는 "제가 몇 분의 사주를 봐 드리겠습니다"라고 말한 뒤, 47세 된 아줌마와 70대의 노인을 불러내어 의자에 앉도록 했다. 그는 향이 타고 있는 향로에 오른손을 넣어 꼬무작거리며 잠깐 동안 염불을 외웠다. 그러면서 그는 "내가 주역에 통달하긴 했으나 맞을 수도 있고 안 맞을 수도 있습니다"라고 말했다. 그는 이들 두 사람의 姓氏(아줌마는 허씨, 노인은 이씨)를 알아맞혔고, 여자의 경우에는 나이까지 알아맞혔다. 이를 구경하고 있던 사람들의 얼굴에는 감탄의 빛이 일었다.

그런 뒤 이번에는, 좌중에서 떠들고 있던 70대 노인을 불러내어 의자에 앉도록 했다. 그는 잠깐 동안 자신을 다음과 같이 소개했다: "저의 고향은 경상북도 김천 용두동입니다. 법명은 원광입니다. 저는 14세 때 출가하여 온갖 무술을 다 배웠습니다. 예로부터 한국의 불교는 호국 불교라고 하지 않았습니까. 저는 20년간 미국에서 무술을 가르치며 포교 활동을 하였습니다. 거기에서 '동양무술대학'을 세운 뒤 귀국했습니다. '건강백세'라는 TV 프로그램에도 여러 번 출연한 적이 있습니다. 이 중에도 아마 TV에서 저를 보신 분들이 있을 겁니다." 그러면서 그는 "제가 미국에 있을 때 찍은 사진들을 보여 드리겠습니다"라고 말했다. ('과장' 혹은 '사범'이라고 불리는 50대의 남자는 원광 스님의 사진들이 붙어 있는 2장의 나무판을 들고 좌중 여기저기를 돌아다녔다.) (사진 구경이 이루어지고 있는 동안 원광 스님은) "제가 젊었을 때 찍은 사진이라 제가 맞는지 확인하실 수 있을지 모르겠습니다"라는 말을 했다. 그러더니 그 남자에게 "시간이 없으니 대충 보여 드리고 와요"라고 말했다. (그리고 사진들 중의

한 장을 가리키며) "이 두 명의 미국 여자 중 한 명은 FBI 수사관이고, 다른 한 명은 영화배우입니다"라고 소개를 했다.

자기소개를 마친 뒤 그는 사범에게 쇠판을 가져오라고 했다. 그는 "이것은 자동차 차체에 붙어 있는 부품입니다. 제가 이것을 손으로 깨뜨려 보겠습니다. 손으로 깨어지지 않으면 머리로 깨야 되는데, 머리로 깨면 쇠 파편이 머리에 박히게 됩니다. 이것을 막기 위해 제가 수건 한 장을 이 위에 덮어도 되겠지요?" 라고 묻자, 모인 군중들은 "예"라고 대답을 크게 했다. (그는 사범에게 수건 한 장을 이 쇠판 위에 올려놓으라는 지시를 했다. 그러나 우리는 이것이 하나의 트릭(trick)이었다는 사실을 나중에야 알게 되었다.)

그런 뒤 의자에 앉아 있던 70대 노인의 나이, 자녀 숫자, 자녀들의 문제를 정확하게 맞추었다: "나이는 76세 무진생(戊辰生)이고, 5남매를 둔 팔자인데 자식들 때문에 마음고생이 많아. 자식들 중에 사업에 실패했거나 아픈 사람이 있어." (노인이 모두 '맞다'는 표시로 고개를 계속해서 끄덕이자, 좌중에서는 다시 한 번 감탄의 빛이 돌았다.) 그리고 그는 그 노인에게 "이제 살날이 2년밖에 남지 않았어. 80살 가까이 살면 됐지"라고 말했다. (이 말을 들은 노인은 "에끼" 라고 말하며 얼굴이 붉으락푸르락하면서 노여움을 감추지 못했다.) 이 모습을 본 원광 스님이, "내가 시키는 대로 하면 한 15년 정도 더 살게 해 주지. 내가 시키는 대로 하겠어요?"라고 하자, 그 노인은 (안도의 표정을 지으며) 고개를 끄덕였다. 그러자 원광 스님은 그에게 다가가서 그의 손에 자신의 염주를 쥐어 주고 말하기를, "내가 하나 둘 셋 하면, 염주를 이쪽으로 던져요. 그러면 15년 더 살게 해주지. 그런데 절대로 염주를 던지지 못합니다"라고 했다. 그리고 하나 둘까지 세고 있는데, 그 영감이 갑자기 염주를 홱 던졌다. 그러자 스님은 "둘 만에 던지면 어떡해요. 셋 하면 던지라니까"라고 말하며, 그에게 다가갔다. 그리고는 손 부위에 있는 급소와 팔꿈치를 눌렀다. 노인은 죽는다고 소리를 질렀다. 스님은 이번엔 하나 둘 셋까지 세었고, 그 노인은 염주를 던지기 위해— 정확히 말하면 '목숨을 15년 더 연장하기 위해'— 힘차게 팔을 휘둘렀으나, 염주는 날아가지 않았다. 주먹이 펴지지 않았던 것이다. 노인은 경악했다. 그러자 스님은 "내가 몇 군데의 급소를 눌렀기 때문에 주먹이 펴지지 않은 것입니다. 시간이 지나면 저절로 풀리니 걱정은 안 해도 됩니다"라고 말하며, 그 노인을 앞으로 불러내어 다른 의자에 앉혔다.

(그러나 이후에도 스님 자신이 깨겠다고 약속을 했던 그 쇠판에 대해서는 일절 언급이 없었고, 이것을 깨려는 시도도 물론 없었다. 이 쇠판은 영업이 끝날 때까지 수건에 그대로 덮여 있었다.)

그런 뒤 그는 자신이 현재 하고 있는 일을 다음과 같이 소개했다: "현재 137억을 들여서 무림사(武林寺)를 짓는 불사를 일으키고 있습니다. 내년 칠월 칠석에 문을 열 예정입니다. 제가 명함을 드릴 테니 와사풍이나 관절염으로 아픈 사람은 찾아오세요. 돈은 안 받아요. 오실 때 부처님께 올릴 초나 한 봉 사 가지고 오세요."

좌중은 스님의 행위와 말에 점점 빠져들고 있었다. 스님의 그 다음 공연은 다리 관절염과 허리 디스크로 고생을 하고 있는 노인을 대상으로 이루어졌다. 스님은 이 노인을 간이침대에 눕도록 한 뒤 치료를 해 주었다. 허리와 다리를 제대로 쓰지 못하던 그가 스님의 도움으로 치유되자, 그는 스님 앞으로 다가가서 넙죽 절을 했다. 그러자 스님은 "땅바닥에 엎드려 절까지는 안 해도 되는데"라며 하면서 회심의 미소를 지었다. 스님이 "(그 환자를 향해) 병을 고쳐 주면 20만 원을 주겠다고 했으니 이제 20만 원을 주세요. 이럴 줄 알았더라면 30만 원을 내라고 할 것을"이라고 말하자, 그 환자는 자신의 지갑을 열어 가지고 있던 돈을 모두 꺼내 스님에게 주었다.

스님은 돈을 세더니 "34,000원밖에 안 된다. 내가 약을 줄 테니 이 약을 먹고 완전히 나으면 나머지 돈을 통장으로 부쳐 주세요. 약속할 수 있겠어요?"라고 말했다. 그러자 그 환자는 '그렇게 하겠다'는 뜻으로 고개를 몇 번 끄덕였다. 스님은 그 환자가 내놓은 돈에서 1,000원짜리 지폐 한 장을 빼어 든 뒤, "제가 돈을 벌려고 여기에 온 것은 아닙니다. 그러니 이 분의 돈은 받지 않겠습니다"라며 그에게 돈을 돌려주었다. 그리고는 좌중을 향해 "부처님께 공양드릴 때 쓸 초 값으로 1,000원은 가져가도 되겠지요?"라고 묻자, 좌중에서는 "예"하는 소리가 크게 들려왔다.

그리고 난 뒤 스님은 그 노인의 다리를 치료하는 데 썼던 법제(法製)를 다음과 같이 소개했다: "내가 벼랑에서 굴러 떨어져 갈비뼈가 부러지고 이가 다 나갔을 때, 큰스님이 나에게 이 법제를 먹여 주어 15일 만에 일어났습니다. 그 후 내가 이 약의 제조법을 전수 받았습니다. 큰스님이 열반한 후 보사부의 허가를 받아 약을 제조하고 있습니다." 그는 다음과 같은 멘트를 계속해서 이어갔다: "이 약은 돈으로 칠 것 같으면 50만 원이 넘습니다. 그러나 오늘은 돈을 안 받겠습니다. 대신 여기 오신 분들은 불심이 깊은 것으로 보이니, 먼저 손을 드시는 분들에게 이 약을 나누어 드리겠습니다. 오늘은 스물다섯 분에게 이 약을 무료로 나누어 드리겠습니다. 약을 드시고 효과를 보신 분은 초 한 봉 사 가지고 저희 절에 와서 부처님께 인사를 드리고 2, 3일 푹 쉬었다가 가시기 바랍니다."

그러나 이 약은 공짜가 아니었다. 스님은 "이곳까지 오느라 차기름 값도 적지 않게 들었고 밥도 먹어야 하니, 약을 그냥 주기는 그렇고 홍보 차원에서 원가에 팔겠으니 필요한 사람은 손을 빨리 드세요"라고 하면서 약 판매에 들어갔다. (그들이 본색을 드러내기 시작한 단계로, 영업은 이제 제4단계에 접어든 것이다.)

스피커에서 염불 소리가 다시 흘러나오면서 영업이 본격적으로 시작되었다. 스님도 마이크를 들고 염불을 외우고 있었다. 연두색의 소형 박스(겉에는 '동중하초'라는 글씨가 큼지막하게 적혀 있었다)에 담겨 있는 약이 처음에는 한 개에 2만 원, 두 개에 3만 원에 팔렸다. 약을 팔면서 스님은 "아침 먹고 한 봉지, 점심때는 먹지 말고, 저녁때 한 봉지를 먹으면 된다"라고 일러 주었다. 1차 판매가 끝나고 난 뒤 약은 1박스에 만 원에 팔렸다. 그러다가 막판에는 박스가 찌그러진 약들을 꺼내 놓았다. 스님은 "먼 거리를 운반하다 보니 박스가 찌그러졌지만, 약효에는 아무 이상이 없다"며, 약을 검은색의 물에 타서 약효를 검사해 보이기도 했다. 이 약은 2통에 만 원이었다. 약이 판매되는 동안 스피커와 스님의 입에서는 염불 소리가 끊이질 않았고, 뱀을 다루던 여자와 사범이라 불리는 남자는 약을 파는 데 정신이 없었다. 약이 판매되는 동안 스님은 "이 약은 협심증, 신경통, 암 등에 효험이 있다"는 멘트를 하기도 했다.

그들은 약 판매가 끝나자 이번에는 부적을 팔기 시작했는데, 1장에 2,000원 2장에 3,000원이었다. 약과 마찬가지로 이 부적도 날개 달린 듯이 팔렸다. 영업이 마무리되자, 스님은 "날씨가 추운데 끝까지 참석해 주신 여러분 감사합니다. 집안 화평하시고 건강하시고 하시는 일 모두 잘 되시기 바랍니다. 그럼 이만 물러갑니다"라는 작별 인사말을 했다. 이로써 1시간 20분 동안 한 편의 영화처럼 진행되었던 이들의 공연과 영업은 모두 끝이 났다.

(약을 산 노인들 중에는 "설마 스님이 거짓말을 하겠느냐"며 약의 효험을 믿고 싶어 하는 사람도 있었고, 효험을 의심하는 사람도 있었다. 이에 비해 약장수 패거리의 주변에서 장사를 하고 있던 상인들은 이들이 엉터리 약장수들임을 잘 알고 있었다. 어쨌거나 성(聖)과 속(俗)이 결합된 약장수 패거리는 그들의 목적을 달성한 듯이 보였다. 그들은 영업이 끝나자마자 서둘러 풍양장을 떠났다.)

지난 2, 30년에 걸쳐 장터의 문화적 기능은 거의 사라지다시피 한 반면, 문화적 원리는 상대적으로 존속하고 있는 편이다. 오일장에서 장사를 하고 있는 상인들 간에는 거래와 관련된 여러 가지 믿음이 있다. 예를 들면 "남자 손님이 마수를 하면 하루 종일 재수가 좋고," "마수를 할 때 에누리를 하거나 물건 값만 묻고 사지 않고 그냥 가면 하루 종일 재수가 없다"는 게 그것들이다. 최근에 와서 이러한 관념이 상당히 옅어지긴 했으나, 나이든 상인들 중에는 여전히 이러한 관념을 가진 사람들이 적지 않다. 이들의 진술에 따르면, "아침부터 물건 가격을 깎아 주면 하루 종일 그런 사람만 오기도 한다. 마수를 어떻게 하느냐에 따라 그 날 장사가 결정된다는 속설을 철저하게 믿는 것은 아니지만, 마수를 잘못하면 이상하게도 하루 종일 안 좋은 경우가 많다."

오늘날 한국 사회에서 오일장이 쇠퇴를 거듭하고 있음에도 불구하고 그 생명력을 이어가고 있음은 경제적 논리만으로는 설명이 불가능하다. 상당수의 상인과 소비자에게 있어서 시장에 나오는 행위는 '생활방식의 일부'이다. 다음의 진술은 이러한 문화적 관성(cultural inertia)에 관한 것이다: "오일장 상인들이 장사가 잘 되지 않음에도 불구하고 장날이 되면 으레이 장에 나오는 것은 오랫동안 그렇게 살아왔기 때문이다. … 오일장을 찾는 사람들은 대개가 50대 이상이다. 나이든 사람들은 옛날부터 장에 나오던 습관이 있어(鄕愁가 남아 있어) 지금도 장날이 되면 자주 나온다."

5. 나오는 글

불과 한 세대 전만 하더라도 정기시장은 지역 사회, 특히 농촌 사회에서 매우 중요한 역할을 담당하였다. 정기시장을 중심으로 물자와 재화가 거래되고, 다양한 사람들의 사회적 관계가 형성되었다. 여러 종류의 문화활동 역시 장터를 중심으로 이루어졌다. 한마디로 오일장은 '지역 사회에서 없어서는 안 될' 중요한 존재였다.

그러나 이 땅에서 산업화가 도시화가 본격적으로 진행되면서, 정기시장

은 쇠퇴의 길로 들어서게 되었다. 1980년대 중반 경부터 정기시장의 쇠
퇴는 탄력을 받기 시작했다.51) 1990년대 중반 이후에는 유통 시장의 전
면 개방과 더불어 대형 할인점과 전문점이 대거 등장하고, 홈쇼핑 및 전자
상거래 등이 활발해지면서 절대다수의 정기시장은 그 존속을 위협받게 되
었다. 또한 존속은 하고 있으나 그 기능을 거의 상실했거나, 관계 당국에
서 어떤 조치를 취할 수 없는, 그래서 '아주 골치 아픈 존재' 혹은 '천덕꾸
러기'가 되어 버린 시장들도 적지 않다. 그럼에도 불구하고 대개의 정기시
장은 여전히 지역민들의 사회·경제적 삶에서 중요한 역할을 부분적으로
담당해 내고 있다. 이러한 경향은 대도시의 영향을 적게 받는 지역일수록
더욱 강하게 나타난다. 각 지자체가 오일장 정책을 펴 나가는 과정에서 겪
게 되는 여러 가지 어려움은 바로 이러한 모순에서 비롯된다.52)

  본 연구는 안동권·상주권·성주권 정기시장의 변화와 지속을 민족지
맥락에서 살펴보는 데 그 목적이 있었다. 이를 위해 본 연구에서는 오일
장 이용자와 관계자의 인적 구성, 권역별 장시의 현황과 특징, 오일장의
경제적·사회적·문화적 맥락 등을 검토하였다. 본 연구에서 논의된 내

---

51) 1980년대에는 다음과 같은 요인들이 정기시장의 쇠퇴에 크게 작용하였다(이재하·홍순
완, 『한국의 장시』, 서울: 민음사, 1992, 196쪽): 도시화, 교통의 발달, 상품 구매 대체
시장의 확충, 농업의 상업화와 농산물 유통 기구의 변화, 근대적 대중문화 매체의 보급,
가축시장의 쇠퇴, 기타 원인(도농 간의 불평등한 사회경제적 구조, 농민의 생활 향상, 공
산품의 품질 향상, 그리고 오일장에 대한 정부의 정책적 무관심 등.

52) 이들 3개 권역의 12개 시·군 당국은 오일장 정책을 펴는 과정에서 여러 가지 난관에 봉
착해 왔다. 이들이 겪고 있는 어려움은 다음과 같이 요약될 수 있다: 첫째, 투자의 실효성
과 형평성에 관한 것이다. 지자체의 입장에서는 재래시장에 투자해서 성공한 경우를 거의
찾기 힘든 데다 농촌 경제가 전반적으로 어렵기 때문에, 형평성을 고려하지 않고 재래시
장에 집중적으로 투자하기란 어렵다. 둘째, 모든 것을 관계 당국에 의존하려는 상인들의
의식도 문제다. 오일장 정비 공사를 할 경우에 상인들은 그에 따른 손실을 보상해 달라는
요구를 하기도 한다. 또한 시장 현대화에 필요한 리모델링 등의 사업을 할 경우엔 시나 군
당국에서 사업비 전부를 대 주는 것이 불가능하여 상인들의 부담금이 생기게 마련인데,
상인들 중에는 이를 감당할 능력이 없는 사람들이 많다. 셋째, 상인들의 노령화에 따른 현
실 안주 심리나 자구 의지 결여 등 변화에 대한 수용 의지가 부족하다는 점도 재래시장의
활성화 사업을 가로막는 요인이 되고 있다. 넷째, 상인들 간의 갈등으로 인해 각 지자체는
재원을 확보하고도 사업을 진행하지 못하는 경우도 적지 않다.

용들을 요약하면 아래와 같다.

첫째, 오일장을 이용하는 소비자들과 상인들의 노령화가 진행되고 있음을 알 수 있었다. 이는 농촌 인구가 고령화되고 있을 뿐만 아니라 젊은 층들은 오일장에서 장사하기를 꺼리고 있음을 의미한다. 고령화가 진전될수록 오일장의 생명력은 점점 약화될 것이다.

둘째, 오일장의 쇠퇴는 1970년대 중반 이후 본격화된 도시화와 산업화, 그리고 이후에 이루어진 교통과 통신의 발달, 대중 매체의 확산, 농산물 및 공산품 유통 구조의 변화53)와 밀접한 관련이 있으며, 1990년대 중반 이후 등장한 대형 할인점, 전문점, 홈쇼핑, 전자상거래 역시 오일장의 쇠퇴에 상당한 영향을 미치고 있었다. 특히 농촌 인구의 감소, 교통의 발달 및 유통 구조의 변화는 오일장의 쇠퇴에 막대한 영향을 미치고 있었다.

셋째, 전반적인 쇠퇴에도 불구하고 오일장은 여전히 경제적 거래 장소의 한 부분으로 이용되고 있었다. 정기시장은 다양한 서비스 제공, 잉여 농산물의 거래 장소 제공, 상품 구입 시 이동 비용 및 시간의 절감, 농민과 상인에게 생존 기반 제공 등을 통해 지역 사회를 지탱하는 데 일조하고 있었다.

마지막으로, 과거에 비해 그 중요성이 떨어지긴 했으나, 지금도 오일장은 사회·문화적 차원에서 여전히 중요한 의미를 지니고 있었다. 즉 오일장은 재화의 거래가 이루어지는 공간일 뿐만 아니라 지역민들과 상인들의 사회·문화적 의미와 가치가 실천되는 공간이기도 했다. 이러한 사회·문화적 의미로 인해 오일장은 그것의 존재 조건에 비해서는 보다 오

---

53) 1980년대 중반을 전후하여 전국적으로 발생한 우시장의 쇠퇴 역시 오일장 쇠퇴의 직접적 인 요인이 되었다. 그러나 1990년대 이후부터 우시장과 오일장 간의 상관관계는 상당히 약해졌다. 이는 소 사육 및 거래 방식에서 변화가 생겼기 때문이다. 즉 경운기를 비롯한 각종 농기계의 사용이 보편화되면서, 한두 마리의 소를 팔기 위해 직접 장에까지 끌고 나오는 농민들은 찾아보기 힘들게 되었고, 우시장에서 소의 거래는 축산농과 중개 상인 간에 이루어지고 있다. 우리가 현지조사를 수행했던 60기의 오일장들 중에서 우시장이 제대로 열리고 있는 곳은 용궁장과 고령장 두 군데에 불과했다.

랫동안 생명력을 이어갈 것이다.

우리가 3년 동안 현지조사를 수행하면서 만난 사람들의 절대다수는 정기시장의 생명이 얼마 남지 않았다는 데 의견의 일치를 보이고 있었다. 그들의 주장에 따르면 짧게는 수년, 길어야 10년 내에 정기시장은 전부 소멸할 것이다. 이러한 주장은 농촌 인구의 절대 감소 및 고령화, 유통구조의 변화, 교통의 발달, WTO(World Trade Organization, 세계무역기구)와 FTA(Free Trade Agreement, 자유무역협정) 체제의 영향 등에 주로 근거하고 있다.

그러나 본고에서 살펴보았듯이 대개의 정기시장은 쇠퇴의 와중에서도 여전히 지역민들의 사회생활과 경제생활에서 중요한 한 부분을 차지하고 있다. 또한 상당수의 상인들과 소비자들에 있어서 시장에 나오는 행위는 생활방식의 일부가 되고 있다. 게다가 일부 지자체에서는 지역 경제 활성화 차원에서 정기시장에 대한 투자와 지원을 아끼지 않고 있다.54) 이러한 사실들에 비추어 볼 때 정기시장은 그것의 객관적인 존재 조건에 비해서는 보다 오랫동안 존속할 것으로 보인다.

---

54) 최근 봉화군에서 시행한 춘양장 지원 사업은 하나의 좋은 사례가 되고 있다. 봉화군청 홈페이지의 게시판(2005년 6월 24일자)에는 이와 관련된 내용이 다음과 같이 실려 있다(http://www.bonghwa.go.kr/): "… 춘양재래시장은 지난 5월 말 시장 내 비가림 시설이 준공되었고, 공중 화장실도 신축하는 등 시설이 현대화된 시장의 모습으로 탈바꿈하고 있어, 경영 현대화를 통한 시장 활성화를 위해 다각적인 노력을 기울이고 있다. 시장이 지역 내 문화와 생활의 중심지 역할을 수행하기 위해 비가림 시설 내에 설치한 스크린을 이용하여 청소년 축구 관람, 영화 상영을 통해 주민의 모임 장소로 시장이 이용되고 있으며, 매 장날(4·9일)마다 풍물패, 엿장수 공연, 노래자랑, 청소년 제기차기 등의 이벤트를 개최하여 고객의 발걸음을 재래시장으로 돌리게 하고 있다. 2005년 6월 24일 춘양재래시장을 방문하는 대구 시민으로 구성된 40여 명의 마케팅 투어 체험단은, 오전 8시 40분에 경북도청에서 출발하여 11시에 도착하여 춘양재래시장을 방문하여 중식과 시장보기를 마치고, 봉성 우곡에 있는 송이버섯 채취 체험장과 간고등어 공장을 견학하고 명호 청량산에 들러 오후 4시에 대구로 돌아가게 된다. 특히 이번 재래시장 마케팅 투어단의 방문과 함께 각종 향우회, 동창회 등의 각종 모임 장소 제공, 관광객 유치 등을 통해 지역 특산물을 홍보하고 유통의 중심지로 자리 잡아 나아갈 계획이다.

┃ 참고문헌

강만길, 『한국상업의 역사』, 서울: 세종대왕기념사업회, 1974.

경상북도, 『고향장을 아시나요?: 경북의 오일장』, 1999.

경상북도사 편찬위원회, 『경상북도사』(상권), 1983.

고승제, 『한국촌락사회사연구』, 서울: 일지사, 1979〔1977〕.

김성훈, 『한국농촌시장의 제도와 기능연구』, 서울: 국립농업경제연구소, 1977.

박찬석, 「전통시장의 생태학적 접근」, 『죽파 홍순완 교수 화갑기념논문집』, 1985.

백남운 지음(윤한택 옮김), 『조선사회경제사』, 서울: 이성과 현실, 1989.

설병수, 「민족지의 맥락에서 본 정기시장: 안동 구담장의 사례를 중심으로」, 『역사민속학』제17
호, 2003.

_____, 「정기시장에 대한 민족지적 연구: 봉화 춘양장의 사례를 중심으로」, 『민속학연구』제14
호, 2004.

_____, 「농촌 정기시장의 사회·문화적 의미: 상주지역의 사례를 중심으로」, 역사문화학회, 『지
방사와 지방문화』제8권 1호, 2005.

오상락, 「유통근대화에 있어서 재래시장의 좌표」, 서울대학교 한국경영연구소, 『경영논집』제14
권 제3호, 1981.

유교성, 「한국상공업사」, 『한국문화사대계』(Ⅱ), 고려대학교 민족문화연구소, 1978〔1965〕.

이재하·홍순완, 『한국의 장시』, 서울: 민음사, 1992.

임재해, 『한국민속과 오늘의 문화』, 서울: 지식산업사, 1994.

전한식·박우철, 「성주지역 시설참외 연작지의 토양 특성 및 토양 선충 변화」, 『한국환경농학회
지』제20권 제2호, 2001.

정승모, 『시장의 사회사』, 서울: 웅진출판, 1995〔1992〕.

조기준, 『한국자본주의 성립사론』, 서울: 대왕사, 1985.

조병찬, 『한국시장경제사』, 서울: 동국대학교 출판부, 1992.

한국문화예술진흥원·문화발전연구소, 『전통문화의 자주적 현대화방안』, 1989.

한우근, 『한국통사』, 서울: 을유문화사, 1970.

文定昌, 『朝鮮の市場』, 東京: 日本評論社, 1941.

Belshaw, Cyril S, *Traditional Exchange and Modern Markets*, Englewood Cliffs,
N.J.: Prentice-Hall, Inc., 1965.

Clifford, James and George E. Marcus (eds.), *Writing Culture: The Poetics and
Politics of Ethnography*, 1986 (이기우 옮김, 『문화를 쓴다』, 서울: 한국문화사,

2000).

Cook, Scott, "Economic Anthropology: Problems in Theory, Method, and Analysis," in *Handbook of Social and Cultural Anthropology*, John J. Honigmann (ed.), Chicago: Rand McNally College Publishing Company, 1973, pp. 795~860.

Cox, D., *The Feast of Fools*, 1969 (김천배 역, 『바보제: 축제와 환상의 신학』, 서울: 현대사상사, 1989[1973]).

Firth, Raymond, "The Social Framework of Economic Organization," in E. E. Leclair Jr. and H. K. Schneider (eds.), *Economic Anthropology: Readings in Theory and Analysis*, New York: Holt, Rinehart and Winston, 1968, pp. 65~87.

Geertz, Clifford, *Works and Lives: The Anthropologist as Author*, Stanford, CA.: Stanford University Press, 1988.

Plattner, Stuart, "Introduction," in Stuart Plattner (ed.), *Markets and Marketing: Monographs in Economic Anthropology*, No. 4, Lanham · New York · London: University Press of America, 1985.

Salisbury, F. Richard, "Trade and Market," in David L. Sills (ed.), *International Encyclopedia of the Social Sciences*, Vol. 16, N.Y.: The Macmillan Company & The Free Press, 1989, pp. 118~122.

Sanjek, Roger (ed.), 1990, *Fieldnotes: The Making of Anthropology*, Ithaca and London: Cornell University Press, 1990.

Skinner, G. William, "Marketing and Social Structure in Rural China," (Part 1), *Journal of Asian Studies* 24(1), 1964.

Watson, C. W., *Being There: Fieldwork in Anthropology*, London · Sterling, Virginia: Pluto Press, 1999.

봉화군청 홈페이지(http://www.bonghwa.go.kr/).

제 10 장

영남권 여성의 일상, 노동, 욕구에 관한 이야기

: 안동·상주권과 성주권 여성 삶의 비교

1. 서 론

영남문화의 특성과 정체성에 관한 연구의 한 영역으로 경북지역의 여성들의 삶과 위치에 대한 설명을 포함시키는 것은 영남문화를 바라보는 데에 보다 균형 잡힌 시각을 제공할 수 있다. 영남문화에 대한 기존의 연구들은 여성적 관점에 대한 몰이해로 인하여 지역연구와 유교문화 연구에서 남성적 시각에 기초한 분석과 문제제기가 주류를 이루어 온 것이 사실이다. 특히 영남문화의 꽃인 유림사상에 관한 연구에서는 지나치게 사상적 주해(註解), 학맥과 계파, 학풍과 그 전승 계보에 관심을 집중하여 지역문화라는 큰 틀 속에서 유교가 각 영역에 미친 영향력과 시대적 상황에 걸 맞는 대안제시의 가능성은 기술하지 못하여 왔다. 이런 이유로 영남문화는 한국 유교의 사상적 체계를 완성하고 지역출신의 많은 유능한 유림들을 배출해 왔음에도 근대적 학문체계로 진일보해 가는 데에는 그 한계를 드러냄으로써 필연적으로 보수적, 권위적, 배타적이라는 비판을 면할 길이 없었다.

기존의 이런 연구경향은 유교문화가 영남문화의 강한 원류로 지탱해 올 수 있었던 실천적 토대인 봉례, 즉 의·가례(儀·家禮)[1]와 접빈객(接賓 客)의 예도(禮度)를 몸소 실천한 주체가 바로 여성들이었음을 간과하였다 는 것과, 이들의 '보이지 않는 노동력'의 기여도에 대한 사회문화적 의미 를 충분히 읽어내지 못한 데에서 기인함을 지적할 수 있다. 유교적 실천 에서 매우 중요시한 덕목들인 부모에 대한 효(孝)와 공경(恭敬), 4대 봉제 사(奉祭祀)와 접빈객(接賓客), 남성의 일상적 수신(修身)과 의관(衣冠)을 정제(淨濟)하는 수발 등의 예도를 수행키 위한 가사노동과 봉례노동 그리 고 농업노동으로 이어지는 여성들의 헌신과 봉사(奉事)가 없었더라면 유 교문화가 그토록 오랫동안 공고히 실천되고 전승될 수는 없었을 것이다. 이는 안동권 상주권, 성주권, 경주권의 유명 문중과 동성촌[2]의 존속과 단절에서 잘 읽어낼 수 있다.

그럼에도 지역문화의 주체로 설정되어 온 '민중'은 언제나 '남성'적 개념 이었고, 국가와 지배의 주체 역시 남성이었음이 강조되었다. 지역연구 혹 은 지방문화 연구는 그 사회 내에 존재하는 모든 계급적 층위, 성 (gender)의 층위, 세대의 층위를 포함하여 함께 사는 사람들로 이루어진 전체사회의 역동성에 대한 관심이어야 한다. 그러므로 영남문화를 이해 하는 기본적인 시각은 전체론적 문화관의 관점[3]에 서서, 퍼즐 한 조각으

---

1) 성리학을 집대성한 중국 남송의 주희가 정리한 예법서인 주자가례(《朱子家禮》에 규정된 예 도로, 성리학이 활발히 연구되었던 세종 때 국가건설 초기의 문물정비를 위해 사대부는 물 론 민간에까지 보급하여 장려하면서 왕조의 지배체제와 유교적 사회질서의 구축을 정당화 할 수 있었다. 통례(通禮), 관례(冠禮), 혼례(婚禮), 상례(喪禮), 제례(祭禮), 각종 축식 (祝式) 등의 의례(儀禮)와 가례(家禮)가 포함된다.
2) 성(姓)과 본(本)이 같은 성씨들이 특정 마을에 모여 중심적 세력을 이루고 있는 마을을 동 성(同姓)마을이라 하는데 이때의 성씨는 남성혈통의 성씨를 중심으로 한다. 남성 혈통의 문 중을 중심으로 하는 같은 성씨가 마을에서의 수적 점유율과 지배력이라는 양과 질에서 다른 성씨에 비해 우월적 기반을 갖고 있다. 여러 남성혈통 성씨들이 더불어 살아가는 각성(各 姓)마을에 비해 동성촌은 이를 형성할 당시에 지배층에 놓여 있던 양반이 중심이 되는 경우가 많았으므로 동성마을을 반촌(班村), 각성마을은 민촌(民村)이라 부르는 것이 일반적이다.

로 빠져있던 여성을 남성퍼즐과 함께 통합된 정체성을 갖는 문화단위로 끼워 넣을 때 완성된 그림으로 보여질 것이다.

이런 맥락에서 본고에서는 유교문화와 지역여성의 삶의 관련성을 찾아 내고 그 관련성 속에서 사회경제적 요인이 여성의 위치를 어떻게 변화시 켜 오늘에 이르렀는지를 여성 자신의 이야기를 통해 재구성해 내기 위하 여 다음의 주제를 다루고자 한다.

첫째, 지역사회를 지배해온 유교적 가치관이 여성들의 일상생활에 어 떤 원리로 작용하였는지를 부부 관계, 부모-자녀관계, 친족관계에서 여 성의 위치와 역할, 의무와 관련한 권력관계를 읽어내고 여기에 적응하기 위해 노력했던 방식을 여성들이 어떻게 설명하고 있는지를 고찰한다.

둘째, 지역의 사회경제적 토대에 따라 여성들의 노동양태가 어떠하였 는지를 기술하고, 그에 따라 가정경제 운영 원리, 사회참여 방식의 변화 과정을 어떻게 수용하여 왔는지를 여성들이 주관적으로 구성(construct) 하는 이야기에 주목한다.

셋째, 도시산업화로의 전개과정에서 나타나는 다양한 사회적 변화를 어떻게 극복하고 적응해 왔으며, 그러한 과정에서 여성들의 적응과 부적 응적인 인식상의 변화는 어떠한 지를 설명해 낼 것이다.

여성들의 지위와 삶에 관한 경험적 연구는 지역적 문화와 그 지역에서 살아가는 여성들의 삶의 양식 사이에 일어나는 상호작용의 결과물로 이 해되어야 하기 때문에, 영남문화의 맥락 내에서 유교적 가족윤리와 성별 관에 대해 여성들 스스로 구성해 가는 의미부여 과정에 보다 균형된 시각 이 요구된다. 그러므로 본고는 여성 자신의 언어로 구술되는 여성 자신의 이야기를 여성주의적 관점에서 이해하고 해석하는 연구방법으로 접근하 였다. 또한 인문지리적 경계를 기준으로 하여 안동·봉화·문경·영주를 안동권으로, 상주·예천·선산·구미를 상주권으로, 성주·달성·칠곡·

---

3) 래쉬, 크로스트퍼/오정화 역, 『여성과 일상생활, 가족사, 여성사, 문화사』, 문학과지성사, 2002, 25쪽.

고령을 성주권으로 구분하여 여성 삶의 지역적 특성을 찾고자 노력하였다. 본고는 성별관계에 기초한 영남문화의 이해를 통해 유교문화의 철학적, 인식론적 토대를 확장하고 나아가 영남문화의 보편적 발전과 현대적 변용으로 견인하는 기초연구가 될 것이다.

2. 유교와 여성 삶의 관계에 관한 삽화

1) 안동권 유학의 성별관(性別觀)

안동권의 유학은 영남문화의 원류가 되며, 그것이 한국의 가족윤리에 미친 영향의 지대함은 인간 본성과 우주의 원리로 설명되는 심오한 것이다. 그러므로 본고의 여성 삶에 관한 연구는 영남의 유교 즉 안동권 유학의 특성을 이해함이 전제될 때 유교가 여성 삶에서 외현화되어지는 과정과 그 영향을 보다 잘 읽어낼 수 있게 된다.

안동권의 지리적 입지는 평야가 협소한 산간의 고립적 지형이어서 작은 경지를 가진 자립형 소지주가 중심이 되어 한전(旱田)농업이 발달하였다. 상업이 발달하기에 불리한 내륙의 고립적 지형과 낮은 농업생산성은 자연히 근검·절약하는 사회풍토를 만들었고, 이러한 지역 풍토가 재화의 절용(節用)과 수신상의 방일(放逸)을 강하게 경계하는 경(敬) 중심의 내성적 도덕주의(內省的 道德主義)의 철학을 발전시켰다. 이러한 대표적인 학풍이 퇴계학으로, 철저한 주리론(主理論)과 이원론(二元論), 그리고 경(敬)을 중심으로 실천적 수양을 목표로 하는 철학적 사유의 논법이 중심이었다.[4] 여기에는 인간성의 자유로운 발현을 지지하거나 탈규제적인 어떤 행위나 논쟁이 허용될 여지가 거의 없었다. 게다가 퇴계가 봉건적

---

4) 김성윤, 본서, 160-161쪽.

사회관계나 질서를 천리(天理)로 규정하고, 그 정당성이 기적(氣的) 환경에 선행하여 존재한다고 하면서 이것의 철저한 준행을 강조하는 주리론(主理論)을 주장한 것은 여성들의 삶에 덧씌워진 신분계급적, 가부장주의적 사회구조를 정당화하는 공고한 이론적 토대가 되었다고 볼 수 있다.

특히 퇴계학이 이동(理動) · 이발(理發)을 강조하고, 도심(道心)과 인심(人心)을 철저히 구분하여 도심의 발양만을 선으로 규정하여 조선 철학상 강한 원리주의(명분주의 혹 엄숙주의)적 이원론의 철학을 발전시켰던 것5) 은 성별적 이원론, 즉 '부부유별'(夫婦有別), '남존여비'(男尊女卑)라는 일상적 수신(修身)을 통해 금욕과 절제를 강조하기에 이르렀던 것으로 볼 수 있다. 이를 구체적으로 설명하면, 퇴계의 이기론(理氣論)이나 인성론(人性論)은 인간의 내재된 순수성과 존엄성[理]을 바탕으로 선한 본성을 확충(擴充)시켰을 때 인간다움을 다하는 것이라는 입장이며, 나아가 이(理)의 순수성을 매우 중요시하여 절대순선(絶代純善)의 이가 현실의 구체적 인간행위와 정서를 통하여 우선적으로 실현되어야 한다고 보았다.6) 이를 실현하기 위하여 구체적인 수양 방법으로 강조한 것은 '경'(敬)이었는데, 경이란 항상 깨어 있는 상태[惺惺]에서 '두려움'[畏]을 가지고 자신을 항상 검속(檢束)하는 자세를 유지하는 것이다. 여기서 두려움이 인욕(人欲)의 발로에 대한 것일 때, 부부간의 본능적 사랑, 관심, 연민에 따른 희로애락의 정서는 반드시 '두려움'을 갖고 금욕하고 경계되어야할 덕목이 되어버린다. 이것이 부부유별(夫婦有別)로 나타나서 남편의 역할과 아내의 역할은 서로 다르며, 남편다움과 아내다움의 경계는 남존여비의 지위적 차이를 낳게 된 것이다. 심지어 이런 '두려움'은 사랑채와 안채로 구분된 주거양식이나, 혼인 후에도 남편은 시아버지와, 그 아내는 시어머니와 함께 기거를 해야하며, 특정한 길일을 받아서만이 부부가 합방할 수 있는 생활양식으로 나타난다. 이런 주거생활이 상징하는 기호는 여성과 남성

---

5) 전게서, 160쪽.
6) 전게서, 160쪽.

의 관계가 단지 생물학적 성(sex)에만 초점이 맞추어진 채, 여성들을 남성의 성적(sex) 대상물로서 집안의 대를 이을 자녀, 특히 남아생산의 일차적 의무주체이자 새로운 또 하나의 노동력으로 규정지우는 의미이다. 즉 여성은 독립된 인격적 존재이자 대자적(對者的) 존재로서 남편과 대등한 양성 관계에 위치하는 것이 아니라, 남성의 '경'(敬) 수양과 '두려움' 〔畏〕의 대상으로 경계되고 고립되어진 열등한 존재이자 즉자적(卽自的) 존재로 소외되어 버린다.

물론 퇴계학의 이런 도학적 탈속주의(脫俗主義)·이상주의(理想主義: idealism)는 17세기말에 상업의 발달과 사족의 향촌지배체제의 불안정이 전개되면서 점차 쇠잔해지기 시작하여 다양한 학맥이 형성되어 나갔으며, 상주권으로는 오히려 실용적이고 개방적인 학풍으로 변모되어 전승되었다.7)

퇴계학풍이 영남문화에 미친 영향은 사람들의 의식, 사고, 행동양식으로 나타나서, 정치, 경제, 법제, 교육 등 사회적 기반이 서구식의 근대화가 진행되었음에도 불구하고 그러한 제도를 운용하는 개인들의 정신문화의 토대는 여전히 유교적 가치들의 틀 안에 머물게 한다. 따라서 삶의 기본 원리로서, 사회를 유지 운영하는 중요한 가치 및 규범원리로서 전통적인 유교윤리의 위치는 여전히 중심부에 있다. 특히 가족윤리의 기반으로 적용될 때 유교는 가부장적 권위를 축으로 한 '장유유서'(長幼有序)와 성별에 따른 '부부유별'(夫婦有別)과 '남존여비'(男尊女卑)의 상하 수직의 위계적 서열관계로 나타난다. 따라서 여성 개인의 위치는 전통적 가족관계의 틀 안에서 혈연적, 운명적으로 위계화되어 결정되며 그 안에서 자신의 존재감과 정체성을 확보하게 된다. 그러므로 생활의 기본단위는 여성 개인이 아니고 가족이 되는 것이다. 이러한 원리는 여성들에게 가족을 위한 헌신적 봉사의 미덕을 '인간다움' 혹은 '하늘의 이치 즉 천리(天理)'로 규정하

---

7) 전게서, 160쪽.

였고, 가족의 경계를 넘어서 남성의 혈족사회, 지역사회, 국가사회로 확대된 순종과 인내를 강요하게 되었다.

2) 유교지향적인 여성 삶의 일례(一例)

가족과 문중 내에서 남성혈연 중심의 구조가 재생산되는 것은 관혼상제(冠婚喪祭)의 의·가례를 행함으로써 가능한 것으로 보인다. 남존여비 및 남녀유별과 관련된 분류 및 서열체계가 매 기일마다 반복되어 표현되어짐으로써 사회·문화적 맥락 내에서 남성의 우월적 가치를 적극적으로 창조해 내는 권력기호로 작용하는 것이다.

예를 들면, 기제사 때의 향제자(香臍者: 향을 피우고 절하는 자)의 자격은 부계(父系) 존속친(尊屬親)으로 한정되는 것 자체가 부자간의 관계로 이어지는 가부장제의 확인이라고 볼 수 있다. 또한 양위(兩位)가 모셔질 경우 고위(考位)는 제주의 왼편에 비위(妣位)는 제주의 오른편에 모셔두고, 헌작(獻爵: 술잔을 올림)에 있어서도 초헌(初獻: 첫 잔)을 먼저 고위(考位: 할아버지) 앞에 드리고 다음에 잔을 비위(妣位: 할머니) 앞에 놓는 것에서도 남녀 간의 서열체계를 확인해 내는 것이라고 볼 수 있다. 이런 '남좌여우(男左女右)'의 원칙은 출생에서 사망까지 일관되게 적용되는 것으로, 임신 중에서 태아는 움직임이 좌로 향하면 남아라고 점을 치거나, 사망한 다음에도 남편은 왼쪽에 부인은 오른쪽에 매장하는 것에서도 나타난다.

제사상의 차림에서 기본적인 인식은 '치마 입은 여자가 감히 제사상에 손을 댈 수 없다'는 전제 하에 비록 모든 제수의 장만은 여성이 다 하더라도 제물을 제사상에 진설하는 일에서부터는 전적으로 남성들의 역할이 된다. 남성들은 아내와 며느리들이 수일에 걸쳐 풀을 입히고 다림질해 놓은 의관(衣冠)을 정제한 채, 까다롭고 복잡한 진설법에 따라 제물을 진설하고 제례절차를 진행하며 제례절차가 모두 끝난 다음에는 음복(飮福)하는 것으로 자손됨의 도리를 위엄 있게 수행할 뿐이다. 그래서 제례가 진행 중인 때에 제례장소에는 여성들이 들어가서는 안 되며 제사 도중 남자들이 요청하는 제물을 전할 때에도 그 장소에 발을 들여다 놓지 못하고 멀찌감치 서서 고개를 숙이고 두 팔을 뻗어서 건네주는 것이 관례이다.

특히 이런 여성 비하적 관례는 남성혈연 친족들의 집합적인 조상의례인 시제(時祭)의 경우 더욱 강력하게 적용되어 여자들은 시제를 지내는 묘지 근방에는 근접을 엄격히 통제 당하며 평소에도 조상들의 위패를 모신 사당 쪽에는 출입조차 할 수 없다. 이 시제에 올려지는 제물은 문중의 며느리인 여성들이 수일에 걸쳐 정성스럽게 준비하고 장만한 것이지만, 합(盒)과 반(飯)에 차곡차곡 담아둔 제물들을 시제장소까지 메고 올라가는 사람은 남성들이다. 즉 제사준비에서 여성들의 소관은 주로 준비, 장만, 뒷설거지와 마무리를 담당하는 것이며 이런 노동들은 제사장소로부터 멀리 떨어진 부엌이나 기타 일상적이고 주변적인 공간에서 이루어진다. 반면 남성들은 제사의 본 과정을 담당하고 있기 때문에 제장(祭場) 즉 성스러운 곳에 위치하여 제를 행한다. 이런 봉례에서 여성들의 역할이 일상적인 가사노동의 연장선이라면 남성들의 역할은 신적 존재와의 직접적인 대면이 이루어지는 성스러움으로 나타난다.8)

실제로, 연중 제례가 일반 가정은 2대 봉사가 보통이며 조금 큰 문중이나 종가에서는 4대 봉사를 유지하고 있다. 여기에다 설과 추석 명절, 불천위 제사, 묘사까지를 포함하면 일반가정은 평균 6회 정도의 제례가 있으며 종가에서는 최소한 연중 11회 혹은 14회의 제례를 거행하게 되기도 한다. 일회 당 제례 비용은 기제사의 경우 평균 15-20만 원 내외가 든다고 말하는데, 이것 역시 재래시장에서 장을 보고 집안에서 생산된 과일과 곡물을 사용하여 매우 간소하게 상을 차릴 경우이다. 먼 곳에서 온 친척들과 문안 인사차 들른 인척들의 접대나 숙식에 소요되는 비용 그리

8) 김진명, 「가부장적 담론을 통해 본 전통적 여성의 세계: 경북 A마을의 사례를 중심으로」, 『한국문화인류학』 21, 한국문화인류학회, 1990, 85-93쪽.

고 자녀나 손자녀들의 세뱃돈과 용돈에 소요되는 비용까지 모두 합하면 명절에는 평균 80만 원이 소요된다고 말한다. 종가인 경우 1년에 11회의 제사를 기준으로 한다면 기제사(忌祭祀) 8번의 비용이 160여만 원과 명절 2번의 비용이 160여만 원이며 연중 제례비용만 모두 300여만 원을 넘어서게 된다. 특히 후손이 번성하여 대소가가 큰 문중의 경우, 명절날에는 가래떡이나 과일, 강정과 정과, 가문에서 전래되는 특별 요리를 따로 더 장만하는 등의 추가적인 비용이 들기도 한다. 그러다보니 며칠에 걸친 과중한 봉례노동과 비용을 둘러싸고 젊은 세대의 며느리들은 긴장과 갈등을 경험하기도 한다. 예를 들면 고령 개실마을의 ㄱ씨 문중의 75세 된 종부는 일상적으로 찾아오는 친척들을 위한 다과나 식사비용, 예를 들면, 끼니때에 소고깃국을 끓이거나 과일과 차, 침식을 위한 연료비나 부대비용을 포함하면 생활비가 만만찮게 들어간다고 말한다. 그래서 농촌생활이지만 월평균 90-100여만 원의 생활비가 소요된다고 말한다. 그래서 다른 친척들에게 소작을 준 논 19마지기에 해당되는 소작료와 도시의 맏아들이 매달 송금해 주는 30만 원의 돈으로 생활하기에는 그리 넉넉하지 않다고 말한다. 종부는 현재의 남편과 59년간의 결혼을 지속해 왔으며, "8년 전까지 어른 살아계실 때는 새벽 4시에 일어나는 것이 보통이고, 하루 종일 종종걸음으로 집안 구석구석을 뛰어다녀야 하고, 저녁상을 물리고도 기솔들이 내일 먹을 양의 쌀과 잡곡 등의 곡물을 씻어 솥에 불려 안치고 나물을 삶아 놓고, 시부모님의 이튿날 입을 의복을 방문 앞에 켜켜이 놓아둔 뒤에라야 잠자리에 들 수 있었다." 생애기간 동안 종부는 "문중 어른들하고 조상 받드는 것은 평생 지극정성을 다하고" 사느라 일상적으로 반복되는 강도 높은 많은 노동에 종사해 왔으며, 시부모의 권위나 집성촌 내 친인척의 서열과 관계유지를 도모하는 접빈객(接賓客)에 전념해 왔다. 종부는 장기간 과로와 스트레스가 병인인 대상포진을 앓아 왔고 그것의 만성증세인 중증의 신경통으로 고생하고 있다.

유교가 의례, 가례, 향례, 접빈객이 핵심이 되고 까다로운 절차와 과도

한 예물의 장만을 문중의 품위유지 전략으로 채택해 옴으로써 실사구시에 부합되지 못하였던 것 같다. 또한 종가와 문중의 예도를 유지하는 노동에 종사해 온 종중 내 여성들의 노동생산성과 가치생산에 대한 모호한 평가와, "아무리 힘들여 일해도 표가 나지 않는" 이 노동들의 가시적인 결과산출에 실패한 것이다. 그러다보니 수일에 걸친 과중한 봉례노동과 비용을 둘러싸고 며느리 세대들은 긴장과 갈등을 경험하기 일쑤였지만, 이런 갈등은 여성 자신의 '성격' 탓으로나 '여성 내부의 갈등'처럼 비쳐지는 정도로 치부되었다. 그것이 여성에 대한 평가절하 혹은 비하에서 비롯된 것이라는 책망에서 종부여성들은 자신의 혼인에서부터 현재 삶의 전개과정을 자신의 자녀세대 즉 딸이나 며느리 세대에게는 물려줄 수 없다는 망설임을 고백하고 있다. 그래서 "내 며느리는 내가 죽을 때가 될 때까지는 종택에 들어와 살아라고 말하지 않는다"거나 자신의 딸 셋은 모두 "종부나 맏며느리로 시집을 보내지 않았다." 이렇듯 종가와 문중의 예도에 핵심이 되는 노동의 주체였던 여성들 스스로가 종부와 맏며느리로서의 역할을 계승하는 데 대한 망설임은 근본적으로 유교적 가족문화 그 자체의 불연속성을 함의하고 있다.

3. 상주권의 여성적 삶에 관한 주체의 이야기

1) 상주권의 사회문화적 환경과 성별관

상주권은 지리적 조건에서 풍부한 낙동강 중류의 수자원으로 인해 평야가 잘 발달된 덕분에 조선후기에는 인구의 집중과 대토지를 소유한 부농이 증가할 수 있었고, 혈연중심의 가족 협동적 노동에 의존하여 농업경작을 하며 살아가는 동성부락이 유교와 수리농업에 기반하여 자연스레 발달할 수 있었다. 안동권이 지리적 고립성과 엄격한 퇴계학맥을 중심으로 하는 강한 원리주의(명분주의 혹 엄숙주의)적 이원론의 철학을 기반으로 하여 사회·신분구조상의 이원적 편재를 유지함으로써 또한 성별과 관련된 인간관 역시 '남존여비', '부부유별'이라는 공고한 이원적 입장을 유지해 왔던 것에 비해, 상주권은 교통의 요지로서 이 지역이 갖는 지리적 개방성과 이에 따른 상업발달로 다양한 지역의 인구와 학풍을 수용하는 현실주의(現實主義: realism)로 나아갔다.9) 이런 경향은 율곡계열을 비롯한 다양한 학자들의 학풍을 수용하면서 정주학의 관념론적 허구성을 비판하고 실학(實學)을 주장한 노수신, 당색과 계파를 초월하여 학풍을 융회(融會)하려고 노력한 우복(愚伏) 정경세(鄭經世)와 그 6대손인 대유(大儒) 정종로(鄭宗魯: 立齋), 뒤이어 동서분당을 개탄하고 붕당의 타파를 주장하였던 창녕성씨 가문을 배출하였다. 상주권 유림의 이런 개방적이고 실용주의적인 지역학풍은 특히 18세기 초 실학적 사유를 하였던 식산(息山) 이만부(李萬敷)에 이르러 절정에 달하였다. 그의 실용적 학풍은 실제로 현실개혁안으로 표출되지는 않았지만, 그가 지은 여러 개의 전(傳)에서 노동하지 않는 양반에 대한 비판, 천민이나 일반 백성에게도 충의(忠義)와 학문이 있음을 인정하는 평등적 신분관, 부인교육론, 열부(烈婦)이데올로기의 허구성 비판 등의 형태로 사대부의 허구성을 폭로하고 서민 계급에 우호적인 시각을 지녔으며, 거기서 인간성 회복의 가능성을 발견하였다.10)

그러나 19세기에 들어서면서는 영남의 주류학파였던 퇴계학설이 지역 사풍을 주도하게 되어 상주권의 유학이 갖던 개방적, 실용적 특색이 약화되고 전반적으로 보수화되면서 도리어 안동권의 엄격한 유교적 예도(禮度)와 가부장의 권위, 이에 기반한 관혼상제의 가례(家禮)를 중시여기는

---

9) 김성윤, 상계서, 170쪽.
10) 전계서, 170쪽.

가족문화의 전통을 복구, 확산시키는 결과를 만들었던 것으로 보인다. 이
것은 상주권 여성들의 삶의 양태를 더욱 복잡하고 절차적이며 형식주의
적인 일상 속으로 내몰았고 필연적으로 여성들을 낮은 지위의 위계에서
시가가족을 위해 봉사할 의무주체로 고정시키는 데에 결정적으로 기여하
였다.

결과적으로 상주권의 유교는 실용과 개방의 성향을 노정하였으면서도
그 현실적 개혁에는 좌절된 채 형식만을 강조하는 절차주의를 통해 명맥
을 유지해 올 수 있었다. 최근에는 현대사회로 진입하는 과정의 특성상
유교적 가족문화의 본연적 색채였던 혈연적, 지연적 유대감과 공동체 의
식마저 약화되는 과정을 밟아 왔다. 이제 부계중심의 성별관과 가부장의
권위, 가례(家禮)를 중시여기는 가족문화는 그 봉례노동을 수행할 여성노
동력의 전무(全無)를 염려해야할 상황에 놓여 있다. 이는 안동권 뿐만 아
니라 상주권의 가족문화를 주도해 온 유명 문중에서 종손의 대잇기의 실
패와 종중 재산을 둘러싼 혈족간의 다툼, 새 종부를 맞아들임에서의 어려
움 등을 겪고 있는 것에서 잘 나타나고 있다.

2) 상주권 여성의 일상, 노동, 욕구

(1) 가족관계

① 확대가족관계

여성의 입장에서 장유유서(長幼有序), 부부유별(夫婦有別), 남존여비(男
尊女卑)라는 유교적 가족윤리는 친족관계와 사회관계의 서열적 특성을 규
정하는 것이었다. 결혼한 여성의 지위는 남편의 혈연적 위계지위인 항렬
이나 촌수에 따라 수직적으로 결정되었다. 가족은 남편혈연을 기반으로
동거여부와는 관계없이 남편혈통의 직계가족이 그 범위로 인식되며, 오
륜의 기본인 부자유친(父子有親)의 원리를 중심으로 하여 가족우선성, 부

계가문의 영속화, 부모공경의식, 형제자매 및 친척 간의 사회경제적 유대
의식 등이 가족관계의 핵심이었다.11) 그러므로 여성들은 한 사람의 존엄
한 개인으로서의 정체성보다는 충실한 혈연구성원인 며느리로서 시가(媤
家)를 '섬기고' 가례를 '받드는' '새로운 노동력'으로서의 정체성을 더 중요
하게 여겼고, 농업노동, 가사노동, 관혼상제를 받들고, 대를 이을 장자를
낳는 일 등을 담당하는 주체였다. 결국 혼인한 여성들은 혈연, 연령, 성
별에 따른 위계에 더불어 혼입 해 온 '성씨(姓氏) 다른' 외부인으로서의 열
등성이12) 중첩되는 지점에 위치하여 살았다. 필연적으로 혼인한 여성의
소임과 의무는 어머니와 시어머니로부터 학습되고 다시 자신의 딸과 며
느리에게 재학습시키는 형태로 공식화된 '여성통제 장치'13)로 작용하였
다. 이 소임과 의무는 가족구성원들이 각자 대도시에 흩어져 살아가는 삶
의 방식이 유지되고 있는 현대에도 지리적 거리를 초월한 정신문화로 자
리 잡고 있다.

특히 동성촌인 경우에는 유교적 가족윤리가 일상의 많은 부분에 침윤
되어 있다. 동성촌과 같이 철저한 부권의 친족집단 내에서 부부관계, 부
모자녀관계, 형제관계는 모두 근본적으로 상하의 서열관계였다. 이들은
각기 '별(別)', '친(親)', '서(序)'로 규범화 되어, 세대와 연령에 따라 뚜렷
이 서열이 구분되는 것이 부락의 대인관계의 핵심이므로 여성들 간의 인
간적 친밀성과 자유로운 수평적 관계망의 형성을 어렵게 한다. 예를 들면
가족노동에 의존하는 농사에서 품앗이, 동네 친목계, 친족 간의 화수계
(花樹契) 등에서 남편의 위계가 아랫서열에 위치한 여성들일수록 더 많은
노동과 '허드렛일'이 분배된다는 것이다. 그래서 부락내의 상당수 여성들
은 형편만 허락한다면 동족촌을 떠나 상주시내에라도 나가 살고 싶다고

11) 옥선화, 「농촌가족에서의 가족주의가치에 대한 연구」, 『대한가정학회지』 28(3), 한국가정관
리학회, 1990, 164쪽.
12) 문옥표, 「농촌가족의 변화와 여성의 역할: 일본 군마현 편품촌의 두 마을 사례를 중심으로」,
『한국문화인류학』 24, 1992, 248쪽.
13) 이수자, 「한국의 산업화와 유교적 가부장주의」, 『한독 사회과학 논총』 7, 1997, 4쪽.

말한다. 지씨 후손의 한 노(老) 종부는 혼인한 지 수 해 만에 종손인 남편과 사별하고 홀로 어린 1남 2녀를 키우며 시부모를 모시고 종가를 지키며 살았다. 이후 어린 종손이 장성하여 대구에서 명문대학을 나왔으나 문중을 지켜야 한다는 모친인 종부의 뜻을 받들어 다시 상주로 돌아왔다. 젊은 종손 부부는 어린 자녀의 교육문제를 위해 상주시내에 거주하는 대신 거의 매일을 시 외곽에 위치한 종택으로 출퇴근을 하며 "문중 전답과 불천위 사당을 지키며" 살고 있다.

동성촌 구성원들의 혈연적 유대감은 서로 돕고 살아갈 수 있는 울타리가 된다는 측면에서 긍정적인 측면을 갖기도 하지만 상호소통에 장애가 되기도 한다. 위계가 낮은 여성들의 옷차림이나 언행, 도시출신의 젊은 며느리들의 개인적 다양성과 차이를 인정하지 못하는 경직성을 가졌다. 또한 동장·이장·부녀회장의 선출과 같은 동네사무와 관련된 공식적 활동에 대해서도 같은 동성 내의 파(派), 대·소정기, 항렬 간의 집단주의적 갈등과 압력이 "집안싸움"으로 발전하기도 하고, 지역사회에서 이해관계를 형성하는 정치적 압력으로[14] 존재하기도 하였다. 그 폐해를 여성들이 감내해야 하는 경우도 많았는데, 남성혈연 간의 갈등에 "바람을 넣지 않기 위해서" 여성들 사이의 관계마저 소원하게 유지해야 하는 경우가 발생하는 것이다.

그러나 동성 남성 간의 갈등은 동성촌이 유지해 온 맹목적 연대의식과 서열의식 등의 전근대적 요소의 잔재를 파괴하고 합리성과 사회계약이라는 근대적 요소를 지향하게 하는 자극이 된다고 볼 수 있다. 합리성, 계약과 경쟁을 유럽 초기 시민사회에서 나타난 근대성과 민주주의적 사조(思潮)로 이해한다면, 동성씨족 남성들의 갈등은 다양한 이익집단 간의 갈등이라는 측면에서 본다면 긍정적으로 평가될 수도 있다. 또한 상주권에서 동성 간의 갈등이 사회적으로 용인되었던 것은 안동권의 문중들이

---

14) 조옥라, 「농민가족의 현대성과 보수성」, 『한국문화인류학』31(2), 1998, 395쪽.

씨족 내 갈등을 문중에 대한 이단으로 간주하고 엄중히 경계하였던 것과
는 다르며, 상주권의 개방적, 실용적이었던 유교문화의 독특한 영향이 빚
어낸 또 하나의 자연스런 결과물로 보여진다.

다른 한편으로, 지리적으로 농촌과 도시라는 원거리에서 부모와 자녀
세대가 분리된 채 살아가는 것이 오늘날의 일반적인 가족상황이 되면서
남성혈연중심의 위계적 가족관계망은 이제 여성들에게 권력의 회복을 가
능하게 만들었다. 상주권의 며느리여성들에 의하면, 상주에 본가를 둔 도
시의 며느리여성들은 자신들보다 일상적 부모 봉양(奉養), 가사 및 농업
노동의 분담, 동서 간의 갈등, 친족 내 위계의 존중, 경제적 지원, 아들
낳기 등과 같은 부담으로부터 다소 자유로우며, 무엇보다 농촌에서 잔류
하는 친족보다 "좀 더 나은 살림살이"는 위계적 서열을 뛰어넘을 수 있는
어떤 힘이 된다고 한다. 생활양식이 가족 내 여성들의 권력관계를 재편성
하였다고 볼 수 있는 것이다. 실제로 구미에 사는 조사대상 여성들 상당
수는 연령별 세대구분 없이 시가 쪽 가족관계는 의무체계로, 친가 쪽 가
족관계는 대화하고 교감하는 정서체계로 구분하여 관계맺기를 하고 있어
서 친족관계의 양계화15)가 진행되고 있었다.

이런 가족 내 권력의 변화는 종종 부모부양이나 재산상속을 둘러싼 친
족내부의 갈등으로 표현된 경험들로 나타나기도 하였다. 맏며느리로 혼
인하여 시부모와 6살짜리 어린 시동생을 포함한 9형제를 부양하고 농사
와 가사노동, 공부뒷바라지까지 한 여성이 추후에 그 시동생들로부터 재
산분배를 요구받고 갈등하면서 우울증을 앓고 있었다. 해삼을 먹고 싶어
하는 시조부를 위해 급하게 장만하여 먹여드린 것이 시조부의 설사를 초
래하였고 동성촌 내의 시숙부들로부터 "사람 같잖은" 질부라고 오래도록
비난을 당하면서 갈등하고 있다. 시부모(媤父母)의 잇따른 노환으로 "거의

---

15) 양계화란 친족관계의 범위가 남편과 아내의 친족 모두를 포함하는 것을 의미하는데, 아내들
은 시집보다는 친정과 남편들은 본가보다 처가와 자녀들은 친가보다는 외가 쪽 가족들과
빈번히 접촉하고 정서적으로도 친밀하다는 것이다.

반평생"을 수발만 하고 살아서 자녀를 제대로 교육시키지 못하였다는 자책과 정작 "내가 수발 받아야 할 처지"가 된 상황이 되기도 한다. 애써 농사지은 자신에게 한마디 상의 없이 시부모가 일방적으로 다른 자식들에게 곡식을 싸 보낼 때 농촌여성이 스스로에게 던지는 "나는 무엇인가"16) 라는 정체성의 혼란도 경험하고 있다. 이 경험들이 정서적으로 결속되어 있다고 느꼈던 가족관계로부터 발생하는 것이라는 점은 가족 내 여성억압과 성별위계가 지속되고 있으며 가족이데올로기17)가 여성의 소외된 가족경험을 은폐시키고 있음을 말해준다.

② 부부관계

정작 부부관계는 확대가족관계망에 가리워져 부차적 관계로 보이기도 한다. 동성불취(同姓不娶), 출가외인(出嫁外人)이라는 유교적 혼인원칙은 여성들에게 자신의 혈연가족의 호적을 떠나 남편의 호적에 입적함으로써 친가와는 가급적 단절된 관계를 유지할 것을 요구받는 형태로 개인적 사회적인 지위의 변화를 매우 크게 경험하게 된다. 혼인은 남녀 두 사람 간의 결합을 의미하지만 한층 더 강조되는 것은 두 집안 간의 결합이라는 의미였다. 더 자세히 들여다보면, 여성 1인 대(對) 남성 문중 전체와의 결합인 것이다. 이런 혼인관은 60대 이상 노령의 여성 세대들에 의해 유지되고 있었는데, 남편이 전처로부터 아들을 둔 재혼이라는 것을 모르고 결혼한 사례, 결혼한 뒤에야 남편이 언어장애를 가졌다는 사실을 알게 된 사례, 자신의 사주가 부자 될 팔자라는 점괘 때문에 시부모로부터 결혼을 강력하게 요구받은 사례처럼, 결혼과 배우자의 선택이 전혀 자신의 의사와는 무관하게 "부모가 하라고 하니까" 혹은 "속아서" 이루어졌다. 이들은 자녀의 결혼을 성사시키는 과정에서 중매결혼에 대한 높은 선호, 부모 의

---

16) 조옥라, 「여성 농민의 성 정체성에 관한 연구」, 『한국문화인류학』29(2), 1996, 103쪽.
17) Nicholson, L., "The Myth of the Traditional Family," In H. Nelson (ed). *Feminism and Families*, New York: Routledge, 1997, pp. 34-38.

사의 중요성 강조, 가문의 가풍에 대한 더 많은 신뢰감을 갖고 있었다. 다만 사회적 변화로 인해 성씨 중심의 양반가문과 학통에 대한 선호도가 이제는 상대 집안의 재산여부와 배우자감의 학벌과 능력, 친족관계망 내의 인맥 활용도 등에 대한 선호도로 혼맥관계의 현대적 변화를 경험하고 있었다.

부부의 의사소통 구조는 관계의 친밀성의 강도와 질을 분석하는 중요한 척도가 되지만, 상주권의 많은 부부들의 의사소통 구조는 남편과 아내가 '유별(有別)한 지위와 역할'을 갖는다고 가정되므로 위계적이고 경직된 수직적 구조를 보인다. "대화를 거의 안 한다"거나 일방적으로 "혼자 삭인다" 혹은 "내가 참고 말지"라는 의사소통 양태를 보이며, 그것은 여성들이 가족 간의 갈등을 최소화하고 가족의 '안정성을 유지하기 위한'[18] 대처기제로 보인다. 이로 인해, 부부간의 애정표현이나 성적 소통행위는 부부 사이의 인격적 동등성에 기반한 애정과 신뢰관계의 표현이기보다 남성의 성적 욕구가 우선시 되는 편향된 소통체계를 유지하고 있었다. 여성들 스스로 애정표현을 부도덕하고 수치스러운 것으로 사회화됨으로써 성적, 신체적 욕구에 대한 자기결정권을 유보하고 있다. 반면 구미지역 여성들에게서 나타난 한 가지 특징은 가족의 경계를 벗어나 직장, 봉사활동, 운동모임, 친목계 등의 형태로 사회의 전면에 나서는 경우가 많아지면서 습득된 대인관계 기술이 부부간의 소통구조를 변화시키는 능력으로 적용되고 있었다. 전략적으로 남편을 회유하거나, 비밀을 갖지 않으며, 가사의 분담, 시간적 여유를 가진 충분한 대화 등으로 "챙길 껀 챙기면서 열 올리고 싸우지 않는" 나름의 적극적인 대처기제를 터득하고 있었다.

③ 자녀관계

여성들은 세대에 따라 경중의 차이는 있지만, 시부모, 남편, 자녀, 시

---

18) 한남제, 『한국가족제도의 변화』, 서울: 일지사, 1994, 31쪽.

형제, 시숙, 죽은 조상 등에 이르는 광범위한 관계망에 대한 지향을 보이는데, 특히 자녀와의 관계에 관한 한 거의 맹목적인 헌신이 수반된다. "자식은 애물단지" 혹은 "자식을 많이 못 가르친 죄"라는 표현이 공통되는데, 대장암으로 수술한 칠순의 노모가 문병 온 자녀들의 식사를 손수 챙겨 먹이려 하거나, 자녀들이 준 용돈을 모아 다시 그 손자녀들에게 차례로 컴퓨터를 사준 경우, 아들이 넓은 아파트를 장만해 가는 데 돈을 보태주지 못해 가슴아파하는 사례처럼, 자녀에 관한 모든 책임을 여성이 지려하는 한국 어머니여성의 공통된 경향성이 있다. 이에 대해 문은희[19]는 한국의 어머니여성들이 자식을 가슴에 품고 사는 특유의 '포함'의식 때문이라는 설명을 하였다. 여성들의 이런 모성적 정서는 확대가족관계망과 지역사회로 확대된 행위로 나타나고 있었는데, 지속적인 자원봉사활동에의 참여 사례, 시동생이나 친정 남동생을 대구의 단칸 셋방에서 함께 데리고 살며 공부시킨 사례, 수 년 동안 이웃에 사는 당숙에게 조카들을 대신하여 병수발을 한 사례, 노년기에 손자나 외손자를 차례로 키워주는 사례가 빈번히 확인되었다.

자녀에 대한 높은 교육열에 관한 한, 상주권 어머니들 역시 부모로서의 의무를 다하려고 노력하는 경향이 있었는데, 좋은 학교를 졸업하는 것은 좋은 직장을 가질 기회를 높이고 좋은 직장은 지위와 권위와 소득을 보장하고 이 지역사회에서 '인물'로 평가받을 수 있다고 생각하였다. 보다 질 높은 교육을 위해 중고등학교부터 자녀들을 서울, 대구, 안동, 구미 등지로 내보내어 별거를 하는 경우, 어머니들은 자녀들의 생활비, 가정교육, 일상생활 지도, 식사문제 등과 같은 문제로 이중 삼중의 고충을 겪고 있었다.

---

19) 문은희, 「우리판 '여자의 일생'-가족관계에 얽힌 여자들 이야기」, 『경제와 사회』14, 1993, 226~237쪽.

(2) 가족 내 노동 분업

① 생산노동

대부분의 농가에서는 농촌경제의 중요한 수단인 농지를 가산으로 보기보다는 경영의 수단으로 인식하므로, 도시에 인접하여 개발이익을 누릴 수 있는 일부 지역을 제외하면 벼농사와 함께 비닐하우스나 특수시설을 이용한 상품작물 재배나 곶감 등의 가공품 개발에도 노력해 왔다. 대부분 가족노동에 의존하는 농가들은 농업 이외에 부가적인 소득을 확보하기 위하여 다른 직업을 병행하는 경우가 빈번한데, 남편이나 아내 중 한 사람 혹은 두 사람이 인근의 협동조합이나 공단에 일하러 다니는 모습을 보기는 어렵지 않다. 남편이 농업 외 다른 직업을 가질 경우 여성이 혼자서 농사와 가사일을 전담하게 된다. 또한 여성들도 인근 공단의 전자회사에 소형부품의 외형을 마무리하여 납품하는 일, 농산물 집하장의 포장일 등과 같은 비정규 직종에 종사하거나, 부업으로 양계업을 하는 등으로 농사와 가사, 부업을 이중·삼중으로 겸업하고 있다.

또한 여성들 대부분이 농가의 생산 활동으로서의 모심기를 비롯하여 김매기, 풀뽑기, 농약뿌리기, 벼베기, 타작 등과 밭일, 과수재배, 특용작물재배 등 거의 모든 과정에서 여성들이 참여한다. 농번기에는 남의 집에 품팔이를 하고, 취사, 청소, 빨래, 자녀돌보기 등도 당연히 여성들이 해야 하는 가사노동이다. 결국 농촌여성들은 가사노동과 농업노동에 추가하여 부업까지 하는 경우 생애기간 동안 매우 다양하고 과도한 노동을 수행하게 된다.

본질적으로 소득창출의 구조가 다른 구미의 경우, 산업화 과정에서 농토를 소유한 농가가 땅값과 임대료 상승이라는 개발이익을 누리는 토착지역민들이 상당수 생겨나면서 지주층이 자본계급화 하는 현상이 증가하였다. 농사짓던 땅을 개발과정에서 철거당하고 철거비용으로 받은 농토의 가격이 상승되자 건물을 지었으며, 거기서 나오는 임대료와 남편이 공단에 취업하여 30여 년간 벌어들인 임금소득, 그리고 아내인 여성이 시부모를 봉양하며 농사일과 소 키우기를 하면서 자녀를 돌보는 억척스럽고 풍요로운 중산층가족이 상당수다. 그 과정에서 자영업 종사자가 증가하고 주식투자나 부동산 투자를 통해 시세차익을 누리는 가족들이 증가하였다. 이러한 변화 가운데에, 최근의 가족들은 재산의 소유와 관리, 의사결정권과 결정된 사항에 대한 집행권한이 이원화되는 경향을 보인다. 재산의 운영은 일반적으로 '남편 명의로 된 것을 여성들이 관리하고 소비'하고 있다. 즉 남성은 소유권을, 여성은 관리운영 및 소비권을 지님을 의미한다. 남성가장에게만 집중되어 있던 과거에 비해 여성들에게도 일정 정도 경제권이 확보될 수 있는 여지를 의미한다. 여성이 부업이나 직장을 갖거나, 부녀회나 친목모임, 동네사무 등에서 간부일을 맡는 경우에 자신의 소득은 자신이 소유하고 관리하면서 남편의 소득과 공동으로 가정경제를 유지시킨다.

특히 전통성이 강한 안동권과 상주권의 동성촌일수록 과거 가장이 가구 전체의 수입을 독점적으로 관리하고 집행하던 경향이 잔존해 있으며, 젊은 아들부부가 시부모에게 가계비를 타서 써야 했던 상황, 여성들이 장터에 나가는 일이 금기시 되었으므로 남편이나 시부모에게 소유와 소비권이 독점되었던 경우, 적은 돈이라도 가장이자 소유권자인 남편의 '허락'을 받아 '타서' 써야 하는 경우가 발견된다. 경제권의 일방적 독점은 부부가 불평등한 권력 관계에 있음을 지적하는 것이다.

② 가사노동

일반적으로 여성들은 경제권이나 집안 대소사, 자녀양육과 관련하여 실질적인 의사결정권을 갖지 못하므로 결국 가사를 주도적으로 결정하는 권한과 실제 가사노동을 수행하는 일 간에 분리를 경험하며 살아오고 있다.

상주권 여성들의 사고나 행위 속에도 가사일이나 농업노동을 직접 수행하는 것은 여성의 일이며, 집안일에 대한 결정권과 농협대출, 절기에 맞춘 농작관리, 농기계 운영 등의 중요한 농사일의 결정은 남성의 일로 구분되어 있다는 것이 전제되어 있었다. 여성들은 가사와 농사짓는 일을 모두 자신의 일이라고 생각하고 있고 실제로 수행해 내고 있었다. 기본적으로 가사노동과 농업노동이 가족 모두의 생계와 일상을 유지하기 위한 부부 공동의 노동이지만 여성들은 남편을 '여성 자신의 일'을 "도와주는" 존재로 생각하고 있다. 남편들은 종종 마늘까기, 빨래걷기, 나물 다듬기, 마당이나 베란다 청소하기, 밥상 옮기기 정도의 가벼운 가사활동에는 참여하는 것으로 보이는데, 이를 여성들은 남편이 자신을 "도와주는 일"로 간주하는 것이다. 그러나 요리, 청소, 빨래하기 등과 같이 어렵고 복잡한 가사일은 아내들의 몫이며 여성들 스스로 자신이 직접 해야 한다고 말하였다.

가사노동과 농업노동 간의 이러한 분리는 전통사회에서는 매우 당연한 것으로 받아들여졌지만 현재의 많은 연구자들과 여성들은 그것이 합리적이지 않다고 말한다. 가사노동과 농업노동의 기계화, 여성의 취업, 소가족화(小家族化), 자녀양육의 사회화와 같은 변화는 가사와 농업 혹은 직업노동 간의 성별 분절이 비효율적 분업구조임을 입증해 준다.

(3) 성인지 수준(Gender-sensitive Level)

아내, 며느리, 어머니로서의 역할을 얼마나 당연하고 "자연스러운" 것으로 인식하는지, 그리고 자녀들에게 그런 성역할을 어떻게 재사회화시키고 있는지에 대한 분석은 가족과 사회관계 속에서 제한적이나마 여성 자신의 독립적인 자율성과 권리의식의 수준을 이해할 수 있게 해 준다. 상주권 여성의 성인지 수준은 아들을 가진 부모와 딸을 가진 부모의 입장이 다소 상반된다. 딸이나 며느리가 순결하지 못한 채 결혼하는 것은 있을 수 없는 일이지만, 아들이 그러는 것은 어쩔 수 없이 세태가 그러니 자신이 알아서 처신하길 바란다는 모순된 성인지(gender conception)를 보인다.

또한, 여성들은 자신이 친정에서 자랄 때, 단지 "남의 집 귀신"이 되기 위한 양육이 이루어져 왔다고 말한다. 성장기동안 여성들에게 강요된 것은 "시댁에 누를 끼쳐서는 안 된다"는 일관된 사고였다. 그래서 여성들은 남편의 가족을 잘 받들고 대를 이을 자손을 낳아 가문을 명예롭게 하여야 하므로 "온순하고 순종적이며 바느질과 음식솜씨가 좋아야" 한다고 가르쳐 졌다. 또한 "얼굴은 달덩이처럼 복스러워야 하며, 가슴과 엉덩이는 펑퍼짐해야" 여성다운 아름다움이라고 들어왔다. 온순함과 순종은 가부장적 권위에의 복종을 의미한다. 바느질과 음식 솜씨는 가사노동의 전담자임을 강조한 것이며, 가슴과 엉덩이가 펑퍼짐해야 한다는 것은 임신 및 출산과 같은 재생산 기능을 표상한다. 40-50대 이후 여성들 대부분이 결혼 이전부터 개인의 자아와 사회성의 발달보다는 다만 성(sex)적 역할과 기능만을 '뼈에 사무치도록' 강요받는 사회화가 이루어져 온 것이다. 그 결과 여성들은 딸로서의 정체성보다는 며느리로서의 정체성에 더 강한 집착을 보였다. '출가외인(出嫁外人)'이라는 명목으로 혈연적, 정서적 관계 체계인 친정가족으로부터 여성 자신의 혈연적 소속감과 정체성을 분리시켜낸 채, 대신 시가가족의 관계 속으로 스스로 동화됨으로써 유교적 가족 윤리는 공고하게 세대계승을 유지해 올 수 있었다. 중매로 속아서 5살짜리 아들을 둔 남편의 재취자리에 혼입해온 여성이 자신을 "속인" 시어머니에게 같은 여성으로서 공감하며 친정어머니처럼 섬긴 사례나, 고부간에 함께 종종 여가·사회프로그램에 참여하거나, 가족갈등의 해결사 노릇을 하는 등 여성들이 시가가족에게 동화되기 위한 노력은 다양하였다.

남성혈연 속으로 동화되기 위한 여성들의 노력 중의 핵심은 부계계승의 수단이 되는 남아를 출산하고 점차 나이가 들어감에 따라 조금씩 가족

내의 지위가 나아지게 되는 것이다. 이는 가족 내에 강력한 성별위계가 존재함에도 불구하고 연령위계와 부모-자식 간의 보편적 효(孝) 규범이 여성의 열등성을 점차적으로 상쇄[20]해 나가기 때문이다. 특히 부계혈연과 남녀의 구별을 강조하는 유교적 이념이 강한 사회일수록 아들을 낳는 것은 가문의 대를 잇는 행위가 될 뿐만 아니라, 여성 자신의 입장에서는 가구의 운영, 감독, 가구를 대표할 권한 등의 면에서 의미 있는 발언권을 갖는 것이 되며, 노후에는 그 아들이나 며느리에 대해 복종을 요구할 수 있는 위치에 처하게 되는 것이다.

실제로 상주권의 여성들은 아들은 꼭 있어야 되는 존재이며, 거동이 불편해질 정도가 된 이후의 노후에는 맏아들로부터 부양을 받기를 원한다고 말하였다. 그러나 농촌의 노인 단독 혹은 부부 가구의 높은 증가가 말해 주듯이, 아들로부터 부양받을 것이라는 기대에 비해 실제로는 부양받지 못하거나 "거동만 가능하다면 가급적" 부양받지 않겠다는 여성노인이 상당수였다. 아들은 집안의 상징적 존재이자 노후에 의지할 대상으로서, 딸은 자신의 정서적 관계의 대상으로 딸을 통해 심리적 만족감을 기대하는 측면이 더 강하였다. 결국 노인세대는 자녀들이 자신의 노후를 책임질 것이라는 기대를 가진 반면 청장년세대들은 노령부모세대의 기대에 상응하는 책임감을 지지 않고 있다는 점에서 세대 간 인식의 차이와 갈등은 이제 우리 사회가 시급히 해결해야 할 과제임을 암시하고 있다.

(4) 지역사회 참여 양태

여성들은 가구를 대표하거나 사회활동에 참여할 수 있는 권한이 공식적 조직에서는 거의 인정되지 못한다. 농지소유권자에게만 부여되는 농협의 대출 방식과 조합원 자격인정 방식처럼 남성 중심적인 지역사회 조

---

20) 문옥표, 「농촌가족의 변화와 여성의 역할: 일본 군마현 편품촌의 두 마을 사례를 중심으로」, 『한국문화인류학』24, 1992, 19쪽.

직들은 여성의 참여를 구조적으로 제한[21]하고 있다. 그래서 여성들은 소규모 부락단위의 비공식적 활동에 참여하는 경우가 많은데, 농번기의 모심기나 타작할 때 마을공동으로 협동노동을 하거나, 노인세대 농가와 같이 일할 노동력이 없는 농가에게 자원봉사를 하며, 계모임이나 부녀회 조직에 참여하면서 자신의 일상을 지역사회로 확대해 가고 있다. 도시행정의 기초단위로서 통장직이나 이장직, 동네 반상회 등의 활동에 있어서, 상주권의 도심부에서는 남성들이 대부분 직업 활동에 참여하므로 여성들이 통·반장직을 맡는 경우도 있지만 외곽지나 동성촌에서 이장이나 동장역과 마을 사무에는 대부분 남성들이 중심이 된다.

지역사회 참여 활동은 여성들 스스로 자각하는 계기가 되고 봉사활동이나 교육, 친목과 여행 등은 여성들에게 새로운 정보와 배움의 기회를 제공한다. 같은 동네 혹은 아파트에 사는 여성들끼리 정보교환도 하며 자기개발을 하기 위하여 주부클럽, 여성단체 등의 여성시민단체에 가입하기도 한다. 상주권의 외곽부 여성조직이 봉사활동과 친목을 더 중요시하는 경향이 있다면, 도심부 여성조직은 정보교환과 자기개발이 더 중요시되는 것으로 보인다.

그러나 상주권의 도심부인 상주시내와 구미는 개발과 공단화 과정에서 토지가격이 급등하면서, 농지를 소유한 토박이와 외지유입인 사이에는 이런 개발이익을 배경으로 하는 독특한 갈등이 존재하기도 한다. 토박이들은 자신들이 주민 대표격으로 발언권을 갖고 지역발전이라는 명분으로 그들의 담합과 협력을 인정해 주기를 바라지만 외지 유입인들이 보기에 이들은 교육수준도 낮고 임대료나 높여서 돈으로 허세를 부리려는 것으로 밖에는 보이지 않는다. 이들 상호 간에는 지역 사무, 각종 위원회, 기초의원 활동, 통장과 부녀회 활동, 동네 유지들과의 관계 등에서 사소하지만 잦은 이해관계를 내세우고 있다. 이런 갈등의 전면에 나서는 것은

21) 조옥라, 「여성 농민의 성 정체성에 관한 연구」, 『한국문화인류학』29(2), 1996, 116쪽.

난개발 방지, 재래상권 정비, 임대료 안정 등으로 "살림에 보탬"이 되도록 하려는 여성들의 '정착'노력의 일환이었다. 상대적으로 상주권의 미비한 사회경제적 인프라는 젊은 세대들을 도시로 내모는 동인이 되어서 유출 인구 비율이 더 높고, 관광 및 휴양지나 전원주택지로의 개발기회로부터 도 소외되어져 있다. 그러나 장기간 상주권에 터전을 두고 살아온 주민들 은 자녀교육 문제 외에는 상주권을 떠날 이유가 없다고 한다. 농가에도 트럭이나 자동차의 운용이 손쉬워 원거리이동이나 농산물 판로에서 큰 불편을 느끼지 못하는 동시에 직장과 농사일을 겸업할 수 있어서 소득을 배가시킬 수 있는 제반 가능성이 도시근로자로 생활하는 것 보다 유리하 다는 것이다. 그러므로 상주권 지역민의 정신적 결속을 지탱해 온 혈연과 위계에 근거한 전통적 가치관들은 교통과 지리적 접근성, 농가의 소득창 출을 위한 기회 요인과 같은 사회경제적 가치들로 대체되어 보다 합리적 인 소속감과 공동체 의식으로 전개되고 있었다.

4. 성주권의 여성적 삶에 관한 주체의 이야기

1) 성주권의 인문·사회적 환경과 그 영향

성주권의 유학은 북쪽지역의 퇴계학파와, 남쪽지역의 남명학파의 영향 력이 양립하면서 남북 양편의 문화적 통로로 기능하는 동시에 서로 대립 하여 점차 새로운 성주학파를 탄생시킨 중간지대였다. 북쪽의 칠곡은 퇴 계학파에 더 가까우면서 그 서쪽지역은 성주·대구에 친연성이 높은 반 면, 동쪽지역은 북쪽의 인동·선산이나 남쪽의 영천과 친연성이 높은 복 합적 성격을 가지고 있었다. 이런 다양한 학풍의 양립은 18세기 초 무신 란(戊申亂, 1728)을 계기로 남북으로 내분되면서 두 거대학파가 정면으로

충돌하여 영남의 제3학파인 '한려학파'(寒旅學派)를 그 산출물로 성장시키
게 되었다.22) 이후 비정통으로 인식되는 독특한 기학적 전통을 지닌 '성
주학파'로 계승되어 지역적 학풍의 특성을 반영하려는 노력을 하였으나
실제로는 지리적으로 가까운 상주권의 개방적, 실용적 학풍의 영향을 더
많이 계승하게 되었다.23) 여기에다 근대 이후 산업화 과정에서 성주권은
대구라는 대도시의 위성권역에 속해 있었기 때문에 다양한 도심문화의
유입과 지속적인 인구이동, 그에 따른 새로운 학풍과 다양한 사상적 관점
이 유입되었다. 성주권의 이러한 자유롭고 실용적이며 유연한 사유체계
는 유교적 가족윤리, 관습, 규범이 갖는 엄격성을 다소 완화시켰던 것으
로 보인다. 일례로, 성주 한개마을 동성촌의 한 여성은 시부모가 대종부
로서의 역할을 대행하는 자신을 안쓰럽게 여겨 서슬퍼런 문중어른들의
면박에도 불구하고 '며느리 낮잠 자는 방'을 안채에 별도로 만들어 주었을
정도라고 회고하였다.

　최근에는 성주권이 대구광역권과의 지리적 인접성과 도로교통망의 발
달 덕분에 교육, 투자, 소비활동이 대구 의존적 경향을 가지고 있는데 특
히 자녀교육, 의료기관의 이용, 백화점 및 대형 할인마트의 이용, 여가
및 문화생활 등은 대구에서 소비하고 있다. 이는 결과적으로 지역사회 성
원들이 갖고 있던 사회적 결속과 지역의식을 약화시키고 전통적 사고체
계의 기반을 와해시킨다. 반면에 비닐하우스를 이용한 고소득 상품작물
의 재배로 30-50대 인구가 안정적으로 유지되고 있으나, 학령기 중의 중
고등학교인 15-19세 연령대가 단연 감소하는 추세24)를 보이고 있다.
이들은 대구의 학군에 유학을 간 후 일단 대학 입학 후나 직업선택 후에
는 성주권으로 다시 들어와 대중교통과 승용차를 이용하여 대구로의 통
근을 하는 경우가 많다.

---

22) 김성윤, 상게서, 171-173쪽.
23) 전게서, 172-173쪽.
24) 통계청, 「제44회 연령 및 성별인구」, 『통계연보』, 2005.

또한 낙동강 지류로 인해 발달한 넓은 농경지를 배경으로 하고 수도재배와 잡곡재배를 기본으로 하면서 비닐하우스와 같은 특작물 재배 그리고 한육우 사육 등을 겸업하는 농가의 비율이 대체로 높다.25) 이들 겸업농가 역시 가족노동에 의존하는 경향이 강하며 여성들의 노동참여 비율이 높게 나타나고 있는데, 2003년 기준 경상북도의 전체 농업인 중에서 여성농업인이 51.8%로 남성농업인 수(48.2%)를 상회한다.26) 이 과정에서 여성들은 농업생산의 주도적 세력으로 성장되어 왔고 노동 강도는 더욱 높아지게 되었다고 볼 수 있다. 특작물 재배는 하우스 안의 좁고 경사진 이랑 사이에서 장시간 쪼그려 앉아서 이동하며 노동을 해야 하고 고온다습한 하우스 안의 열기로 인해 노동 강도가 매우 높아서 여성농업인들에게 관절염과 위염, 부종, 혈액순환 장애, 두통 등의 증세가 빈발하고 있다.

2) 성주권 여성의 일상, 노동, 욕구

(1) 가족관계

① 확대가족관계

상주권에 비해 성주권은 가족 내부의 의사소통과 관계구조에서 다소 현대적 속성을 파악해 낼 수 있었는데, 동성촌이 많이 유지되고 있던 상주권에서 가족 내부의 세력계보가 부계적장자 중심의 촌수, 항렬, 연령, 성별, 성씨, 적서를 기준으로 형성되는 복잡하고 전통적인 속성을 지닌 것과는 대조적으로 성주권에서는 성(性)과 세대를 기준으로 세력관계가 형성되어 있다. 성주권이 대구의 위성권역이라는 점과 개방적, 실용적인 유교의 학풍의 영향으로 동성촌이 많지 않고 가부장의 권위와 질서가 상

---

25) 통계청, 『농업기본통계』, 2003.
26) 통계청, 상게서.

당히 약화되어 더 이상 촌수, 항렬, 성씨로는 가족의 세력관계를 파악할
수 없을 뿐 아니라 가족관계가 부부중심의 핵가족적 경계 내에 있다. 그
럼에도 성주권의 핵가족은 가족형태상으로는 부부-자녀체계로 구성되어
있지만 가족관계상으로는 여전히 전통적 가족주의의 정서체계가 존재하
여 확대가족의 관계망을 그 범위로 하고 있다는 점에서 서구식 핵가족 개
념과는 본질적으로 차이가 있어 보인다.

근대 이론가들은 도시화와 산업화의 영향으로 가족의 숫자가 감소함으
로써 확대 가족이 해체되거나 효과적인 기능을 하지 못하게 되어 점차 확
대가족의 기능이 축소된 데다 노인세대의 경제적, 정치적 권위가 약화됨
으로써 가족성원들이(특히 젊은이들) 노인세대의 통제 하에서 벗어나게 된
다는 것이다.27) 이러한 현상은 성주권에서도 잘 나타나고 있다. 농업경
제 기반인 고령과 성주, 반농업경제 기반인 달성과 칠곡 모두 전통적인
가족주의에 대한 집착이 남아있지만 도시화와 산업화의 진행으로 가족관
계가 주거상의 분리뿐만 아니라 관계체계의 망까지 축소되는 경향을 볼
수 있다. 시누나 동서뿐만 아니라 시조부모, 시삼촌과 시고모는 동거여부
와는 관계없이 부계혈통의 전통적인 친족관계망을 구성하는 중요한 사람
들이었지만 이들이 며느리인 여성에게 더 이상 과거처럼 경제적인 문제,
정서적 친밀감, 한집에서의 거주, 수발과 부양, 양자(養子) 관계로 자식의
공유, 조상 봉례 등을 의존할 수는 없게 되었다. 다만 분가한 자녀와 농
촌의 부모 그리고 형제자매들이 '한 가족'이라는 개념 아래 정서적, 경제
적으로 매우 밀착된 관계를 유지하는 '1가족 다가구' 혹은 '인접별거가
족'28)의 분화된 형태를 보이고 있다.

특히 30-40대 여성들은 "굳이 참으며 살아서 내게 득 될 게 뭐 있나?
말이라도 하고 살아야" 한다는 탈(脫) 유교지향적인 저항으로 나타난다.

---

27) 임돈회·로저 L. 자넬리, 「한국 가족 변화의 의미」, 『비교민속학』22, 한국비교민속학회,
2002, 321-322쪽.
28) 조승연, 「농촌가족구성의 변화와 가족농 생산형태」, 『한국문화인류학』31(1), 1998, 181쪽.

이런 저항은 혼인에 대한 자기결정권의 취득 여부와 매우 밀접한 상관성을 갖는 것으로 보인다. 50대를 분기점으로 하여 30-40대의 젊은 여성들과 60대 이상 노령여성들 사이의 경계가 혼인의 자기결정권이 획득되는 세대 간 경계로 보여지며, 이 경계는 학력이 높을수록, 형제자매 내의 서열이 낮을수록, 혼인 초부터 분가하여 경제적 정서적 독립을 한 여성일수록 강한 저항으로 드러난다. 60대 이상의 여성들이 "부모들끼리 결정"하여 혼례식 전까지 "신랑 얼굴도 한번 못보고" 혼인하였던 반면, 30-40대 여성들은 연애결혼을 한 경우가 많고 남편과 결혼을 전제로 한 혼전 성관계나 임신을 경험하기도 한 세대로서 개방적 성인지의 충격을 자신의 삶으로 직접 경험한 세대였다.

또한 이들은 낮은 농업생산성으로 인해 경제적 어려움을 경험하면서 "온갖 허드렛일"로 품을 팔거나 "결혼반지를 판 밑천"으로 시설재배 투자를 하고 자녀들을 도시로 내보내어 교육을 시킴으로써 영세소농에서 중간계층으로의 계급상승을 시도해 왔다. 그러면서 남성혈연중심의 위계와 엄한 시집살이에 대한 내밀한 상처는 결국 여성들을 계급모순과 혈족모순이 일치되는 상태에 위치시키고 있다. 이러한 모순은 모든 연령대의 여성들이 공통적으로 경험하는 것이지만 30-40대 여성들은 위계적 권위와 전통적인 관습들에 대해 "왜 내가"라는 내면적 저항의식을 갖고 있으며, 시댁에서의 봉례나 가사노동에서도 동서들과 동료애적 유대감과 공평한 역할분담을 기대하기도 한다.

또한 친정과의 관계에서도 30-40대 초반의 여성들은 잦은 왕래와 정서적 교류, 된장과 김장 등의 부식 지원받기, 친정가족 제사나 생일 등의 '날(~day) 챙기기'와 같은 형태로 친밀한 관계를 유지하면서, 시가 쪽과는 며느리로서 도덕적 책임과 의무를 다하는 방식으로 친족관계의 양계화가 본격적으로 진행되게 하는 세대이다. 이에 반해 50대와 60대 이상 여성들은 친정관계에서 '출가외인'으로 친정나들이와 친밀감 유지에서 엄

격히 통제당해 왔던 세대이다. 그래서 친정부모의 부양은 오빠나 남동생
들의 의무라고 보며 그에 상대적으로 자신은 남의 가문의 며느리로서 시
부모를 부양할 책임을 지닌다고 생각하고 있다. 그래서 친정에는 "일 년
에 한번 갈까 말까"한다.

② 부부관계

상주권의 동성촌에서는 사실상 친족 내에서 부부관계는 부자관계에 비
하여 이차적인 의미밖에 갖지 못했고, 부계가족의 위계구조는 혼입(婚入)
한 여자를 가내의 최하의 위치에 두고[29] 혼인의 목적인 가계계승자의 출
산, 시부모 봉양, 조상봉사(祖上奉祀) 등을 통하여 점차 그 지위를 획득하
도록 여자에게 요구하는 것이 일반적이었다. 이러한 현상은 현대적 삶이
대폭적으로 수용된 성주권에서도 그 잔재적 요소들을 일부 발견할 수 있
었다. 그러나 남녀 양성(兩性)사이의 가족 내 역할분담의 측면에서 볼 때
상주권이 혈연적 서열에 따른 위계적 분업체계였다면 성주권은 성별에
따른 기능적 분업체계가 이루어졌다고 평가할 수 있다. 일례로, 부부간의
의사결정권은 남성에게 집중되어 있고, 여성은 그 권한대행자로서 집행
권을 갖는 다는 점이다. 이런 분업기능은 상주권보다 더 진보된 것으로
부부의 관계체계와 생활세계에 깊숙이 침투되어 자녀세대에게 재사회화
되어지고 있고 이로 인해 남성과 여성 간의 지배관계를 변화시켜 가는 과
정임을 주목할 필요가 있다.

이런 진보는 30-40대의 젊은 기혼 여성 세대들로부터 더 잘 확인되어
졌는데 이들은 자기주장이 분명하며 가사일, 정서적 교감, 맞벌이, 자녀
양육 등에서 남편과의 역할 공유, 관계교환의 상호성을 선호하고 있었다.
그럼에도 남편의 "기를 살리는 일"은 중요한 것이라고 생각하고 있으며

---

29) 조형, 「한국 농촌사회의 변화와 농촌여성」, 『아세아 연구』66, 고려대학교 아세아문제연구소,
1981, 54-55쪽.

남편은 "집안의 기둥"이라고 말하였다. 자신의 주관적인 생각과 가정생활 운영 방식에 대해 여성들 스스로가 결정권을 남편에게 양도함으로써 동의된 결정사항에 대한 권위와 정당성을 확보한 다음 여성들이 주도적으로 일을 처리해 나가는 집행권을 갖는 가사운영방식은 일단 남녀 간의 기능적 분업화와 관계교환의 상호성으로 이해되어진다.

③ 자녀관계

성주권은 대구와 차량으로 30분 내외의 근교권이어서 가급적 초중등 학령기에 대구로 자녀들을 유학 보내어 교육시키려는 경향이 강하다. 성주권의 가족들에게 대구로의 자녀유학문제는 매우 중요한 사안이다. 그로 인해 30-40대 여성들은 도시로의 유학과 비용문제, 학군과 성적 관리 등과 같이 교육에 직접적으로 관련된 학업 및 경제적 요인에 더 많은 관심을 둔다. 지역에서 학교에 다니는 경우에라도 학원 선택, 통학시의 교통편의, 방과 후 학습지도 등에 대한 어려움이 많다고 토로하고 있다. 자녀들에게 적극적으로 책을 읽어 주거나 공부를 가르치기도 하고, 맞벌이 주부인 여성은 자녀가 공부에 소홀한 것에 대해 자신의 역할미비 때문이라고 책망하기도 한다. 특히 사춘기 자녀와 정서적인 관계유지, 성적관리 문제, 유명 메이커 의류와 신발에만 관심 갖는 것에 대한 난처함, 대구로 유학 보낸 자녀들의 일상생활과 규칙적인 생활태도에 대한 점검, 학교나 학원에 통학하는 자녀 태워주기 등에서 보다 자발적이고 적극적이다.

50-60대의 기혼여성들은 결혼 적령기의 자녀나 기혼자녀들과의 관계유지, 사위나 며느리와의 관계유지를 통해 인생의 행복과 기쁨, 갈등과 섭섭함을 동시에 느낀다고 말한다. 인성교육이나 경제적 관리능력, 자립심을 키우기 위해 기꺼이 엄한 엄마의 모습을 보여주기도 하지만 고등교육을 받은 자녀들이 낮은 학력의 부모를 존중해 주지 않는 것 같다는 것이다. 특히 대학에 다니는 자녀에게는 학비뒷바라지 뿐 아니라 통근용 자

동차를 구입해 주거나 자취비용, 연애, 음주문제 등과 관련된 의견대립이 잦다고 말하였다. 70대 이후의 여성들은 자신의 살아온 방식에 대한 집착과 동시에 자신들이 힘들게 살아온 방식을 후대에까지 물려줘야 한다는 미안함의 양가감정(兩價感情)을 갖고 있으며 여전히 가산과 봉례를 맏아들이 이어주길 바란다. 그래서 며느리와 친밀한 정서적 관계를 유지하고 싶어 하고, 문중일이나 제사 등의 유사시에 빠짐없이 참석하여 제 몫을 다해 주기를 바라기도 한다.

(2) 가족 내 노동 분업

① 생산노동

성주권은 참외, 딸기 등의 환금성이 높은 특수작물을 가족노동에 의존하면서, 대도시의 주변에서 시설재배와 대량생산이라는 획기적인 농법의 도입으로 농업의 자본주의화를 도입해 가는 과정에 있다. 농토는 농업소득을 올리는 유용한 생산도구로서 임대나 소작과 같은 방식이 통용되고 있으며 지주의 소작인과 임차인에 대한 관계 역시 과거처럼 권위적이거나 지배적이지도 않다.

도시에서 살다가 혼인해 온 30대의 여성은 농촌생활과 농업노동에 적응하기까지 상당한 시간과 노력이 요구되었다고 말한다. 남의 논까지 임대하여 대규모 딸기농사를 하는 남편과 결혼하여 농사일은 서툴고 어린 자녀를 돌봐가며 가족들의 식사준비까지 모두 감당해야 하므로 "농사일, 집안일 구분이 없다"고 말한다. 참외농사를 짓는 시부모와 동거하면서 남편과 맞벌이를 하는 40대의 한 여성은 자신의 직업 활동, 농사일 돕기, 기본적인 모든 가사노동 등을 동시에 수행해야 함에도 여성의 직업 활동에 대한 가족의 이해는 부족하다고 말한다. 트랙터나 경운기 같은 기계를 조작하거나 농약을 치고 영양제 넣는 등의 '큰 일'이나 '큰 힘쓰는 일'은 남편이 하고 아내는 뒤따라 다니며 '보조일'을 하거나 '큰 힘 안 드는' 일을 한다. 그러면서도 가사일은 기본적으로 여성들의 몫이며 '잔 일'로 간주된다.

이들 가족농에서 여성농업노동자인 주부의 임금은 지급되지 않으며 토지와 농업생산 이윤은 남편 명의의 소유로 축적되고 있어서 여성노동의 수혜자가 자본만이 아니라 남성들이 수혜자로 보여지고 있다. 이를 하트만은 '가부장적 착취'로 개념화하고 있으며, 자본주의의 발달과 가부장제가 상호 호혜적으로 결합하여 여성억압에 기여하였고 가정에서의 여성노동의 착취가 남성에 의한 여성억압의 초석이라는 이중체계론적 관점[30]으로 설명하고 있다. 이런 맥락에서 무보수로 제공되는 여성들의 농업생산, 가사서비스의 생산에서 주부라는 생산계급과 남편이라는 착취계급을 설정할 수 있다. 실제로, 40대 후반의 한 여성은 맞벌이로 자신이 번 소득의 비중이 더 컸음에도 부동산 매입과정에서 "남편의 기를 살리기" 위하여 소유권을 남편 명의로 하였다. 50대 이후의 여성들에게서는 이러한 현상이 두드러지며, 재산형성의 기여분에 상응한 공정한 분배에 대한 여성의 권리의식의 부재는 부부간의 상호신뢰와 애정에 기반한 것이기 보다는 차라리 여성의 소극성과 양보를 미덕으로 여기는 전통적 성별윤리의 재사회화된 결과로 보여진다. 그러나 상업적 특작으로 자본제적 생산양식을 도입하고 있는 일부 농가를 비롯하여 30-40대의 기혼여성들은 재산의 소유와 관리 및 소비에서 적극적으로 자신의 권리를 주장하거나, 여성 자신이 독립적인 경제활동을 수행함으로써 자신의 재산권을 확보해가는 경향을 볼 수 있다. 또한 대구권의 취업이나 소득활동에 참여하는 일이나 하고 있는 것에 대한 많은 관심과 기대를 갖고 있으며, 여성 자신의 명의로 된 통장을 갖거나 자동차를 구입하기도 한다.

비농가 혹은 소농 가구의 여성들은 맞벌이를 하거나 인근 참외나 딸기재배 농가의 바쁜 농번기에 품삯을 받고 농업노동자로 일을 하기도 한다.

---

30) 월비, 실비아/유희정 역, 『가부장제 이론』, 이화여자대학교 출판부, 1996, 116쪽.

고용된 이들 여성의 품삯은 일당 25,000-30,000원 내외로 고용한 농가로부터 점심과 중식이 제공되기도 한다. 기혼여성들에게 취업할 곳은 많지 않고, 부업거리는 제한되어 있으며 부업을 소득활동으로 연결시키기에는 부정기적이며 상당히 저임금의 일거리들이다.

② 재생산노동

재생산은 임신과 출산 등의 개체생산과, 개체들을 기존의 삶의 방식과 사회규범, 질서, 문화 속으로 학습 및 적응시키는 사회적 재생산이 포함된다. 여성의 몸을 통해 실천되는 임신과 출산, 양육은 여성의 몸에서 일어나는 여성들의 주체적인 활동이라기보다는 가족이나 부부관계를 매개하는 사회관계로서 존재한다.[31] 특히 출산은 여성의 개인적인 재생산과 성적 권리의 한 부분이라기보다는 가족의 성원으로서, 그리고 아내로서의 역할에 종속된 가족 재생산활동으로 받아들여지고 있다. 결국 여성 자신의 몸에 대한 통제권 혹은 자율권은 여성 스스로에게 있는 것이 아니며, 생활공간은 단순히 여성들의 생물학적 성의 기능이 자연스럽게 실천되는 중립적 범주가 아님을 볼 수 있다.

성주권의 30-40대 여성들은 출산을 '남편과의 공동의 일'이거나, '행복한 경험'으로 여기며 최소한 3-4일 이상씩 병원에 입원하여 출산을 하고 친정어머니의 도움으로 산후조리를 할 수 있다. 대부분 한두 자녀를 두고 있고, 양육비용과 양육과정의 어려움 때문에 더 이상의 임신을 통제하고 있다고 말한다. 심지어 원치 않는 임신이나 사회적인 규제사항이 되고 있는 태아 성감별로 "아들을 골라서 낳기 위해" 반복적인 낙태수술을 받는 자신이 "짐승이 된 것"같은 혼란과 죄의식을 경험하였지만 "집안의 대를 잇는다"는 대의명분으로 정당화한 적이 있다고 말한다.

50대와 60대 이상의 여성들은 대부분 아들을 낳아야 한다는 요구에

---

31) 김은실, 「출산문화와 여성」, 『한국여성학』12(2), 한국여성학회, 1991, 87쪽.

직면해 있었고, 집에서 출산을 한 경우가 많았으며, 시부모로부터 아이를 낳자마자 딸이라고 혹은 아들이라고 정색과 반색을 경험하기도 하였으며, 몸이 회복되기도 전인 "3일 만에 일어나서 집안일과 농사일을 해야" 했기 때문에 산후풍과 관절계 질환, 우울증 등의 잔병치레를 하였다고 말한다. 임신과 출산은 남성과 구별되는 여성 고유의 본질적 차이로 간주되지만 이것이 여성의 정체성을 지배하거나, 남성과의 평등한 삶을 추구할 수 없게 하는 것은 아니란 것에 여성들은 공감하고 있다.

③ 가사노동

편리한 가정기기와 소비상품의 보급은 주부의 노동 부담을 경감시켰으나 오히려 새로운 일을 부가시키거나 생활표준을 증가시켜 주부의 가사노동의 양을 늘림으로써 다양한 노동종류를 여성이 전업적으로 수행해야하는 것으로 만들었다. 또한 가사노동 시간의 단축은 주부들을 농업노동력으로 전환시켜 남성들의 노동력 보조자로서 위치 지웠다. 그런 맥락에서 농가의 주부나 맞벌이 가정의 주부들은 가사노동의 양과 강도에서 노동부담은 더 늘어난 것이라고 볼 수 있다. 특히 성주와 고령 등의 특작농가의 경우 하우스 안에서 세심한 작업이 요구되므로 여성이 주된 농업노동력이며 이들은 가사노동을 농업노동 시간 틈틈이 하므로 하루 평균 12-15시간씩 일하고 있다.

30-40대의 젊은 기혼여성들은 남편으로부터 가사노동에서의 협력을 끌어낼 수는 있으나 일반적으로 "잘 안 하려고" 하는 경향이 있다고 한다. 50대 이상 여성들의 경우, 남편은 바깥일을, 아내는 집안일과 남편일의 보조자로서의 역할을 수행하는 전통적인 성역할 분업구조 속에 있다. 오랫동안 숙달된 가사노동의 노하우는 여성들만의 전유물로 간주되었기 때문에 여성들 스스로도 집안일을 노동으로 인식하지 못하고 있다. 늘 하고 있는 '허드렛일'이며 "금방 해치울 수 있는 일"로 여기게 되므로 혼자서 다

해낸다. 반면, 성주군에는 남성들이 대낮에도 종종 시내에 나와 한가로이 다방이나 식당에서 차(茶)와 반주(飯酒)를 마시거나 유흥을 즐기는 것이 유행처럼 받아들여지는 독특한 사회분위기를 용인하고 있다. 그 이유는 성주의 참외특작이 고소득 상품작이어서 농번기의 농자금 대출과 수확기의 수익금인 "큰돈"을 만지는 남성들의 권위의식과 허세라고 여성들은 말하고 있다.

(3) 성인지 수준

전통적으로 개방적이고 실용적인 학풍과 상당부분 도시화의 영향을 받은 성주권은 집성촌이나 친족관계망을 통한 유교의 영향력이 약화되어 있으므로 '남존여비', '부부유별'같은 성별관은 그 존립 기반이 약화되어 안동권이나 상주권보다 훨씬 유연한 태도로 전개되고 있다. 달성과 칠곡은 잦은 인구 이동, 청장년층 인구의 증가로 인한 개방적 분위기, 아파트 주거문화에 의한 개인주의적 가치들이 지배적이다. 그래서 성별에 관한 사람들의 인식은 지역사회가 성별관계에 대해 갖는 보수적인 성향과 전통성을 중시하는 관습의 유지 정도에 따라 보고 듣고 생활함으로써 습득되어져 형성되기 때문에 지역적 특성으로 이해됨이 타당한 것으로 보여진다. 예를 들면 자녀의 혼인결정이나 그 배우자에 대한 기대감에서 달성과 칠곡지역의 여성들은 세대 구분 없이 공히 "시대에 따라" 자녀들의 의사를 존중한다고 말함으로써 자녀세대의 변화된 사고와 행동 패턴의 변화를 수용하려는 태도를 보이고 있어서 다소 유연한 성별관을 가지고 있었다. 그러나 고령과 성주는 40-50대 여성들조차도 "좀 참한 사람" 혹은 "연애를 해도 부모한테 허락을 받고"라는 단서조항을 붙임으로써 다소 완고하고 보수적인 태도를 보였다. 이 두 지역권의 비교에서 볼 때, 성별관계에 대한 사회적 인식은 불안정한 것으로 계속 변화하고 갈등하며 해체되는 범주라고 볼 수 있다.

특기할만한 점은 성주지역 남성들이 참외 특작으로 큰돈을 만지다보니 권위적이라는 점과 남성들의 인식수준을 높일 수 있는 사회교육의 기회를 제공할 교육기관이 없다는 것이 종종 지적되었다. 남편들은 보수적이어서 아내를 함부로 대하거나 욕설을 하는 일이 흔하고, 좀처럼 가사일을 하지 않으려는 경향과, 다방 아가씨들을 좋아하는 모습으로 그려졌다.

실제로 초전면에만 티켓다방이 1998년경 이래 29-33여 개가 운영되어 오며, 이들 다방에 종사하는 여성이 평균 100여 명 이상이 된다. 선남면에서만 2001년 한 해에 3가정의 여성들이 남편의 외도, 폭력, 경제적 학대를 이유로 가출을 하였고 간통사건이 2건이 있었다. '여성임'을 강요하는 관습들, 남편의 권위적인 태도, 티켓다방의 범람, 여성을 비하하는 언설, 여성들이 수행해야 할 과중한 양의 노동, 노년기에 필연적인 여성의 빈곤화 경험 등은 여성들의 사회 고발적 수다 속에 들어있는 가부장문화의 기호(code)였다.

이런 기호는 장자계승에 대한 선호에서도 잘 파악된다. 최근 호주제의 폐지가 부모-장남 간의 관계의 변화를 상징하지만 미약하나마 50대 이후 여성들의 인식 속에 자리 잡고 있어서 가산, 조상전담, 호적, 문중의 가치, 유교적 도덕원리, 가족 및 친족 통솔권 등을 장자에게 계승해야 한다고 말하기도 한다. 이들에게 아들은 "든든한 울타리"이자 "노후를 의지할 대상"으로 기대되고 있으며 연령이 높을수록 그 확고한 신념을 읽을 수 있다. 그러므로 노후준비에 대한 노인여성들의 인식은 가산의 장자계승적 인식의 연장선에서 이해되어지는데, 장자를 가산상속 뿐 아니라 자신의 노후를 의탁하는 대상으로 간주하는 것이 일반적인 현상이다. 그러나 30대의 젊은 여성들 세대에 이르면 남아선호나 장자계승에 대한 집착 정도는 매우 낮은 수준을 유지하고 있다. 장자계승 인식 역시 세대 간 명확한 경계를 가지고 있으며 젊은 세대에 의해 그 공고한 토대를 상실하고 있음이 보여진다.

(4) 지역사회 참여 양태

최근 성주권역의 도시화 및 비농업부문의 성장 덕분에 혹은 정치, 행정적인 지방자치의 자극에 의해 경제, 사회, 문화의 변화를 경험해 오는 과정에서 지역여성들도 서서히 자신들의 역할과 지위에 있어서의 변화를 경험하고 있다.

칠곡과 달성지역은 도시화로 인한 인구유입 및 상업의 발전에 의해 여성들의 사회경제적 참여가 유도되고 있으며, 매스컴과 시장을 통한 새로운 정보와 상품의 유입, 교육수준의 상승, 각종 단체 및 조직의 형성으로 여성들의 사회활동이 촉진되고 있다. 따라서 생산품의 판매를 위해 공판장이나 경매장, 시장 등에 출입이 잦아지고 농협 등 공공기관 등에도 여성들의 출입과 참여가 증가하고 있다.

여성들은 새마을부녀회나 통반장과 이장 역할을 중심으로 마을일에 참여하고 있으며 이를 기반으로 지역사회 참여나 여성단체 활동을 하고 있다. 또한 취미나 여가활동을 위해 복지기관이나 여성회관 프로그램에 참여하며, 사람들과 동아리를 만들어 활동하기도 한다. 그러나 아직도 개인이나 가족의 일과 직접적인 관계가 없는 일에 여성들은 무관심하다. 대부분의 새마을부녀회는 읍면 단위의 행정기관에 협조하거나 주어지는 사업에 국한하여 활동하고 있으며, 마을사업에서도 여성들은 남성들이나 어른들이 반대하는 일을 벌이지 않으려는 소극적인 경향이 일반적이다.

성주권은 80년대부터 참외나 딸기, 토마토 등을 비롯한 특수작물 재배를 시작하면서 여성농업인들이 주된 농업노동력으로 자리 잡게 되어 여성농업인들의 정보교환, 상호협동 및 친목도모, 여성농업인의 권리보호 등을 추구하는 관련 단체들이 사회참여와 지역활동을 확대해 가고 있다.

성주권 중 달성과 칠곡은 도시화와 개발과정에서 공동체적 결속력이 약화되어 지역상징 행사 등에서 다양성을 추구하고 있는 반면, 고령과 성주는 협동생산 방식이나 동제 등의 종교적 의식을 행하기 위한 부락공동체 활동이 지역유대감을 유지시키고 있다.

성주권이 지리적으로 대구권에 인접하고 편리한 교통으로 인해 인구유출이 진행되면서 종래의 농업과 제조업의 노동력이 감소하고 결국 지역사회의 기반이 약화되는 현상이 초래되어 상대적으로 지역민들은 박탈감을 갖고 있다.

특히 달성과 칠곡은 지역에 기반한 유명 문중의 영향력이 부재하였고, 대규모 택지개발로 인한 아파트단지의 신축으로 인구 이동량이 상당히 크므로 전통적 가치들이 지역사회 구조의 저변을 이루는 요소가 되지는 못했다. 혈연과 지연이라는 비합리적 연대감보다는 호혜적인 협동에 기반한 합리적 질서가 공동체의식으로 대체되어 가고 있다. 지가의 상승, 상업발전, 새로운 인구의 유입에 대한 기대가 지역의식의 한 부분을 차지하며, 상가번영회, 지주협의회, 지역발전위원회 등의 이름으로 활동하는 각종의 협동조직은 지역민 전체 혹은 일부가 참여하여 '도시화로의 편입'이라는 공동의 이익추구를 내세우며 경제적, 정신적 혜택을 교환함으로써 공동체의식으로 융화되는 것으로 나타난다.

5. 결 론

이상에서 영남권역을 인문지리적 경계를 기준으로 안동·상주권, 성주권으로 나누어 당해 지역의 사회경제적 조건과 유교적 가족윤리의 지향성에 따라 여성들의 삶이 어떠한 특성을 갖는지를 고찰해 보았다. 지역의 생산양식의 토대가 농업경제중심인 경우 대부분 가족노동력에 의존하므로 자연스레 혈통을 중시하는 가족문화가 요구되었으며, 그러한 가족문화를 길러내고 유지시켜 온 것은 동성촌과 유교문화였음이 명확해졌다. 그로 인해 오랫동안 우리의 가족문화를 지배해 온 유교 원리는 사람들의

인식, 행위, 가치지향에 중대한 영향을 미치는 요인으로 작용해 온 것이
었다. 유교는 가족을 구성하는 본질적인 존재들인 남성과 여성의 역할,
관계방식, 행위양식 등을 규정하는 원리로서 '남존여비', '부부유별', '장유
유서'라는 대원칙을 제시하였기 때문에 이에 따라 가족이 유지되고 운영
되었다. 그러나 도시화의 영향력이 미친 구미, 달성, 칠곡 등은 환금성이
높은 특수작물을 재배함으로써 여성들이 소득창출에 직접 기여하고 그
소유권을 확보할 수 있었다는 점과, 도시산업화의 진행으로 인한 잦은 인
구유출입에 의해 도회적 가치와 문화에 개방적일 수 있게 되면서 가족 내
에서 여성들의 지위에도 상당한 변화가 있었다. 그 결과 각 지역별 사회
경제적 조건과 유교적 가부장주의의 보존정도에 따라 남녀 양성(兩性) 간
의 권력관계가 다르게 나타나게 되며 그로 인해 사회 내에서 여성의 위치
도 다르다. 역으로, 유교적 전통과 가족농 경향이 강한 경북 북부지역 농
촌사회일수록 가부장주의적 지배가치들 사이의 상승적 강화가 이루어져
경북 고유의 지역성으로 발전되어 온 것을 알 수 있다. 이를 지역별로 그
특성을 종합하여 보면 다음의 결론이 제시된다.

　첫째, 경북 중·북부 권역은 농경지대를 배경으로 하는 지리적 특성과
강한 유교의 전통으로 보수적, 폐쇄적 경향을 보이며 그런 경향의 한가운
데에는 가족체계 내에서 성별관계의 위계성과 엄격성으로 나타났다. 안
동권과 상주권은 수도작 중심의 농업을 주요 산업기반으로 하며 전통적
으로 유교문화의 핵심 기지로 기능해 왔으므로 유교문화와 전통적 가치
의 보존에 대한 강한 집착을 보이며 대체로 유교적 가족윤리의 영향력도
강하다. 남성가장과 주부여성 사이에 가사결정권과 가사노동권이 분리된
이원적 구조를 보이며 부부관계는 위계적이다. 기혼여성들은 며느리로서
의 역할정체성에 집착하며 남성혈연의 문중과 가문을 위해 기꺼이 헌신
하여 왔다. 이러한 특성은 낙동강의 중류지역인 구미와 대구근교의 성주
권으로 내려올수록 도시산업화의 영향을 받게 되면서 점차 약화되고 있

다. 도시산업화는 경제사회의 구조적인 변화뿐만 아니라 전통적인 가부장적 가족의 근대적 변형을 야기함으로써, 가정과 사회 내에서 여성의 지위와 역할에도 점진적인 변화를 초래해 왔다고 볼 수 있다.

둘째, 농촌지역 여성들의 삶의 형태를 규정하는 것은 여성 자신의 능력, 의지와 선택에 의해서가 아니라 이미 규정되어진 삶의 질서들 즉 지역의 사회경제적 조건, 유교적 성별윤리와 가족문화, 이에 근거하여 성립된 제도와 질서의 영향을 강하게 받고 있다. 수도권을 비롯한 여타 대도시에서는 고도로 분화된 사회경제적 구조와 개방적 문화 속에서 다양한 형태의 가족들이 등장하였을 뿐 아니라, 이미 친족관계의 양계화(兩系化)가 진행되어 있음에도 경북의 안동·상주권역은 여전히 남성혈연 중심의 가족관계망이 핵심이다. 가족노동에 의존하는 농업노동은 남녀 공동 참여가 지배적이지만 가사노동과 돌봄노동, 봉례노동은 여성들의 전유로 성별 분업되어 있다. 여성들 스스로 이런 가족관계망과 노동방식을 지역사회의 문화적 질서로 인식하여 순응하고 있다. 그러나 상주권인 구미와, 성주권인 달성, 칠곡 등은 도시산업화의 영향에 의해 맞벌이 가정의 증가, 다양한 문화적 교류, 개방적 사고방식 등의 결과, 가족 내에는 가사역할의 공동분담, 의사결정권의 통합, 가산소유권의 공유화와 같은 가족 내 권력구조의 변화가 나타남으로써 실제로 가부장주의는 이미 그 실효적 존립에 도전을 받고 있는 것으로 보인다.

셋째, 가족관계의 위계적 엄격성은 도리어 가족의 관계구조와 가족형태를 변모시키고 있다. 대도시가족들 못지않게 상당부분 남성지배적 관계체계의 위기를 맞고 있는 경우는 가족 내에서 여성의 권한이 확대되면서이다. 부부공동의 농업종사 농가나, 농사와 직장을 겸업하는 맞벌이 농가에서 의사결정권과 재산소유권의 공유화 경향이 나타나면서 여성의 가족 내 지위가 향상되었다. 이는 기존 남성 중심적 가족관계가 갖는 권위적 의사결정, 위계적 가족관계, 여성노동에 의존하는 봉례노동, 여성에게 강요되는 남성혈연 중심의 일방적 의무체계에 대한 여성들의 저항으로 나타나고 있다. 안동·상주권의 여성들이 이런 저항을 내면적으로 "참아낸다"면, 도시산업화에 개방된 대구근교권 지역들일수록 이런 저항은 가족 속에서 의사소통관계의 긴장, 재산의 소유와 관리에 관한 갈등, 여성들의 정체성의 혼란으로 연결되고 있다. 이런 문제 상황을 극복하는 수단으로 여성들은 사회참여와 봉사, 운동과 여가생활로 가족의 경계를 개방하거나 극단적으로는 가족이탈과 가족해체를 선택하기도 한다.

결과적으로 점차 유교관에 기반한 남녀 간 성별윤리와 가족관계 등의 가부장주의적 요소들은 더 이상 과거만큼 공고하지 못하다. 자의이든 타의이든 경북지역 사람들의 인식이 매우 보수적이고 권위적이며 배타적이라는 외부의 평가나 농가의 며느리 들이기나 종가의 종부 대잇기의 실패 사례는 오랜 동안 영남지역 사회를 지탱해 온 문화적 지배질서로서의 유교적 가부장주의가 가진 속성 때문은 아니었는지에 대한 성찰이 필요한 시점이다.

▌참고문헌

강유진·한경혜, 「한국여성노인의 생애사 분석을 통한 노년기 삶의 이해: 인생전환점·삶의 맥락·적응전략을 중심으로」, 『한국가족관계학회지』7(3), 2002.

權泰乙, 「息山 李萬敷의 傳 硏究: 그 實學思想의 측면에서-」, 『嶺南語文學』11, 1984.

김미숙, 『가족의 사회학적 이해』, 학지사, 2002.

김성희, 「전통사회 여성의 사적 영역과 공적 영역에서의 노동」, 『한국가정관리학회지』, 한국가정관리학회, 20(6), 2002.

김영화·이진숙·이옥희, 『성인지적 가족복지론』, 양서원, 2002.

김은실, 「출산문화와 여성」, 『한국여성학』12(2), 한국여성학회, 1991.

김주숙, 『한국농촌의 여성과 가족』, 한울아카데미, 1994.

김진명, 「가부장적 담론을 통해 본 전통적 여성의 세계: 경북 A마을의 사례를 중심으로」, 『한국문화인류학』21, 한국문화인류학회, 1990.

김택규, 「영남문화의 이해를 위한 몇 가지 시각: 이념이 연속과 실태의 변용」, 『한국문화인류학』21, 한국문화인류학회, 1989.

래쉬, 크로스터퍼/오정화 역, 『여성과 일상생활, 가족사, 여성사, 문화사』, 문학과지성사, 2002.

문옥표, 「농촌가족의 변화와 여성의 역할: 일본 군마현 편품촌의 두 마을 사례를 중심으로」, 『한국문화인류학』24, 1992.

문은희, 「우리판 '여자의 일생': 가족관계에 얽힌 여자들 이야기」, 『경제와 사회』14, 1993.

변화순, 「한국가족의 변화와 여성의 역할 및 지위에 관한 연구」, 『한국여성개발원』연구보고서, 2001.

옥선화, 「농촌가족에서의 가족주의가치에 대한 연구」, 『대한가정학회지』28(3), 한국가정관리학회, 1990.

우에노 치즈코/이승희 역, 『가부장제와 자본주의』, 녹두, 1994.

윤택림, 「지방·여성·역사: 여성주의적 시각에서 본 지방사 연구」, 『한국여성학』11, 1995.

월비, 실비아/유희정 역, 『가부장제 이론』, 이화여자대학교 출판부, 1996.

李樹健, 「17, 18세기 安東地方 儒林의 政治·社會的 機能」, 『大丘史學』30, 대구사학회, 1986.

이숙인, 「유교의 관계윤리에 대한 여성주의적 해석」, 『한국여성학』15(1), 1999.

이재경, 「여성의 경험을 통해 본 한국 가족의 근대적 변형」, 『한국여성학』15(2), 1999.

이재경, 『가족의 이름으로: 한국근대가족과 페미니즘』, 또하나의 문화, 2003.

임돈회, 로저 L. 자넬리, 「한국 가족 변화의 의미」, 『비교민속학』22, 한국비교민속학회, 2002.

자넬리, 로저 L., 임돈회, 김성철 역, 『조상의례와 한국사회』, 서울: 일조각, 2003.

조강희, 「문중조직의 연속과 변화: 상주지역 한 문중의 사례를 중심으로」, 『한국문화인류학』21,

한국문화인류학회, 1989.

조승연, 「농촌가족구성의 변화와 가족농 생산형태」, 『한국문화인류학』31(1), 1998.

조옥라, 「여성 농민의 성 정체성에 관한 연구」, 『한국문화인류학』29(2), 1996.

조옥라, 「농민가족의 현대성과 보수성」, 『한국문화인류학』31(2), 1998.

조 형, 「한국 농촌사회의 변화와 농촌여성」, 『아세아 연구』66, 고려대학교 아세아문제연구소, 1981.

통계청, 『농업기본통계』, 2003.

통계청, 「제44회 연령 및 성별인구」, 『통계연보』, 2005.

한남제, 『한국가족제도의 변화』, 서울: 일지사, 1994.

Abelmann, N., "Women's Mobility and Identities in South Korea: a Gendered, Ttrans-generational, Narrative Approach," *The Journal of Asian Studies*, 56(2): 398-420, 1997.

George, Vic and Wilding, Paul, *Welfare and Ideology*, New York: Harvester Wheatsheaf, 1994.

Haney, Lynne and Pollard, Lisa, *Families of a New World: Gender, Politics, and State Development in a Global Context*, New York: Routledge, 2003.

Hartmann, Heidi, "The Unhappy Marriage of Marxism and Feminism: Towards a More Progressive Union, Women and Revolution," Lydia, Sargent (ed.), *Women & Revolution*, London: Pluto Press, 1981.

Moe, Karine S., Women, *Family, and Work: Writings on the Economics of Gender*, Malden: Blackwell, 2003.

Nelson, Hilde L. (ed.), *Feminism and Families*, Routledge, 1997.

Nicholson, L., "The Myth of the Traditional Family," In H. Nelson (ed.), *Feminism and Families*, New York: Routledge, 1997.

Sainsbury, Diane, *Gender, Equality and Welfare States*, Cambridge University Press, 1996.

Thorne, B. and M. Yalom (eds.), *Rethinking the Family*, Northeastern Univ. Press, 1992.

낙동강 유역의 사람들과 문화

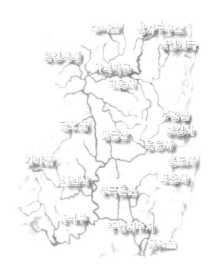

부 록

〈부록 1〉 연차별 연구진 편성표

♣ 제1차년도 : 2002.8.1~2003.7.31

구 분	성 명	연구 분야	연구 주제
연구책임자	유명기		
공동연구원	김일렬		
공동연구원	이재하		
공동연구원	남권희		
공동연구원	설석규		
전임연구원	이장희	언어 분야	방언과 지명
전임연구원	안귀남	언어 분야	방언과 지명
전임연구원	강구율	문학 분야	산수문학
전임연구원	김현숙	종교 분야	불교문화
전임연구원	김형수	종교 분야	불교문화
전임연구원	신장호	민속 분야	샤머니즘과 민간신앙
전임연구원	설병수	사회경제 분야	場市
전임연구원	김재경	여성 분야	여성문화
전임연구원	허점숙	여성 분야	여성문화
연구보조원	김경숙	언어 분야	방언과 지명
연구보조원	홍미주	언어 분야	방언과 지명
연구보조원	이갑진	언어 분야	방언과 지명
연구보조원	오선영	언어 분야	방언과 지명
연구보조원	백운용	문학 분야	산수문학
연구보조원	박향미	역사 분야	유교문화
연구보조원	김영나	역사 분야	유교문화
연구보조원	최윤정	종교 분야	불교문화
연구보조원	김숙희	종교 분야	불교문화
연구보조원	권기정	민속 분야	샤머니즘과 민간신앙
연구보조원	정유진	민속 분야	샤머니즘과 민간신앙
연구보조원	김제근	사회경제 분야	場市
연구보조원	강경혜	사회경제 분야	場市
연구보조원	우선정	여성 분야	여성문화
연구보조원	김계연	여성 분야	여성문화

♣ 제2차년도 : 2003.8.1~2004.7.31

구 분	성 명	연구 분야	연구 주제
연구책임자	유명기		
공동연구원	이재하		
공동연구원	이상규		
공동연구원	설석규		
공동연구원	권태을		
전임연구원	이장희	언어 분야	방언과 지명
전임연구원	안귀남	언어 분야	방언과 지명
전임연구원	박규택	지리 분야	취락 문화
전임연구원	김형수	역사 분야	유교문화
전임연구원	김현숙	종교 분야	불교문화
전임연구원	설병수	사회경제 분야	場市
전임연구원	김영미	여성 분야	여성문화
전임연구원	이옥희	여성 분야	여성문화
연구보조원	오선영	언어 분야	방언과 지명
연구보조원	안미애	언어 분야	방언과 지명
연구보조원	장준이	언어 분야	방언과 지명
연구보조원	스가와라 준야	지리 분야	취락문화
연구보조원	신재열	지리 분야	취락문화
연구보조원	진영미	지리 분야	취락문화
연구보조원	김성애	지리 분야	취락문화
연구보조원	이영도	역사 분야	유교문화
연구보조원	김영나	역사 분야	유교문화
연구보조원	송석현	역사 분야	유교문화
연구보조원	김숙희	종교 분야	불교문화
연구보조원	김진한	종교 분야	불교문화
연구보조원	이경숙	종교 분야	불교문화
연구보조원	허윤진	종교 분야	불교문화
연구보조원	김재호	민속 분야	샤머니즘과 민간신앙
연구보조원	정유진	민속 분야	샤머니즘과 민간신앙
연구보조원	임진아	민속 분야	샤머니즘과 민간신앙
연구보조원	이상현	민속 분야	샤머니즘과 민간신앙
연구보조원	장은화	민속 분야	샤머니즘과 민간신앙
연구보조원	김주호	민속 분야	샤머니즘과 민간신앙
연구보조원	김제근	사회경제 분야	場市
연구보조원	강경혜	사회경제 분야	場市
연구보조원	김계연	여성 분야	여성문화
연구보조원	신진영	여성 분야	여성문화

♣ 제3차년도 : 2004.8.1~2005.7.31

구 분	성 명	연구 분야	연구 주제
연구책임자	유명기		
공동연구원	이재하		
공동연구원	백두현		
공동연구원	최정환		
공동연구원	설석규		
전임연구원	이장희	언어 분야	방언과 지명
전임연구원	안귀남	언어 분야	방언과 지명
전임연구원	박규택	지리 분야	취락 문화
전임연구원	김형수	역사 분야	유교문화
전임연구원	김성윤	역사 분야	유교문화
전임연구원	서영교	종교 분야	불교문화
전임연구원	손재현	종교 분야	불교문화
전임연구원	설병수	사회경제 분야	場市
전임연구원	이옥희	여성 분야	여성문화
연구보조원	장준이	언어 분야	방언과 지명
연구보조원	진영미	지리 분야	취락문화
연구보조원	강덕출	지리 분야	취락문화
연구보조원	박경근	지리 분야	취락문화
연구보조원	이영도	역사 분야	유교문화
연구보조원	송석현	역사 분야	유교문화
연구보조원	허윤진	역사 분야	불교문화
연구보조원	김진한	종교 분야	불교문화
연구보조원	이경숙	종교 분야	불교문화
연구보조원	손우승	민속 분야	샤머니즘과 민간신앙
연구보조원	임진아	민속 분야	샤머니즘과 민간신앙
연구보조원	김주호	민속 분야	샤머니즘과 민간신앙
연구보조원	박동철	민속 분야	샤머니즘과 민간신앙
연구보조원	김제근	사회경제 분야	場市
연구보조원	김성애	사회경제 분야	場市
연구보조원	스가와라 준야	사회경제 분야	場市
연구보조원	홍현정	여성 분야	여성문화
연구보조원	정은희	여성 분야	여성문화

〈부록 2〉 연차별 조사지

♣ 제1차년도

세 부 과 제	연구 분야	조 사 지
제1세부과제	언어 분야	1. 안동시 풍산읍 소산1리, 2. 풍산읍 노리, 3. 하리1리, 4. 풍산읍 마애리, 5. 도산면 분천리, 6. 와룡면 오천2리, 7. 임하면 금소2리, 8. 북후면 옹천3리, 9. 서후면 저전리, 10. 운흥동(이상 안동지역), 11. 봉화군 춘양면 의양4리, 12. 봉화읍 해저리(이상 봉화지역), 13. 영주시 장수면 화기1리, 14. 순흥면 읍내3리, 15. 단산면 사천1리(이상 영주지역), 16. 의성군 단밀면 서제2리, 17. 다인면 달제3리, 18. 비안면 외곡리(이상 의성지역)
제2세부과제	문학 분야	1. 歸來亭, 2. 暎湖樓, 3. 三龜亭, 4. 山水亭, 5. 石門亭, 6. 棣華亭, 7. 玉淵亭, 8. 謙嵓亭, 9. 洛巖亭, 10. 白雲亭, 11. 孤山亭, 12. 愛日堂, 13. 藥溪亭, 14. 臨淸閣, 15. 觀物堂, 16. 光風亭, 17. 東湖亭, 18. 晩休亭, 19. 鳶魚軒, 20. 玉淵亭, 21. 鳴玉臺, 22. 明農堂, 23. 伴鷗亭, 24. 灌濤亭(이상 안동지역), 25. 龜鶴亭, 26. 影江亭, 27. 悠然堂, 28. 栯陽亭, 29. 南山草堂, 30. 晩翠亭, 31. 夏寒亭, 32. 天雲亭, 33. 景濂亭, 34. 錦仙亭(이상 영주지역), 35. 靑巖亭, 36. 石泉精舍, 37. 葛川亭, 38. 樂天堂, 39. 野翁亭, 40. 滄厓亭, 41. 靑巖亭, 42. 寒水亭, 43. 景棣亭, 44. 二吾堂, 45. 太古亭, 46. 臥仙亭, 47. 松西亭(이상 봉화지역)
제3세부과제	역사 분야	1. 도산서원, 2. 병산서원, 3. 호계서원, 4. 임천서원, 5. 역동서원, 6. 분강서원, 7. 청계서원, 8. 서간사, 9. 노림서원, 10. 청성서원, 11. 경광서원, 12. 사빈서원, 13. 화천서원(이상 안동지역), 14. 소수서원(영주지역), 15. 도연서원(봉화지역), 16. 빙계서원(의성지역)
제4세부과제	종교 분야	1. 축서사, 2. 지림사, 3. 각화사(태백산사고지), 4. 백운사, 5. 보양사, 6. 중대사, 7. 보광사, 8. 홍제사, 9. 현불사, 10. 청량사, 11. 관음사, 12. 남화사지, 13. 서동리 삼층석탑, 14. 미륵탑, 15. 예다원, 16. 봉화불교대학, 17. 물야면 숫골마을(이상 봉화지역), 18. 옥산사, 19. 용수사, 20. 연미사, 21. 서악사, 22. 법림사지, 23. 태사자지, 24. 서후면 매정리 각석, 25. 이천동 석불 및 탑 26. 원천리 돗다리비(이상 안동지역), 27. 고운사, 28. 석탑리 방단형 적석탑, 29. 관덕리 삼층석탑(이상 의성지역)
제5세부과제	민속 분야	1. 안동시 풍천면 광덕1리, 2. 풍산읍 안교 2리, 3. 풍산읍 회곡리(이상 안동지역), 4. 영주시 풍기읍 동부2리(영주지역), 5. 의성군 안계읍(의성지역)
제6세부과제	사회 경제 분야	1. 구담장, 2. 신평장, 3. 안동장, 4. 예안장, 5. 온혜장, 6. 옹천장, 7. 운산장, 8. 임동장, 9. 정산장, 10. 천지장, 11. 풍산장, 12. 안동시 풍천면 기산리(이상 안동지역), 13. 예천군 호명면 금릉2리, 14. 지보면 신풍2리(이상 예천지역), 15. 소천장, 16. 영주장, 17. 풍기장(이상 영주지역), 18. 봉화장, 19. 춘양장, 20. 춘양면 의양4리, 21. 봉화군 석포면 석포리(이상 봉화지역), 22. 금성장, 23. 다인장, 24. 단촌장, 25. 봉양장, 26. 신평장, 27. 안계장, 28. 안평장, 29. 옥산장, 30. 의성장(이상 의성지역)
제7세부과제	여성 분야	1. 안동시 풍산읍 오미리, 2. 안동시 임동면 고천리

♣ 제2차년도

세 부 과 제	연구 분야	조 사 지
제1세부과제	언어 분야	1. 문경시 흥덕동, 2. 산양면 현리(이상 문경지역), 3. 예천군 용문면 제곡리, 4. 용문면 죽림리, 5. 용문면 상금곡리, 6. 용문면 구계리, 7. 지보면 매창1리, 8. 풍양면 우망리(이상 예천지역), 9. 모동면 신천1리, 10. 모동면 용호1리, 11. 모동면 금천2리, 12. 모동면 수봉리, 13. 사벌면 신덕1리 14. 낙동면 구잠1리, 15. 함창읍 구양리(이상 상주지역), 16. 원평동, 17. 도량2동(이상 구미지역)
제2세부과제	지리 분야	1. 상주시 함창읍 척동1리, 2. 상주시 모동면 신천2리
제3세부과제	역사 분야	1. 충렬사, 2. 충의단, 3. 옥동서원, 4. 홍암서원(이상 상주지역), 5. 근암서원(문경지역), 6. 노봉서원, 7. 기천서원(이상 예천지역), 8. 동락서원(구미지역)
제4세부과제	종교 분야	1. 도리사, 2. 남화사, 3. 법륜사, 4. 불로사, 5. 자비사, 6. 금강사, 7. 원각사, 8. 문수사, 9. 보천사, 10. 대둔사(이상 구미지역)
제5세부과제	민속 분야	1. 산동면 도중리, 2. 산동면 성수1리, 3. 구포동 두산전자(이상 구미지역), 4. 사벌면 두릉리, 5. 낙동면 신오리, 6. 낙동면 운곡리, 7. 화서면 하송1리, 8. 화서면 하송2리, 9. 화남면 동관리, 10. 화북면 상오리, 11. 화북면 장암리, 12. 상주 OO고등학교(이상 상주지역), 13. 문경시 마성면 정리, 14. 호계면 부곡리, 15. 동로면 적성2리, 16. 점촌OO고등학교(이상 문경지역), 17. 예천군 용문면 대제리, 18. 용문면 제곡리, 상리면 두성리(이상 예천지역), 19. 김천OO고등학교(이상 김천지역)
제6세부과제	사회 경제 분야	1. 가은장, 2. 농암장, 3. 동로장, 4. 문경장, 5. 동로장, 6. 문경시 영순면 의곡1리(이상 문경지역), 7. 공성장, 8. 상주장, 9. 은척장, 10. 함창장, 11. 화령장, 12. 상주시 함창읍 구향2리, 13. 함창읍 오사1리, 14. 함창읍 오동1리, 15. 함창읍 증촌리, 16. 사벌면 퇴강리, 17. 공검면 율곡1리, 18. 이안면 양범1리(이상 상주지역), 19. 감천장, 20. 마전장, 21. 예천장, 22. 용궁장, 23. 풍양장, 24. 예천군 풍양면 삼강리(이상 예천지역), 25. 구미장, 26. 선산장, 27. 인동장, 28. 장천장, 29. 해평장(이상 구미지역)
제7세부과제	여성 분야	1. 상주시 낙동면 구잠리, 2. 구미시 형곡1동, 3. 구미시 형곡2동

♣ 제3차년도

세 부 과 제	연구 분야	조 사 지
제1세부과제	언어 분야	1. 칠곡군 석적면 남율2리, 왜관읍 매원2리(이상 칠곡지역), 3. 성주군 월항 면 대산1리(성주지역), 4. 고령군 다산면 호촌리, 5. 고령읍 연조1리, 5. 성 산면 어곡리, 6. 우곡면 도진동(이상 고령지역), 7. 달성군 현풍면 하리, 8. 현풍면 본리동, 9. 화원읍 천내2리, 10. 화원읍 성산리(이상 달성지역)
제2세부과제	지리 분야	1. 고령군 다산면 상곡1리, 2. 성주군 벽진면 수촌 4리
제3세부과제	역사 분야	1. 檜淵書院, 2. 옥천서원, 3. 晴川書院, 4. 汶谷書院(이상 성주지역), 5. 文 淵書院, 6. 盤巖書院, 7. 老江書院, 8. 梅林書院(이상 고령지역), 9. 泗陽書 堂, 10. 嘯巖書院, 11. 梧陽書院, 12. 花山書堂(이상 칠곡지역), 13. 道東書 院, 14. 禮淵書院(이상 달성지역)
제4세부과제	종교 분야	1. 感應寺, 2. 선석사, 3. 관음사, 4. 대흥사(이상 성주지역), 5. 용연사, 6. 보림사(이상 달성지역), 7. 관음사(고령지역), 8. 동화사(대구지역)
제5세부과제	민속 분야	1. 성주군 대가면 옥련1리, 2. 대가면 옥성1리, 3. 대가면 흥산1리, 4. 금수 면 봉두1리, 5. 가천면 창천3리, 6. 수륜면 백운2리(이상 성주지역), 7. 칠곡 군 북삼읍 율1리, 8. 북삼읍 보손1리, 9. 석적면 포남1리, 10. 석적면 도개2 리, 11. 지천면 황학리, 12. 지천면 창평2리, 13. 동명면 송산2리, 14 동명 면 송산3리(이상 칠곡지역), 15. 달성군 구지면 창2리, 16. 논공읍 남1리, 17. 논공읍 북1리, 18. 유가면 쌍계리, 19. 가창면 정대1리, 20. 가창면 정 대2리(이상 달성지역), 21. 고령군 덕곡면 노2리, 22. 운수면 신간2리, 23. 쌍림면 평지리, 24. 쌍림면 월막리, 25. 다산면 나정1리, 26. 우곡면 봉산1 리(이상 고령지역)
제6세부과제	사회 경제 분야	1. 성주장, 2. 수촌장, 3. 용암장, 4. 창천장, 5. 초전장(이상 성주지역), 6. 동명장, 7. 약목장, 8. 왜관장, 9. 칠곡군 약목면 남계2리, 10. 약목면 덕산1 리, 11. 약목면 무림1리, 12. 북삼읍 오평1리, 13. 북삼읍 율1리, 14. 석적 면 포남1리, 15. · 기산면 영1리(이상 칠곡지역), 16. 구지장, 17. 금포장, 18. 동곡장, 19. 옥포장, 20. 현풍장, 21. 화원장(이상 달성지역), 22. 고령 장(고령지역)
제7세부과제	여성 분야	성주 · 칠곡 · 고령 · 달성지역에 거주하는 16명의 여성 제보자

집 · 필 · 진 · 소 · 개

유명기 ┃ 경북대학교 고고인류학과 교수

(이하 가나다 순)

김성윤 ┃ 경북대학교 영남문화연구원 특별연구원

김형수 ┃ 한국국학진흥원 연구원

박규택 ┃ 영남대학교 20세기민중생활사연구단 연구교수

백두현 ┃ 경북대학교 국어국문학과 교수

설병수 ┃ 경북대학교 강사

설석규 ┃ 한국국학진흥원 연구위원

손우승 ┃ 안동대학교 강사

손재현 ┃ 경북대학교 강사

안귀남 ┃ 안동대학교 강사

이옥희 ┃ 경북대학교 사회복지학과 박사과정 졸업

이장희 ┃ 경북대학교 영남문화연구원 연구초빙교수

이재하 ┃ 경북대학교 지리학과 교수

최정환 ┃ 경북대학교 사학과 교수

낙동강 유역의 사람들과 문화

초판 제1쇄 인쇄   2007년 7월 9일
초판 제1쇄 발행   2007년 7월 13일

엮 은 이   경북대학교 영남문화연구원
지 은 이   유명기 외
펴 낸 이   이대현
책임편집   이태곤
편   집   권분옥 · 이소희 · 김주현 · 양지숙
표   지   홍동선
제   작   안현진
관   리   정태윤
펴 낸 곳   **도서출판 역락** / 서울 서초구 반포4동 577-25
            문창빌딩 2층
전   화   02-3409-2058(대표) 02-3409-2060(편집부) FAX 02-3409-2059
이 메 일   youkrack@hanmail.net
홈페이지   www.youkrack.com
등   록   1999년 4월 19일 제303-2002-000014호

정   가   22,000원
I S B N   978-89-5556-549-2 93330

* 잘못된 책은 교환해 드립니다.

이 저서는 2002년도 한국학술진흥재단의 지원에 의하여 연구되었음.
(KRF-2002-072-AM1009)